高等院校交通运输工程专业教材

交通系统工程

冯树民　编著

知识产权出版社

内容提要

交通系统工程是交通系统研究的方法论，它把系统工程的理论和方法推广应用到交通系统。本书吸收了近年来的教学和科研成果，重点探讨了解决实际交通问题的思路和方法。按照交通系统研究过程及思路的整体性，全书分九章，包括交通系统工程、交通系统分析、交通系统模型、交通系统预测、交通系统优化、交通网络技术、交通排队理论、交通系统评价和交通系统决策，覆盖了交通系统中系统工程的应用范围。

本书可作为高等院校交通工程、交通运输等相关专业本科生、研究生教材，也可作为广大交通系统研究工作者阅读的参考用书。

责任编辑：陆彩云　刘　爽

封面设计：段维东　　　　**责任出版**：卢运霞

图书在版编目（CIP）数据

交通系统工程/冯树民编著．—北京：知识产权出版社，2009.4
ISBN 978-7-80247-464-2

Ⅰ．交…　Ⅱ．冯…　Ⅲ．交通工程：系统工程-高等学校-教材　Ⅳ．U491

中国版本图书馆 CIP 数据核字（2009）第 030352 号

交通系统工程

JIAOTONG XITONG GONGCHENG

冯树民　编著

出版发行：知识产权出版社

社　　址：北京市海淀区马甸南村 1 号　　邮　　编：100088
网　　址：http://www.ipph.cn　　邮　　箱：bjb@cnipr.com
发行电话：010-82000893　82000860 转 8101　　传　　真：010-82000893
责编电话：010-82000860 转 8110　　责编邮箱：LCY@cnipr.com
印　　刷：北京市密东印刷有限公司　　经　　销：新华书店及相关销售网点
开　　本：787mm×1092mm　1/16　　印　　张：19.5
版　　次：2009 年 4 月第 1 版　　印　　次：2009 年 4 月第 1 次印刷
字　　数：436 千字　　定　　价：38.00 元

ISBN 978-7-80247-464-2/U·004

前　言

系统工程以系统为研究对象，从系统的整体出发，研究各个组成部分，分析各种因素之间的关系，寻找系统的最优方案，使系统总体效果达到最佳。系统工程把辩证唯物论与现代科学技术相结合，把定性分析与定量分析相结合，给人一种认识世界、改造世界的崭新方法。交通系统工程是系统工程的基本理论和方法在交通系统中的推广和应用，解决交通系统中的实际问题，对于促进交通事业的发展有着迫切的现实意义和深远影响。

交通系统工程是一种科学的方法论，是一门不断发展的应用学科。交通科技发展迅速，各种理论方法不断涌现，许多新知识、新技术在交通领域应用的成功案例需要尽快熟悉了解乃至推广应用。

本书根据道路交通发展需要，在总结多年教学、科研与工程实践的基础上，简化系统方法本身介绍，侧重方法应用，选取各种理论方法在交通领域针对性的应用案例。注重处理实际问题的方法，注重介绍理论的完整性和在实际应用中的连续性。读者可以由此了解到系统工程在交通领域的实际应用，掌握解决交通系统实际问题的思路和方法。

书中全面系统地介绍了交通系统工程的基本概念、基本原理、基本思路和基本方法，重点阐述了系统分析、模型、预测、优化、网络、排队、评价及决策在交通系统中的应用，融入了一些新理论、新方法和新技术。本书突出以理论为指导，以方法和技术为核心，以应用为重点的思路，注重系统性、理论性、实用性和前沿性，在内容取舍上注意深入浅出，回避繁琐的理论推导。

本书受到哈尔滨工业大学“十一五”规划教材项目资助，在此表示感谢。在编写过程中参阅了大量的国内外资料、著作，吸收了同行们的辛勤劳动成果，在此向他们谨表谢意。感谢我的学生孙祥龙和徐惠惠对本书的图文工作，衷心地感谢参与和支持本书出版的所有同志。

交通系统工程仍有许多有待研究开发的领域，书中不妥和错误之处恳请广大读者批评指正。

冯树民

2008 年 11 月

目 录

第一章　交通系统工程

第一节　系　　统

一、系统的定义

现实生活中，“系统（System）”是一个被广泛使用的词。在自然界和人类社会中，可以说任何事物都是以系统的形式存在的，每个所要研究问题的对象都可以被看成是一个系统。人体是一个系统，是由神经、呼吸、消化、循环、运动、生殖等系统构成的；地球也是一个系统，是由植物、动物、微生物等系统构成的；一个城市就是一个系统，是由交通运输系统、资源系统、商业系统、市政系统、卫生系统等相互作用着的部门组合而成的一个整体，通过各个部门相互协调的运转去完成城市生活和发展的特定目标。各子系统还可以进一步分解，例如交通运输系统是由铁路运输、公路运输、水路运输、航空运输、管道运输等子系统构成的，这些子系统相互配合，共同为社会提供运输服务。

人们在认识客观事物或改造事物的过程中，用综合分析的思维方式看待事物，根据事物内在的、本质的、必然的联系，从整体的角度进行分析和研究，这类事物就被看成为一个系统。自然界和人类社会中的很多事物并不是孤立存在的，而是相互制约和相互联系的，它们形成了各式各样的系统，系统间可以相互包含与被包含，可以互相交叉与融合。

通过对现实系统的分析，可以发现，撇开具体系统的形态和性质，一切系统都具备四个共同点：

（1）系统由两个或两个以上的要素所组成。要素是构成系统的基本单位，因而也是系统存在的基础和实际系统的共同特征载体，系统离开了要素就不称其为系统，单个要素也无法构成系统。

（2）要素与要素之间存在着一定的有机联系，从而在系统的内部和外部形成一定的结构或秩序，任一系统又是它所从属的一个更大系统的组成部分（要素）。系统整体与要素、要素与要素、整体与环境之间，存在着相互作用和相互联系的机制，系统各要素要完成相互所规定的任务。

（3）任何系统必须具有目的性，都有特定的功能。这是整体具有不同于各个组成要素的新功能，这种新功能是由系统内部的有机联系和结构所决定的。

（4）系统不仅是作为状态而存在，而且具有时间性。

我国著名科学家、系统工程的倡导者钱学森给系统下的定义为：“系统是由相互作用、相互依赖的若干组成部分结合成的具有特定功能的有机体，而且这个系统本身又是它所从属的一个更大系统的组成部分。”

由系统定义概括出系统中的若干概念：

（1）系统与要素的关系：系统是由诸要素组成的整体，系统与要素是相互伴随而产生的，相互作用而变化的。系统通过整体作用支配和控制要素，要素通过相互作用决定系统的特性和功能。

（2）系统的结构：系统各要素相互作用、相互依赖所构成的组织形式，这就是系统的结构。

（3）系统的层次：系统可以划分为不同层次，层次的划分具有相对性。任何所研究的系统是更高一级系统的组成要素，但任何所研究的系统的要素又是更低一级别的系统，即所谓“向上无限大，系统变要素；向下无限小，要素变系统”。

（4）系统的功能：系统具有目的性或功能性，这是系统与环境相互作用的表现形式。

（5）系统的环境和边界：一个系统以外的又与系统有关联的所有其他部分叫做环境，环境与系统的分界叫做系统边界。

系统的界限和功能是由人们按一定的目的和需要来定义和规定的。例如可以将路基、垫层、基层和面层定义为路基—路面结构系统，将基础、墩台、上部结构和桥面系统定义为桥梁结构系统，分析不同组合的系统内各组成部分在荷载和环境因素作用下产生的应力或位移量，以寻求使各组成部分的承载能力或使用功能都得到充分利用的平衡设计方案。也可以将路面、桥梁或其他工程设施在计划和使用期内经历的规划、设计、施工、养护和监测等管理阶段组合成一个路面、桥梁或其他工程设施项目的管理系统，为管理部门提供以最低的总费用实现要求的服务水平的最佳路面、桥梁或其他工程设施项目的对策方案。

二、系统的特征

1. 整体性

系统是由两个或两个以上可以相互区别的要素，按照作为系统所应具有的综合整体性而构成。系统整体性说明：系统的各要素之间存在一定的组合方式，各要素之间是相互统一和协调的，系统整体的功能不是各组成要素功能的简单叠加，而是呈现出各组成要素所没有的新功能，并且一般来说，系统的整体功能大于各组成要素的功能总和。“三个臭皮匠，顶个诸葛亮”，充分说明了系统要素与整体功能间的关系，单独来看，每个臭皮匠的能力是有限的，但是，一旦这三个臭皮匠形成了一个“系统”，构成了一个“整体”，其整体的智慧将大于各个皮匠的智慧之和。在一个系统整体中，即使每个要素并不都很完善，但它们也可以协调、综合成为具有良好功能的系统。

那么，是否多个要素凑在一起，其功能都一定大于部分功能之和呢？不一定！最典型的就是人们所说的“一个和尚挑水吃，两个和尚抬水吃，三个和尚没水吃”，按理说，和尚运水的效果是可以累加的，三个和尚运水，应该比一个和尚运的水多，但为什么会出现“三个和尚没水吃”的局面呢？这是因为，这三个和尚没有形成一个“系统”，这些“和尚要素”相互不协调、不统一，才使得集体运水的效果急减，甚至达到无水可吃的地步。这说明，要使整体功能大于部分功能之和，组成该整体的要素必须协调统一，即使每个要素都是良好的，但作为整体却不具备某种良好的功能，也就不能称之为完善的系统。

系统整体性要求使各要素形成整体，构成系统，以获得更多、更大的功能。在认识和改造系统的时候，必须从整体出发，从全局考虑，从系统、要素、环境的相互关系中探求系统整体的本质和规律。各要素的结合要保持合理，注意从提高整体功能的角度去提高和协调要素的功能，提高要素的基本质量是提高系统整体效能的基础，但在提高要素质量的同时，还要注意与系统的协调。

2. 相关性

组成系统的要素是相互联系、相互作用、相互依存又相互制约的，系统中每个要素的存在都依赖于其他要素的存在，系统中任一要素的变化都将引起其他要素的变化乃至整个系统的变化。

系统中各要素之间有着一定的组合关系、联系方式，交通管制系统中的交通网、运输工具、信号控制等要素在系统中是相互关联的，通过它们之间的协调关系，使交通网上的运输工具有条不紊地运行。如果各个要素各自为政，那么它们就不能组成相互协调的系统，势必会造成交通的紊乱。

系统的相关性要求努力建立起系统各要素之间的合理关系，以消除各要素相互间的盲目联系和无效行动，提高系统的有序性，尽量避免系统的"内耗"，提高系统整体运行的效果。

3. 目的性

通常系统都具有某种目的，要达到既定目的，系统都具有一定功能，而这正是区别这一系统和那一系统的标志。

系统的目的一般用更具体的目标来体现，对于比较复杂的社会经济系统都具有不止一个的目标，因此，需要用一个指标体系来描述系统的目标，例如，衡量一个工业企业的经营实绩，不仅要考核它的产量、产值指标，而且要考核它的成本、利润和质量指标的完成情况。在指标体系中各个指标之间有时是相互矛盾的，有时是互为消长的。因此，要从整体出发，力求获得全局最优的经营效果，这就要求在矛盾的目标之间做好协调工作，寻求平衡或折中方案。

系统目的性要求明确系统功能，从而进一步确定系统结构。

4. 环境适应性

任何一个系统都存在于一定的物质环境之中，必然要与外界环境产生物质的、能量的和信息的交换，外界环境的变化必然引起系统内部各要素之间的变化。

系统必须适应外部环境的变化，不能适应环境变化的系统是没有持续生命力的，只有能够经常与外界环境保持最优适应状态的系统，才是经常保持不断发展势头的理想系统。例如，任何一个工业企业都必须经常了解市场动态和同类企业的经营动向、有关行业的发展动态、国内外市场的需求等环境的变化，在此基础上研究企业的经营策略，调整企业的内部结构，以适应环境的变化。

系统的环境适应性要求明确系统存在的条件，想方设法创造有利条件，保证系统的生存发展。

三、系统的形态

系统是以不同的形态存在的，根据系统生成原因的不同，系统可分为自然系统和人造系统。自然系统是自然界自发生成的一切物质和现象，与人类活动无关。人造系统是人类应用自然规律建造的，以自然系统为基础的一切满足人类生存和发展需要的人造物。人造系统以破坏自然系统为前提，同时改变自然系统的某些状态，人造系统与自然系统之间存在着一定的制约关系，破坏或超出了一定界限，人类就将受到惩罚。

根据系统的组成性质，人造系统又可分为实体系统和概念系统。实体系统是概念系统的形态化，又是实现概念系统要求的运行体。概念系统是实体系统的“灵魂”，而实体系统是概念系统的“躯壳”。只有两者结合，人造系统才能得以建立和不断完善。

根据系统状态是否随时间变化，实体系统又可分为静态系统和动态系统。静态系统的状态不随时间变化而改变，动态系统的状态是时间的函数。静态系统是动态系统的基础，动态系统则是通过状态的改变实现静态系统的功能。

根据有无环境交换关系，系统又可分为开系统和闭系统。开系统是与环境有物质、能量、信息交换的系统，而闭系统则没有这种交换。因此，建立有生命力的系统，必须是与环境有交换能力的开系统。

此外，根据某些特定的标志，系统还可分为输出完全取决于输入的因果系统（信号系统）、按给定目的行动的目的系统（管理系统）、有控制功能和手段的控制系统（自动化系统）、把达到目的的行动作为组成要素的行动系统（军事系统）、按对象区分的对象系统（经营系统）等。

系统形态在某些具体的系统建造时将有其特定的功用，对系统形态的分析能使我们明确各种系统的特点及它们之间的关系，尽管系统形态千差万别，但对人类活动起重要作用的是实体系统和概念系统相结合的人造复合系统，这是现实世界存在的各种系统中的大多数。

四、交通系统

交通系统是人类社会大系统的组成环节，是一个复杂、开放的大系统，由人、车辆、线路和环境组成。人是交通系统的主体，包括驾驶员、乘务员、管理人员、维修人员、行人、乘车人等；车辆是交通系统的主要部分，包括通用车辆、专用车辆等；线路包括公路、快速路、主干路、次干路、支路等；人、车辆、线路构成了交通系统的内部结构，交通系统的外部环境包括交通站场、社会环境、土地利用等。构成交通系统的基本要素既是独立的，又往往以组合的形式出现，各类要素中有一类是寻求得到系统服务的需求因素，另一类则是对系统的扩展和运行起制约作用的供给因素。

一般来说，交通系统可以分为载体子系统（包括各类交通网络、场站和交通工具）、运输子系统（包括运输方式的构成及运输组织管理等）以及交通管理子系统等，交通大系统的外部环境同样也可以划分成若干子系统（包括地理环境、城市形态与规模、土地利用及社会经济环境等）。子系统具备以下特征：一是子系统由各个要素组成；二是子系统有独立的内在构成方式和运行机制。此外，子系统之间存在相互依存与互为制约的关系，任何一个子系统同时作为另一个子系统的外部环境条件而存在。

交通系统具有一般系统所共有的特点，即整体性、相关性、目的性、环境适应性。整体性体现在由人、车、道路、设施、管理组成的综合整体；相关性体现在交通系统内部各系统之间是有机联系、相互依存又相互作用的；目的性表现为为人们从事各种活动提供必要的物质条件和空间活动条件；环境适应性表现为交通系统处于社会环境之中，受周围环境的影响和制约，并与周围环境相协调。

交通系统的另一个特点是它的开放性。它的服务时间、地点和路线不需要事先申请，也没人事先掌握这些信息，因而它的管理难度比较大。以现代通信、电子计算机技术等为核心的智能交通系统的研究进展很快，可望在不久的将来为这个问题的解决提供新的契机。

正因为交通系统是高度开放的，带来的另一个特点就是高度随机性。交通系统与其他基础设施（供水、供电、电信等）相比，都具有随机服务和资源共享的共同属性，但也有本质的区别。交通系统向社会提供服务的方式具有更高的开放性，用户无须事先申请提供专用的服务渠道（如供水管线、电话线），更加随意地介入这一服务系统。交通系统使用者在使用交通系统的时间上和方式上的高度随机，使得城市交通系统在供求关系的调节上往往难以摆脱被动和滞后的局面。

交通系统也存在一定程度的可控性。无论是交通源、流的产生及其时空分布，还是交通流向和路径的选择，以及交通方式的构成等，均有不同程度的可控性。不仅如此，交通的时空分布也与土地利用布局、交通网络布置、交通组织等有很直接的关系。因而可以通过调整土地利用布局、调整交通方式构成及交通组织来调节和控制交通设施负载量，此外，交通管理政策与相应手段也是调节城市交通设施负载量的强有力手段。

第二节　系统科学

一、系统科学的定义

系统思想的出现，彻底改变了人们的思维方式，使人们在改造世界的活动中，逐步认识并揭示出客观世界的本质联系和内部规律。现代科学技术、计算机技术和信息技术的高度发展，对系统思想的产生与系统方法的应用产生了极为重大的影响，主要体现在两个方面：一是能够定量地处理系统各组成部分联系的科学方法，使系统思想、系统方法定量化、科学化；二是计算与信息技术的应用，为系统思想、系统方法的实际运用提供了强有力的工具。正是由于这两个特征，才使得系统思想方法从一种哲学思维逐步形成了独特的系统理论，并在此基础上形成了一门专门的科学——系统科学。

系统科学是关于系统及其演化规律的科学，它是一个大学科，包括有一般系统论、控制论、信息论、系统工程、大系统理论、系统动力学、运筹学、博弈论、耗散结构理论、协同学、超循环理论、一般生命系统论等分支。系统科学理论为科学技术进步提供了强大的思想武器，为现代科学技术作出了突出的贡献。

系统科学以系统及其机理为对象，研究系统的类型、性质和运动规律。系统科学的研究对象与其他学科不同，它研究的是一般系统所具有的概念、系统所具有的共同性质和系统演化的一般规律，反映的是自然界中各门科学、各个领域中共同的东西。系统科学研究包括五个方面的内容：

(1) 系统概念。即关于系统的一般思想和理论。

(2) 一般系统理论。用数学的形式描述和确定系统结构和行为的纯数学理论。

(3) 系统理论分论。指为了解决各种特点的系统结构和行为的一些专门学科，如图论、博弈论、排队论、控制论、信息论等。

(4) 系统方法。即为了对系统对象进行分析、计划、设计和运用时所采用的具体应用理论及技术的方法步骤，主要指系统分析和系统工程。

(5) 系统方法的应用。即将系统科学的思想和方法应用到各个具体领域中去。

系统科学研究内容结构图如图 1－1 所示。

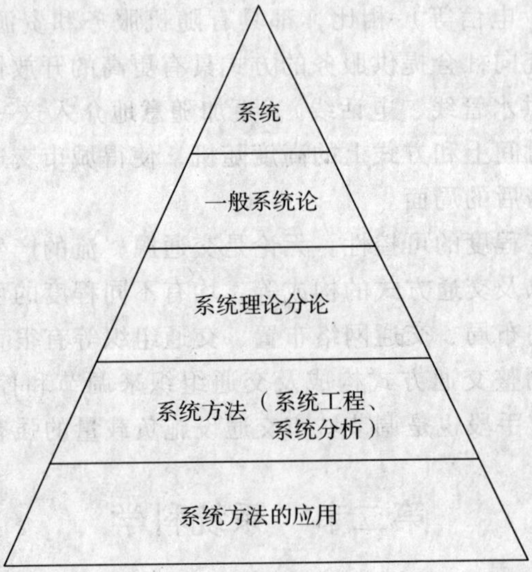

图 1－1　系统科学研究内容结构图

当代科学技术的发展有两个显著的特点：一方面向深度发展，科学研究的对象越来越专一，学科分类越来越精细，新领域、新学科、新专业不断产生；另一方面，各学科之间、各技术之间以及学科和技术之间相互渗透、相互交叉、相互移植，使得科学技术日趋整体化、综合化。系统科学就是现代科学技术整体化、综合化的产物。

二、系统科学的体系

马克思主义观点把科学技术体系分成四个台阶：工程技术、技术科学、基础科学和哲学。工程技术是指指导各个领域实践的直接创造财富的技术。技术科学是指直接为工程技术服务的一般理论，是工程技术实践的理论总结，如力学、电子学、运筹学等。基础科学是指发现和表述自然界与社会界基本的现象和规律的理论，是工程技术和技术科学的基础理论，如数学、物理学、生物学等。哲学是指人们对于整个世界（自然界、社会和思维）的根本观念的体系，是自然知识和社会知识的概括和总结，如自然辩证法、历史唯物主义、认识论等。用上述四个台阶可以构筑一个大部门科学技术体系，到目前为止，已经形成了三个大部门科学体系：数学科学、自然科学和社会科学，还有新的正在形成的三个大部门科学体系：系统科学、思维科学和人体科学。

系统科学作为高度综合的普遍化理论，横跨自然科学和社会科学两大领域，在社会科学和自然科学之间架起了相互贯通的桥梁。它实现了人类认识史上由定性到定量认识之间各种关系的新飞跃，实现了人类由认识物质和能量到认识信息的新飞跃，进一步深化和改变了人类认识的自然图景，丰富了辩证唯物主义哲学，开辟了哲学走向定量化的道路。

系统科学是以系统为研究和应用对象的一个科学技术的门类，如同自然科学、社会科学、数学科学等一样，它是现代科学技术体系中一门新兴的科学技术体系。钱学森应用系统思想和系统方法一直致力于探求事物发展更一般的规律性，他在总结、概括已有的系统研究成果的基础上，于20世纪70年代末首先提出了系统科学体系的层次结构，见图1－2。

（1）工程技术层次——系统工程、自动化技术、通信技术，是直接改造客观世界的知识。系统工程是组织管理系统的技术，根据系统类型不同，有各类系统工程，如农业系统工程、经济系统工程、工程系统工程、社会系统工程等。

（2）技术科学层次——运筹学、信息论和控制论，是指导工程技术的理论。

（3）基础科学层次——系统学，是研究系统的基本属性与一般规律的学科，是一切系统研究的基础理论。

（4）哲学层次——系统论，系统科学是通向哲学的桥梁。系统科学的建立必将极大地加强人类认识和改造客观世界的能力，促进科学技术与经济的发展，又都最终发展和深化马克思主义哲学。

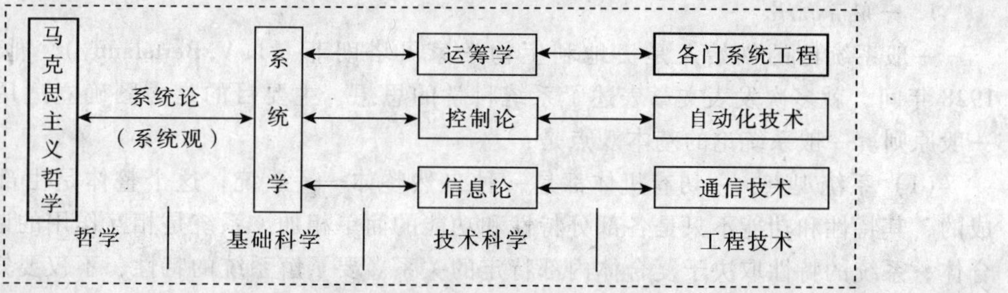

图1－2　系统科学体系的层次结构

三、系统科学的方法

系统科学对系统的研究，由于抽去了系统的具体形态及其特定的结构和功能，只着眼于一般形态的系统类型、性质及其运动规律，因此，它对各种具体系统的研究，具有方法论的意义，从而使系统科学成为现代的科学方法。

1. 系统科学的一般方法

系统学从系统观点出发，探讨整体与要素、要素与要素、整体与外部环境之间的相互联系，并运用系统、信息、熵、控制、反馈、稳态、功能、结构、涨落等范畴，刻画系统的性质及其进化。研究一般系统的方法，包括结构方法、功能方法、历史方法等，可以应用于一切领域的系统研究。

2. 系统科学的特殊方法

系统科学的各个分支学科，例如控制论、信息论、博弈论、决策论等，既研究具体领域的系统，又有横断学科的性质，它的基本原理可以成为较普遍的科学方法，但它的普遍性又次于系统科学的一般方法，因而称为系统科学的特殊方法。在系统科学的特殊方法中，可以提炼出系统科学的一般方法，但是，这种特殊方法的基本特征，在于它是特殊系统的研究方法，例如，控制论是研究控制和通信系统的科学方法。系统科学的特殊方法主要有信息方法、反馈控制方法等。

3. 系统工程方法

系统工程方法是运用系统观点和方法处理巨大规模的复杂工程、科研和生产任务而创造的方法。系统工程的基本思想是对组织和管理的对象进行分析，建立系统模型，运用最优化的方法，求得系统的最佳结果。系统工程方法主要有系统分析、网络分析、分解、协调方法等。

四、系统理论

系统理论从不同侧面揭示了客观物质世界的本质联系，为现代科学技术的发展开辟了广阔的新领域。同时，系统理论作为崭新的科学方法论，显示了对复杂事物研究的有效性，为现代科学技术的发展乃至整个人类思维科学的发展提供了新概念、新思路、新方法。同时，系统科学的理论基础还处在一个形成阶段，系统的基本概念和基本定律还不完善，复杂系统难以进行实验，数学工具缺乏，均有待于人们不断探索、研究与发展。

1. 一般系统论

一般系统论的创始人是奥地利生物学家贝塔朗菲（L. V. Bertalanffy），他在 1924 ~ 1928 年间，就多次发表文章表述了系统科学的思想，主要目的是力图确立适用于系统的一般原则。一般系统论的基本观点是：

（1）系统观点：一切有机体都是一种自然整体——系统，这个整体是由部分结合而成的，其特性和功能不只是各部分特性和功能的简单相加。系统是相互作用的诸要素的复合体，系统的特性取决于复合体内部特定的关系。要了解系统的特性，不仅要知道组成这个系统的要素，而且还要知道它们之间的关系。

（2）动态观点：一切生命现象本身都处于积极的活动状态，并与环境不断地进行物质、能量的交换，以使有机体能够有组织地处于活动状态，并保持其有活力的生命运动。能与环境交换物质、能量的系统称为开放系统，生命系统基本上都是开放系统。任何一个开放系统都能在一定条件下保持其自身的动态稳定性。

（3）等级观点：各种有机体都按严格的等级组织起来，并通过各层次逐级的组合，形成越来越高级、越来越庞大的系统。

一般系统论有着十分广泛的含义，贝塔朗菲指出：一般系统论是一门新科学，属于逻辑和数学的领域，它的任务是确立适用于各种系统的一般原则，既不能局限在“技术”的范围内，也不能当作一般的数学理论来对待，因为有许多系统问题不能用纯数学的方法得出答案，而是要从系统的观点来认识和分析客观事物。一般系统论沟通了自然科学与社会科学、技术科学与人文科学之间的联系，提出了研究各门学科的新方法，使许多学科面貌焕然一新。

2. 控制论

控制论作为一门独立的学科，是 20 世纪中叶产生的，1948 年，美国科学家维纳（Norbert Wiener）编写了“Cybernetics or Control and Communication in the Animal and the

Machine”（《控制论，或关于在动物和机器中控制和通信的科学》）一书标志着这门学科的诞生，维纳被誉为控制论的创始人。

从控制的角度掌握系统运行的一般规律，控制系统的运行，是控制论的主旨所在。控制是系统建立、维持、提高自身有效性的手段，是施控者选择适当的控制手段作用于受控者，以期引起受控者行为姿态发生符合目的的变化。不论对于自然的、社会的或人工制造的系统，从这个意义上提出的问题，都是控制问题。

控制论是在运动和发展中考察系统，这就从根本上改变了研究系统的方法。控制论在通信和自动化技术中，在生物学和医学领域中，在经济学和社会学中，都发挥了巨大的作用。控制论的主要研究内容为：

（1）最优控制理论：这是现代技术的核心。通过数学的方法，科学、有效地解决大系统的设计和控制问题，并强调通过采用动态的控制方式和方法，以满足各种输入和多种输出系统的控制要求，实现系统的最优化。

（2）自适应、自学习和自组织系统理论：自适应系统是能够按照外界条件变化，自动调整其自身结构和行为参数，以保持系统原有的功能的系统。自学习系统是能够按照自己运行过程中的经验来改进控制系统能力的系统，是自适应系统的延伸和发展。自组织系统是能够根据环境的变化和运行经验来改变自身结构和行为参数的系统。这些理论对组织系统的控制研究带来了很大的影响和变革。

（3）模糊理论：模糊理论是在模糊数学基础上形成的一种理论，由于在现实问题中存在着大量的不够明确的信息和含糊不清的概念，很难用确定的数学模型来描述，因此，就必须借助于模糊数学来揭示这一类问题。

（4）大系统理论：大系统理论是现代控制论一个新的研究领域，它是以规模庞大、结构复杂、目标多样、功能综合、因素繁多的各种大系统作为研究对象的，研究的主要问题是大系统分析和大系统优化。

3. 信息论

信息论的创始人是美国贝尔电话研究所的数学家香农（C. E. Shannon），他为解决通信技术中的信息编码问题，突破老框架，把发射和接收信息作为一个整体的通信过程来研究，提出了通信系统的一般模型，同时建立了信息量的统计公式，奠定了信息论的理论基础。香农在1948年发表的《通信的数学模型》和1949年发表的《噪声中的通信》两篇重要文章成为信息论诞生的标志。

客观世界是由物质、能量和信息三大要素组成的，信息是客观存在的，系统的反馈主要是信息反馈。系统要素与要素之间、要素与系统之间、系统与环境之间的相互联系和作用，都要通过交换、加工、利用信息来实现。

信息论是关于信息的本质和传输规律的科学理论，是研究信息的计量、发送、传递、交换、接收和存储的一门新兴学科。信息论的基本思想是完全撇开系统物质与能量的具体运动形态，而把系统有目的的运动抽象为一个信息变换的过程，来探求信息的一般特征、传送规律和原理。由于人类的任何活动中，都包含着人流、物流、财流、信息流等各种流，其中信息流起着支配的作用，它调节着系统内部其他流的数量、方向、速度、目标，并控制着人和物有目的、有规律的活动，因此可以说信息论是控制论的基础。

4. 耗散结构理论

在1967年的“理论物理与生物学”国际会议上，比利时物理学家普利高津（I. Prigogine）提出了耗散结构理论。普利高津从热力学第二定律出发，通过研究非平衡态热力学指出：一个远离平衡态的开放系统，可以通过不断地与外界交换物质、能量和信息，在外界条件达到一定的阈值时，从原有的混沌无序状态，转变为一种在时间上、空间上或功能上的有序状态。所谓耗散结构，就是指这种在远离平衡态条件下所形成的有序结构。

耗散结构理论的提出具有重要意义，它指出在开放条件下系统如何在不违反热力学第二定律的情况下自发地从无序跃变为有序。在耗散结构中，普利高津重点阐述了以下几个观点：

（1）开放系统是产生耗散结构的必要前提，同时也是耗散结构得以维持和存在的基础。因为耗散结构实质上就是远离平衡态的非线性系统，并通过不断地与外界交换物质、能量和信息，来维持一种动态的有序结构。这种交换一旦停止，系统的结构就会受到破坏，就会遭到瓦解。因此，要使一个系统产生并保持耗散结构，就必须为其创造开放的条件，使其成为远离平衡态的开放系统。

（2）非平衡态是系统有序之源。普利高津认为开放系统是形成耗散结构的必要条件，但不是充分条件。耗散结构只有在系统保持“远离平衡”的条件下，才有可能出现。平衡结构是一种“死”的结构，而耗散结构是一种非平衡结构，是一种“活”的结构，是一种动态的稳定结构，是系统在不断地与外界交换物质、能量和信息的过程中形成的稳定结构。

（3）系统的涨落导致系统走向有序。所谓涨落，是指系统的某个变量或某种行为对平均质的偏离，涨落是偶然的、随机的、杂乱无章的，在不同的状态下有不同的作用。对平衡态、近平衡态来说，涨落是一种破坏其稳定性的干扰，是一种消极作用；对远离平衡态的耗散结构而言，涨落是系统由不稳定状态到形成新的稳定状态的杠杆，是一种积极的因素。系统的结构通过涨落规定和主导系统的功能，而系统的功能又通过涨落来影响和改变着系统的结构，并使系统走向有序。

5. 协同学理论

协同学是重要的自组织理论，是德国理论物理学家哈肯（H. Haken）在激光研究的基础上创立的。哈肯发现激光是一种典型的非平衡状态的物质状态转变（相变），而普利高津的耗散结构理论就是研究非平衡态的热力学现象的。哈肯在激光研究的基础上敏锐地意识到非平衡相变是一种自组织过程，其动力机制是系统内部大量的子系统之间协同作用。1969年冬，哈肯在斯图加特大学的演讲中首次引入“协同”概念；1971年他与他的学生格拉哈姆正式发表了《协同学：一门合作的学说》一文；1975年在《现代物理评论》上发表了《远离平衡及非物理系统的合作效应》一文；1977年编写了《协同学导论》一书，建立了协同学；1983年又发表了《高等协同学》。协同学理论指出，系统的序参量及支配原理决定着系统的演化与发展。在协同学理论中，哈肯提出了以下几个观点：

（1）协同导致有序。协同学强调系统的协同作用，即在复杂大系统内，各子系统协同行为产生超越各要素自身的单独作用，从而形成整个系统的统一作用和联合作用。协同作用是形成系统有序结构的内部作用力，在这种作用下，系统能够自动产生空间上、时间上和功能上的有序结构，出现新的稳定状态。

（2）自组织理论。所谓自组织，哈肯特别强调指的是系统在没有外部指令的条件下，其内部子系统之间能够按照某种规则自动形成一定的结构和功能，它具有内在性和自主性。自组织理论是协同学的核心，它反映了复杂大系统在演变过程中，是如何通过内部诸要素的自动协同来达到宏观有序状态的客观规律。

6. 突变论

法国数学家托姆（R. Thom）1972 年发表了《结构稳定性与形态发生学》，对突变现象及其理论做出了系统深刻的阐述，创建了突变论。突变论是从量的角度研究各种事物的不连续变化，并试图用统一的数学模型来描述它们。突变论以结构稳定性为基础，通过对系统稳定性的研究，说明系统的稳态和非稳态、渐变与突变的特征和相互关系，揭示系统状态演变的内部因素与外界条件。

突变论的重要贡献是对突变的类型作了分类，指出突变类型数目不取决于状态变量的数目而取决于控制参数的数目。当控制参数不多于 4 个时，只有 7 种不同类型的突变（见表 1－1），这些数学模型具有高度的概括性和普遍性。

表 1－1　基本突变类型表

突变类型	状态变量个数	控制变量个数	能量函数
折叠型	1	1	x^3+ux
尖角型	1	2	x^4+ux^2+vx
燕尾型	1	3	$x^5+ux^3+vx^2+wx$
蝴蝶型	1	4	$x^6+ux^4+ux^3+vx^2+wx$
双曲型	2	3	$x^3+y^3+ux+vy+wxy$
椭圆型	2	3	$x^3+xy^2+ux+vy+w\ (x^2+y^2)$
抛物型	2	4	$x^2y+y^4+ux+uy+wx^2+wy^2$

突变理论是突变现象的一个数学模型，它研究自然界和社会领域的不连续变化的突变现象。应用突变理论解释突变现象，对未来可能的突变进行预测，并控制突变的发生。突变理论出现后，被迅速地应用到自然科学的各个领域，人们尝试在社会科学中的应用，例如用突变论研究经济危机、市场行情等。随着突变论的完善和发展，它在各个领域的应用也越来越广泛和深入，人们对系统结构的演化方式和演化规律也将有进一步的认识。

7. 混沌学

混沌是由确定性的线性动力学系统产生的随机现象。早在 1930 年，美国数学家庞加莱（J. H. Poincare）在《科学与方法》一书中提出了 Poincare 猜想，他把动力学系统和拓扑学两大领域结合起来，提出了混沌存在的可能。混沌现象是美国气象学家洛仑兹（Lorenz）1963 年发现的，他为了预报天气，把大气动力学方程组简化为 12 个方程，用计算机作数值模拟时发现：在相同初始条件下，重复模拟结果随计算时间的增加而彼此分离，以至于后来变得毫无相似之处。这个结果表明短期天气预报是可行的，长期天气预报是不可能的。

20世纪70年代，生物学家发现人类的心脏中存在着混沌现象。1976年，美国生物学家在《自然》杂志上发表了“具有极复杂的动力学的简单数学模型”一文指出：简单的确定论数学模型竟然也可以产生看似随机的行为。1977年第一次国际混沌会议在意大利召开，标志着混沌科学的诞生。

我们周围的世界乃至整个宇宙，混沌现象无处不在，一支香烟冒出的烟迹，自来水龙头的滴水，油管内流动油的性质中都会出现混沌。混沌学是研究确定性非线性动力学系统所表现出来的复杂行为产生的机理，特征的表述，从有序到无序的演变及其反演变的规律及其控制的科学。混沌学应用领域广泛，可以用于图像数据的压缩、模式识别、故障诊断等方面。

8. 分形

分形是由美国数学家曼德布罗特（B. B. Mandelbrot）于1973年提出的，1977年、1982年他的专著《分形——形、机遇与维数》及《自然界的分形几何》分别出版，创立了分形几何学。

分形现象在自然界中比较普遍，例如在水系的主流分布支流，支流上又有支流，在主流、支流分布形式上存在相似结构。地学中也有自相似现象，如山中有山，景观中有景观。

特征尺度是指某一事物在空间或时间方面具有特定的数量级，分形的突出特点是无特征尺度，在于自相似性，即跨越不同尺度的对称性。如台风的特征尺度是数千公里量级，路边旋风特征尺度是数米量级，若不考虑它们的特殊性，把它们都看成旋涡，它们就没有特征尺度。因为大旋涡中有小旋涡，小旋涡中套着更小的旋涡，这种旋涡套旋涡的现象发生在许许多多不同的尺度上，可以从几千公里变化到几毫米。因此凡具有自相似结构的现象都没有特征尺度，而分数维才是度量它们不规则程度的特征量，反映了它们占领空间的能力。

自相似性是分形的本质，分数维是度量自相似性的特征量。在工程上可以获得大量的时间序列数据，容易测算出它的关联维，由关联维可以估算建立动力学模型所需要的实质性状态变量的数目。自相似现象可以把局部看作整体的缩影，整体看作局部的放大，而分数维正是这种放大或缩小自相似变换的不变量。根据这一规律可以做下述两方面的工作：可以提高已有资料的分辨率，即由大尺度趋势来复原小尺度趋势，因为在无特征尺度区，它们具有相似性；以降低分辨率为代价外推现有资料的样本时段或空间范围，即由小尺度趋势复原大尺度趋势。

9. 非线性科学和复杂性研究

20世纪80年代以来，非线性科学（nonlinear science）和复杂性研究（complexity study）的兴起对系统科学的发展起到了非常积极的推动作用。

国际学术界兴起对复杂性的研究，一个突出标志是1984年在美国新墨西哥州首府圣菲成立了以研究复杂性为宗旨的圣菲研究所（Santa Fe Institute，SFI），这是由3位美国诺贝尔奖获得者——物理学家盖尔曼（M. Gell - mann）、经济学家阿罗（K. J. Arrow）、物理学家安德森（P. W. Anderson）为首的一批不同学科领域的著名科学家组织和建立的，其宗旨是开展跨学科、跨领域的研究，他们称之为复杂性研究。SFI 提出：适应性造就复杂性，他们注重于研究复杂适应系统（Complex Adaptive System，CAS），并且研制出相应的系统软件平台 SWARM。

简单性科学包含许多非线性问题，但传统处理方法是把问题线性化，用线性模型近似地代表非线性原型，把非线性当作线性来处理。线性化无疑把问题大大简化了，但同时也就把非线性产生的许多非平庸特性（如自激振荡、分岔、突变、混沌等）给简化掉了。当对象具有非线性，特别是本质非线性时，系统研究真正关心的恰恰是这些非平庸特性。线性化处理无法保留这些非平庸特性，失去实际系统具有的本质特征，必须采取全新的简化方法，在保留非线性前提下寻找描述非线性的简化方法。

非线性、运算平衡、混沌、分形、模糊性都是复杂性的某种表现，把非线性当作对线性的偏离，把远离平衡态当作平衡态的扰动，把混沌当作复杂的规则运动，把分形当作复杂的规整图形，把模糊性当作复杂的精确性，都是把复杂性当作简单性处理，结果只能是失败的。把非线性当作非线性，把远离平衡态当作远离平衡态、把混沌当作混沌、把分形当作分形、把模糊性当作模糊性，都是把复杂性当作复杂性来处理，都会带来科学的重大进步。

第三节　系统工程

一、系统工程的含义

系统工程（Systems Engineering，SE）作为一门学科问世以来，仅仅 50 多年时间，是一门新兴的高度综合的科学，它从系统的观点出发，跨学科地考虑问题，运用现代科学和技术的方法去研究和解决各种系统问题。

系统工程从辩证唯物主义中吸取了丰富的哲学思想，从运筹学、控制论、信息论和其他工程学科、社会科学中获得了定性与定量相结合的科学方法，并充实了丰富的实践内容。

系统工程主要是研究人类社会的复杂活动，包括大规模生产、重大科学技术和社会经济结构等，在系统理论、思想、观点指导下借助现代计算工具来分析、揭示和预演各种事务的发展演化过程，从而设计出一个或多个能够多、快、好、省地达到预期目标的系统的过程，然后精心组织这种过程的实施和实现，使人们在活动中尽量避免盲目性和失误，以获得最佳的社会效果和最大的经济效益。

1978 年钱学森指出："系统工程是组织管理系统的规划、研究、设计、制造、试验和使用的科学方法，是一种对所有系统都具有普遍意义的方法，即系统工程是一门组织管理的技术。"系统工程不仅是技术，是方法，而且其本身正在成为一种普遍适用的科学方法论，即用系统的观点考虑问题（尤其是复杂系统、复杂巨系统的问题），用工程的方法来研究解决问题。

系统工程是系统科学中直接或间接地改造世界的组织管理技术。系统工程的早期主要用在工程设计和武器运用，经半个多世纪的开发，已在极为广泛的领域获得应用，诸如工程、社会、经济、军事、农业、企业、能源、运输、区域规划、人才开发、科研、信息、科学技术管理、环境生态等系统的总体规划、发展战略、预测、评价、综合设计、计划开发，并形成相应的系统工程，而且，新的应用领域还在开辟和扩展。

系统工程的主要特点有：

(1) 一个系统，两个最优。“一个系统”是指以系统为研究对象，要求综合、全面地考虑问题。“两个最优”是指系统目标是总体效果最优，同时实现这些目标的具体方法或途径也要求最优。“一个系统，两个最优”是系统工程的精华。

(2) 以“软”为主。传统的工程技术，如土木工程、机械工程、电子工程称为硬技术，系统工程是以“软”技术为主的工程技术，它是一大类新的工程技术的总称。“软”、“硬”技术应当是相辅相成的关系。

(3) 跨学科多，综合性强。一方面是应用知识和技术的综合性，另一方面是开展系统工程项目，要由各有关专业和各方面的专家参加协同工作。

(4) 从定性到定量的综合集成研究。将专家群体（各种有关的专家）、数据和各种信息与计算机技术有机地结合起来，把各种学科的科学原理和人的经验知识结合起来，发挥系统的整体优势和综合优势。在解决问题的过程中，专家群体和专家的经验知识起着重要的作用。

(5) 以宏观研究为主，兼顾微观研究。系统工程认为，系统不论大小，皆有其宏观和微观：凡属系统的全局、总体和长远的发展问题，均为宏观；凡属系统内部低层次上的问题，则是微观。宏观调控、微观搞活是系统管理的一条基本原理，不论系统大小，都是普遍适用的。研究微观问题，必须重视它的宏观背景，不能就事论事、只顾局部、不顾全局，至少上升一个层次考虑问题。

(6) 实践性与咨询性。系统工程的应用研究是针对实际问题的，是要解决问题并且接受实践检验的，不是纸上谈兵或闭门造车，这是系统工程的实践性。系统工程的研究主要是给领导当参谋，研究成果是为他们提供多种备选方案，由他们去进行决策。系统工程人员一般不参与决策，他们主要是给决策人员提供和分析评价备选方案。

二、系统工程与传统工程的区别

系统工程与其他各门工程技术一样，是以改造客观世界、使其符合人类需要为目的的，都从实际条件出发，运用基础科学和技术科学的基本原理，都要考虑经济因素和经济效益。但是系统工程的对象、任务、方法以及从事系统工程活动所需要的知识结构，与传统工程技术相比有明显区别。

1. “工程”概念不同

传统工程的“工程”，是指把自然科学的原理和方法应用于实践，设计和生产出诸如机械、汽车、建筑物等有形产品的技术过程，可将它看成是制造“硬件”工程。系统工程的“工程”概念，是指不仅包含“硬件”的设计与制造，而且还包含与设计制造“硬件”紧密相关的“软件”，诸如规划、计划、方案、程序等活动过程，所以称它是“软件的工程”。这样就扩展了传统的“工程”含义，给系统工程的“工程”赋予了背后的研究内容，因而它被誉为“工程的工程”。

2. 研究对象不同

传统工程技术都是把各自特定领域内工程物质对象作为研制对象和目标，有具体的、确定的对象。系统工程则是以“系统”为研究的对象，不仅把各种工程技术的物质对象包括在内，而且把社会系统、经济系统、管理系统等非物质对象也包括在内，往往包含有“人”。

3. 执行任务不同

传统的工程技术是分析已实现的技术，并把它归纳成一般理论，用来解决某个特定专业领域中的具体技术问题，如汽车运用工程是用科学的方法和手段，对汽车技术状况进行管理。系统工程的任务是以创造或改造系统为目的，用于解决系统的全盘统筹问题，通过系统工程的活动，妥善解决系统内部各分系统、各要素之间的总体协调问题，同时涉及系统与自然环境、社会环境、经济环境的相互联系等问题。

4. 研究方法不同

传统工程技术所用方法是数学、物理学、化学等基础自然科学，是在明确目标后，根据条件采用可能实现目标的方法，提出不同方案进行设计，试制出原型，经试验后最终达到生产和建设的目的。系统工程在解决各种系统问题的过程中，除用基础自然科学外，同时运用其他工程学以及经济学、运筹学、控制论、计算机技术等各种科学，是横跨各种科学技术的综合性思想体系。

5. 研究者素质不同

从事系统工程活动的，不仅有工程技术人员，而且还吸收社会科学工作者和其他行业的人员。系统工程人员应具有强烈的系统观点，在任何时刻、任何环境下，都能坚持用系统观点和方法研究、处理问题；应是“T”型人才，即一方面知识较广，另一方面要具备较深的专业知识；应有丰富的想象力和创造力，善于发现问题，并能及时提出较多的可行方案；应善于沟通，促进主管人员、设计人员以及各方面的有关人员相互协作；应熟悉环境动向，掌握部门之间的信息交流。

三、系统工程的技术内容

系统工程综合工程技术、应用数学、社会科学、管理科学、计算机科学、计算技术等专业学科的内容，但系统工程不是孤立地运用各门学科的基本内容，而是把它们从横向联系起来，综合利用这些学科的基础理论和方法，形成一个新的科学技术体系。

1. 运筹学

为达到一定目的，去做某件事情、执行某项任务、开展某种活动之前，人们总要进行一番筹划和安排，总想在一定的客观条件下，把事情办得更合理一些，以期得到最好的效果。这种合理安排、选优求好的朴素思想，就是运筹学的基本思想。1946 年，美国学者莫尔斯（P. M. Morse）和金博尔（G. E. Kimball）编写了 *The Methods of Operations Research*（《运筹学的方法》）一书，奠基了运筹学的思想。

运筹学既是一门理论科学，又是一门应用科学。运筹学所要解决的问题是在既定条件下对系统进行全面规划、统筹兼顾，以期达到最优的目标。运筹学是系统工程的基础，系统工程则是运筹学的具体运用。

运筹学重视有关活动的数量分析，建立数学模型，寻求解决问题的最优方案。运筹学的对象是社会，目标是最优化，它是经营管理的科学、作战指挥的科学、规划计划的科学、治理国家的科学。运筹学正逐步深入应用于社会经济系统和军事系统。这些系统往往存在着大量的不确定因素和人理问题，所以仅仅依靠数学模型和定量分析很难处理好复杂系统的优化问题，必须将定量分析、定性分析和计算机仿真结合起来，综合优化，实际上已经从运筹学过渡到了系统工程。

2. 概率论与数理统计学

概率论是研究大量偶然事件的基本规律的学科，广泛应用于概率型模型的描述。数理统计学是用来研究取得数据、分析数据和整理数据的方法。

3. 数量经济学

数量经济学是在马克思主义经济理论的指导下，在质的分析基础上，利用数学方法和计算技术，研究社会主义经济的数量、数量关系、数量变化及其规律性。

4. 技术经济学

技术经济学是一门跨自然科学和社会科学，同时研究技术与经济两个方面的交叉学科。它是用经济观点分析、评价系统技术上的问题，研究技术工作的经济效益，为制定系统的技术政策，确定系统的技术措施和选择系统的技术方案提供科学决策依据。

5. 计算机科学

系统工程要处理的系统往往非常庞大而且复杂，要对系统进行详尽的分析，获得好的系统方案，就要借助于电子计算机，以实现大量数据的整理、分析、计算及计算机模拟试验。

6. 现代化管理技术

系统工程是组织管理“系统”的规划、研究、设计、制造、试验和使用的科学方法。它所面临的基本问题是：怎样把比较笼统的初始规划逐步地变成为成千上万个参加规划者的具体工作，以及怎样把这些工作最终综合成一个技术上合理、经济上合算、研制周期短、能协调运转的实际系统，这样复杂的总体协调工作就需要运用现代化的科学管理技术。现代化管理技术既是技术问题，更是经济问题，它是一门符合科学的规律，运用先进的科学技术和经济思想，把整个生产管理组织起来的科学。

四、系统工程的研究方法

在系统工程研究中，长期以来逐步形成一套科学的工作方法和步骤，按照这样的方法和步骤，一般就可以了解一个系统，对于复杂的系统，按照这样的步骤就不会感到无从下手。系统工程方法论是解决系统工程实践中的问题所应遵循的步骤、程序和方法，它是系统工程思考问题和处理问题的一般方法。然而，不同的研究对象因特点各不相同，所采用的方法和步骤也不尽相同，对于具体的问题，只能根据系统思想的基本原则、立场和观点，灵活地运用一般系统的处理程序。

1. 霍尔三维结构方法论

霍尔三维结构是美国系统工程专家霍尔（Hall）于 1969 年提出的一种系统工程方法

论。它的出现，为解决大型复杂系统的规划、组织、管理问题提供了一种统一的思想方法，因而在世界各国得到了广泛应用。霍尔三维结构是将系统工程整个活动过程分为前后紧密衔接的七个阶段和七个步骤，同时还考虑了为完成这些阶段和步骤所需要的各种专业知识和技能。这样，就形成了由时间维、逻辑维和专业维所组成的一个立体的、跨学科的体系的三维空间结构，如图 1－3 所示。

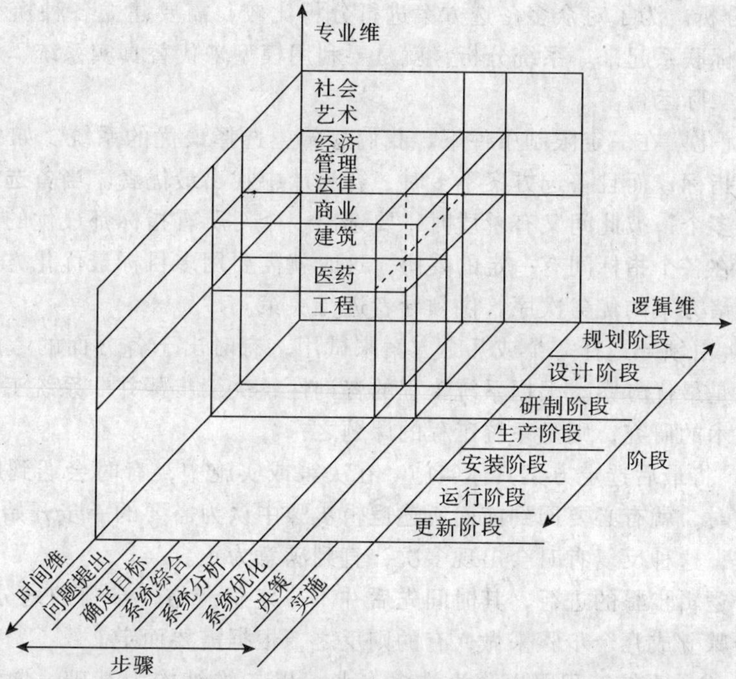

图 1－3　霍尔三维结构体系图

（1）时间维：对一个具体的工程项目，从规划到更新可分成如下七个阶段。

1）规划阶段，制定系统工程活动的规划和战略。

2）设计阶段，提出具体计划方案。

3）研制阶段，提出系统研制方案，并制订生产计划。

4）生产阶段，生产出系统的构件和整个系统，提出安装计划。

5）安装阶段，对系统进行安装和调试，提出系统运行计划。

6）运行阶段，系统按照预期目标运作和服务。

7）更新阶段，以新系统取代旧系统，或对原系统进行改进。

七个阶段是按时间先后次序排列的，故有“时间维”之称，这七个阶段构成了系统的生命周期，即系统由孕育诞生到被新系统所代替的全过程。

（2）逻辑维：将每一时间段展开，通常分成七个逻辑步骤。

1）问题提出。收集资料、数据或情况，把问题的实质和要害搞清楚，使有关人员做到心中有数。

2）确定目标。在问题搞清楚后，应该选择具体的评价系统功能目标，以利于衡量所有备选的系统方案。

3）系统综合。按照问题、环境、目标、条件，初步拟定若干备选方案（假想方案或系统）。当然，这些方案的选择，首先应是可行的，即技术上能达到，资源上有保证，设备能力可提供的方案。备选方案越多越好，应该注意："什么也不干"也是一种方案，在确定别的方案比它优越以前，别轻率地否定。

4）系统分析。为了对众多备选方案进行分析比较，需要建立各种模型，把这些方案与系统评价目标联系起来。系统分析，就是要利用模型来代替真实系统，利用演算或模拟来代替系统的实际运行。

5）系统优化。在一定限制条件下，我们总希望选择最优的系统。如果在评价指标中只有一个定量指标，而且备选方案不多时，容易从中找出最优者。当备选方案数很多，而评价指标有很多个，彼此间又有矛盾时，要选出一个对所有指标都最优的方案，一般是不可能的，必须在各个指标间有一定的妥协，这时就需要用多目标最优化方法进行评价，确定最优方案及诸方案的优劣次序，供领导者进行决策。

6）决策。由领导选择一个或几个方案来试用，有时出于各方面的考虑，领导选择的方案不一定就是最优方案。根据系统工程的咨询性，决策步骤并非系统工程师的工作，但是对于决策技术的研究，则是系统工程的课题之一。

7）实施。将最后选定方案具体实施。在决策或实施中，有时会遇到原定方案都不满意的情况，这时，就有必要回到前面所述逻辑步骤中认为需要的一步开始重新做起，然后再决策或实施，这种反复有时会出现多次，直到满意为止。

以上几个逻辑步骤的进行，其时间先后并不一定很严格，步骤的划分也不是绝对的，有的把一个步骤分成几个步骤来做，有的则反之，根据需要而定。

(3) 专业维：系统工程可以分为许多专业，以二维结构为基础，增加专业维，即成为三维结构。把系统工程处于某阶段、某一思维过程中所涉及的专业知识按照定量化难易程度由下至上排列，其顺序是工程、医药、建筑、商业、法律、经济管理、社会和艺术等专业知识。

霍尔的三维结构空间是当前比较清楚地说明系统工程研究方法和步骤的模式。在所有工作阶段都包含着不同的思维过程和专业知识，因此以向量（工作阶段、思维过程、专业知识）表示出系统工程所处的任一位置，就是霍尔三维结构空间作为系统工程的方法和步骤的本质。

2. 软系统方法论

英国学者切克兰德（Chekland）把霍尔的系统工程方法论称为硬系统思想或硬系统方法论，他在研究硬系统方法论局限性基础上，提出软系统方法论。

硬系统方法论的局限性主要集中在三个方面：

(1) 硬系统方法论认为，在问题研究开始时定义目标是很容易的，因此没有为目标定义提供有效的方法。但对大多数系统管理问题来说，目标定义本身就是需要解决的首要问题。

(2) 硬系统方法论没有考虑系统中人的主观因素，把系统中的人与其他物质因素等同起来，忽视人对现实的主观认识，认为系统的发展是由系统外的人为控制因素决定的。

（3）硬系统方法论认为，只有建立数学模型才能科学地解决问题，但是对于复杂的社会系统来说，建立精确的数学模型往往是不现实的，即使建立了数学模型，也会因为建模者对问题认识上的不足而不能很好地反映其特性，因此通过明显求解得到的方案往往并不能解决实际问题。

问题是任何理论和方法研究的起点和归宿，什么是问题呢？从问题的形成过程和认识问题的主观与客观关系来看，问题是一种待消除的状态差异，一种令人担心的事物。从心理学观点来看，问题是为达到预定目标所要排除的障碍。所有问题都包含起始状态（给定）、理想状态（目标）和环境状态（障碍），它们通常都是既定的，而且环境是多变的，目标是可调整的。问题起始状态的模糊化和不确定性以及理想状态因价值观念的多元化，造成事物环境条件复杂化即问题复杂化。考虑到人的价值观和需求的层次递增规律，人类几乎永不休止地追求更好的东西，但是，由于资源有限，从而必定产生问题，问题的大小和复杂程度取决于人们需求的强烈程度和需求得到满足的程度。

问题具有时间性、空间性、层次性。认识问题进而解决问题，应在确定的时间和空间范围内考察和分析问题的构成、特点和属性。从问题的结构和特点来看，问题有良结构和劣结构、硬问题和软问题之别。一般便于观察、便于建模、边界清晰、目标明确、好定义的问题称为具有良结构的硬问题；而把难以观测、不便建模、边界模糊、目标不定、不良定义的问题称为具有劣结构的软问题。

软系统方法论认为对社会系统的认识离不开人的主观意识，社会系统是人的主观构造的产物。软系统方法论旨在提供一套系统方法，使得在系统内各成员间开展自由的、开放的讨论和辩论，从而使各种观念得到表现，在此基础上达成对系统进行改进的方案。切克兰德的软系统方法论思路和步骤如图 1－4 所示。

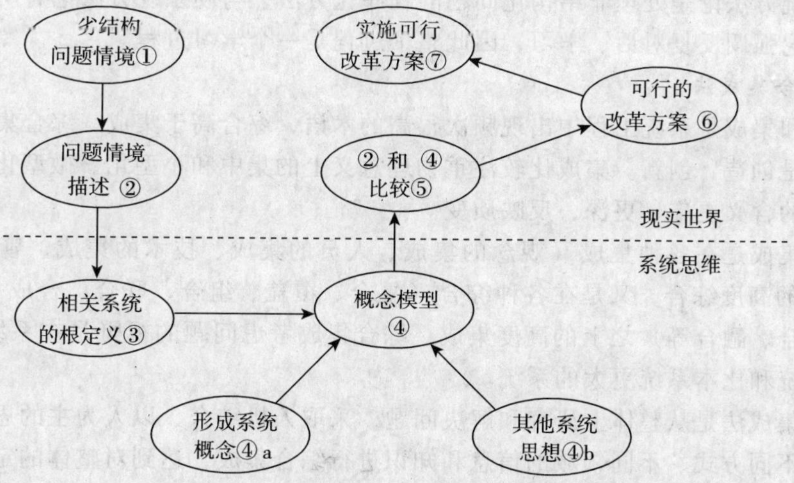

图 1－4　切克兰德的软系统方法论思路和步骤

（1）问题情境描述。

问题指的是已能明确确定下来的某些东西，问题情境是指人们感觉到其中有问题却不能确切定义的某种环境。第①、②阶段的目的是要明确问题情境的结构变量、过程变量以及两者的关系，而不是定义问题本身。要尽可能了解与情境有关的情况、不同人的不同观点，形成一个丰富的情境描述以便进一步研究。

（2）相关系统的根定义。

第③阶段并不回答需要建立什么系统，而是回答相关系统名字是什么之类的问题，亦即确切定义相关系统是什么，而不是做什么。这个定义是根据分析者的观点形成相关系统的概念，称之为相关系统的根定义。

（3）建立概念模型。

第④阶段任务是根据定义建立相关的概念模型。④a是根据系统理论建立的标准系统，用来检验概念模型是否完备，若不完备，则要说明原因。④b涉及其他一些系统思想，比如系统动力学、社会技术系统等，也许这些思想更适合于描述当前系统，提醒分析者全面分析问题。

（4）概念模型与现实模型的比较。

第⑤阶段的工作是将建立的几个概念模型与当前系统（问题）进行比较，目的是要发现两者之间不同及其原因，以便改进。在比较过程中，由于建立的概念模型有几个，所以无法取得一致的认识，因而在比较前，先要找出一个为多数人接受的模型，一般来说，几个概念模型的交集是一个比较理想的模型。

（5）系统更新。

在分析的基础上，依据讨论结果在阶段⑥确定可能的变革，作出的变革应同时满足以下条件：在给定占优势的态度和权利结构，并考虑到所考察情景的历史的前提下，它们应是合乎需要的和可行的。阶段⑦的任务是把阶段⑥的决定付诸行动以改善问题的情境。事实上，这相当于定义一个“新问题”，并且也能用同样的方法论来处理。

软系统方法论是处理非结构化问题的程序化方法，与硬系统方法论有明显的不同。软系统方法论强调反复对话、学习，因此整个过程是一个学习过程。

3. 综合集成法

综合和集成是系统工程中出现频次很高的术语，综合高于集成，综合集成的重点是综合，目的是创造、创新。集成比较注重物理意义上的集中和小型化、微型化，主要反映量变；综合的含义更广、更深，反映质变。

综合集成是在各种集成（观念的集成、人员的集成、技术的集成、管理方法的集成等）之上的高度综合，又是在各种综合（复合、覆盖、组合、联合、合成、合并、兼并、包容、结合、融合等）之上的高度集成。综合集成考虑问题的视野是在系统之上的系统，包含本系统和比本系统更大的系统。

综合集成法是从整体上研究和解决问题，采取人机结合、以人为主的思维方法和研究方式，对不同方式、不同领域的信息和知识进行综合集成，达到对整体的定量认识。综合集成法的实质是把专家体系、数据和信息体系以及计算机体系结合起来，构成一个高度智能化的人机结合系统，这个方法的成功应用，就在于发挥了这个系统的综合优势、整体优势和智能优势。

综合集成法体现了精密科学从定性判断到精密论证的特点，也体现了以形象思维为主的经验判断到以逻辑思维为主的精密定量论证过程。所以，这个方法是走精密科学之路的方法论，它的理论基础是思维科学，方法基础是系统科学与数学，技术基础是以计算机为主的信息技术，哲学基础是实践论和认识论。

应用这个方法论研究问题时，也可以进行系统分解，在系统总体指导下进行分解，在分解后研究的基础上，再综合集成到整体，实现 1 + 1 > 2 的涌现，达到从整体上严密解决问题的目的。综合集成法吸收了还原论和整体论的长处，同时弥补了各自的局限性，它是还原论和整体论的结合。

综合集成法指出了解决复杂巨系统和复杂性问题的过程以及过程的方向性和反复性。这个过程是从提出问题和形成经验性假设开始的，是专家体系的有关科学理论、经验知识和专家判断力、智慧相结合并通过研讨方式而形成的，通常是定性的。精密的严格论证是通过人机结合、人机交互、反复对比、逐次逼近，对经验性假设做出明确结论，如果肯定了经验性假设是对的，这样的结论就是现阶段对客观事物认识的科学结论；如果经验性假设被否定，就需要对经验性假设进行修正，提出新的经验性假设，再重复上述过程。

这一过程是以逻辑思维和辩证思维为主，在这个过程中，要充分应用数学科学、系统科学、控制科学、人工智能、以计算机为主的各种信息技术所提供的各种有效方法和手段，如系统建模、仿真、分析、优化等。

4. *物理—事理—人理系统方法论*

1995 年，中国系统工程学会理事长、中国科学院系统科学研究所顾基发研究员和英国 Hull 大学的华裔学者朱志昌博士提出了物理—事理—人理系统方法论，简称为 WSR 系统方法论。

作为科学研究对象的客观世界是由物和事两方面组成的，物是指独立于人的意志而存在的物质客体；事是指人们变革自然和社会的各种有目的的活动，包括自然物采集、加工、改造，人与人的交往、合作、竞争，对人的活动所做的组织、管理等。通俗地讲，事就是人们做事情、做工作、处理事物。

运筹学促使科学认识从物理进到事理，事理学的研究又促使科学认识从事理进到人理。没有人的系统（自然系统）的运动总可以用物理加以说明，而有人的系统（社会系统）则要加上事理、人理去说明。

物理主要涉及物质运动的规律，通常要用到自然科学知识，回答有关的物是什么，能够做什么，它需要的是真实性。事理是做事的道理，主要解决如何安排、运用这些物，通常用到管理科学方面的知识，回答可以怎样去做。人理是做人的道理，主要回答应当如何做。处理任何事和物都离不开人去做，以及由人来判断这些事和物是否得当，并且协调各种各样的人际关系。通常要运用人文和社会科学的知识去处理各种社会问题，人理常常是主要内容。

WSR 系统方法论认为，在处理复杂问题时，既要考虑对象系统的物的方面（物理），又要考虑如何更好使用这些物的方面，即事的方面（事理），还要考虑由于认识问题、处理问题、实施管路与决策都离不开的人的方面（人理）。把这三方面结合起来，利用人的理性思维的逻辑性和形象思维的综合性和创造性，去组织实践活动，以产生最大的效益和效率。WSR 系统方法论的内容列于表 1 - 2。

表 1-2 WSR 系统方法论的内容

要 素	物 理	事 理	人 理
道理	物质世界、法则、规则的理论	管理和做事的理论	人、纪律、规范的理论
对象	客观物质世界	组织、系统	人、群体、人间关系、智慧
着重点	是什么？功能分析	怎样做：逻辑分析	应当怎样做？人文分析
原则	诚实，真理，尽可能正确	协调，效率，尽可能平滑	人性，效果，尽可能灵活
需要的知识	自然科学	管理科学，系统科学	人文知识，行为科学

WSR 系统方法论有一套工作步骤，用以指导一个项目的开展。这套步骤大致是以下 6 步，这些步骤有时需要反复进行，也可以将有些步骤提前进行。

（1）理解顾客意图。强调与顾客的沟通，而不是一开始就强调个性和民主。在大多数情况下，总是由顾客提出一项任务，他们的愿望可能是清晰的，也可能是相当模糊的。愿望是一个项目的起始点，因此，传递、理解愿望非常重要。在这一阶段，可能开展的工作是愿望的接受、明确、深化、修改、完善等。

（2）调查分析。这是一个物理分析过程，任何结论只有在仔细调查情况之后，而不应在之前。这一阶段开展的工作是分析可能的资源、约束和相关的愿望。一般是深入实际，在专家和广大群众的配合下，开展调查分析，有可能出具“情况调查报告”一类的书面工作文件。

（3）形成目标。作为一个复杂的问题，往往一开始问题拟解决到什么程度，领导和系统工程工作者都不是很清楚。在领会和理解领导的意图以及调查分析，取得相关信息之后，可能开展的工作是形成目标。这些目标会有与当初领导意图不完全一致的地方，同时在以后大量分析和进一步考虑后，可能还会有所改变。

（4）建立模型。除数学模型外，还可以是物理模型、概念模型、运作步骤、规则等，一般通过与相关领域的主体讨论、协商，在思考的基础上形成。在形成目标以后，可能开展的工作是设计、选择相应的方法、模型、步骤和规则来对目标进行分析处理。这个过程主要是运用物理和事理。

（5）协调关系。在处理问题时，由于不同的人所拥有的知识不同、立场不同、利益不同、价值观不同、认知不同，对同一问题、同一个目标、同一个方案往往会有不同的看法和感受，因此往往需要协调。相关主体在协调关系层面都应有平等的权利，在表达各自态度方面也有平等的发言权，包括做什么、怎么做、谁去做、什么标准、什么秩序、为何目的等议题。在这一阶段，一般会出现一些新的关注点和议题，可能开展的工作就是相关主体的认知、利益协调。这个步骤属于人理的范围。

（6）提出建议。在综合了物理、事理、人理之后，应该提出解决问题的建议，提出的建议一要可行，二要尽可能使相关主体满意，最后还要让领导从更高一层次去综合和权衡，以决定是否采用。

必须注意到，有时甚至实施结束了也不能算项目完成了，还要进行实施后的反馈和检查等。当然，这样也可以说是进入到一个新的 WSR 步骤循环了。

在 WSR 系统方法论的指导下，要有选择地使用一些具体的方法，甚至其他的方法论。

表 1－3　WSR 常用的若干方法

要　素	物　理	事　理	人　理	方　法
理解意图	了解顾客最初意图，通过谈话来收集有关领导讲话	了解顾客对目标的偏好，喜欢什么模型和评价标准	了解有哪些领导会参加决策，谁来使用这个结果	头脑风暴法、讨论会、分析、认知图
调查分析	主要调查现在已有资源和约束条件，主要通过现场调查和文件检索	了解顾客的经验和知识背景	了解谁是真正的决策者，哪些知识是必须用的，弄清顾客上下各种关系是必要的	Delphi、各种调查表、文献调查、历史对比、交叉影响法
形成目标	将所有可行的和实用目标准则以及约束都列举出来	要在目标中弄清它们的优先次序和权重	最好弄清各种目标涉及的人物	头脑风暴法、目标树等
建立模型	将各种有关目标和约束数据化和规范化	要选择合适的模型、程序和知识	尽量把领导的意图放入模型中	各种建模方法和工具
协调关系	要使所有模型、软件、硬件、算法和数据之间加以协调，或称之为技术协调	要对模型和知识的合理性加以协调，或称之为知识协调	在工作过程中各方面的利益、观点、关系都会由于不同而引起冲突，就需要进行利益协调	和谐理论、亚对策、超对策
提出建议	要对各种物理设备和程序加以安装、调试、验证	要将各种专门术语改为顾客能懂和喜欢的语言	要尽量让各方面易于接受、易于执行，并考虑到今后能否合法运用该建议	各种统计表、统筹图

第四节　交通系统工程

一、交通系统工程的含义

系统工程以系统为研究对象，交通系统工程的研究对象则是交通系统。交通系统工程是系统工程在交通领域中具体应用的分支学科，它将人、车、路、环境作为一个有机整体，从系统观点出发，以数学和工程等科学方法为工具，综合运用汽车工程、运输工程、道路工程、交通工程、环境工程、管理工程、运输经济学和人类工效学等基本理论，为交通活动提供最优规划和计划，进行有效的协调和控制，并使之在一定期限内获得最合理、最经济、最有效的成果，做到人尽其才，物尽其用。

交通系统工程和交通工程是对同一问题的两个不同研究侧面，虽然二者在研究若干静态微观的交通问题上确实有着许多类似的地方，但它们之间存在着某些明显的原则区别，主要区别表现在：

（1）交通系统工程是用系统工程的观点和方法来研究交通系统的。所谓系统工程观点，归纳起来即全局（整体）观点、层次（渐进）观点、动态（变化）观点、信息（反馈）观点、价值（数量）观点、策略（灵活）观点。所谓系统工程方法，包括系统分析法、系统建模法、系统综合法和系统控制法。这些是传统交通工程较少触及的。

（2）交通工程至今未上升到方法论的高度，其基础属于土木工程技术范畴，限制了交通工程成为一门有雄厚理论作基础的科学分支的可能性，说到底它是一门工程技术。交通系统工程则不然，发展十分迅速的系统工程已经升华为系统科学，成为独立的科学领域。交通系统工程无论在理论上，还是在实践上，均较交通工程丰富，对国民经济的影响也较交通工程广阔、深刻。

（3）从学科方向来看，交通工程偏重于静态的、微观的、硬科学范畴的研究；交通系统工程则侧重于动态的、宏观的、软科学范畴的研究。前者更多地适应外延，后者更多地适应内涵，着重调整和优化系统的内部结构。

二、交通系统工程实例

以公共汽车运行时刻表的制定为例简要说明交通系统工程的应用。

（1）线路与时刻表拟定问题提出。某公共汽车公司发现，路线行程增加很快，但乘客与可容量之比不断下降，而高峰与平均运输量之差增加很快。如何把有限的车辆部署好，特别是在高峰阶段，就成为一个很严重的问题。该公司将此问题提交给运筹学小组，要求研究现有路线、高峰运输的合理化计划，以及利用现有车队来拟制时刻表和发车次数。

（2）目标的确定。确定的目标是拟制一套方法来制定、试验和鉴定各种行车时刻表，从而使公司有利可图。同时还决定这份时刻表是一份满意的而不是最佳的时期表，因为最佳化研究不仅费时，在许多情况下也得不偿失。

（3）模型的拟制。公共汽车时刻表的问题一般分为如下几个方面：确定需求量，即每天不同时间各站上下的乘客量；制定行驶线路，根据需求量，运用合理化计算，定出路线；制定行驶的频率，即每条建议的路线的行驶频率；调配车辆，根据路线和频率，调配车辆；确定车上工作人员。

寻求一个最优解方案要求同时对上述项目综合调查研究，但是一个满意解方案只需分别研究这些项目后即能得出，运筹小组与公司双方同意采取后者。

（4）收集资料。把汽车站分为三类：一类站为整天都有大量乘客上车；二类站为只在高峰时期有大量乘客上车；三类站为其余车站。车站选择和分类是与公司工作人员合作进行的。利用了两天时间对每个站乘客需求量作了详细观察，每隔 5 分钟把排队人数作统计并记录下来，并记下每辆车的到达时间、终点站等资料和乘客的目的地。

（5）资料的使用。将原始资料归纳后，就能得到每站要求上车的乘客量（以每小时为基础），各站下车人数。研究成果是一个起点—终点矩阵，说明从各起点到终点每小时内要求运送人数。

（6）制定公共汽车路线。对上述图表进行研究后，标出载客容量繁重的各段线路，并结合其他各段情况，制定公共汽车路线。

（7）确定发车频率。根据下列准则确定路线发车频率：路线的载客量必须在最低水平以上，使载客量与可容载客量之比达到可接受的水平；乘客等车时间必须小于公司规定的服务标准。

（8）制定时刻表。有了路线和旅程表后，就必须调度车辆，以确定各线路所需的公共汽车数，其要求是把闲置时间和跑空车的现象减至最低程度。

（9）模拟。使用各站随机需求量来模拟系统的工作情况，以检验模型的性能。

（10）结论。这不是一个最优解，但对该公司有重大意义，因为它比较容易重新制定时刻表，并能满足主要的要求。初步计算说明能获得较大的好处，载客量与可容载客量之比可望增加；还可增加公共汽车利用率，车辆可以减少。公交公司采纳了研究的建议，并获得预期的结果。

第二章　交通系统分析

第一节　基本概念

一、系统分析的定义

1. 对系统分析的理解

系统分析是一门分析技术，最初由美国的军事研究机构兰德（Research and Development，RAD）公司提出。它以系统理论、运筹学、计算机软件技术等为基础，研究在自然环境条件下受人控制和影响的有目的运行系统的机理。

兰德公司最初提出的系统分析，是一种从费用和效果两个方面对符合确定目标的不同方案进行经济评价的方法。后来运用数学和经济学的原理和方法，研究新型防御武器系统，不仅在航天技术领域等军事方面得到广泛应用，并且推广到民用企业，用于改善交通、通信、公共卫生等设施的效率和效能，使系统分析成为研究经济合理性的应用工具。大学和研究机构的研究人员，逐步地把系统分析理论化、系统化，作为一般的方法，推广到各个研究领域，使它成为分析各种研究对象的理论体系。

到目前为止，系统分析仍然缺少一套完整的理论，在实际研究中，根据所分析问题不同，系统分析又可能采取各种适当的、科学的方法、技术和模型，以获得各种可行方案，供决策者选用。在系统工程方法中，系统分析起着核心的作用。系统分析是系统方法的主要组成部分，是应用系统工程方法分析和解决问题的初期阶段，是系统设计和系统决策的重要基础。

广义的解释，把系统分析理解为应用系统工程解决问题的前期阶段工作。可定义为：系统分析是从系统长远和总体最优出发，在选定系统目标和准则的基础上，分析构成系统各个层次分系统的功能和相互关系，以及系统同环境的相互影响；在调查研究、收集资料和系统思维推理的基础上，产生对系统的输入、输出及转换过程的种种假设，在确定和不确定条件下利用定性和定量方法，探索若干可能相互替代的方案；建立模型或用模拟方法、分析对比各个不同的方案，并研究探讨可能产生的效果；综合技术经济、组织管理、方针政策、信息交换等各方面因素，寻求对系统整体效果最佳和有限资源配备最佳的方案，为决策者最后判断提供科学依据和信息。

狭义地理解系统分析仅是系统工程逻辑程序中的一个步骤。即在明确了系统问题，确定了决策目标，并拟定若干备选方案之后，对方案进行分析、评优、比较、选择的工作过程。有的学者又将这些狭义理解的系统分析称为系统综合评价。

将系统分析称为系统工程的代名词而混用，持这种观点的人也很多。

2. 系统分析的定义

系统分析是一个思维过程，要分析一个系统，首先要确定系统边界，把研究对象规定为一个系统，必须把它从外部环境中划分出来而成为一个整体，并明确这个系统中的各个子系统及其相互作用。系统分析首先要以系统观点明确所期望达到的目标，为了确定系统分析的目标，必须在收集、分析、处理所获得的信息资料的基础上，对系统的目的、功能、环境、费用、效益等问题，进行科学的分析，确定系统的目的，制定为达到这种目的的各种方案，通过模型进行仿真实验和优化分析，并对各种方案进行综合评价，从而为系统设计、系统决策和系统实施，提供可靠的依据。只有经过这样的分析过程，才能达到系统分析的目标。

系统分析的目的是帮助决策人对所要决策的问题逐步提高认识的清晰度。系统分析的方法是采用系统的观点和方法，用定性和定量的工具、对所研究问题进行系统结构和系统状态的分析，提出各种可行方案和替代方案，并进行比较、评价和协调。系统分析的任务是向决策人提供系统方案和评价意见，以及建立新的系统或改造现有系统的建议。

系统分析的定义可描述为：利用科学的分析工具和方法，分析和确定系统的目的、功能、环境、费用与效益等问题。抓住系统中需要决策的若干关键问题，根据其性质和要求，在充分调查研究和掌握可靠信息资料的基础上，确定系统目标，提出实现目标的若干可行方案。通过模型进行仿真试验、优化分析和综合评价，最后整理出完整、正确、可行的综合资料，从而为决策提供充分依据。

3. 系统分析与运筹学

系统分析与运筹学二者之间有相同的地方，也有不同之处。就其相同点而言，二者同样要考虑数量因素，重视正确分析，对于不确定因素以及成本与效益等，都是作为构成问题与模型的主要因素。就其不同点而言，第一，范围不同，系统分析的范围较广，是全面的；而运筹学的范围较窄，是部分的。第二，系统分析不能离开价值判断，分析者的任务是提供决策者何时并如何考虑价值判断，决策者则根据自己的价值判断进行决策；而运筹学开展工作时，价值判断往往已决定，仅研究如何达成一个目标的最好方法。系统分析和运筹分析的方法、目的、问题的性质和探索的方法等方面的比较如表 2－1 所示。

表 2－1　系统分析和运筹分析比较表

	运筹分析	系统分析
问题的性质	以小规模较短时期为主，由定量的因素构成	包含时期长、规模大、定量化困难的因素和不确定因素
搜索的方法	主要追求关于所给定工作的最优解	不限于所给定系统的工作，也可以考虑新系统的开发，大多不以求最优解为目的
分析的目的	考虑所给的倾向强烈，一般是单一的	在作为探讨对象的多个目的中，有时也有相互对立的
分析的方法	数学的方法	除数学方法外，还灵活运用“心算”和判断

二、系统分析的特点

1. 以整体为目标

在一个系统中，处于各个层次的分系统，都分别具有特定的功能和目标，彼此分工合作，才能实现系统整体的共同目标。系统总体所具有的性质，是其各个组成部分或要素所没有的，因此，如果只研究改善某些局部问题，而忽略或不重视其他分系统，则系统整体的效益将受到不利的影响。从事任何系统分析，必须考虑发挥系统总体的最高效益，不能只局限于个别分系统，以免顾此失彼。

系统总体目标和局部目标分别同系统结构层次的高低相适应，低层次系统的局部目标从属于高层次系统的总体目标。在正常情况下，实现系统的局部目标是达到系统总体目标的手段，个别要素的局部目标只有与系统的总目标相适应时才能顺利实现。

2. 以特定问题为对象

系统分析是一种处理问题的方法，其目的在于寻求解决特定问题的最佳策略。许多问题都含有不确定因素，系统分析就是针对这种不确定情况，研究解决问题的各种方案及其可能产生的结果。不同的系统分析所解决的问题当然不同，即使对相同系统所要解决的问题，也要进行不同的分析，拟订不同求解方法。

3. 运用定量分析和其他科学方法

科学研究方法，不能单凭想象、臆断、经验或者直觉，在许多复杂情况下，必须要有准确可靠的数字和资料作为科学决断的依据。在有些情况下，利用数学方法描述有困难时，还要借用结构模型解析法。

4. 凭借价值判断

从事系统分析时，对系统中的一些要素，必须从未来发展的观点，用某些方法进行科学预测，或者类比以往发生过的事实，来推断其将来可能产生的趋势或倾向。由于所提供资料有许多是不确定变量，而客观环境又会发生各种变化，因此，在进行系统分析时，还要凭借各种价值观念进行判断和优选。

三、系统分析的内容

按照系统研究、系统设计、系统量化、系统评价和系统协调的内容，做出了系统分析活动流程图如图 2 -1 所示。在提出问题状况后，第一个步骤就是系统研究，通过对广泛资料的处理，获得有关信息，进而使资料所代表的意义明确化，并使相关的数据与信息能因问题状况的特性而显现出某种程度的结构化，利用一些有效方法进行比较和分析，以确认或发现所提出问题的目标。系统设计是第二个步骤，主要是处理系统的整体结构，使系统与系统环境能够实现结构化，以便进行定量处理。系统量化是第三个步骤，是处理系统问题的属性量化部分，也就是说，处理和表示系统与环境的属性，使系统定量化。系统特性经过量化后，一般来说，还需要经过第四个步骤，即必要的修改和简化工作，才有可能使用现有的分析模式或技术进行运算达到可操作性的要求。最后一个步骤是系统评价，通过该步骤的作业活动，输出供决策者选用的具有排序的可行方案集，作为待选方案。

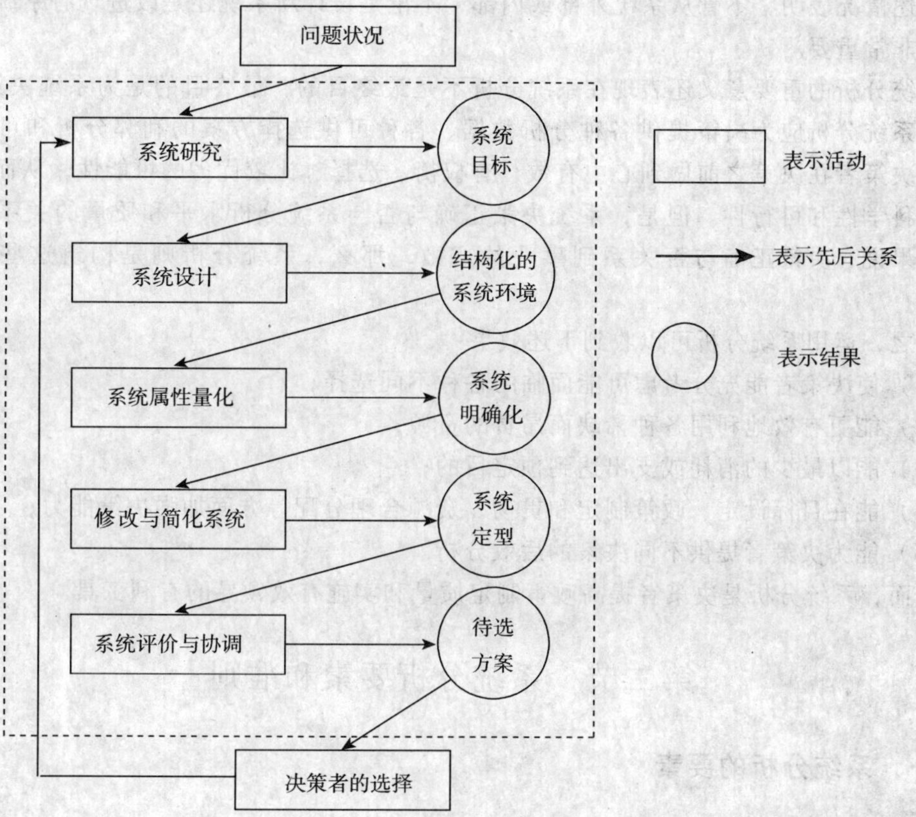

图 2－1　系统分析流程图

四、系统分析的意义和作用

在科学技术高度发达的现代社会里，事物间的联系日趋复杂，出现了各种形式的大系统，如社会系统、军事系统、道路交通系统、城市交通管理系统等。这类大系统通常都是开放性系统，它们与所处的环境即更大的系统之间发生着物质、能量和信息等的交换关系，从而构成了环境约束。系统同环境的任何不适应即违反环境约束状态的行为都将对系统的存在产生不利的影响。

从系统内部看，它们通常由许多层次的子系统组成。系统与子系统之间存在着复杂的关系，如纵向的上下关系，横向的平行关系以及纵横交错的交互关系等。但是不管这些关系如何复杂，有一条基本原则是不变的，那就是下层系统以达成上层系统的目标为任务，横向各个子系统必须用系统目标协调行动，各附属子系统要为实现系统整体目的而存在。因此，任何子系统的不适应或不健全，都将对系统整体的功能和目标产生不利的影响；系统内各子系统的上下左右之间往往会出现各种矛盾因素和不确定的因素，这些因素能否及时了解、掌握和正确处理，将影响到系统整体功能和目标的达成。

系统本身的功能和目标是否合理也有研究分析的必要。不明确、不恰当的系统目标和功能，往往会给系统生存带来严重危害。系统的运行和管理，要求有明确指导方针。

上述情况表明，不管从系统外部或内部，不论是设计新系统还是改进现有系统，系统分析都非常重要。

系统分析的重要意义还表现在系统分析不是最终目的，最终目的是为系统决策服务。因此，系统分析应为决策提供各种分析数据、各种可供选择方案的利弊分析和可行条件等，使决策者在决策之前做到心中有数，有权衡、选择、比较优劣的可能性，从而能提高决策的科学性和可行性。但是，系统决策正确与否与系统分析水平和质量的关系极为密切。如果说，决策正确与否关系到事业的成败，那么，系统分析则是构筑这些成败的基石。

总之，运用系统分析可以收到下述效果：

(1) 使决策者能充分考虑可能面临的各种不同选择；

(2) 能更有效地利用各种稀缺而昂贵的资源；

(3) 能以最少的消耗或支出达到预定目的；

(4) 能在目标设定、政策制定和贯彻、资源合理分配等方面加强决策能力；

(5) 能为决策者提供不同决策的后效分析。

因而，系统分析是决策者提高政策制定质量和实施有效领导的有利工具。

第二节　系统分析要素和准则

一、系统分析的要素

1. 目的

目的是决策的出发点，为了正确获得决定最优化系统方案所需的各种有关信息，系统分析人员的首要任务就是要充分了解建立系统的目的和要求，同时还应确定系统的构成和范围。

系统分析的对象是人工系统，一切人工系统都具有目的性，因此，系统分析首先要明确所期望达到的目的。例如，完成或超额完成生产计划，达到规定的质量和成本利润指标等，就是企业的经营管理系统的目的。显然，系统的目的不一定是单一的，可能有多种目的，产量、产品质量、成本、利润等多种指标，就是企业的经营管理系统的多种目的。系统的目的不是一次能够确定的，它也是一个反复的分析过程，必须运用反馈控制法，逐步地明确问题，选择手段，确定目的。

2. 可行方案

可行方案是选优的前提，没有足够数量的方案就没有优化。只有在性能、费用、效益、时间等指标上互有长短并能进行对比的，才称得上是可行方案。可行方案必须有定性和定量的分析和论证，必须提供执行方案时的预期效果。

实现系统的目的，可以采用多种手段，因而可以产生各种可行方案。由于条件的不同，方案的适合性也不同，因此，在明确系统的目的之后，就要通过系统分析，提出各种可能的方案，供决策时选择。有了多种可行方案，决策者就可以根据当时的条件，选择其中最合适的方案。

3. 模型

根据目标要求，用若干参数或因素体现出系统本质方面的描述，以分析的客观性、推理的一贯性和可能的有限定量化为基础，使用模型进行分析，是系统分析的基本方法。通过模型可以预测出替代方案的性能、费用与效益、时间等指标。

系统设计需要有模型，以反映系统要素和结构以及它们之间的相互关系。形象模型、模拟模型和数学模型等形式，要根据实际条件和需要加以构造。例如，为了分析目的与手段的关系，可以构造费用与效果的相互关系数学模型。有了模型，就能在决策以前对结果作出预测。

4. 费用

用于方案实施的实际支出就是费用。费用一般用货币表示。但在决定对社会有广泛影响的大项目时，还要考虑非货币支出的费用，因为其中有些因素是不能或很难用货币尺度来衡量的。例如，兴建某一工程对社会环境、生态的影响。

任何系统目的的实现，都需要付出一定的费用，用于人、物、材、设备等资源耗费。由于机会的丧失，而作出成本上的牺牲，也要加入费用的构成部分。

5. 效果（效益）

效果就是达到目的所取得的成果。衡量效果的尺度有效益和有效性两种指标，效益可以用货币尺度来评价，有效性则是用货币以外的指标来评价的。

效益可分为直接效益和间接效益。直接效益包括使用者所付出的报酬或因提供某种服务而得到的收入，间接效益是指增加社会生产潜力的效益，如环境效益。一般说来衡量间接效益是比较困难的。

由于人工系统都具有目的性，因此十分注重是否达到目的的成果，即达到目的的程度，这就是效果。目的与效果的这种直接联系，决定了对系统进行效果分析的重要性。在分析系统的效果时，必须注意直接的效果，同时也要注意间接的效果。对于企业的经营系统来说，直接效果是指本企业的利益，间接效果是指企业以外的社会效益。这两个方面的效果都要兼顾，不能偏废。

6. 评价标准

衡量可行性方案优劣的指标是评价标准。通过评价标准可对各个可行方案进行综合评价，确定出各方案的优劣顺序。

评价标准要有一组指标，不同的指标体系，应根据不同的要求和科学技术条件具体确定。评价标准可能包括：费用效益比、性能周期比、费用周期比等。由于存在多种可行方案，因此，根据统一的评价标准，对各种方案进行综合评价，可以比较各种方案的优劣情况，确定对各种方案的选择顺序，为决策提供依据。

系统分析的六个基本要素根据相互之间的制约关系，可组成系统分析结构的概念图如图 2－2 所示。

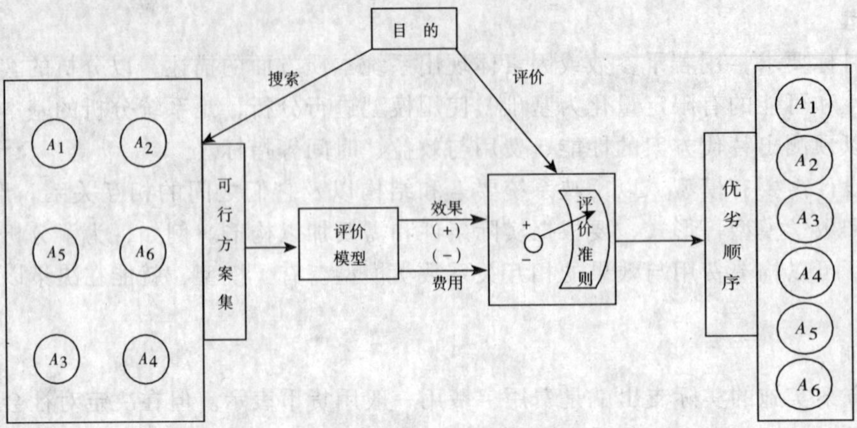

图 2-2 系统分析结构概念图

二、系统分析的准则

1. 外部条件与内部条件相结合的准则

对系统的内部进行分析，主要是研究系统的组成要素、要素之间的关系以及系统的结构、功能等。系统的生存和发展是以外部环境为条件的，环境的变化对系统有着很大的影响，对系统的外部条件进行分析和研究，在于弄清系统目前和将来所处环境的状况，把握系统发展的有利条件和不利因素，所以，在进行系统分析时，必须将系统内、外部各种有关因素结合起来综合分析，才能实现系统的最优化。

例如，在构成一个运输系统的时候，不仅要考虑系统的外部条件如物流、信息流等，还要考虑运输系统内部的结构、运输方式的组合等。不考虑系统外部环境，仅仅从系统内部来考虑，是不可能达到系统整体最优的。

2. 当前利益与长远利益相结合的准则

进行系统分析的目的，是要最终实现系统的最优化。所谓系统的最优化，包含着两方面的含义：一是从空间上讲要求整体最优；二是从时间上要求全过程最优。因此，选择系统方案时，不仅要从当前利益出发，而且还要考虑将来的利益，兼顾可持续发展观。不少客观事实表明，一个系统在当前最优不等于在未来也最优；在全过程的某些局部阶段最优，不等于全过程最优。

例如，交通建设是百年大计，是提高国民经济效益的重要因素之一，但交通建设项目本身的经济效益则需要经过一定的时间才能够反映出来。如果对这种滞后性不能客观对待，只看眼前利益，不考虑长远利益，重生产轻交通，不重视基础性投资和交通设施的建设，只会是欲速则不达。

3. 局部效益与整体效益相结合的准则

系统是由许多子系统组成的，但是当各子系统的效益都很好的时候，系统的整体效益并不一定会好。系统工程在争取系统总体最优时，必须全面考虑整体与局部以及局部与局部之间的关系，忽略这一点，就很难达到总体最优的效果。

4. 定量分析与定性分析相结合的准则

交通系统分析不仅要进行定量分析，而且要进行定性分析。交通系统分析总是遵循

"定性一定量一定性"这一循环往复的过程，不了解交通系统各个方面的性质，就不可能建立起探讨交通系统定量关系的数学模型。定性和定量二者结合起来综合分析，才能达到优化的目的。

第三节　系统分析要点和步骤

一、系统分析的要点

系统分析注意逻辑思维推理的方法，在分析时往往要通过追问一系列"为什么"而使问题得到圆满的解答。表 2-2 为系统分析提问表。

表 2-2　系统分析提问表

分析内容	第一次提问	第二次提问（Why）	第三次提问
对象	做什么（What）	为什么做这个	对象是否已经清楚
目的	是什么（What）	为什么是此目的	目的是否已经明确
地点	在何处做（Where）	为什么在此处做	有无其他更合适的地点
时间	在何时做（When）	为什么在此时做	有无其他更合适的时间
人员	由谁做（Who）	为什么由此人做	有无其他更合适的人选
方法	怎样做（How）	为什么用此方法做	有无其他更合适的方法

这些提问可以归结为七个"W"，只有圆满地回答了以上的提问，才能对系统的开发对象、开发目的、开发地点、开发时间、开发人员、开发方法有一个完整、清晰、圆满的答案。

二、系统分析的步骤

系统分析不同于一般技术经济分析，作为一种解决问题的方法，它可以帮助决策者对大量可行性方案进行鉴别，然后选择一个最合适的方案，在满足所有约束条件的情况下，最优地达到系统设计者和决策者的总目标。一般说来，系统分析的步骤可以概括为五个阶段。

1. 确定目的

对某一系统进行分析，首先要明确所分析问题的目的和当前目标。目的和目标两者既有联系又有区别。所谓目的，多偏重于原则性、理想的期待；而目标则是在特定目的下，具有实际可行的具体的期待。目的一般要由多个目标来完成。

明确目的对系统分析非常重要，如果目的不明确，那无论怎样进行分析也不会得到正确结果。确定目的通常要考虑将来的效果、全局的可行性、经济性等。

2. 收集分析资料、探索可行方案

数据收集是系统分析的基础工作，首先调查影响目的的各种因素的现状及历史，收集国内外有关问题的各种资料，确定影响目的的各个因素。其次，确定范围，找出其中相互关系，寻求解决问题的各种可行方案。

3. 建立模型（模型化）

为便于分析，应建立各种模型，利用模型预测每一方案可能产生的结果，并根据其结果定量说明各方案的优劣与价值。模型的功能在于及时获得实际问题所需的指示或线索，模型只是现实过程的近似描述，如果它说明了所研究系统的主要特征，就算是一个满意模型。

4. 系统的最优化

运用最优化的理论和方法，对若干替换方案进行最优化，求出几个替换解。进行系统最优化时，必须根据最优化问题的性质，探讨最优化方法的应用，如对确定性问题，可采用线性规划、动态规划、非线性规划、整数规划等理论，对于非确定型的问题可用马尔可夫过程、排队论、决策论等方法进行最优化，有的系统优化问题还应用网络理论和图论等进行最优化。

5. 系统的评价

根据最优化所得到的替换解，考虑前提条件、假定条件和约束条件，在经验和知识的基础上决定最优解，从而为选择最优系统设计方案提供足够信息。

第四节 交通系统分析应用

一、道路运输系统分析

1. 道路运输系统

道路运输系统作为社会经济系统的子系统，由基础设施、运输装备、运输服务、从业人员、运营组织与管理5个子系统组成，外部系统包括政治、其他运输方式系统、社会经济系统和自然环境。各个子系统之间以及系统与外部环境之间相互作用、相互关联，如图2-3所示。

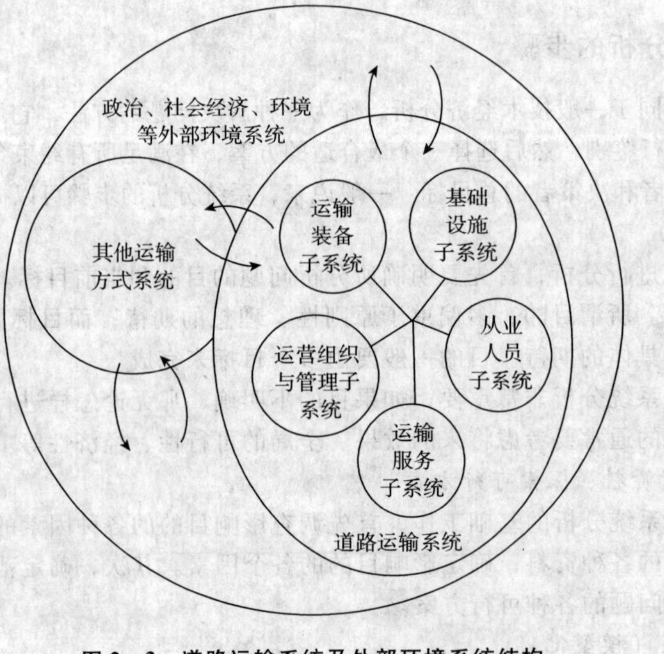

图2-3 道路运输系统及外部环境系统结构

基础设施子系统包括道路网络和客、货运输站场；运输装备子系统是营运车辆及相关技术装备的集合，包括营运车辆、辅助设施（装卸、包装和其他运输服务设施）及组织和管理设施（通信、调度、管理、控制设备）等；运输服务子系统包括汽车维修、搬运装卸、从业人员培训、货运代理、车辆综合性能检测等道路运输生产活动；从业人员子系统是指从事道路运输生产活动的劳动者；运营组织与管理子系统包括由各级运输管理部门组成的代表政府对运输系统行使组织和管理职能的行政系统。道路运输生产活动就是在运输管理部门的运营组织和管理下，由从业人员借助基础设施和运输装备提供的一种运输服务活动。

道路运输系统是一个开放、复杂、动态时变的系统，发展的主要内部影响因素有道路运输供给与需求、实现运量、道路运输运价、道路运输投资、道路运输收益、科技进步水平（包括基础设施、运输装备、运输服务、运营组织与管理的现代化程度以及从业人员素质）等；主要外部影响因素有社会经济发展水平、其他运输方式投资、其他运输方式需求、供给与短缺、环境污染、道路交通事故等。

2. 道路运输与社会经济反馈

社会经济的增长，使居民收入、生产企业效益和政府财政增加，会提高居民和生产企业的有效需求，从而增加对道路运输的有效需求。而政府资本积累的增加又使其有能力加大对道路运输系统的投入，使基础设施、运输装备等与道路运输有关的各种设施更加完善，使道路运输的供给能力以及满足有效需求的能力进一步提高，从而使道路运输短缺减少，为道路运输经济的进一步增长创造了条件。图 2－4 为道路运输与社会经济反馈示意图。

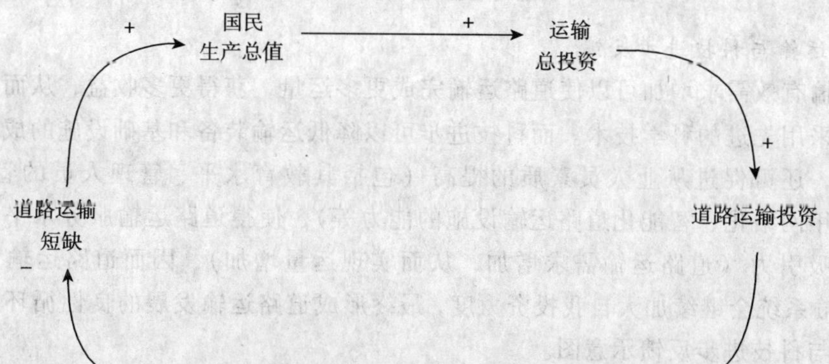

图 2－4　道路运输与社会经济反馈

3. 道路运输与其他运输方式反馈

国民生产总值增加引起运输总需求增加，如果道路运输方式相对落后，其有效需求将减小，铁路、水运、航空、管道等其他 4 种运输方式需求增加，会引起运输方式短缺增加，最终影响经济水平的提高，如图 2－5（a）所示。反之，若道路运输相对先进，其有效需求将增加，其他运输方式的需求将减少，运输方式的短缺也相应减少，但其他运输方式企业将由于生产规模缩小而影响效益，最终也不利于社会经济发展，如图 2－5（b）所示。这两个反馈环表明交通运输系统内的运输方式必须相互协调、均衡发展，才不会影响社会经济整体水平。

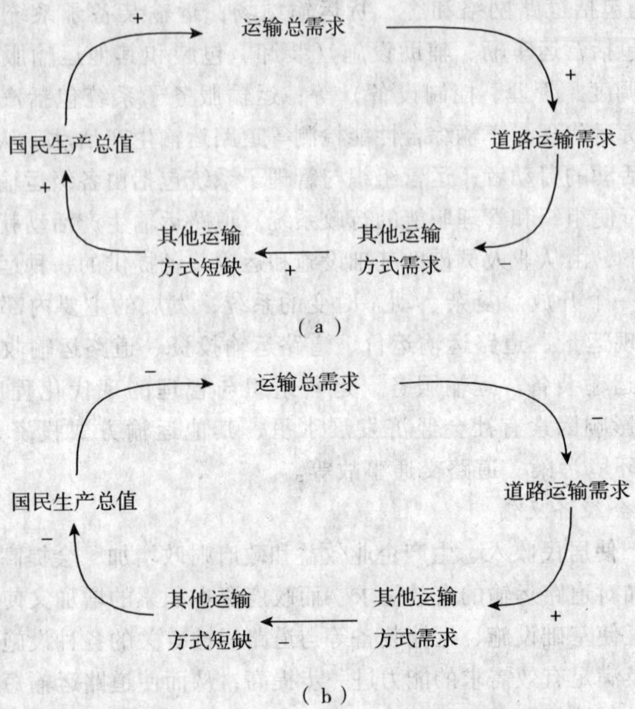

图 2－5　道路运输与其他运输方式反馈

4. 道路运输与科技进步反馈

道路运输有效需求增加可以使道路运输完成更多运量，获得更多收益，从而可能增大投资力度，采用先进的科学技术。而科技进步可以降低运输装备和基础设施的成本、提高现代化程度，还可促进从业人员素质的提高（包括其教育水平、管理人员的管理水平、操作人员使用网络化、智能化道路运输设施的能力等），使得道路运输服务水平提高、道路运输更具吸引力（道路运输需求增加，从而实现运量增加），因而道路运输业收益增多，道路运输系统会继续加大自我投资力度，最终形成道路运输发展的良性循环。图 2－6 为道路运输与科技进步反馈示意图。

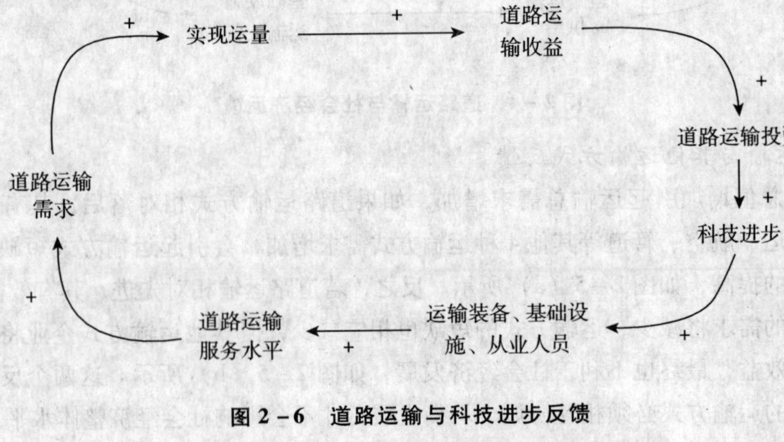

图 2－6　道路运输与科技进步反馈

5. 道路运输与环境、安全反馈

社会经济发展可引起运输总投资增加，引起道路运输投资增加，进而引起基础设施、运输装备等道路运输各种设施的增多。道路运输设施越多，尤其是作为主要供给的营运车辆越多，造成的废气、噪声、辐射和振动等环境污染越严重、交通事故损失越大。道路运输系统对环境的破坏，可直接引起人类生活质量降低，污染严重时，政府可根据有关法规限制其发展；交通事故的增加可能降低人们对道路运输系统的有效需求；在国民生产总值一定的情况下，政府用于环境治理和事故处理的投资越多，用于道路运输的投资可能减少，上述 3 种原因都将使道路运输对国民经济的贡献率降低。图 2－7 为道路运输与环境、安全反馈示意图。

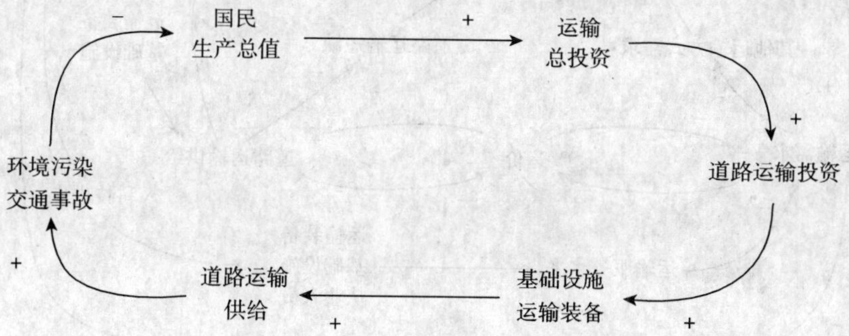

图 2－7　道路运输与环境、安全反馈

6. 道路运输与运价反馈

图 2－8 中的两个反馈环表示运价对道路运输需求和供给的市场调节作用。运价与需求、运价与供给的关系分别体现在运价与运输中的需求成正比（需求增多，运价升高），与运输中的供给成反比（供给增多，运价降低）。长期的过剩或短缺都不利于道路运输业的发展。

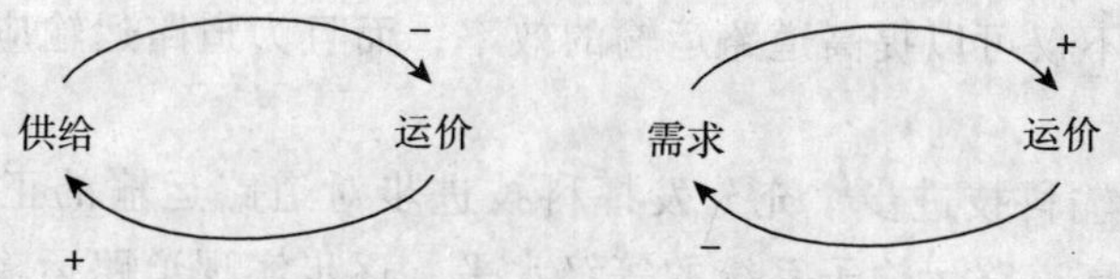

图 2－8　道路运输与运价反馈

7. 道路运输发展对策及建议

综合以上 5 个反馈环的因果关系分析，得到道路运输系统与各影响因素的因果关系和作用机理，如图 2－9 所示。

通过对道路运输的系统分析，结合我国社会经济形势的发展实际，提出如下道路运输发展对策及建议：

（1）为道路运输发展提供可靠的经济保障和政策支持，优化道路运输发展软环境。发展道路运输最直接的途径是加大政府投资力度。但是单靠政府投资难以满足道路运输发展需要的大规模投入，国家可以通过发展假日经济、高新技术产业、对外贸易和工农业等带动道路运输的发展。可以鼓励同一产业或相关产业的企业强强联合，使道路运输尽快形成规模化经营，增强整个道路运输系统的竞争力，从而提高道路运输对国民经济的贡献率。

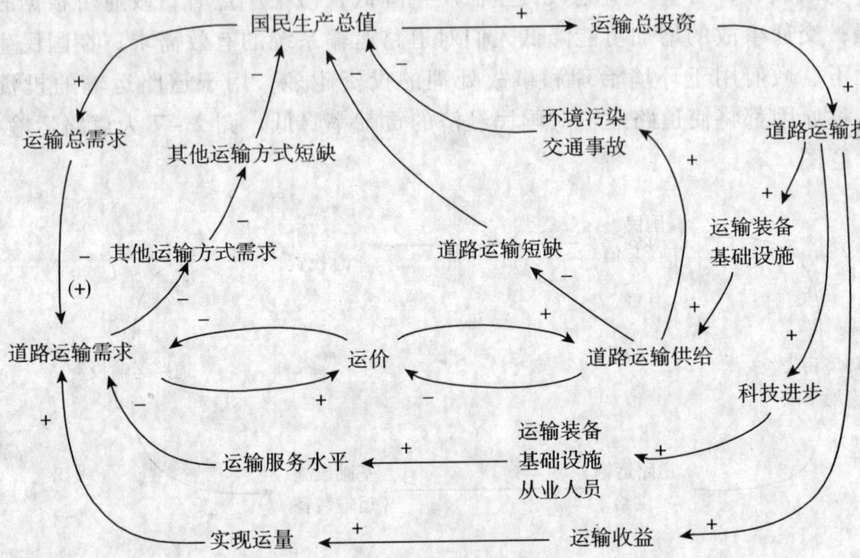

图 2-9　道路运输系统基本因果关系图

(2) 优化运输资源配置，促进道路运输与其他运输方式协调发展。道路运输与其他运输方式之间存在较强的竞争关系和替代功能，但由于每种运输方式都有其特定的运输路线、运输工具、运营技术特点、经济性能和使用范围，偏颇于任何一方都不利于整个运输系统的优化和可持续发展。因此必须从交通运输乃至整个社会经济大系统的角度出发，优化配置和整合跨地区、跨行业运输资源，使现代交通的5种运输方式优势互补、分工协调、协作配合，这样不仅可以提高道路运输的效率，而且为道路运输应对突发事件提供有力保障。

(3) 促进道路运输科技进步，充分发挥科技进步对道路运输的正反馈效应。改造传统道路运输企业，提高道路运输子系统的等级水平，逐步实现道路运输智能化。加大人员培训力度，不断提高从业人员综合素质尤其是科技水平。建立和完善道路运输行业信息管理系统，提高道路运输的调控能力，实现道路运输管理规范化、科学化、现代化，促进道路运输服务质量和水平的全面提高。

(4) 实施道路运输可持续发展战略，降低环境污染和交通事故等对道路运输的负反馈效应。综合考虑社会、经济、资源与环境的效益，通过产业结构调整与合理布局，协调环境与发展的关系。

(5) 完善道路运输价格形成机制，充分发挥运价对道路运输供需的调控能力。应采取多种措施培育适应市场经济的道路运输市场：减少政府行政干预，提高市场透明度；推进道路运输价格的法规建设，规范运输市场经营行为；建立现代化的道路运价信息系统；

建立合理的道路运输价格形成机制。

二、道路交通事故中人—车—道路系统分析

1. 人—车—道路系统

道路交通事故的发生是人、车、道路相互作用而发生的。人、车、道路是产生交通事故的三个要素，同时也构成了一个复杂的人—机—环境系统。人自然是作为主体的驾驶者，车便是系统中的机，环境则为汽车所行驶的道路，它们之间并不是简单的叠加，而是相互依赖、相互制约、相互补偿。交通事故的产生是这三个要素综合作用的结果，和其中的任何一个要素都密切相关。图 2－10 为人—机—环境关系示意图。

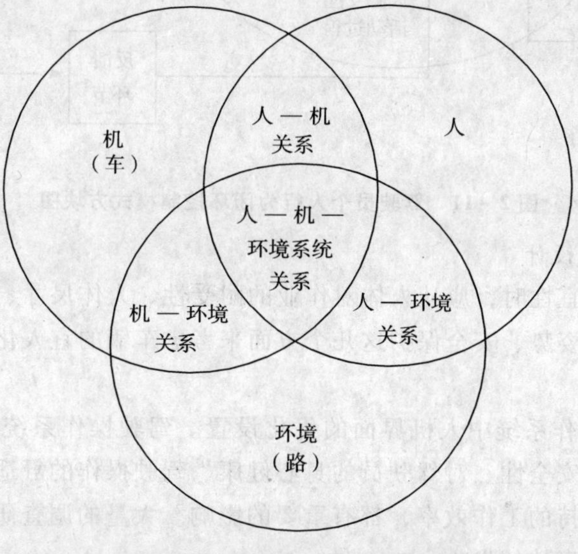

图 2－10　人—机—环境关系图

2. 人是人—机—环境系统中的中心环节

在道路的人—机—环境系统的三个要素中，人是主要方面，起主导作用。人驾驶汽车的过程，也就是人控制汽车在道路上运行的过程，人的行为模式可以表示为图 2－11。在此过程中，人的大脑（世界上最高级的分析器、决策器）进行分析和决策，完成控制的重要环节部分，相当于一般控制器系统的控制器，所以人—车—道路系统的显著特点是人的参与，并且人的参与活动又是重要的环节，从而人也是交通事故的主要因素。

人不仅年龄和性别不同，而且在生理和心理方面也存在着较大的个体差异，并不是所有的人都适宜从事驾驶工作和都具备与驾驶工作相适宜的生理和心理素质。国内外大量的交通事故统计资料表明在基本相同的行车条件下，有些人发生交通事故要明显多于其他人，这说明在驾驶员中确实存在着驾驶适宜性问题。对交通管理部门或交通运输部门来讲，通过驾驶适宜性的检查选拔具备条件的人来当驾驶员，能够消除潜在的事故危险，做到防患于未然。同时在这里也提出：人—车—道路系统中，车和道路因素的设计都应适合于人。

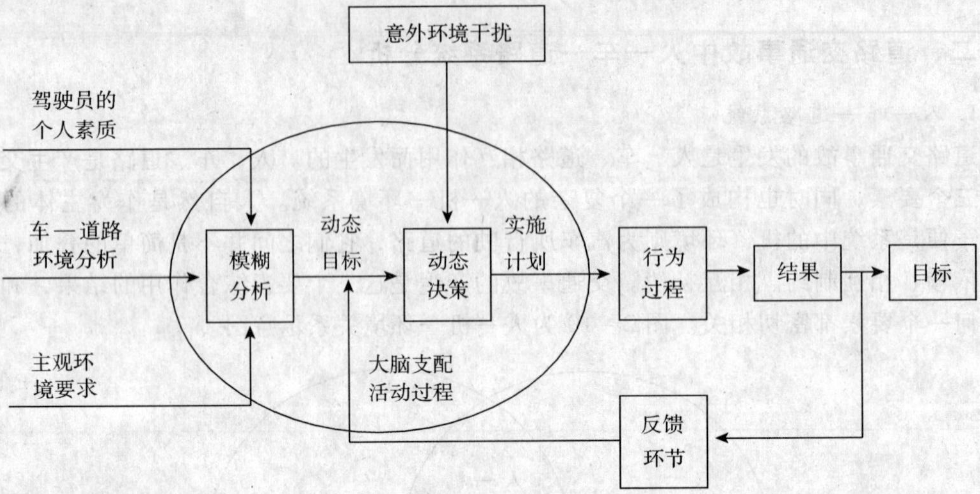

图 2-11　驾驶员个人行为闭环控制模式方块图

3. 车辆的宜人化设计

在解决好驾驶适宜性时，应从人体对作业的耐受性、人体尺寸、生物力学特性、感知响应特性、适宜劳动姿势、安全保护这几个方面来考虑车辆的宜人化设计。主要有以下几个方面：

（1）车辆驾驶操作系统中人机界面的优化设置。驾驶操作系统中人机界面匹配的合理程度，对车辆行驶安全性、对驾驶员的身心健康、驾驶操作的舒适度，以及正常工作时间内持续驾车所能保持的工作效率，都有重要的影响。大量的调查研究表明，一个好的人机界面明显可以减少事故的发生。

（2）车辆的行车安全性及车内成员的人体保护技术。行车事故是在人—机—环境系统中产生不稳定或不平衡时发生的，提高车辆安全技术性能可以防止事故发生。一旦发生事故，则用有效的车内人体保护技术（如安全带、安全气囊等）避免或减轻乘员可能遭受的严重伤害。

（3）车辆环境的舒适性。好的车内环境可以减轻人的疲劳，缓解人的压力，舒适的环境可以减少交通事故的发生。主要有三方面的内容：座椅与人体的人机界面能否为人提供舒适而稳定的坐姿；车内驾驶员的耳旁噪声满足于人的听力保护允许标准；车内小气候环境的宜人化控制。

4. 道路的宜人化设计

作为整个人—机—环境中的一个重要环节，道路路面质量、道路的宜人性也是不可忽视的。在进行路面结构、道路线形等设计时，往往注重设计的标准性、经济性，对工程量和成本考虑较多，而对使用性重视不够，忽视了驾驶员的视觉和心理要求。因而出现了许多虽符合技术标准却事故多发的道路和路段。分析并研究道路设计中应注意的心理问题、提高道路的使用品质是很重要的。

良好的道路，不仅能使道路施工容易、建设成本低廉，而且能为驾驶员正确、及时地感知各种交通信息提供方便条件，最大限度地保证交通安全。不好的道路则会给驾驶员的心理造成许多不良影响，成为诱发交通事故的原因。

在道路设计中，主要考虑人视觉方面的要素。为此，通过大量的事故分析和试验研究，结合人机工程学中视觉方面的知识及原理，对道路设计提出以下几点建议：有足够行车视距；道路线形设计保证有良好的视线引导作用、保证道路的平滑连续性、平面线形和纵面线形组合协调；道路应和环境景观相适应；道路两旁的交通标志应醒目。

三、城市快速公交系统分析

1. 快速公交系统

巴士快速公交系统 BRT（Bus Rapid Transit）是一种以常规公交为基础，以地面道路网为支撑，结合现代巴士技术，吸取轨道交通优点，并获得一定时空优先权（包括开设公交专用道和设置公交信号优先）和政策优先支持的新型城市公交系统。它既保持了常规公交的灵活性、经济性和便利性，又具有城市轨道交通容量大、速度快的特点。自从 BRT 首先在巴西库里蒂克市得到成功的应用后，近年来国外已有近 30 多个城市相继发展了 BRT，如美国的匹兹堡、迈阿密、洛杉矶，加拿大的渥太华、温哥华等城市，都取得了很好的效果。对于我国大多数大中型城市来说，结合 BRT 与常规地面公交系统的各自优势，先在客运交通主干道上构建 BRT，然后在次干线、支线网络辅以常规公交系统，从而构筑新型城市道路快速公交系统，并为突破我国常规公交系统的困窘局面进而缓解城市客运交通的压力提供了全新的思路。

2. 国内城市构建快速公交系统的可行性

（1）有相关政策及充足客流作保障。

随着城市公共交通各项方针政策的贯彻实施和改革措施的逐步落实，特别是优先发展城市公共交通已经成为社会各界的共识，这为城市道路快速公交系统的快速发展提供了很好的政策平台。

我国城市公交出行比例过低，对比国际上同类城市客运交通公交出行分担比率为 40% ~80% 。经过道路快速公交系统的构建以及完善，我国城市客运交通在出行结构方式上应该有很大的调整。将自行车、摩托车等个体交通工具的出行诱转为公交出行，大量转移为公交出行的客流对于规模化公交系统的正常运营来说是有利的保障。

（2）技术经济性可行。

快速公交相对于其他几种大运量的公共交通而言具有明显的技术经济优势。从表2－3可以看出，快速公交的客运能力介于地铁与轻轨之间，但其建设投资与运营成本都低于轨道交通。由于相对于常规公交而言客运能力和运送速度具有大幅提升，同时也保证了其较高的可达性，所以若对常规公交系统进行改造，而短期内又没有很好的条件发展轨道交通时，快速公交系统是一种很好的选择。各种公交方式技术经济对比列于表 2－3。

表 2－3　各种公交方式技术经济对比表

比较指标	地铁	轻轨	快速公交	常规公交
客运能力（万人/小时）	4～6	1～3	0.3～2.4	0.1～0.8
运送速度（公里/小时）	35～40	25～35	25～50	12～20
可达性	低	低	较高	较高
建设投资（地铁为1）	1	1/3～1/5	1/10～1/20	—
运营成本（地铁为1）	1	2/3	1/2	—

对于其系统的构建（技术及管理方面）以及实施后的效果评价国外有关城市已提供了很好的经验可供借鉴。同时，国内少数城市也对在现有常规公交系统上发展快速公交系统进行了初步的探索，主要是在建设公交专用道方面进行了探索性应用。如北京、石家庄、昆明等很多城市建立了初级意义的公交专用道。所以从技术经济性方面考虑，快速公交具有很好的发展潜力。

3. 关键问题分析

（1）发展 BRT 的条件论证。

在进行 BRT 建设的决策过程前，需进行审慎的论证：到底需要发展什么形式的交通系统。单纯的技术经济论证只是一方面的考虑，完善的论证应从城市形象、居民意愿、城市经济实力、客运交通需求等多方面来分析。同时与所处城市的不同地带、城市所处的不同发展时期等有直接的关系。因此，在确定发展快速公交系统时应给予积极的论证。

（2）政府需给予引导、扶持。

虽然有“优先发展公共交通”的大政策作指导，但具体实施起来阻力颇大。快速公交系统的建立首先是管理体制上的高效和完善，就目前中国的状况，应以政府出面进行公交运营体制的改革转变经营管理理念。此外，不同公交方式之间是由不同的公司来运营的，快速公交系统的构成也是引入多家公司经营，它们之间的有效协调问题也需要政府部门的沟通。快速公交系统关键技术的实施不仅是技术问题，如果公交车辆时间、空间受绝对优先通行权的保障，就必然会对其他社会车辆产生影响，这种矛盾只能由政府来协调。

（3）协调统一的规划。

我国的城市规划与城市专项公共交通规划往往存在脱节现象。以前许多城市的长期规划都定位于发展轨道交通系统，若调整为发展快速公交系统则对于城市中远期规划涉及的沿线土地开发、居民点布设问题等都应作相应调整，要注意两者的协调统一。

城市公共交通各构成方式之间或公共交通与其他出行方式之间也存在协调问题。例如轨道交通与公共交通的衔接、协调问题；个体交通（自行车）与公共交通的统一问题等，这又涉及场站布局、站台设置、线网布局等一系列问题。

（4）分阶段实施。

对于城市来说，一次性构建完整的快速公交系统，难度比较大。需要考虑经济上是否能一次投入，技术上能否在全区域内保障公交车辆的绝对优先通行权，能否保障公交专用道的部署，运营管理体制能否予以相应的跟进等。为此，构建完整的网络，可以分阶段实施（分区域或分线路），逐步成网，例如可先在局部大流量的干道上布设 BRT，同时建设与之关联的常规公交系统。对于调度管理系统，也应给予相应的跟进，如条件允许尽可能扩大相应的布设规模。

四、阿拉斯加原油输送方案分析

1. 任务和环境

分析如何由阿拉斯加东北部普拉德霍湾油田向美国本土运输原油的问题。要求每天运送 200 万桶。油田处在北极圈内，海湾长年处于冰封状态，陆地更是常年冰冻，最低气温达零下 50℃。

2. 提出竞争方案

方案竞争的第一阶段，提出了两个方案：方案Ⅰ，由海路用油船运输原油；方案Ⅱ，用带加温系统的油管输送原油。

方案Ⅰ的优点是每天仅需四至五艘超级油轮就可满足输送量要求，比铺设油管省钱，但存在问题是：要用破冰船引航，既不安全又增加了费用；起点和终点都要建造大型油库，这又是一笔巨额花费，而且考虑到海运可能受海上风暴影响，油库储量应在油田日产量的 10 倍以上。归纳起来方案Ⅰ的主要问题是：不安全、费用大、无保证。

方案Ⅱ的优点是可以利用成熟的管道输油技术，存在问题是：要在沿途设加温站，这样一来管理复杂，而且要供给燃料，而运送燃料本身又是一件相当困难的事情；加温后的输油管不能简单地铺在冻土里，因为冻土层受热融化后会引起管道变形，甚至造成断裂，为了避免这种危险，有一半管道需要用底架支撑和作保温处理，这样架设管道的成本要比铺设地下油管高出 3 倍。

3. 决策人员的处理策略

考虑到安全和供油的稳定性，暂把方案Ⅱ作为参考方案做进一步的细致研究，为规划做准备；继续拨出经费，广泛邀请系统分析人员提出竞争的新方案。

4. 提出了竞争方案Ⅲ

其原理是把含 10% ~ 20% 氯化钠的海水加到原油中去，使低温下的原油成乳状液体，仍能畅流，这样就可以用普通的输油管道运送了。这个方案获得了很高的评价，并取得了专利。其实，这原理早就用于制作汽车的防冻液了。但把这一原理运用到这个工程中来，并断定它能解决问题，这是一个有价值的创造。

5. 又出现竞争方案Ⅳ

正当人们称赞方案Ⅲ的时候，另有两人提出了竞争方案Ⅳ。这两人对石油的生成和变化有丰富的知识，他们注意到石油埋在地下是油、气合一的，这时它们的熔点很低，经过漫长的年代以后，油气才逐渐分离。他们提出将天然气转换为液态以后再加到原油中去以降低原油的熔点，增加流动性，从而用普通的管道就可以同时输送原油和天然气。与方案Ⅲ相比，不仅不需要运送无用的海水而且也不必另外铺设输送天然气的管道了。这一方案的出现使得人们赞赏不已。由于采用这一方案，仅管道铺设费就节省了近 60 亿美元，比方案Ⅲ省了一半。

这个例子显示出系统分析的实际价值。如果当初仅在方案Ⅱ上搞优化，即确定最好的管道直径、壁厚、加压泵站的压力和距离等，是无论如何也得不到方案Ⅳ所达到的巨大效益的。同时也说明了系统分析人员应该具有的知识结构以及系统分析工作与专业工程技术工作之间存在的相辅相成的关系。

五、日本节能小汽车

20世纪70年代初，石油危机爆发后，西方各国石油供应短缺，汽油价格上涨，汽车用户的交通负担显著加重，从而汽车销售量锐减，整个西方工业发达国家的汽车业面临严重的危机。

日本汽车工业为了应付这场危机，对汽车设计和生产进行改革，大量生产廉价而节能的小汽车，适应石油涨价后变化了的市场需求。这样，日本汽车工业不但顺利渡过了危机，而且很快打入了欧美汽车市场。

日本汽车工业应付市场危机采取的行动策略称为不变负担准则，这种准则是站在用户的立场上，很好地解决了产品寿命全周期总成本的问题。

问题解决前的已知信息：国民年收入10000美元，油价平均上涨4倍；汽车售价每辆5000美元，平均寿命5年；平均日耗油3加仑，涨价前每加仑汽油售价0.2美元。石油涨价前后费用分析计算如表2-4所示。

表2-4 石油涨价前后的费用分析

费用	石油涨价前	石油涨价后
汽车费/年收入	5000 ÷ 5/10 000 = 10%	10%
汽油费/年收入	365 × 3 × 0.2/10 000 = 2.7%	2.7% × 4 = 10.8%
合计：交通费/年收入	12.7%	20.8%

石油涨价后，交通费占年收入的比例上升至20.8%，超过了涨价前的12.7%，这对许多汽车用户来说，是难以承受的负担，所以，他们不得不改乘公共汽车上下班和外出。这就是汽车销量大幅度下跌，汽车市场出现危机的根本原因。

如何应付这场危机？日本人改变生产方针，改变汽车设计，生产出廉价而节能的轻型轿车，使得用户在石油涨价后所支付的交通费用仍能维持不变。

实现不变负担准则从降低汽车造价和节约用油两条途径努力。根据当时汽车工业采用新技术的情况，节省汽油的具体措施：车体轻型化可节油20%，采用电脑控制引擎工作可节油10%，使用酒精与汽油混合的燃料可节油10%，三项之和可以节油40%。提高公路质量和改善交通管理也可使汽车节油，但是涉及面过大，不是工厂一家所能办到，所以暂时不考虑。这样，汽车日耗油量可从3加仑下降到1.8加仑，全年汽油费占年收入的比例降低到6.5%，加上汽车费所占比例的10%，其和为16.5%，仍然超过石油涨价前的12.7%。

为了使用户交通费用负担不变，还必须从汽车的设计与制造方面设法降低成本，从而降低汽车售价，其目标是：10 000 ×5 × （12.7% －6.5%） =3100（美元），即每辆新车的售价必须从5000美元降为3100美元。其措施是：采用工程塑料代替钢铁，不仅降低了汽车造价，而且减轻车体自重20%，从而节油20%，一举两得；改革生产工艺；提高劳动生产率等。

结果是：日本汽车轻巧实用，每辆汽车售价3000美元，占领了市场。

第三章　交通系统模型

第一节　模　　型

一、模型定义与特征

1. 模型定义

模型有各种各样的定义，较为普遍的定义为：模型是一个过程或行为的定量或定性表达，是为了了解系统的结构和行为，通过抽象、归纳、演绎、类比等方法，用适当的表现形式描述出来的仿制品，是实际系统的理想化抽象或简化。

系统模型是对系统的描述、模仿和抽象，它反映系统的物理本质与主要特征。系统模型是一个系统某一方面本质属性的描述，它以某种确定的形式（文字、符号、图表、实物、数学公式等）提供关于该系统的信息。系统模型一般不是系统对象本身，而是现实系统的描述或抽象。系统模型本质属性的选取完全取决于系统研究的目的，对同一个系统根据不同研究目的，可以建立不同的系统模型。

2. 模型特征

日常生活和工作中经常使用模型，如建筑、汽车等实体系统的仿制品（放大或缩小的模型），它可以帮助我们了解建筑造型、汽车式样等；物理学中使用的原子模型，可帮助学生形象地理解原子的结构；经济分析中使用的文字、符号、图表、曲线等可为分析者提供经济活动运行状况及特征等信息。系统模型反映着实际系统的主要特征，但它又高于实际系统而具有同类问题的共性。一个实用的系统模型应该具有如下三个特征：

（1）都是对研究对象的模仿和抽象；

（2）都是由与研究目的有关、反映被研究对象某些特征的主要因素构成的；

（3）反映被研究对象各部分之间的关联，体现系统的整体特征。

二、模型分类

系统是多种多样的，对相同系统可用不同方法，从不同侧面，按不同研究目的，建立不同形式的模型。从模型形式来分，模型可以分为三大类：物理模型、数学模型和概念模型。

1. 物理模型

所谓物理是广义的，具有物质的、具体的、形象的含义。物理模型可分为：

（1）实体模型——系统本身。当系统大小刚好适合在桌面研究而又没有危险性的时候，就可以把系统本身作为模型。例如标准件的生产检验、胶卷和药品的检验，是从总体中抽取一定容量的样本来进行，样本就是实体模型。

（2）比例模型——对于系统的放大或缩小，使之适合在桌面上研究。

（3）模拟模型——根据相似性原理，利用一种系统去代替另一种系统。相似系统是指物理形式不同而有相同的数学表达式。在工程技术中，常常是用电学系统代替机械系统、热力学系统进行研究。

2. 数学模型

用数学语言对系统所做的描述与抽象。数学模型可以分为：

（1）解析模型——用解析式表示的模型。

（2）逻辑模型——表示逻辑关系的模型，如方框图、计算机程序等。

（3）网络模型——用网络图形来描述系统的组成元素以及元素之间的相互关系（包括逻辑关系和数学关系），如统筹法的统筹图。

（4）图像与表格——这里说的图像是坐标系中的曲线、曲面和点对等几何图形，以及直方图、饼图等，它们通常伴有数据表格。

（5）信息网络与数字化模型——这是一类新的模型。

3. 概念模型

任务书、明细表、说明书、技术报告、咨询报告等，以及表达概念的示意图。这种模型不如数学模型或物理模型来得好，在工程技术中很难直接使用。但是，在系统工程的工作之初，问题尚不明晰，物理模型和数学模型都很难建立，不得不采用这一类模型。

三、系统模型化的意义

人类认识和改造客观世界的研究方法主要有三种，即实验法、抽象法、模型法。实验法是通过对客观事物本身直接进行科学实验来进行研究的，局限性比较大。抽象法是把现实系统抽象为一般的理论概念，然后进行推理和判断，这种方法缺乏实体感，过于概念化。模型法是在对现实系统进行抽象的基础上，把它们再现为某种事物的、图画的或数学的模型，然后通过模型来对系统进行分析、对比和研究，最终导出结论。由此可见，模型法既避免了实验法的局限性，又避免了抽象法的过于概念化，所以它成为现代工程中一种最常用研究的方法。

系统是由许多要素相互联系所组成的，系统的特性可由要素之间的联系推导出来。为了掌握系统发展变化的规律性，必须根据系统目的，抓住系统各要素之间联系，系统地进行考察与研究，其中最容易、最方便的方法就是模型化。

系统的模型化就是建立系统模型，是把系统各要素之间相互关联的信息，用数学、物理及其他方法进行抽象，使其与系统有相似结构或行为并体现系统完整统一整体的科学方法。

模型化之所以成为系统工程的重要方法，其原因在于：

（1）研究对象所决定。系统工程的研究对象是工程技术、社会、经济和生命等诸因素交织在一起的人、设备和过程的统一体，其中很多因素是难以定量的，因此需要应用计算机进行模拟分析，实现计算机模拟就必须建立模型。

（2）系统开发的需要。在开发一个新系统时，由于此时系统尚未建立，无法直接进行实验，只能通过建造系统模型来对系统的性能进行预测，以实现对系统的分析、优化和评价。

(3) 经济上的考虑。对大型复杂系统直接进行实验，成本十分昂贵，但是使用系统模型就便宜多了。

(4) 安全上的考虑。对有些系统通过直接实验分析，往往很危险，有时是根本不允许的。用模型化方法可避免各种危险而提出各种可靠数据，为决策提供依据。

(5) 时间上的考虑。社会、经济、生态等系统，由于惯性大、反应周期很长，对其直接进行实验要等若干年之后才能看到结果，这是系统分析和评价所不允许的。而系统模型化很快就可以得到分析结果。

(6) 系统模型容易操作，分析结果易于理解。有时对现实系统进行直接实验虽然是允许的，也不过分费时、费钱，但此时采用系统模型仍然具有优越性。现实系统中包含的因素太多而且复杂，实验得到的结果往往难以直接与其中的某一因素挂钩，直接实验的结果不易理解，实验过程中要改变系统参数也相当困难。由于系统模型突出了研究目的所要关注的主要特征，容易得到一个清晰的结果，在系统模型（尤其是数学模型）上进行参数修正也是非常容易的。

四、系统仿真

系统、模型、仿真三个概念是一根链条上的三个环节，是一个工作程序的三个步骤。研究系统要借助于模型，有了模型要进行运作——仿真。根据仿真的结果，修改模型，再进行仿真（反复若干次）；根据一系列仿真的结果，得出现有系统的调整、改革方案或者新系统的设计、建造方案。

系统仿真又称系统模拟，是用实际的系统结合模拟的环境条件，或者用系统模型结合实际的环境条件，或者用系统模型结合模拟的环境条件，利用计算机对系统进行实验研究和分析的方法，其目的是力求在实际系统建成之前，取得近于实际的结果。通过系统仿真，可以估计系统的行为和性能；可以了解系统各个组成部分之间的相互影响，以及各个组成部分对于系统整体性能的影响；可以比较各种设计方案，以便获得最佳设计；可以对一些新建系统的理论假设进行检验；可以训练系统的操作人员。

在研究、分析一个系统时，对随时间变化的系统特性通常是运用模型进行研究。当一个复杂系统无法用数学关系或数学模型求解时，可通过仿真得到系统性能随时间而变化的情况，从仿真过程中收集数据，得到系统的性能测度。

系统仿真可分为物理仿真、数字仿真以及物理—数字仿真。物理仿真是按相似原理建立具有真实系统物理特性的物理模型，并在物理模型上进行实验的过程。物理仿真具有真实感强、直观、形象的特点，但是建模周期长，成本高，缺乏柔性。数字仿真是指建立系统的数学模型，在计算机上对数学模型进行仿真实验的过程。如果在仿真中同时使用物理模型和数学模型，并将它们通过计算机软、硬件接口连接起来进行实验，就称为物理一数字仿真。

仿真过程包括两个基本阶段：建立模型和对模型进行试验、运行。图 3－1 描述了系统仿真的一般过程和主要步骤。

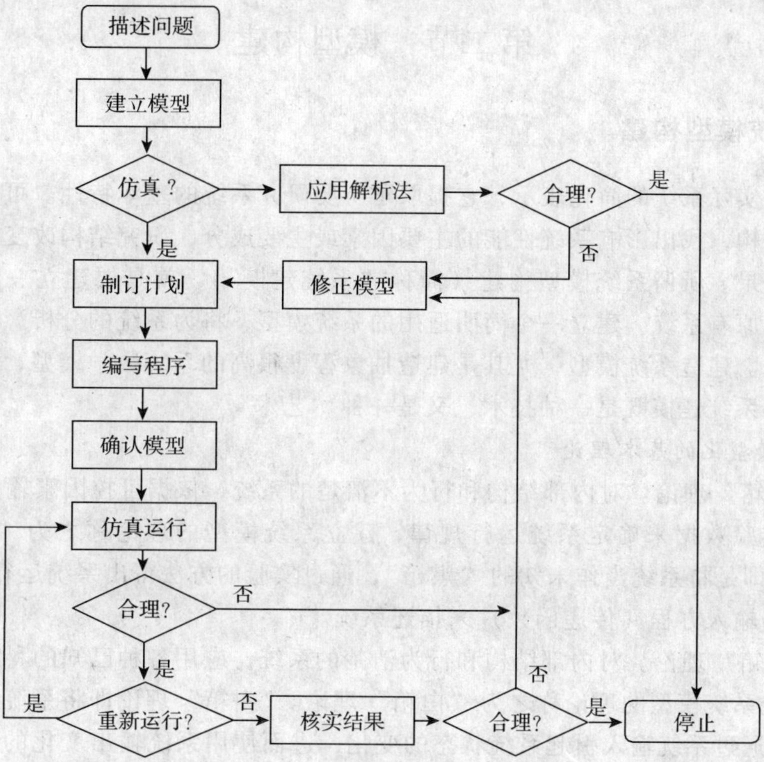

图 3－1　系统仿真的一般过程

第一步是描述问题，把要解决的问题描述为简明的形式，以便清楚地说明提出的问题是什么，需要进行哪些测试，根据求解问题的性质建立一个模型；其次，通过主要参数的变化来制订仿真计划；第三，编写仿真程序。

在仿真系统运行之前，还有一个步骤就是确认模型的有效性，它关系到仿真研究的效果，而后进入运行阶段。早期运行获得的结果用来对模型的合理性进行重新评价，要对模型进行修正，剔除一些不必要的参数，然后重新运行。

对于随机性模型，仿真输出结果是统计量。一次运行的结果，只是对研究对象的一次采样，需要多次重复运行。

交通系统仿真是一门在计算机上进行交通实验的先进技术，通过对交通系统的仿真研究，可以得到交通流状态随时间与空间的变化分布规律及其与交通控制变量间的关系，从而实现对现有系统或未来系统的行为进行再现或预先把握。因此，交通系统仿真技术在交通规划与设计、交通评价与决策、交通管理与控制、交通方案优化与比选等方面有着十分广阔的应用前景。

第二节 模型构建

一、系统模型构建

模型是对实际系统的简化表示，它提取了所要研究系统的基本特性。可用以间接研究系统的组成结构，找出影响系统性能的主要因素或主要成分，研究结构改变的影响和各种因素变化的效果。所谓系统模型构建（简称“系统建模”），就是要建立一个新系统，用以模拟或仿真原有系统。建立一个简明适用的系统模型，将为系统的分析、评价和决策提供可靠的依据。建造系统模型，尤其是建造抽象程度很高的系统数学模型，是一种创造性劳动，因此，系统建模既是一种技术，又是一种“艺术”。

1. 系统模型化的基本理论

(1)“黑箱”理论。对内部结构和行为不清楚的系统，依据可控因素输入引起可观测因素变化的实验数据来确定系统运行规律，建立系统模型的理论称之为“黑箱”理论。“黑箱”理论即是将系统当作未知的“黑箱”，通过实验的方法得出系统运行规律的方法，它通常用输出输入方程（传递函数）来描述系统。

(2)“白箱”理论。对内部结构和行为清楚的系统，应用各种已知的科学知识进行描述，从而建立系统模型的理论称之为“白箱”理论。“白箱”理论即将系统当作一个已知的“白箱”，通过系统输入引起系统状态的变化，进而使用系统输出变化的规律来描述系统的方法，它通常用状态方程描述一个系统。

(3)“灰箱”理论。对内部结构和行为的主要部分清楚，其他部分不清楚的系统，采用已知的科学知识建立模型，然后通过实验对所建的模型进行补充和修正，从而建立系统模型的理论称之为“灰箱”理论。“灰箱”理论是将“白箱”理论和“黑箱”理论相结合而建立模型的一种理论，该理论有较大的实用价值。

由“黑箱”到“灰箱”再到“白箱”，是人们认识系统的客观规律。一切系统都是由未知到了解一部分再到完全了解。至目前为止，一无所知的“黑箱”是很少的，尤其是系统工程所研究的系统。然而完全清楚的系统也是极少的，绝大部分系统都是介于“黑箱”和“白箱”之间的“灰箱”，因此近些年来科学家们都致力于研究“灰箱”建模理论，其中以邓聚龙教授所开发的灰色系统理论最为突出。他提出的五步建模思想与方法是灰色系统建立模型的重要方法论，该方法体现出建立系统模型时，由定性到定量、由粗到细、由灰到白的全过程。

(4) 数理统计和分析的理论。对属于“黑箱”但又不能进行实验的系统，采用数理统计和分析的方法，应用统计规律建立系统模型的理论称为数理统计和分析的理论。应用数理统计和分析建立系统模型是系统工程中最常用的方法之一，它最常用于系统预测模型的建立。

2. 系统建模原则

(1) 准确性。模型必须反映现实系统的本质规律。模型中包含各种变量、数据、公式、图表必须可靠，公式和图表必须正确，有科学根据，合乎科学规律和经济规律。

(2) 可靠性。模型既然是实际系统的替代物，它必须能反映事物的本质，且有一定的精确度。如果一个模型不能在本质上反映实际，或者在某些关键部分缺乏一定的精确度，那就存在着潜在的危险。

(3) 简明性。模型的表达方式应明确、简单、抓住本质。一个实际系统可能是相当复杂的，如果模型也很复杂，则构造和求解模型的费用太大，甚至由于因素太多，模型难以控制和操纵，就失去了建模的意义。

(4) 实用性。模型必须能方便用户，因此要努力使模型标准化、规范化，要尽量采用已有的模型。在建立一个实际系统的模型时，如果已经有人建立过类似的模型，甚至已经有了标准模型，那么不妨将现有的模型拿来试试，如果合适，尽量利用现成的模型，这样既可以节省时间和精力，又可以节约建模费用。

(5) 反馈性。开始建模时可以设计得粗一些，参数和变量不宜太多，但要注意灵敏问题，即留心哪些参数或变量的改变对模型影响特别敏感。以后逐步加进有关细节，参数和变量也逐渐增多，最后达到一定的精度。

二、建模步骤和常用方法

1. 模型化的过程

模型化是建立模型的过程，该过程如图 3－2 所示。模型化的过程是对现实系统进行分析和观察，通过概念化获取信息，这是对系统的认识过程。对获取的信息经加工、处理，进一步深化认识后抽象出模型并用确定的形式进行描述，这是提高认识的过程。由于对系统的认识是逐步提高的，因此模型化的过程是认识—提高—再认识—再提高的过程。图 3－2 中的反馈即体现了这种再认识—再提高的过程。通过上述模型化的过程就可建立一个既反映现实系统的结构或行为，又能指导系统运行的模型。

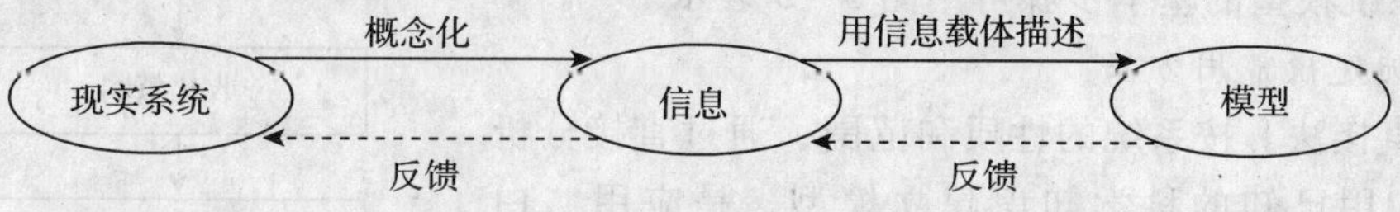

图 3－2　模型化过程示意图

2. 系统构模的基本步骤

(1) 根据系统的目的，提出建立模型的目的。建立模型必须目的明确，它应明确回答“为什么建立模型”等一类问题。

(2) 根据建立模型的目的，提出要解决的具体问题。应明确回答“解决哪些问题”之类的问题，也就是将建模目的具体化。提出问题实质上是对系统中影响建模目的的各种要素进行详细分析的过程。

(3) 根据所得出的问题，构思要建立的模型类型、各类模型之间的关系等，即构思所要建立的模型系统。为了达到建模目的，解决所提出的问题，一般要建立几个模型（个别情况可建一个模型），需回答“建一些什么样的模型”“它们之间的关系是什么”等问题。问题的提出阶段是一个反复修正的过程，问题的提出是构思模型系统的基础，而构思的模型系统又可补充问题的提出，这样多次反馈，则使问题提出更全面、模型结构更合理。

(4) 根据所构思的模型体系，收集有关资料。为了实现所构思的模型，必须根据模型的要求收集有关资料，应回答“模型需要哪些资料”等问题。有时，构思的模型所需要的资料很难收集，这就需要重新修改模型，进而可能影响到问题的提出等。这样经过几次反馈即可收集到建模所需的资料。

(5) 设置变量和参数。变量和参数是构思模型时提出的，参数是在资料的收集、加工、整理后得出的，一般要用一组符号表示，并整理成数据表和参数表的形式。需回答“需要哪些变量和参数”的问题。

(6) 模型具体化。将变量和参数按变量之间的关系和模型之间的关系连接起来，用规定的形式进行描述。应回答“模型的形式是什么”之类的问题。

(7) 检验模型的正确性。模型正确与否将直接影响建模目的。应回答“模型正确吗”一类问题。检验模型的正确性应先从各模型之间的关系开始，研究所构成的模型体系是否能实现建模目的；而后研究每个模型是否正确地反映所提出的问题。一般检验方法是试算。如试算不正确，则应重新审查所构思的模型系统，从中找出问题。与构思模型又构成反馈。

(8) 将模型标准化。模型标准化是很重要的，一般情况下模型要对同类问题有指导意义，需具有通用性。需回答“该模型通用性如何”等问题。

(9) 根据标准化的模型编制计算机程序，使模型运行。需回答“计算时间短吗”“占用内存少吗”等问题。

建立系统模型的基本步骤可用图 3－3 表示。

3. 系统建模常用方法

(1) 直接法。按系统的性质和范围，通过直接分析的方法，应用已知的科学知识建立模型，是应用“白箱”理论建立模型的方法。

(2) 数据分析法。有些系统结构性质不很清楚，但是可以通过描述系统功能的数据分析来搞清楚系统的结构模型，称为数据分析法。如回归分析。

(3) 概率统计分析法。利用概率统计的基本知识和方法分析问题并建立模型，称为概率统计分析法。如排队问题的建模。

(4) 试验分析法。当现有数据分析不能确定个别因素（变量）对系统工作指标的影响时，有必要在系统上做局部试验，以搞清哪些是本质变量及其对指标的影响，称为试验分析法。如环形交叉路口通行能力分析时采用的阻车观测法。

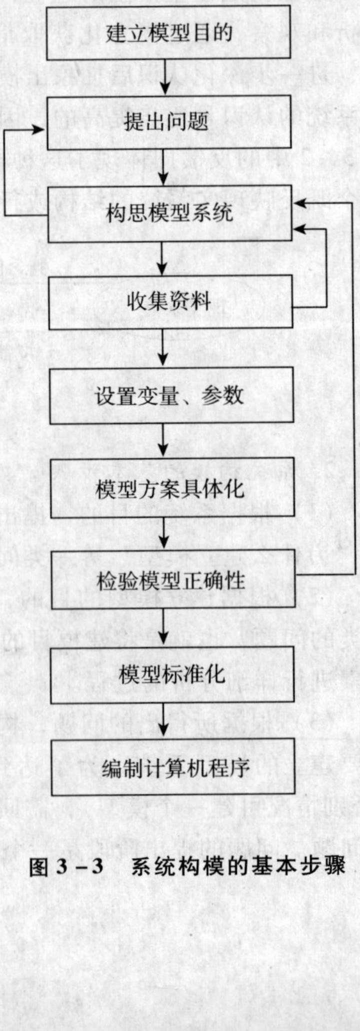

图 3－3 系统构模的基本步骤

（5）模拟法。对有的模型的结构和性质已经了解，但数量描述及求解过程都相当麻烦。如果有另一种结构和性质相同系统，构造出的模型也类似，就可以把后一种模型看成是原来模型的模拟，可对后一种模型进行试验，并求解，这就是模拟法。

（6）想定法。有些系统结构并不很清楚，又没有很多的现成数据可以利用，也不允许在系统上做试验。例如，想研究的系统是未来的、复杂的、涉及人的因素的大系统，由于这些系统中很多因素不确定，而又想通过模型来预测这类系统的一些数量行为，这时可以采用“想定法”。它的思路是事先设定一些不定情况，再用前述的方法构造出一些模型，推出一些结果，然后根据这些结果加以讨论，分析其是否可行。如果不行再重新想定，或者以后在研究过程中不断修改，因此，这种构模法，往往不是一次成功，需要多次迭代进行。如在分析城市公共交通策略时就可以采用这一方法。

（7）数学模型的建立。建立数学模型，就是利用代数、微分、积分、逻辑式、数表等各种数学表达方式表示系统的某些行为特性和结构本质。建立数学模型有两种方法：一种是根据对于实际系统的实际或观测数据来确定选用方程式。一种是以过去对实际系统的理论解释和规律反映来确定适当的数学表达。在建立数学模型时，理论考察和数据考察都很重要，两种方法综合运用能够得到很好的模型。

三、注意事项与模型简化

1. 系统建模注意事项

（1）明确目的，确定构成要素。对同一个系统，由于建模的目的不同，构造出来的模型也不同。例如，在研究天体运行模型时，可以将地球作为一个质点来考虑，而以地球的构造作为研究对象时，就不能把地球作为一个质点来考虑。根据系统的信息和研究目的，可以决定模型的大小，如大模型、小模型、静态模型、动态模型等，同时构造模型的目的还决定了模型的最小构成要素。

（2）模型的简单化和高精度。模型的简单化和高精度要求之间是相互矛盾的。简单模型包含实际系统的信息少，模型的精度就差。高精度模型一般比较复杂，如果成本很高，对于实际应用必要性不大，模型就值得简化。当然，仅仅追求模型的简单化，而使用不能达到要求的简单模型也就失去了应用模型的意义。

（3）没有固定不变的建模方法。建模方法都是由技术人员、研究人员按照其知识结构、研究经验决定的。作为建立模型的一个特征，就是无法确定哪一种模型是最好的，建立模型的方法根据目的不同而不同。

（4）模型的验证。为了确认模型的准确性，必须进行验证。当能将试验与经验进行比较时，验证是很容易的。模型验证应该注意两种情况，一种是模型本身就不合适；一种是模型本身合适，但是参量值不合适。在参量数目多的情况下，确定不合适的参量值就非常复杂。

（5）没有人类介入的系统建模。有人类介入的系统，即指人类的思想、心理状态、感情等因素作为要素进入系统中。无论有上述哪种因素进入系统中，建模都是很困难的。但是，任何模型都是由特定人去建立的，所以，应该考虑模型中人的影响因素，排除了人的影响因素的模型，才是没有人类介入的、真正反映了实际情况的系统模型。

2. 模型的化简

(1) 去除一些变量。一个系统如果有很多变量，由于变量太多会导致试验次数、经费大为增加，给数据分析带来困难。如果对实际情况有丰富的经验，可抓住其中1~2个变量进行重点试验。如果经验不足，可以采用正交试验方法，找出主要影响因素再进行优选试验；或者采用人为除去一些变量，只留下一两个变量试验，结果满意时，就可不管其他变量，反之，另取两个变量进行同样的试验，直到满意为止。

(2) 合并一些变量。在构造模型时，把性质相近的变量合并成少数有代表性的变量，虽然会产生一些误差，但如果通过估算还在预期精度之内，还是可行的。

(3) 改变变量的性质。可把某些变量（次要的、暂时的）看成是常量；把连续变量看成是离散变量；把离散变量看成是连续变量。

(4) 改变变量之间的函数关系。如非线性模型的处理相当困难，这时可以用线性关系式逼近非线性关系式，或用二次函数等来逼近，从而使模型大为简化。在概率模型中，也常用一些熟悉的概率分布函数，如正态分布、指数分布等来代替不大好处理的概率分布函数。

(5) 改变约束关系。为简化模型可对变量的约束条件加以改变，如增加或减少一些约束，对约束进行一些修改等约束关系改变后，求得的解并非系统的真正解，但可以用来了解真正解的范围，这对系统进行初步的评价是有益的。

(6) 根据数据情况修改模型。如模型要求具备某种数据，但这种数据不具备或不容易求得，那只好改用其他形式的模型，即改变模型的结构。

第三节 常用的数学模型

一、线性规划模型

在一定约束条件下求目标函数的极值（极大值或极小值）问题即为线性规划问题。线性规划的数学模型如下：

$$\max(\min) f = c_1x_1 + c_2x_2 + \cdots + c_nx_n$$

$$\begin{cases} a_{11}x_1 + a_{12}x_2 + \cdots + a_{1n}x_n \leqslant (=, \geqslant)\ b_1 \\ a_{21}x_1 + a_{22}x_2 + \cdots + a_{2n}x_n \leqslant (=, \geqslant)\ b_2 \\ \cdots \\ a_{m1}x_1 + a_{m2}x_2 + \cdots + a_{mn}x_n \leqslant (=, \geqslant)\ b_m \end{cases}$$

$$x_1, x_2, \cdots, x_n \geqslant 0$$

线性规划问题可能有各种不同的形式。目标函数，有的要求实现最大化，有的要求实现最小化；约束条件可以是“≤”形式的不等式，也可以是“≥”形式的不等式，还可以是等式。这种多样性给求解问题的讨论和求解程序的标准化带来不便。为了求解方便，规定线性模型的标准化形式为以下形式：

1. 目标函数是求最大值

对于求最小值的目标函数 $\min f = \sum_{j=1}^{n} c_i x_j$，由于

$$\min f = -\max(-f) = -(-\sum_{j=1}^{n} c_i x_j)$$

令 $f' = -f$，可得

$$\max f' = -\min f = -\sum_{j=1}^{n} c_i x_j$$

2. 约束条件均用线性等式方程表示，且右边常数项均非负

实际情形约束条件显然不可能都是等式关系。当表达式中含“≤”，可在约束条件左边加上一个非负的变量——松弛变量，使原来的“≥”变为“=”；当表达式中含“≥”时，可在约束条件左边减去一个非负变量——剩余变量，使原来的“≥”变为“=”。

要提到的一点是，在标准型中要求“$b_i \geq 0 (i = 1,2,\cdots,m)$”，如果存在 $b_i \leq 0$ 的情形，则可以通过在方程式两边各乘上“-”号，使所有 $b_i \geq 0$ 得到满足。

3. 所有变量要求非负

现实中，有些变量可能从物理意义或经济意义上讲没有非负要求。为了满足标准象变量非负的要求，当 $x_i \leq 0$ 时，可令 $x'_i \leq - x_i$ 且 $x'_i \geq 0$，当 x_i 无约束时，可令 $x'_i - x''_i = x_i$，其中 $x'_i \geq 0, x''_i \geq 0$。

经过上述过程，可得到线性规划问题的数模型的标准形式为

$$\max z = c_1 x_1 + c_2 x_2 + \cdots + c_n x_n$$

$$\begin{cases} a_{11} x_1 + a_{12} x_2 + \cdots + a_{1n} x_n = b_1 \\ a_{21} x_1 + a_{22} x_2 + \cdots + a_{2n} x_n = b_2 \\ \cdots \\ a_{m1} x_1 + a_{m2} x_2 + \cdots + a_{mn} x_n = b_m \end{cases}$$

$$x_1, x_2, \cdots, x_n \geq 0$$

线性规划的求解主要采用单纯型法，随着计算机技术迅速发展，开发了求解大规模线性规划问题的计算机软件，其中包含了各种线性规划问题的解法。解题时，用户给出所要求解问题的目标和约束条件的变量和各种参数后，只要给出解法类型就可以求解。

城市客运交通结构优化模型为线性规划模型。城市客运交通结构优化即在城市交通基础设施建设水平、环境、能源等各种条件的约束之下，选择可能的交通工具并进行恰当的组合，使各种交通方式互补协调、扬长避短，从而最大限度地发挥各种交通方式的优势，并且在满足城市居民出行需要的基础上，追求最高的交通效率。我国大城市主要的客运交通方式包括：轨道交通、常规公交、私家车、自行车、步行、出租车和摩托车，各种交通方式所承担的单位客运周转量对交通效率的影响是不同的。为体现这种差别，建立了如下数学模型：

$$\max Z = CX$$

$$s.t. \begin{cases} AX = b \\ X \geq 0 \end{cases}$$

式中　Z——城市客运交通效率函数；

C——各种交通方式所承担的客运周转量的权重；

X——各种交通方式承担的客运周转量；

A ——约束方程组的系数矩阵。

合理、科学的大城市客运交通结构不仅应满足城市居民的出行需求，而且还应实现城市交通的可持续发展。满足城市居民的出行需求不仅包括空间位移的要求，还包含出行时耗的要求。城市交通的可持续主要包括道路用地资源的可持续性、能源消耗的可持续性、环境污染的可持续性。这些是建立大城市客运交通结构优化模型约束条件的基本依据。因此，大城市客运交通结构优化模型为：

$$\max Z = \sum_{i=1}^{n} c_i x_i$$

$$s.t.\begin{cases} \sum_{i=1}^{n} x_i \geqslant D & (1) \\ \dfrac{\sum_{i=1}^{n} v_i x_i}{\sum_{i=1}^{n} x_i} \cdot l \geqslant R & (2) \\ \dfrac{\sum_{i=1}^{n} l_i x_i}{\sum_{i=1}^{n} x_i} \leqslant LR & (3) \\ \sum_{i=1}^{n} e_i x_i \leqslant ENC & (4) \\ \sum_{i=1}^{n} P_{ij} x_i \leqslant EC_j & (5) \\ G(1-\varepsilon) \leqslant \sum_{i=1}^{n} \dfrac{x_i}{h_i} \leqslant G(1+\varepsilon) & (6) \\ x_i^{\min} \leqslant x_i \leqslant x_i^{\max} & (7) \end{cases}$$

式中 D ——通过交通需求预测求得的城市居民交通需求总量，人 · km；

v_i ——第 i 种交通方式的平均速度；

t ——规划年城市居民的平均出行时间预算；

R——规划年城市等效半径；

l_i ——第 i 种交通方式的动态占用道路面积；

LR ——规划年城市人均占用道路面积；

e_i ——规划年第 i 种交通方式的能源消耗因子；

ENC ——规划年城市客运交通分担的能源消耗上限；

P_{ij} ——第 i 种交通方式中第 j 种污染物的排放因子，g/（人 · km）；

EC_j ——城市交通第 j 种污染物的环境容量，g；

G ——规划年城市居民出行总量；

ε ——误差范围，一般取 5%；

h_i ——规划年第 i 种交通方式的平均出行距离；

$x_i^{\min}$ 和 $x_i^{\max}$ ——分别表示各个交通方式在规划年所能承担的客运周转量的上限和下限。

（1）目标函数。各种交通方式所承担客运周转量权重 C，内在含义为轨道交通、常规公交、私家车、自行车、步行、出租车和摩托车等客运交通方式承担单位交通周转量对城市交通运输效率改善的贡献大小。因此，需要对城市各种交通方式的运输效率进行综合评价，以便确定目标函数中的权重 C。通过综合评价，得到了各种交通方式单位周转量对运输效率改善的贡献值，具体见表 3－1。

表 3－1　我国大城市主要交通方式客运周转量的贡献值

权重值	轨道交通	常规公交	私家车	自行车	步行	出租车	摩托车
c_i	0.0893	0.0429	0.0237	0.0171	0.0211	0.0144	0.0145

基于方式结构的城市交通运输效率函数（即目标函数）为

$$\max Z = 0.0893x_{rai} + 0.0429x_{bus} + 0.0237x_{car} + 0.0171x_{bys} + 0.0211x_{ped} + 0.0144x_{tax} + 0.0145x_{mot}$$

（2）居民出行总量约束。约束条件（1）体现了居民出行总量约束，是城市客运交通结构优化的先决条件，该约束条件中仅有一个参数 D，D 值可以通过各种交通方式OD分布矩阵与各交通区之间出行平均距离加以衡量。

（3）可达性约束。约束条件（2）体现了可达性约束，即在合理出行时间预算内能够完成一定的出行距离。可达性约束采取各种交通方式的加权平均速度能够在出行时间预算内行驶相当于城市等效半径的距离。城市居民日出行时间预算一般为 60～90min，在约束条件（2）中，t 值取该值一半，即为单程出行时间。规划年的等效半径 R 可以依据城市总体规划确定

（4）道路用地资源约束。约束条件（3）体现了城市道路用地资源约束。各种交通方式动态占地面积参数 l_i 现在研究较多，有比较成熟的成果可供参考，规划年的人均占地道路面积 LR 则可根据城市总体规划得到。

（5）能源消耗约束。约束条件（4）体现了能源消耗约束，城市交通结构优化结果亦不能超出城市交通能耗的承载力。规划年各种交通方式能源消耗因子 e_i 和规划年城市客运交通分担的能源消耗上限 ENC 可以依据相关研究取值。

（6）环境容量约束。约束条件（5）体现了环境容量限制。对于城市交通而言，环境容量约束是指交通污染物的排放速度不得超过城市交通环境承载力。

（7）城市交通客运周转量与出行人次关系约束。每种交通方式所承担的客运周转量除以居民采用该方式的平均出行距离，所得商值的累加约等于城市居民出行总量，如约束条件（6）所示。各种交通方式平均出行距离 h_i 可以依据现状各种交通方式平均出行距离和城市规模综合确定。

（8）各种交通方式发展规模约束。交通方式的改变是一个相对缓慢的过程，一种交通方式既不可能突然兴起，也不可能突然消失，因此，城市客运交通结构优化还应该考虑

各种交通方式的可能发展规模，每种交通方式所承担的客运周转量都有上、下限的约束，具体见约束条件（7）。式中各种交通方式在规划年所能承担的客运周转量的上限 $x_i^{\max}$ 是由城市相关资源（如土地资源、能源、材料）以及各种交通方式的运输工具发展水平和经济运距决定的；下限 $x_i^{\min}$ 则体现了使各种交通方式的供给能力不致过分闲置的内涵，同时也体现了各交通方式互补的思想。

二、运输问题模型

某一种物资有 m 个产地，第 i 个产地记为 $A_i\ (i=1,2,\cdots,m)$，其产量为 a_i；$B_j\ (j=1,2,\cdots,n)$ 是这种物资的 n 个销地，其销量依次为 b_j；c_{ij} 是从 A_i 到 B_j 的运输单价。目标是在产销平衡（$\sum a_i = \sum b_j$）条件下寻求使总费用最少的物资调运方案。设 x_{ij} 为从 A_i 到 B_j 运送物资的数量，模型为

$$\min Z = \sum_{i=1}^{m}\sum_{j=1}^{n} c_{ij}x_{ij}$$

$$\begin{cases} \sum_{i=1}^{m} x_{ij} = b_j & (j=1,2,\cdots,n) \\ \sum_{j=1}^{n} x_{ij} = a_i & (i=1,2,\cdots,m) \\ x_{ij} \geqslant 0 \quad a_i > 0 \quad b_j > 0 \end{cases}$$

供需不平衡需增加虚拟产地或销地，可用表上作业法求解。

在长江三峡工程的建设中，工程所需的水泥、粉煤灰等物料数量十分巨大。而生产供应厂家地点分散，中转储备点多，以及因工程性质所决定的要有一定安全保证的库存数量。这样，就必须合理有效地建立并求解此运输问题的数学模型。

在三峡工地建有多个拌和楼系统，每个拌和楼系统都有若干个贮罐，用来贮存适量（安全库存储量）的水泥和粉煤灰，以备在出现供料紧张时仍能够保障混凝土浇筑施工的连续性。施工所需的水泥和粉煤灰由多个物料供应厂商供应，这些供应厂商分布在多个省市，所供物料有多种不同的运输方式：直接由公路陆运至拌和系统；通过水路、公路、铁路先运至业主指定的中转存储系统，再随时听候调运指令，将物料短倒到指定的拌和楼系统中。生成调运方案需要综合考虑物料的需、产、运、储、供、管情况，确定多种物料的供应源头和调运数量，以确保施工需求，并使所消耗的总费用最少。概括地说，就是要从 M 个物资供应厂商调运水泥（或粉煤灰）到 N 个拌和系统或 L 个中转储备点（包括码头的堆场），从 L 个中转储备点到 N 个拌和系统。其中，既有一个物资供应厂商对应多个拌和系统或中转储备点的情况，也有一个拌和系统对应多个物资供应厂商和中转储备点的情况。从整体结构上，是与经典运输问题的结构相同的。

为方便描述和讨论，现作如下约定和假设：设工程所需的物料种类有 K 种。并设第 i

个物资供应厂商每个计划期生产第 $k(k=1,2,\cdots,K)$ 种物料的最大产量为 $a_{ik}^1(i=1,2,\cdots,M)$；为了保证业主方和供应厂商的业务关系，每个计划期最少应给第 i 个物资供应厂商第 k 种物料采购量 $a_{ik}^0(i=1,2,\cdots,M)$，其中 $a_{ik}^1 \geqslant a_{ik}^0 \geqslant 0$。设第 j 个拌和系统每个计划期需要第 $k(k=1,2,\cdots,K)$ 种物料的最大量为 $b_{jk}^1(j=1,2,\cdots,N)$；为了保证各拌和系统的施工需求有一定的安全裕度，需设置相应的安全库容量，因此，每个计划期最少应给第 j 个拌和系统第 k 种物料采购量 $b_{jk}^0(j=1,2,\cdots,N)$，其中 $b_{jk}^1 \geqslant b_{jk}^0 \geqslant 0$。

因此，K 种物料的需求和供应是相互独立的。那么，我们就可以对这 K 种物料分别建立模型进行优化求解，目标函数为每计划期调运的总运费率最小。

在上述问题描述中略去 k 下标，然后，将 L 个中转储备点视作 L 个供应厂商及 L 个拌和系统，其具体发量（收量）由后面的约束给出。

设在每个计划期中，从第 $i(i=1,2,\cdots,M,M+1,\cdots,M+L)$ 个供应厂商直接运送物料到第 $j(j=1,2,\cdots,N,N+1,\cdots,N+L)$ 个拌和系统的数量（运输决策变量）为 x_{ij}，运价为 c_{ij}，并设在每个计划期中，第 j 个拌和系统物料的安全库存储量为 S_j，最大库存容量为 V_j，本期期初储量为 R_j^0，预计本期消耗量（即需求量）为 E_j，预计本期期末储量为 R_j。该运输问题的目标函数（总运费率最小化）如下：

$$\min Z = \frac{\sum_{i=1}^{M+L}\sum_{j=1}^{N+L} c_{ij}x_{ij}}{\sum_{i=1}^{M+L}\sum_{j=1}^{N+L} x_{ij}}$$

其中决策变量为 x_{ij}，受到下述条件所制约：

（1）在每个计划期中，对于任一物资供应厂商，其供货量（发量）应不少于业主方给予的最少物料采购量，并且受到该厂家本身的生产能力的限制。

$$\sum_{j=1}^{N+L} x_{ij} = a_i\,,\ a_i^0 \leqslant a_i \leqslant a_i^1 \quad (i=1,2,\cdots,M)$$

（2）在每个计划期中，对于任一拌和系统，其期末储量由本期期初储量与进料量、消耗量代数求和得到（预计量）。

$$R_j^0 + \sum_{i=1}^{M+L} x_{ij} - E_j = R_j \quad (j=1,2,\cdots,N)$$

（3）任一拌和系统的期末储量均应不少于该拌和系统的安全库存储量。

$$R_j \geqslant S_j \quad (j=1,2,\cdots,N)$$

（4）任一拌和系统的期末储量应不多于该拌和系统的最大库存容量。

$$R_j \leqslant V_j \quad (j=1,2,\cdots,N)$$

（5）对于同一中转储备点，在发点和收点中分别所处的位置（相应下标）相同。

$$i-M=l=j-N \quad (i=M+1,M+2,\cdots,M+L;\ j=N+1,N+2,\cdots,N+L)$$

（6）如果将中转储备点当作收点考虑，则有，其期末储量由本期期初储量与进料量、消耗量（即作为发点而言的发量）代数求和得到（预计量）。

$$R_j^0 + \sum_{i=1}^{M+L} x_{ij} - \sum_{j=1}^{N+L} x_{ij}\Big|_{i=j-N+M} = R_j \geqslant 0 \quad (j=N+1,N+2,\cdots,N+L)$$

(7) 如果将中转储备点当作发点考虑，则有，其期末剩余生产能力 R_i 由本期期初“剩余生产能力”（即 R_i^0 作为收点而言的库存量）与“新增生产能力”（即作为收点而言的进料量）、本期发量代数和得到（预计量）。

$$R_j^0 + \sum_{j=1}^{N+L} x_{ij} - \sum_{i=1}^{M+L} x_{ij} \big|_{j=i-M+N} = R_i \geqslant 0 \quad (i = M+1, M+2, \cdots, M+L)$$

三、整数规划模型

实际的系统问题在进行优化时，变量为离散型的并不少见，例如人员配置数、运输所用的车辆数、车间的机器台数、医院的病人数等。由于这些变量只能取整数，寻优方法也不能先采用线性规划方法，得出结果后用化整来解决。因此，需在优化过程中引入整数约束，整数规划问题的数学模型为

$$\max Z = \sum_{j=1}^{n} c_j x_j$$

$$\begin{cases} \sum_{j=1}^{n} a_{ij} x_j \leqslant b_i & (i = 1,2,\cdots,m) \\ x_j \geqslant 0, \text{且为整数或部分为整数} & (j = 1,2,\cdots,n) \end{cases}$$

如果所有变量都为整数，优化问题为纯整数规划问题；如果部分为整数，部分为实数，则为混和整数规划问题。

原线性规划有最优解点，自变量限制为整数后，其整数规划解出现下述情况：原线性规划最优解全是整数，则整数规划最优解与线性规划最优解一致；整数规划无可行解；有可行解（当然就存在最优解），但最优解值变差。整数规划最优解不能按照实数最优解简单取整而获得。整数线性规划可采用分支定界法（可求纯或混合整数线性规划）或割平面法（主要求解纯整数线性规划）求解。

突发事件发生时，如果不能在短时间内高效地调集相关抗灾物资到受灾点，不仅会使人的生命受到威胁，而且还会给国家的安全和稳定带来巨大冲击，使灾害演变成灾难，其后果十分可怕。所以在一般的应急物流配送系统中，主要研究如何在最短的时间内通过应急物流中心将抗灾物资传递到各个受灾点。根据资源是否可以重复利用，将抗灾物资分为可重复利用的抗灾物资和不可重复利用的抗灾物资两大类，并综合考虑在一个模型中。

讨论的突发事件以某地区发生一种传染病为代表；相关的可重复利用的抗灾物资记为 a，其集合表示为 A，假设其边际效用在整个抗灾过程中不变；不可重复利用的抗灾物资记为 b，其集合表示为 B。同时，将受灾城市划分为 K 个待服务的小区域，并把这些小区域抽象为一个个可能的受灾点 $i(i = 1,2,\cdots,K)$。令 $i = 0$ 表示该系统内唯一的应急物流中心。假设应急物流中心和受灾点的位置分布状况是已知的，令 $t_{ij}(i,j = 1,2,\cdots,I)$ 表示通过边 (i,j) 所需要的时间，受灾点 i 到受灾点 j 的最短时间为 t_{ij}^*。

在某一时刻 t，受灾点 i 所需抗灾物资 $c(c \in \{A,B\}$ 的数量为 N_{ci}，当前可利用的抗灾物资 c 的数量为 C_{ci}，运往该受灾点的抗灾物资 c 的在途数量为 R_{ci}，且当受灾点 i 发生疫情时，c 首先用来满足本区域处理疫情的需要。对整个系统而言，抗灾物资 c 能完全满足受灾点疫情的需要。

q_{cij} 表示将抗灾物资 c 从受灾点 i 转运至受灾点 j 的数量，q_{0j} 表示将抗灾物资 c 由应急物流中心向受灾点 j 配送的数量。

考虑系统处于抗灾物资分布不均衡状态的 t 时刻的资源调度方案。首先，在 t 时刻，所有的受灾点可归纳为以下三种情况：

（1）若 $C_{ci}-N_{ci}\geqslant 0$，则说明受灾点 i 拥有抗灾物资 c 的库存量为 $C_{ci}-N_{ci}$，这类受灾点和应急物流中心的集合表示为 L_c，$\forall c\in\{A,B\}$。

（2）若 $C_{ci}-N_{ci}<0$ 且 $C_{ci}+R_{ci}<N_{ci}$，则说明受灾点 i 拥有抗灾物资 c 的缺货量为 $N_{ci}-(C_{ci}+R_{ci})$，这类受灾点和应急物流中心的集合表示为 J_c，$\forall c\in\{A,B\}$。

（3）若 $C_{ci}-N_{ci}<0$ 但 $C_{ci}+R_{ci}\geqslant N_{ci}$，则说明受灾点 i 拥有抗灾物资 c 在该调度方案中保持不变。

故 $\Delta_{ci}^{+}=\max(0,C_{ci}-N_{ci})$、$\Delta_{ci}^{-}=\max(0,N_{ci}-C_{ci}-R_{ci})$ 分别表示受灾点 i 或应急物流中心在 t 时刻对抗灾物资 c 的库存量和缺货量。显然，在制定资源调度方案时，我们的目标是使 $\sum\limits_{c\in\{A,B\}}\sum\limits_{i\in L_c}\sum\limits_{j\in J_c}t_{ij}^{*}q_{cij}$ 最小。

但考虑到疫情未来发展的不确定性，设 $t+\Delta t$ 是系统未来出现抗灾物资分布不均衡状态的最近时刻。令 Δ_{cu} 表示受灾点 u 在后续的 Δt 时间内产生的对抗灾物资 c 的可能需求量，$U_c=\{u\mid\Delta_{cu}>0\}$，这里假设 Δ_{cu} 是一个离散型的随机变量，$p_{cuv}=P(\Delta_{cu}=v)$ 表示受灾点 u 在后续的 Δt 时间内可能需要 v 数量的抗灾物资 c 的概率。通过对当前各个受灾点疫情发展程度和抗灾物资 c 的布局情况等进行综合分析，由应急物流中心估算出 $\forall c\in\{A,B\}$，$\forall u\in U_c$，Δ_{cu} 的分布规律，可得其期望值为 $E(\Delta_{cu})=\sum\limits_{v}vP_{cuv}$。

后续 Δt 时间内，各个受灾点可能产生的需求量由以下几部分资源来满足：

（1）执行 t 时刻的资源调度方案后，各个受灾点和应急物流中心剩余的库存。

（2）在 Δt 时间内，上一级供应商运往应急物流中心的抗灾物资。记 $\Delta_{c0}^{'}$ 为应急物流中心在 Δt 时间内抗灾物资 c 的增加量，$r_{c0u}^{'}$ 为受灾点 u 在 Δt 时间内产生的对抗灾物资 c 的需求中从应急物流中心的 $\Delta_{c0}^{'}$ 中调度的量。

（3）对于可重复利用抗灾物资，由于疫情的变化，在 Δt 时间内各个受灾点内部产生的新增库存。记 $\Delta_{ak}^{'}$ 为受灾点 k 在 Δt 时间内，由于疫情的减轻而使 t 时刻可重复利用的抗灾物资 a 由使用状态变为库存状态的量：$K_a=\{k\mid\Delta_{ak}^{'}>0\}$；$r_{aku}^{'}$ 为受灾点 u 在 Δt 时间内产生的对抗灾物资 c 的需求中从受灾点 k 的 $\Delta_{ak}^{'}$ 中调度量。

令 r_{clu} 表示受灾点 u 在后续的 Δt 时间内产生的对抗灾物资 c 的需求中在 t 时刻从应急物流中心或受灾点 l 的库存中调度的量，$t_{cu}^{*}=\min\limits_{l\in L_c}\{t_{lu}^{*}\}$。若 $r_{clu}>0$，则此时受灾点 l 到受灾点 u 的时间与 t 时刻库存有抗灾物资 c 的最近受灾点或应急物流中心到受灾点 u 的时间之差 $t_{iu}^{*}-t_{cu}^{*}$。这样，可得 $t+\Delta t$ 时刻可能发生的这种资源调度的机会成本为 $\sum\limits_{c\in\{A,B\}}\sum\limits_{l\in L_c}\sum\limits_{u\in U_c}(t_{iu}^{*}-t_{cu}^{*})r_{clu}$。

综上所述，建立优化模型如下：

$$\min \sum_{c \in \{A,B\}} \left[\sum_{i \in I_c} \sum_{j \in J_c} t_{ij}^* q_{cij} + \sum_{l \in L_c} \sum_{u \in U_c} (t_{iu}^* - t_{cu}^*) r_{clu} \right]$$

$$s.t. \begin{cases} \sum_{j \in J_c} q_{clj} \leqslant \Delta_{cl}^+ & \forall c \in \{A,B\}, l \in L_c \quad (1) \\ \sum_{l \in L_c} q_{clj} \leqslant \Delta_{cj}^- & \forall c \in \{A,B\}, j \in J_c \quad (2) \\ \sum_{u \in U_c} r'_{c0u} \leqslant \Delta'_{c0} & \forall c \in \{A,B\} \quad (3) \\ \sum_{u \in U_c} r'_{aku} \leqslant \Delta'_{ak} & \forall a \in A, k \in K_a \quad (4) \\ \sum_{l \in L_a} r_{alu} + r'_{a0u} + \sum_{k \in K_a} r'_{aku} \geqslant E(\Delta_{au}) & \forall a \in A, u \in U_a \quad (5) \\ \sum_{l \in L_a} r_{blu} + r'_{b0u} \geqslant E(\Delta_{bu}) & \forall b \in B, u \in U_b \quad (6) \\ \sum_{u \in U_c} r_{clu} \leqslant \Delta_{cl}^+ - \sum_{j \in J_c} q_{clj} & \forall c \in \{A,B\}, l \in L_c \quad (7) \\ q_{clj}, r_{clu}, r'_{c0u}, r'_{aku} \geqslant 0, \text{且为整数} & \forall c \in \{A,B\}, l \in L_c, u \in U_c, j \in J_c, k \in K_a \end{cases}$$

约束条件（1）表示从拥有库存的受灾点或应急物流中心调度出去的抗灾物资 c 的总量要小于其库存量；约束条件（2）表示从各个受灾点和应急物流中心的库存中调度抗灾物资 c 以满足缺货的受灾点的资源需求；约束条件（3）表示为救助在后续的 Δt 时间内可能产生需求的受灾点，从应急物流中心新增库存中调度出去的抗灾物资 c 的总量要小于其 Δt 时间内新增的库存量；约束条件（4）表示为救助在后续的 Δt 时间内对可重复利用资源可能产生需求的受灾点，从各个受灾点内部产生的新增库存中调度出去的资源总量要小于其 Δt 时间内这类库存新增的量；约束条件（5）和约束条件（6）分别表示对于在后续的 Δt 时间内对可重复利用的抗灾物资 a 和不可重复利用的抗灾物资 b 可能产生需求的受灾点，都要调度足够的资源对其进行救助；约束条件（7）表示为救助在后续的 Δt 时间内可能产生需求的受灾点，从应急物流中心或受灾点 t 时刻的库存中调度出去的抗灾物资 c 要给予对其剩余库存的约束。

四、0－1 规划模型

整数规划中，全部变量取值为 0 或 1 的逻辑变量，称为 0－1 规划。

$$\max Z = \sum_{j=1}^{n} c_j x_j$$

$$s.t. \begin{cases} \sum_{j=1}^{n} a_{ij} x_j = b_i & i = 1,2,\cdots,m \\ x_j = 0 \text{ 或 } 1 (j = 1,2,\cdots,n) \end{cases}$$

0－1 规划可用枚举法求解。

如下运输调度问题：为 0－1 规划问题供货点和需求点分别有多个，停车点只有固定的一个；调度开始时所有的车辆都位于停车点，且处于完好的状态之下；所有车辆都能胜任任何一个运输任务；每一辆车一次只负责一个运输任务；每一次运输都满足如下顺序：停车点→供货点→需求点→停车点；运输任务必须满足给定的时间要求，且任务必须在整数时刻开始。

设负责运输的车辆共有 N_v，每辆车的平均最大速度为 $v_{k,\max}(k=1,2,\cdots,N_v)$；空车行驶费用系数为 $c_{k,1}(k=1,2,\cdots,N_v)$；装载运输费用系数为 $c_{k,2}(k=1,2,\cdots,N_v)$。供货点共有 N_s，需求点共有 N_r，供货点与需求点之间的距离为 $d_{ij}(i=1,2,\cdots,N_s;j=1,2,\cdots,N_r)$；停车点与供货点和需求点的距离分别为 $d_{i0}(i=1,2,\cdots,N_s)$ 和 $d_{0j}(j=1,2,\cdots,N_r)$。如果需要运输的任务共有 N_T，每个任务的运输量为 $q_m(m=1,2,\cdots,N_T)$，对应的开始时间为 $[t_{mb},t_{me}](m=1,2,\cdots,N_T)$；对应的装卸时间为 $t_{mu}(m=1,2,\cdots,N_T)$；对应的需求点为 $r_m(m=1,2,\cdots,N_T)$，则可以得到对应的运输路程为

$$d_m = d_{s_m0} + d_{s_mr_m} + d_{0r_m} \quad (m=1,2,\cdots,N_T)$$

其中空车行驶路程为

$$d_{m1} = d_{s_m0} + d_{0r_m} \quad (m=1,2,\cdots,N_T)$$

装载行驶路程为

$$d_{m2} = d_{s_mr_m} \quad (m=1,2,\cdots,N_T)$$

调度的目的就是在给定的时间段内给每个任务分配合适的运输车辆，并确定车辆的出发时间，使得整个运输成本最低。设 x_{mk} 为车辆安排决策变量：

$$x_{mk} = \begin{cases} 1 & \text{任务 } m \text{ 由车辆 } k \text{ 完成} \\ 0 & \text{否则} \end{cases}$$

则调度的目标函数可以描述为如下数学形式：

$$\min \sum_{m=1}^{N_T}\sum_{k=1}^{N_V} x_{mk}(c_{k1}d_{m1} + c_{k2}d_{m2}q_m)$$

需要满足的约束有：

（1）任务持续的时间 t_m：

$$t_m \geqslant \frac{d_m}{\sum_{k=1}^{N_V} v_{k\max}x_{mk}} + t_{mu} \quad (m=1,2,\cdots,N_T)$$

式中　t_{mu}——任务的装卸时间。

（2）任务结束的时刻 t_{mf}：

$$t_{mf} = t_{ms} + t_m \quad (m=1,2,\cdots,N_T)$$

式中　t_{ms}——任务的开始时刻。

（3）所有任务必须在规定的时间内开始：

$$t_{mb} \leqslant t_{ms} \leqslant t_{me} \quad (m=1,2,\cdots,N_T)$$

（4）任何一个任务只能由一辆车来完成：

$$\sum_{k=1}^{N_V} x_{mk} = 1 \quad (m=1,2,\cdots,N_T)$$

(5) 任何车辆都必须满足：

$$t'_{k(n+1)s} \geqslant t'_{knf} \quad \sum_{m=1}^{N_T} x_{mk} - 1 \quad (n = 1,2,\cdots,N_T; k = 1,2,\cdots,N_v)$$

式中 t_{kns}——车辆 k 第 n 次运输的开始时刻；

t'_{knf}——车辆 k 第 n 次运输的结束时刻。

五、分派问题模型

设有 n 项任务，分配给 n 个人去完成，要求每个人完成其中一项任务，每项任务只交给其中一个人完成，已知每个人完成各项任务的成本（或效率），求使总成本最少的分配方案。引入变量

$$x_{ij} = \begin{cases} 1 & \text{分配第 } i \text{ 人完成第 } j \text{ 项任务} \\ 0 & \text{否则} \end{cases} \quad (i,j = 1,2,\cdots,n)$$

$$\min Z = \sum_{i=1}^{n} \sum_{j=1}^{n} c_{ij} x_{ij}$$

$$s.t. \begin{cases} \sum_{j=1}^{n} x_{ij} = 1 \quad (i = 1,2,\cdots,n) \\ \sum_{i=1}^{n} x_{ij} = 1 \quad (j = 1,2,\cdots,n) \\ x_{ij} = 0 \text{ 或 } 1 \quad (i,j = 1,2,\cdots,n) \end{cases}$$

c_{ij} 是第 i 人完成第 j 项任务时的费用（或效率），一般都是已知的，（“0－1”规划特殊情形）可采用匈牙利算法进行求解。

集装箱码头通常由3部分组成，即停泊区域、存贮区域和运输系统。停泊区域由若干泊位（如6~8个泊位）组成，每一泊位由若干起重机用于装卸集装箱。存贮区域被分为规划的小区域，每一小区域放置存贮设备用于集装箱的存放。集装箱码头管理系统中，设计有效的分派车辆方案是非常重要的。大型货轮卸货时对车辆分派的整数规划模型进行了研究。

为简便起见，首先假设货轮的货仓只有货物卸下，服务于同一货仓的两个起重机间的距离可以忽略，也不考虑车辆缓冲区的设置及交通路线的设定等，并假设车辆足够多，可确保起重机的等待时间为0，然后建立数学模型，目标是保证在最短的时间内完成任务，并使所有车辆等待的时间为最少。假设：

(1) 集装箱码头有 N 个泊位，记为 $B(1),B(2),\cdots,B(N)$。

(2) 在第 j 个泊位有 m_j 个集装箱要依次被卸下，它们被记为任务 $J(j,1),J(j,2),\cdots,J(j,m_j)$，它们被起重机卸下的时刻为 $t_{j1},t_{j2},\cdots,t_{jm},j = 1,2,\cdots,N$。

(3) 对于任务 $J(j,k),k = 1,2,\cdots,m_j$，由一个车辆把它从第 j 个泊位运到它的存贮位置并存放好的时间为 $w_{jk}(min,s)$，从该存贮位置返回到第 l 个泊位的时间为 $v_{jkl}(min,s)$，$l = 1,2,\cdots,N$。

(4) 共有 n 个车辆，记为 $VC(1),VC(2),\cdots,VC(n)$，它们服务于第 j 个泊位的初始时刻为 $S_{1j},S_{2j},\cdots,S_{nj},j = 1,2,\cdots,N$。

(5) 设 n 个车辆可确保每一个泊位的起重机都没有等待时间。

给予假设条件构造数学模型，其目标为所有车辆的等待时间最少。

令 $m = \sum_{j=1}^{N} m_j$。首先引入一个一一映射，把集合 $\{t_{jk} \mid k = 1,2,\cdots,m_j;\ j = 1,2,\cdots,N\}$ 中的数据按大小顺序排列。令 $\Gamma:(1,2,\cdots,m) \to ((j,k) \mid k = 1,2,\cdots,m_j;\ j = 1,2,\cdots,N)$ 也是一个一一映射，且满足：

$$\Gamma(p) = (\Gamma_L(p), \Gamma_R(p))$$

其中 $\Gamma_L(p) \in (1,2,\cdots,N)$，$\Gamma_R(p) \in (1,2,\cdots,m\Gamma_L(p))$。

由 $t_{\Gamma(p_1)} \neq t_{\Gamma(p_2)}$ 可推出 $p_1 \neq p_2$；$t_{\Gamma(p_1)} \leqslant t_{\Gamma(p_2)}$，当且仅当 $p_1 \leqslant p_2$；若 $t_{\Gamma(p_1)} = t_{\Gamma(p_2)}$，满足 $\Gamma(p_1) \neq \Gamma(p_2)$，则 $p_1 \leqslant p_2$ 当且仅当 $\Gamma(p_1) < \Gamma(p_2)$。

引入下述决策变量：

$$u_{ijkl} = \begin{cases} 1 & \text{若 } VC(i) \text{ 完成 } J(j,k) \text{ 并返回 } B(l) \\ 0 & \text{否则} \end{cases}$$

其中 $i = 1,2,\cdots,n$；$k = 1,2,\cdots,m_j$；$j = 1,2,\cdots,N$；$l = 1,2,\cdots,N$。

设 $Z(i,\Gamma(p)) \in (1,2,\cdots,m)$ 是 $VC(i)$ 在完成任务 p 之前最靠近任务 p 的任务序数，提出如下的数学模型：

$$\min f(u) = \sum_{p=1}^{m}\sum_{i=1}^{n}\sum_{l=1}^{N} u_{i\Gamma(p)l}\left[t_{\Gamma(p)} - \left(t_{\Gamma(z(i,\Gamma(p)))} + w_{\Gamma(z(i,\Gamma(p)))} + v_{\Gamma(z(i,\Gamma(p)))}\right)\right] + \sum_{i=1}^{n}\left(t_{z(i,\Gamma(0))} - S_{i,\Gamma_L(z(i,\Gamma(0)))}\right)$$

$$s.t. \begin{cases} u_{i\Gamma(p)l}\left[t_{\Gamma(p)} - \left(t_{\Gamma(z(i,\Gamma(p)))} + w_{\Gamma(z(i,\Gamma(p)))} + v_{\Gamma(z(i,\Gamma(p)))}\right)\right] \leqslant u_{i\Gamma(p)l}t_{\Gamma(p)} \\ (i = 1,2,\cdots,n;\ p = 1,2,\cdots,m;\ l = 1,2,\cdots,m) & (1) \\ \sum_{l=1}^{N} u_{i,\Gamma(p),l,(u_{i,\Gamma(z(i,\Gamma(p)))},\Gamma_L(p)-1)} = 0\ (i = 1,2,\cdots,n;\ p = 1,2,\cdots,m) & (2) \\ u_{i,\Gamma(p),l} \in (0,1) \quad (p = 1,2,\cdots,m;\ i = 1,2,\cdots,n;\ l = 1,2,\cdots,N) & (3) \\ \sum_{i=1}^{n}\sum_{l=1}^{N} u_{i,\Gamma(p),l} = 1 \quad (p = 1,2,\cdots,m) & (4) \\ z(i,\Gamma(p)) = \max_{1\leqslant q\leqslant p-1} \sum_{l=1}^{N} u_{i,\Gamma(p),i_q}\ (i = 1,2,\cdots,n;\ p = 1,2,\cdots,m) & (5) \\ S_{i,\Gamma_L(z(i,\Gamma(0)))} \leqslant t_{z(i,\Gamma(0))} \quad (z(i,\Gamma(0)) \in (1,2,\cdots,m;\ i = 1,2,\cdots,n) & (6) \end{cases}$$

模型的目标函数是所有车辆的等待时间最小，约束（1）确保了起重机的零等待时间，约束（2）为流量守恒条件，约束（4）确保每一集装箱任务均被完成。

六、非线性规划模型

如果在所考虑的数学规划问题中，约束条件或目标函数不完全是线性的，则称为非线性规划。在实践工作中所遇到的大量问题一般都是非线性问题，用线性规划是难以解决的，这也正是线性规划的局限性。非线性规划在理论上不如线性规划成熟，但随着科学的发展和电子计算机的普及，非线性规划将越来越重要，它比线性规划能够更准确、更严密地解决问题。

非线性规划的数学模型通常表示成以下形式：

$$\min Z = f(x)$$

$$s.t.\begin{cases}g_i(x)\leqslant 0 & (i=1,2,\cdots,m)\\ h_j(x)=0 & (j=1,2,\cdots,p)\end{cases}$$

$g_i(x)$、$h_j(x)$ 是约束函数，至少有一个是非线性的。

和线性规划一样，非线性规划的最优解大多处于某些约束边界上，除非最优解在约束域中间，不在边界上。非线性规划问题有多种求解方法，一般讲，求解最优解比较困难，计算步骤大多采取逐步搜索法，从某个初始点出发按某一方法算出搜索方向和步长，逐步逼近最优点。因此，搜索过程中确定步长和搜索方向是要解决的主要问题。根据问题的特点，可采用不同的算法去求解，非线性规划可分为无约束寻优问题和有约束寻优问题，对于后者，为便于计算，可引入拉格朗日乘子将有约束的非线性规划问题转化为无约束问题处理。非线性规划常用的求解方法有最速下降法、共轭梯度法、罚函数法等。

城市客运综合换乘枢纽主要服务于城市内客运交通，并以公共交通方式为依托，其主要形式为轨道交通枢纽和常规公交枢纽，为市际与市内多种交通方式间相互转换提供基本平台。随着城市化和机动化的发展，现代城市交通供需矛盾日益突出。利用城市客运综合换乘枢纽将城市内各种交通方式有机结合起来，建立一体化综合客运交通体系，是解决现代城市交通问题的根本途径之一。

由于对外客运综合换乘枢纽的位置相对固定，因此主要针对市中心、组团中心以及片区或区域性的综合换乘枢纽。枢纽选址区域可能是建成区，也可能是新建城区，不同的区域用地资源约束条件对于选址模型所起的作用不同，因此，本文分为建成区和新建城区分别建立枢纽选址模型。

微观选址的目标是提高居民的出行效率，具体表现为：枢纽选址位置应使居民从出行起讫点到达枢纽的时间最少。该方面的目标主要表现为最小化出行起讫点到达枢纽的步行时间。枢纽的选址位置具有最大的可达性，由于现代城市居民出行敏感因素为时间，因此，可达性的表达方式为采用枢纽内骨干交通方式完成城市居民平均出行距离所需要的时间。

对于新建城区综合换乘枢纽选址规划模型，将每个综合换乘枢纽选址区域置于平面直角坐标系下，为了便于确定枢纽选址最优方案的位置，该平面直角坐标系可以参照城市用地规划平面直角坐标系选取，具体见图 3－4。

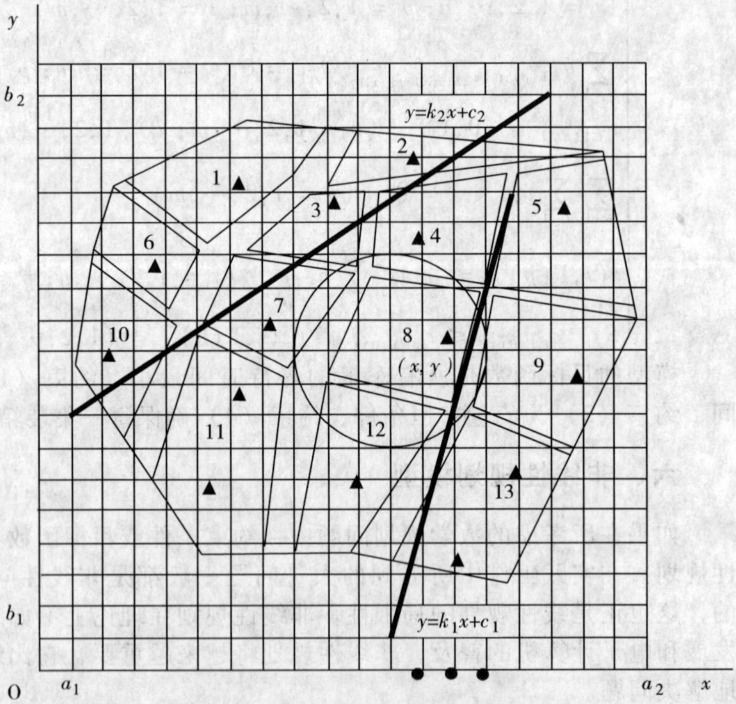

图 3－4　综合换乘枢纽选址规划模型

图中 a_1、a_2、b_1、b_2 分别表示枢纽的选址范围，即 $a_1 \leqslant x \leqslant a_2$、$b_1 \leqslant y \leqslant b_2$；每一多边形代表城市用地规划划分的发展地块，其中数字为地块偏号；f_j 表示第 j 地块的用地性质，其取值为0、1、2、3，分别表示商业用地、居住用地、办公用地、其他用地；R_j 表示第 j 地块的容积率；黑色粗斜线表示通过选址区域的城市客运交通走廊，其方程为：

$$y = kx + c$$

k 为直线方程的斜率，c 为常数项；小三角符号表示选址区域内主要的客流集散点；(S_{1n}, S_{2n}) 为第 n 个客流集散点的坐标。由于新建城区用地资源较为充裕，备选集为选址区域内的所有点，再次做一些简化，将选址范围分割成以 ε 为步长的小方格网，因此，图3-4中小方格网的交点 (x,y) 作为备选的枢纽点位置，通常 ε 的取值在10～50米之间。

微观选址模型的目标函数为：

$$\min T = \sum_{n=1}^{m} 2 \times \frac{\sqrt{(x - S_{1n})^2 + (y - S_{2n})^2}}{v_f} + \frac{l}{v_i}$$

式中　T——不考虑运营因素，通过备选的枢纽点出行所需的时间；

v_f——步行速度，通常为4公里/小时；

l——城市居民的平均出行距离；

v_i——备选枢纽内骨干交通方式的等效出行速度；

m——枢纽选址区域内客流集散点的总数。

微观选址模型的约束条件为：

$$a_{ij} = \begin{cases} 1 & f_{ij} = 0,1,2 \\ 0 & f_{ij} = 3 \end{cases}$$

$$\frac{\sum_j A_{ij} a_{ij}}{\sum_j A_{ij}} \geqslant C_1$$

$$\frac{\sum_j A_{ij} R_{ij}}{\sum_j A_{ij}} \geqslant C_2$$

$$\begin{cases} v_i = v_t & g_i = 1 \\ v_i = \beta_1 v_t & g_i = 2 \\ v_i = \beta_2 v_t & g_i = 3 \end{cases}$$

$$\begin{cases} v_i = v_b & g_i = 0, |y - kx - c| / \sqrt{|k^2 - 1|} > 300 \\ v_i = v_t & g_i = 0, |y - kx - c| / \sqrt{|k^2 - 1|} \leqslant 300 \end{cases}$$

式中　f_{ij}、A_{ij}、R_{ij}——分别为第 i 个备选点500m半径范围内第 j 个地块用地性质、面积和容积率；

a_{ij}——判别系数；

C_1——第 i 个备选点500m半径范围内商业、居住和办公用地占该范围内总发展用地的最小比例，取0.8；

C_2——第 i 个备选点500m 半径范围用地的最小平均容积率，取2.5；

g_i——第 i 个备选点处已建成的轨道交通线路数，通常不超过3条，因此取值为0、1、2、3；

v_t——轨道交通的运营速度；

β_1、β_2——由通过备选枢纽点已建成的轨道交通线路数决定的运营速度调整系数，已建成的轨道线路数分别为2、3条时，对应的 β_1、β_2 分别取1.10和1.15；

v_b——常规公交的运营速度。考虑到实际进行轨道等大运量快速公交系统规划时，会根据用地条件加以微调，因此取备选枢纽点 (x,y) 至城市客运交通走廊距离不超过300m，则认为该备选枢纽点以轨道交通为依托，相应地枢纽点内骨干交通方式的等效出行速度取轨道交通运营速度，否则取常规公交运营速度。

七、动态规划

1. 动态规划法

动态规划（Dynamic Programming，DP）是解决多阶段决策过程优化的一种方法。该法是由美国数学家贝尔曼等人首先提出的，他们根据多阶段决策问题的特性，提出了解决这类问题的最优化原理：一个最优策略有这样的特性，不论初始状态和初始决策如何，相对于最初决策所形成的状态来说，余下的决策必定是一个最优决策。

动态规划法，就是把一种复杂的问题转化为一系列比较简单问题的最优化方法，其基本特征就是优化过程的多阶段性。动态规划采用递推方式使计算量大减，是从多阶段的最后阶段开始，逐步反向决策递推的过程，在解决了基本递推关系后，很容易算出最优决策序列。

动态规划的基本思想是将多阶段决策过程划分阶段，恰当地选取状态变量、决策变量、定义最优指标函数，从而把问题转化成多个同类型的子问题，然后逐个求解。如果是使用逆向解法，则求解时从边界条件开始，逆过程方向行进，逐段递推寻优。在每个子问题求解时，都要使用它前面已求出的子问题的最优结果，最后一个子问题的最优解，就是整个问题的最优解。

虽然动态规划主要用于求解以时间划分阶段的动态过程的优化问题，但是一些与时间无关的静态规划（如线性规划、非线性规划），只要人为地引进时间因素，把它视为多阶段决策过程，也可以用动态规划方法方便地求解。

动态规划问世以来，在经济管理、生产调度、工程技术和最优控制等方面得到了广泛的应用。例如最短路线、库存管理、资源分配、设备更新、排序、装载等问题，用动态规划方法比用其他方法更具优越性，所以动态规划是一种实用、有效的决策方法。

2. 动态规划优化模型

描述动态规划问题需要用四项基本参数：决策变量、状态转移变量、决策阶段数和系统的效益函数。一个多阶段决策过程最优化问题的动态规划模型通常包含以下要素：

（1）阶段。处理实际问题时，可能有多次决策或多个决策点，为此，可将整个问题划分为若干相互联系的阶段，记为 k ($k = 1,2,\cdots,n$)。阶段是对整个过程的自然划分，通常根据时间顺序或空间特征来划分阶段，以便按阶段次序优化问题。

(2) 状态和状态变量。状态表示每个阶段开始时过程所处的自然状况。它应该能够描述过程的特征并且具有无后向性，即当某阶段的状态给定时，这个阶段以后过程的演变与该阶段以前各阶段的状态无关，即每个状态都是过去历史的一个完整总结。通常还要求状态是直接或间接可以观测的。

描述状态的变量称状态变量，状态变量简称为状态。变量允许取值的范围称允许状态集合。用 x_k 表示第 k 阶段的状态变量，用 x_k 表示第 k 阶段的允许状态集合，它可以是一个数或一个向量。n 个阶段的决策过程有 $n+1$ 个状态变量，x_{n+1} 表示 x_n 演变的结果。

(3) 决策和决策变量。当一个阶段的状态确定后，可以做出各种选择从而演变到下一阶段的某个状态，这种选择手段称为决策，在最优控制问题中也将控制描述决策的变量称为决策变量。变量允许取值的范围称为允许决策集合。用 $U_k(x_k)$ 表示第 k 阶段处于状态 x_k 时的决策变量，它是 x_k 的函数，用 $U_k(x_k)$ 表示了 x_k 的允许决策集合。决策变量简称决策。

(4) 策略和子策略。决策组成的序列称为策略。由初始状态 x_i 开始的全过程的策略记作 $P_{in}(x_i)$ ，即 $P_{in}(x_i) = \{u_1(x_1),u_2(x_2),\cdots,u_n(x_n)\}$ 。由第 k 阶段的状态 x_k 开始到终止状态的后部子过程的策略记作 $P_{kn}(x_k)$ ，即 $P_{kn}(x_k) = \{u_k(x_k),u_{k+1}(x_{k+1}),\cdots,u_n(x_n)\}$ 。类似地，由第 k 到 j 阶段的子过程的策略记作 $P_{kj}(x_k) = \{u_k(x_k),u_{k+1}(x_{k+1}),\cdots,u_j(x_j)\}$ 。对于每一个阶段 k 的某给定的状态 x_k ，可供选择的策略 $P_{kj}(x_k)$ 有一定的范围，称为允许策略集合，用 $P_{in}(x_i)$ 、$P_{kn}(x_k)$ 、$P_{kj}(x_k)$ 表示。

(5) 转移函数。若给定了第 k 阶段的状态变量 u_k 和决策变量 $u_k(x_k)$ ，则第 $k+1$ 阶段的状态变量 x_{k+1} 的值也就确定了。其函数关系记为：

$$x_{k+1} = T_k\left[x_k,\ u_k\ (x_k)\right] \qquad (k=1,\ 2,\ \cdots,\ n)$$

它描述了由 k 阶段到 $k+1$ 阶段状态的演变规律，因而被称为状态转移函数。

(6) 指标函数。指标函数是衡量过程优劣的数量指标，它是关于策略的数量函数，从阶段 k 到阶段 n 的指标函数用 V_{kn} (x_k, p_{kn} (x_k)) 表示，$k=1, 2, \cdots, n$。

(7) 最优策略和最优轨线。使指标函数 V_{kn} 达到最优值的策略是从 k 开始的后部子过程的最优策略，记作 $p_{kn}^* = \{u_k^*,\cdots,u_n^*\}$ ，$x_1(=x_1^*)$ 又是全过程的最优策略，简称最优策略。从初始状态 $x_1(=x_1^*)$ 出发，过程按照 p_{1n}^* 和状态转移方程演变所经历的状态序列 $v_{kn} = \sum_{j=k}^{n} v_j(x_j,u_j)$ 称为最优轨线。

一般来说，只要问题可以划分成规模更小的子问题，并且问题的最优解中包含了子问题的最优解（即满足最优子化原理），则可以考虑用动态规划解决。动态规划的实质是分治思想和解决冗余，是一种将问题实例分解为更小的、相似的子问题，并存储子问题的解，而避免计算重复的子问题，以解决最优化问题。

3. 动态规划模型的一般步骤

(1) 划分阶段。分析题意，识别问题的多阶段特性，按时间或空间的先后顺序适当地划分为满足递推关系的若干阶段，对非时序的静态问题要人为地赋予“时段”概念。

（2）正确选择状态变量。正确选择状态变量是构造动态规划模型关键的一步。状态变量首先应描述研究过程的演变特征，其次应包含达到这个状态前的足够信息，并具有无后效性，即达到这个状态前的过程的决策将不影响该状态以后的决策。状态变量还应具有可知性，即规定的状态变量之前可通过直接或间接的方法测知状态变量可以是离散的，也可以是连续的。

建模时，一般从决策有关的条件中，或者从问题的约束条件中去寻找状态变量，通常选择随递推过程累积的量或按某种规律变化的量作为状态变量。

（3）确定决策变量与允许决策集合。决策变量是对过程进行控制的手段，复杂的问题中决策变量也可以是多维向量，它的取值可能离散，也可能连续，每阶段允许的决策集合相当于线性规划问题中的约束条件。

（4）正确写出状态转移方程。决策和状态转移有着天然的联系，状态转移就是根据上一阶段的状态和决策来导出本阶段的状态。所以，如果我们确定了决策，状态转移方程也就写出来了。

（5）写出规划方程（包括边界条件）。动态规划的基本方程是规划方程的通用形式化表达式。一般说来，只要阶段、状态、决策和状态转移确定了，这一步还是比较简单的。

4. 集装箱多式联运动态规划优选模型

（1）集装箱多式联运。

多式联运是多种运输方式的联合协调运输。多式联运强调的是公路、铁路、海运、河运、航空等多种方式的无缝衔接和紧密协调。由于集装化运输在装卸和换装方面的突出优势，集装箱成为了多式联运的一种主要形式。

针对多式联运的系统优化，集装箱多式联运问题可以归结为如何在满足客户需求的基础上，通过确定合理的联运方式和运输路径使物流的总费用最小化。由于涉及多种运输方式，往往空间跨度较大，各种运输方式的运输网络通常都十分庞大。为实现多式联运的全程最优化，不仅要做到多种运输方式内部优化，尤其要做到它们之间的组合最优化。

集装箱多式联运作为一种新的现代交通运输方式，在实际运行中，降低集装箱多式联运的运输成本、缩短运输时间和增强安全性更是至关重要的。如何寻求运输工具在路网中的公路网、铁路线、水运航道、航空运行的最优路径，如何有效地将船舶、火车、汽车、飞机有效地衔接起来，是缩短运输时间或运输距离、降低运输成本、提高服务质量必须要解决的两个问题。

在集装箱多式联运的实际操作过程中，运输路径和运输方式都是一个未知数，因此在运输优化时都必须予以考虑。因此在建模过程中，两者应该分开考虑，首先进行运输路径的优选，然后才是运输方式的优选。

（2）模型的建立。

前提条件：集装箱中转必须在集装箱中转站或物流园区进行。

假定条件：集装箱中转所涉及的各种运输方式在集装箱中转站或物流园区有较好的衔接；研究前提为某一特定时间段 T，在该时间段内，特定两个城市间的每种运输方式的运输能力不再为无限，而是存在一个最高上限；特定两个城市间某种运输方式的运输单价为定值，即不考虑在运输工具未满载情况下提高单价的可能性；在某城市转换运输方式时，会发生一定的换装费用和堆存费用；该模型不考虑运输及中转过程中产生的货损成本，且为单一收发点的运输模型。

模型路网描述如图 3－5 所示，即货物通过不同运输方式运达城市 i，在城市 i 进行运输方式的中转换乘后，再进行运输。

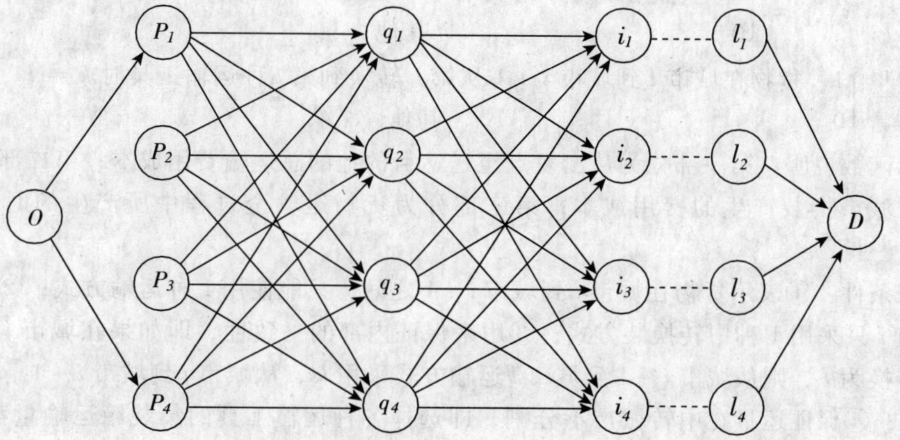

图 3－5　集装箱多式联运路网图

图中　O——多式联运运输网络起始节点；

D——多式联运运输网络终讫节点。

在时间限定的基础上，以广义运输总费用最小为目标函数，建立数学模型，来进行多式联运运输方式的优选。模型为：

$$\min Z = \sum_i \sum_k x_{i,i+1}^k C_{i,i+1}^k d_{i,i+1}^k Q_{i,i+1}^k + \sum_i \sum_k \sum_l r_i^{kl} C_i^{kl} + \sum_i \sum_k x_{i,i+1}^k C_{T_{i,i+1}}^k$$

$$s.t.\begin{cases} \sum_i x_{i,i+1}^k = 1 & \forall i \quad (1) \\ \sum_k \sum_l r_i^{kl} = 1 & \forall i \quad (2) \\ x_{i-1,i}^k + x_{i,i+1}^l \geqslant 2r_i^{kl} & \forall i,k,l \quad (3) \\ \sum_k x_{i-1,i}^k Q_{i-1,i}^k = \sum_l x_{i,i+1}^l Q_{i,i+1}^l & \forall i,k,l \quad (4) \\ \sum_i \sum_k \frac{d_{i,i+1}^k x_{i,i+1}^k}{v_{i,i+1}^k x_{i,i+1}^k} + \sum_i \sum_k \sum_l r_i^{kl} T_d \leqslant t_{\max} & (5) \\ r_i^{kl}, x_{i,i+1}^k \in \{0,1\} & \forall i,k,l \quad (6) \end{cases}$$

式中　i——多式联运运输网络所有城市节点的集合；

k、l——可选用的运输方式；

$C_{i,i+1}^k$——城市 i 到城市 $i+1$ 采用运输方式 k 时单位距离的单箱运输费用；

C_i^{kl}——货物在城市 i 从运输方式 k 转换到运输方式 l 时的换装费用；

Q——货物总量；

$d^k_{i,i+1}$ ——货物在城市 i 到城市 $i+1$ 选择第 k 种运输工具的集装箱运输距离；

$C^k_{T_{i,j+1}}$ ——货物在城市 i 到城市 $i+1$ 选择第 k 种运输工具所产生的时间费用；

$v^k_{i,i+1}$ ——货物在城市 i 到城市 $i+1$ 选择第 k 种运输工具时的运输速度；

T_d ——节点处的货物的换装及堆存时间。

$$x^k_{i,i+1} = \begin{cases} 1 & \text{货物在城市 } i \text{ 到城市 } i+1 \text{ 选择第 } k \text{ 种运输工具时} \\ 0 & \text{其他} \end{cases}$$

$$r^{kl}_i = \begin{cases} 1 & \text{货物在城市 } i \text{ 到城市 } i+1 \text{ 从第 } k \text{ 转换到第 } l \text{ 种运输工具时 } k \neq l \\ 0 & \text{其他} \end{cases}$$

目标函数说明：第一部分为从出发点至送达目的地的总运输费用成本；第二部分为所有在中转城市换装产生的费用成本；第三部分为货物运输全过程中所产生的时间费用成本。

约束条件：①表示货物在城市 i 到城市 $i+1$ 之间，只能使用 1 种运输方式；②表示货物在城市 i 只采用 1 种中转换装方式；③用来保证内部的一致性，即如果在城市 i 运输方式由 k 转换为 l，则从城市 $i-1$ 到城市 i 运输方式采用 k，从城市 i 到城市 $i+1$，运输方式采用 l；④保证运量在中转城市不分割，即选择各种运输工具的集装箱运输量都相同；⑤表示该批货物在运输过程中所花费的时间必须在承运人要求的最高范围之内；⑥表示决策变量 $x^k_{i,i+1}$、r^{kl}_i 为 0－1。

（3）模型求解。

采用动态规划算法的逆序求解过程，在求解过程中，运输所经过的每一个城市相当于动态规划的一个阶段，即 n 个城市有 n 个阶段。具体步骤如下：

对于第 n 个城市，总成本 $f_n = 0$，总时间 $T_n = 0$；

对于第 $n-1$ 个城市，运输总费用可表示为：

$$f_{n-1}(k,l) = C^l_{n-1,n}Q^l_{n-1,n}d^l_{n-1,n} + C^{kl}_{n-1} + C^l_{T_{n-1,n}} \quad \forall k$$

总时间可表示为：

$$T_{n-1} = \frac{d^l_{n-1,n}}{v^l_{n-1,n}} + T_d$$

从第 2 个到第 $n-2$ 个城市，成本费用的表达式为：

$$f_i(k,l) = C^l_{i,i+1}Q^l_{i,i+1}d^l_{i,i+1} + C^{kl}_i + C^l_{T_{i,i+1}} + f_{i+1} \quad \forall k$$

总时间可表示为：

$$T_i = \frac{d^l_{i,i+1}}{v^l_{i,i+1}} + T_{i+1}$$

其中从第 1 个到第 2 个城市，总费用表达式则为：

$$f_1(s) = C^k_{1,2}Q^k_{1,2}d^k_{1,2} + f_2$$

总时间可表示为：

$$T_1 = \frac{d^k_{1,2}}{v^k_{1,2}} + T_2$$

通过广义运输成本和时间最低成本的分析比较，进行最优运输方式的选择。

第四节　交通系统模型

一、微观交通模型

微观交通模型非常细致地描述交通系统中每一时刻，每一辆车的行为及其相互作用关系。微观交通模型有4个典型代表，即安全距离跟驰模型、刺激—反应跟驰模型、心理—生理学跟驰模型和CA模型（元胞自动机模型）。

1. 安全距离跟驰模型

安全距离跟驰模型也称防撞模型，旨在寻找一个特定的跟驰距离，使得即使在前车驾驶员采取一个意想不到的操作时，只要后车与前车间距大于这个特定的跟驰距离，就不会发生碰撞。最简单的安全距离模型源于美国加州机动车法规中对驾驶员跟驰行驶的建议：即在跟驰行驶过程中，安全距离至少为1个车身长度，并随车速每增加16.1km/h就增加1个车长，表示如下：

$$D_j = l_j(1 + \frac{v}{16.1})$$

式中　D_j——车辆j车速v时，与其前车应保持的最小安全距离；

l_j——车辆j的车长。

这是一个最小安全距离随车速v线性变化的模型。通过实际观测，发现该模型计算的安全距离在低速和高速时都偏小。

2. 刺激—反应跟驰模型

刺激—反应跟驰模型的基本原理是：驾驶员试图与前车驾驶行为保持一致，即只要有前车的刺激，后车就会对此做出反应，但是有一个延迟时间T。该模型重在描述驾驶环境中各种刺激对驾驶员行为的影响，表述如下：

反应＝灵敏度×刺激

通常，“反应”是指后车所做的减速或加速动作。

刺激—反应模型的一般表达式为：

$$a_j(t + T) = \gamma(v_{j-i}(t) - v_j(t))$$

在该式中“刺激”为前、后两车的速度差。

式中　$a_j(t)$，$v_j(t)$——分别为车辆j在时刻t的加速度和速度；

γ——驾驶员的灵敏度，可用下面共识进行计算：

$$\gamma = c(\frac{v_j(t + T)^m}{x_{j-1}(t) - x_j(x)})^l$$

式中　$x_j(t)$——车辆j在时刻t的位置；

c，m，l——常数。

从刺激—反应模型可以看出后车的加速度与两车之间的速度差成正比；与两车的车头距成反比；同时也与自身的速度相关。模型清楚地反映出车辆跟驰行驶的制约性、延迟性和传递性，且刺激—反应模型形式简单，现在已较少使用。

3. 心理—生理学跟驰模型

心理—生理学模型也称反应模型，是用一系列的阈值和期望距离体现人的感觉和反应，这些界限值划定了不同的值域，在不同的值域，后车与前车存在不同的影响关系。德国于1974年建立的MISSION模型是这类模型中最为深入、最符合驾驶员行为的模型。模型通过在$\Delta X/\Delta V$平面上将车辆跟驰状态划分为5个区域，即：自由行驶区、脱离前车区、逼近前车区、跟驰行驶区、制动避祸区。在不同区域内，采用不同的模型计算车辆下一时刻的状态。

心理—生理学模型中充分考虑了多种因素对驾驶员行为的影响和制约，从建模方法上更接近于实际情况，也更能准确地描述大多数的驾驶行为。但该类模型参数较多，子模型间的相互关系复杂，并且对于各种阈值的调查和观测都比较困难。模型的思路在以后的一些跟驰模型中得以运用。

4. CA模型（元胞自动机模型）

元胞自动机模型又称为微粒跳跃模型，目前已经被用于许多领域，如生物学、物理学等。将该模型应用于交通仿真，配以并行计算机，可仿真大型路网的微观特性。在该模型中，交通系统被视为一个个相同大小（一般是7.5m）的蜂窝格子，车辆的运动是以离散方式从一个蜂窝跳跃到另一个蜂窝。车辆的速度只能在一个有限的区间（0，v_{max}）内取离散值。

模型的处理过程可分为以下三步：

第一步：加速，车速低于其最大速度的车辆都加速到一个更高的速度；

第二步：减速，如果车速高于牵扯的车间距d，则将减速；

第三步：自由状态，根据给定概率，车速随概率自然减少。

最初的元胞自动机模型是单车道模型，后来又产生了多车道、多车型的元胞自动机模型。模型在追求运算效率的同时，融合了微观仿真模型的优点。通过在德国和美国高速公路和城市路网上的试验反映出，元胞自动机模型在宏观范围内得到的结论符合实际情况。但模型中的车辆跟驰规则毕竟与真实驾驶行为存在较大的差距，缺乏直观性。而且，模型中对于超车、汇流等交通细节的描述和研究都比较粗糙。

二、中观交通模型

中观模型采用中等详细级别来表述交通，既不区分车辆和驾驶员的行为，也不单独描述，而是运用一种更聚合的方式来描述两者，如概率分布函数。但是行为规则的描述还是在独立级别上，如气体动力模型描述在某地某时刻的速度分布。中观模型有3个典型代表，即车头距分布模型、车辆团模型和气体运动模型。

1. 车头距分布模型

车头时距指两辆车连续通过同一位置的时间差。车头距分布模型既没明确细节也没有跟踪单个车辆，而是描述车头距的分布情况。模型实例有半泊松分布模型和综合排队模型。在混合车头距分布模型中，将首车与跟驰车辆区别对待，即这两类车的车头时距服从不同的概率分布。

模型缺点是忽略了交通动力学特性，同时假定所有车辆在本质上是相同的。也就是说，概率分布函数是独立于出行者类型、车辆类型、出行目的、对驾驶员指引级别等。为了修正这些缺点，建立了一个使用与多类型车流和多车道的模型。

2. 车辆团模型

车辆团模型中的核心就是车辆团，指拥有统一特征的车辆组。团的大小可以动态地增加或减少，但团里面的交通状况，如车头时距、速度差等，通常是不必仔细考虑的。团的形成一般是由超车限制引起的，如禁止超车、与周围车辆的关系冲突不可能超车、由于天气因素或周围条件等。

3. 气体动力模型

连续气体动力模型描述的不是单个车辆的运动特性，而是交通中车辆速度分布函数的动态变化，即状态空间密度 $\rho(x,v,t)$ 的变化。状态空间密度可表述为：在时刻 t，在极小的区间 $(x,x+dx)$ 上以速度 $(v,v+dv)$ 行驶的车辆数的期望值为 $\rho(x,v,t)\,dxdv$。这是一个从统计物理学里借用来的概念，类似于宏观交通模型中的交通流密度，反映出单个车辆的速度分布函数。以下 3 个过程可以使状态空间密度发生改变。

（1）传递过程，即车辆以速度 v 进入或离开路段 $[x,x+dx)$；

（2）向期望速度方向加速过程，即没有达到期望速度的车辆伺机加速；

（3）车辆之间的相互影响而减速过程，即车辆受到前面低速车辆的影响，如果不能立刻超车，则必须减速。

三、宏观交通模型

在连续的宏观交通模型中独立变量为位置 x 和时间 t，绝大多数的宏观交通模型都是描述密度 $k=k(x,t)$、流量 $q=q(x,t)$、速度 $v=v(x,t)$ 的动态变化。密度 $k(x,t)$ 表示在时刻 t，路段 $[x,x+dx)$ 的单位长度上的车辆数；流量 $q(x,t)$ 表示在时段 $[t,t+dt)$ 的单位时间上通过 x 点的车辆数；速度则可表示为 $v(x,t)=\dfrac{q(x,t)}{k(x,t)}$。

假设交通流的相关变量是时间空间的微分函数，于是可以得到：

$$q = vk$$

以及车辆守恒方程：

$$\partial k + \partial_x q = 0 \qquad \frac{\partial k}{\partial t} = \frac{\partial q}{\partial x} = 0$$

表明在区间 $(x,x+dx)$ 的边界上进入和流出的车辆数是守恒的。

上面两个均为独立方程，被称为交通流第一连续模型。两个方程却有 3 个未知变量，所以再需要 1 个独立方程对变量求解。正因为如此，出现了各种不同的宏观交通模型，主要有 LWR 模型、Payne 模型和 Phillips 模型。

1. LWR 模型

1955 年，英国学者 Lighthill 和 Whitham 将交通流比拟为一种流体，提出了流体动力学模拟理论，即 L－W 理论。

$$\partial k + \partial_x (kv^e(k(x,t))) = 0$$

模型得到的连续解不是唯一的，可采用特征曲线来使得方程解唯一。

2. Payne 模型

1971 年 Payne 建议将第一连续模型做适当的偏微分，用以描述速度 v 的运动特性。于是得到 Payne 模型的通用式：

$$\overset{o}{v} = \partial\ v + \overbrace{v\partial_x v}^{A} = \overbrace{(v^e(k) - v)/T}^{B} - \overbrace{(1/r)\cdot\partial_x P + (\eta/r)\cdot\partial_x^2 v}^{C}$$

式中 P——交通压力，辆·米/秒^2；

η——交通运动黏度。

总时间引申量 $\overset{o}{v}$ 描述与交通流相同速度 v 同向运动的移动观测者所观测到的交通流速度变化率，等于实际时间引申量 ∂v 和传递项 A 之和。传递项 A 描述由于流入的车辆的不同速度而引起的速度 v 的变化。相关项 B 描述交通流调整其速度到达平衡速度 $v^e(k)$ 的趋势。

3. Phillips 模型

1979 年 Phillips 使用基于交通流密度的相关时间 $T = T(k)$。并且将交通压力近似为 $P(k) = k\varphi(k)$，式中 $\varphi(k) = \varphi(1 - k/k_{jam})$。由公式可得：当交通流密度等于阻塞密度 k_{jam} 时，速度奇值 φ 等于零。

第四章　交通系统预测

第一节　预测科学

一、预测的概念

1. 预测科学

预测是对未来所发生的事情进行合理的估计，是在研究事物发生、发展所呈现的规律性以及分析现状条件、环境因素制约和影响的基础上，推测事物未来演变的状态和发展的趋势。

在调查研究基础上对事物的未来进行科学分析，研究其发展变化的规律叫做预测分析，预测分析中所采用的方法和手段，称为预测技术。两者总称为预测的理论和方法，把预测的理论和方法作为一个整体来研究的科学叫预测科学，简称为预测。预测指根据客观事物的过去和现在的发展规律，借助科学的方法和手段，对事物的发展趋势和状况进行描述、分析，形成一种科学的假设和判断的理论。预测是一门广泛运用于社会、经济、科学技术等各个领域的新科学。

2. 预测的基本原理

（1）整体性原理。事物是由若干相互关联元素构成的有机整体，事物发展变化过程也是一个有机整体，以整体性为特征的系统思想是预测的基本思想。

（2）可知性原理。由于事物发展过程的统一性，即事物发展的过去、现在和将来是一个统一的整体，所以人类不但可以认识预测对象的过去和现在，而且也可以通过过去、现在的发展规律，推测将来的发展变化。

（3）可能性原理。预测对象的发展有各种各样的可能性，预测是对预测对象发展的各种可能性的一种估计。如果认为预测是必然结果，则失去了预测的意义。

（4）相似性原理。把预测对象与类似的已知事物的发展进行类比，可以对预测对象进行描述。

（5）反馈原理。预测未来的目的是为了更好地指导当前工作，因此应用反馈原理不断地修正预测才会更好地指导当前工作，为决策提供依据。

3. 预测的特性

（1）科学性与先进性。预测的途径主要是因果分析、类比分析以及统计分析等，其中所采用的手段和技术通常是较先进的。

（2）近似性。预测过程所采用的信息主要从历史资料中获取，历史资料的准确性与完整性都将影响预测的准确程度；同时，预测时需要对实际问题进行抽象、简化，其中包含了一定程度的近似。

（3）不确定性。预测结果所面临的对象往往受外部因素的影响，外部因素的发展常常受到人为因素的干扰，使预测对象的发展变化具有多样性和不确定性。

（4）局限性。近似性和不确定性决定预测结果具有局限性，决策者不能完全按照预测结果进行决策。

（5）导向性。合理的预测结果往往给出了未来发展方向和如何改进现有系统的有用信息，具有良好的导向性。

4. 预测的意义

（1）预测本身和预测结果并不是目的，作用体现在被决策者直接或间接地运用于决策。预测结果及预测过程中得到的有关信息可作为决策时的输入数据。

（2）在预测分析过程中，随着预测者和决策者交流的深入，二者对预测对象有了更深刻、更全面的了解和认识，可以得到许多未来可能发生事情的有价值的看法以及有预见性地解决问题的启示和方法。

（3）预测过程本身具有宣传和鼓动作用，往往能帮助决策者调动群众的积极性，预测结果即使不精确，也因具有良好的导向性而帮助决策者实现其战略目标。

二、预测技术的分类

1. 按预测技术的性质分类

（1）定性预测。所谓定性，就是确定预测目标未来发展的性质。定性预测分析大多根据专业知识和实际经验进行，对把握事物的本质特征和大体程度有重要作用。这种预测主要利用直观材料，依靠个人经验，对今后的状况进行预测。常用方法有专家调查法、市场调查法、主观概率法、交叉概率法、类推法等。

定性预测技术是以定性概念判断事物发展趋势、探讨事物变化规律的方法。它特别适用于在缺乏资料或者社会与环境因素是主要影响因素的情况下对事物未来的预测。实践中，有时即使有足够的数据资料，在应用定量预测时，也伴之采用定性预测技术，提高预测的准确性。

定性预测技术的优点是方法简便、灵活，缺点是缺乏数量概念，易带片面性。

（2）定量预测。所谓定量，就是确定未来事件可能出现的具体结果（数据），从数量上来描述事件发展的趋势和程度。

定量预测是指建立在数学、统计学、数理逻辑、控制论、运筹学等基础上，通过图表、数学模型、计算机模拟仿真进行的预测。定量预测方法按其基本依据不同可分为三类：第一类是依据历史统计数据随时间规律性变化建模进行预测，称为时间序列预测，常用的有加权平均法、指数平滑法、灰色预测法等；第二类是把所要预测的对象同其他有关因素联系起来分析，判定出揭示因果关系的模型，根据模型再进行预测，称为相关分析预测，常用的有投入产出法、回归分析法等；第三类是将多种预测方法综合使用的组合预测法。

2. 按预测对象分类

（1）社会预测。对有关社会发展问题的预测，如人口增长预测、就业预测、教育预测等。

（2）经济预测。对经济发展速度、总产值、国民经济增长速度、市场需求等问题的预测。

（3）科学预测。对科学发展的趋势、方向、产品发展及新学科的预测。

（4）技术预测。对新技术发明可能应用的领域、范围和速度，以及新设备、新工艺等特点、性能的预测。

（5）军事预测。对战争特点、规模，以及武器装备等与军事有关的问题的预测。

另外预测还可以根据预测期限长短分为近期预测、短期预测、中期预测、长期预测和未来预测。按变量之间的关系可分为因果关系模型、时间关系模型和结构关系模型等。按变量的形式又可分为线性预测模型和非线性预测模型。按变量的数量分为一元模型和多元模型等。

三、预测的要素和步骤

1. 预测的基本要素

（1）时间。不同的预测方法适用于不同的预测期限。一般来说，定性预测较多地用于长期观测，而定量预测适宜于各个预测期。

（2）数据。不同的预测方法，适用于不同的数据类型。有的数据按一定周期变化，有的是随机波动的。因此，在选择预测方法时，应注意提供的数据形式。

（3）模型。大多数预测方法都要求运用某种模型。每种模型的应用前提是不同的，在不同问题中应用相同的模型，其功效也是不同的。

（4）费用。预测是一个研究过程，预测费用的多少影响预测方法的选择。

（5）精度。定量预测的精度或准确度对决策者是重要的。不同情况下对预测结果的精度要求可能是不同的。

（6）实用。预测是为决策服务的，只有理解容易、使用方便、结果可信的预测方法才能被广泛使用。

2. 预测的步骤

（1）确定目标。为确定预测对象，提出预测目的和目标，明确预测要求等。

（2）确定预测要素。鉴别、选择和确定预测要素，从大量影响因素中，挑选出与预测目的有关的主要影响因素。

（3）选择预测方法。预测方法很多，到目前为止，各类预测方法在 150 种以上。因此应根据预测的目的和要求，考虑预测工作的组织情况，合理地选择效果较好的、既经济又方便的一种或几种预测方法。

（4）收集和分析数据。根据预测目标和所选择预测方法的要求去收集所需原始数据。原始数据是进行预测的重要依据，对原始数据的要求是数据量足、质量高，只有这样，才能贴切地反映事物的规律。

（5）建立预测模型。建立预测模型是预测的关键工作，它取决于所选择的预测方法和所收集到的数据。建立模型的过程分为建立模型和模型的检验分析两个阶段。只建模型，不进行检验的预测是不令人信服的。只有通过检验的模型，才能用于预测。

（6）模型的分析。对系统内部、外部的因素进行评定，找出使系统转变的内部因素和客观环境对系统的影响。

（7）利用模型预测。所建立的模型是在一定假设条件下得到的，因此也只适用于一定条件和一定预测期限。如果将其推广到更大范围，就要利用分析、类比、推理等方法来确定模型的适用性。只有在确认模型符合预测要求时，才可利用模型进行预测。

（8）预测结果分析。利用预测模型所得的预测结果并不一定与实际情况符合。因为在建立模型时，往往有些因素考虑不周或因资料缺乏以及在处理系统问题时的片面性等，使预测结果与实际情况偏离较大，故需从两个方面进行分析：①用多种预测方法预测同一事物，将预测结果进行对比分析、综合研究之后加以修正和改进；②应用反馈原理及时用实际数据修正模型，使预测模型更完善。

预测步骤如图 4－1 所示。

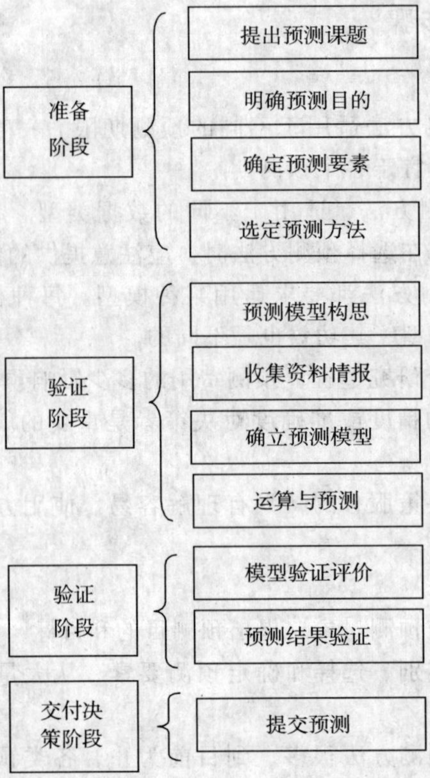

图 4－1 预测步骤

第二节 定性预测技术

一、经验判断法

经验判断法又称主观估计法。主要是靠具有丰富经验和综合分析能力的人员在已知必要的背景资料后对未来进行预测的一种方法。该方法是一种即兴的直观预测方法，优点是能够在专家交流中捕捉瞬间的思路，激发创造性思维，产生富有创见性的意见，在交流会议上能够获取的大量信息，可以提供比较全面和广泛的计划、方案。

经验判断法一般通过交流会议进行，会议分为三个阶段：

（1）明确问题。使会议参加者明确要预测的问题是什么。

（2）发表意见。使到会的专家和技术人员对要预测的问题提出各种不同的看法，广泛发表意见。

（3）认真讨论，找出最终满意的答案。

二、德尔菲法

德尔菲法属于专家调查法的一种，是在专家个人判断和专家会议调查的基础上发展起来的。

由主持单位根据预测目的、要求，设计意见征询表，有选择地聘请一组专家，向他们提供与预测问题有关的资料，发给征询表，要求专家根据自己的经验进行判断，对征询表的问题作出回答。把第一轮征询表收回后，将各位专家的意见归纳整理、列表，再发给各位专家，使他们能把自己的判断和他人的意见进行比较，以修正自己的判断。一般需要经过四轮的意见反馈，直到各专家的意见基本统一以后，询问结束。最后整理预测结果，写出预测报告，对未来进行预测。图 4－2 是德尔菲法流程图。

在预测过程中，预测组织者需要把预测的内容和需要回答的问题，连同预测的有关资料分送给各专家征求意见，不需通过开会形式集中各位专家到场进行预测，并采用不署名填写征询表的“背靠背”形式为各位专家提供互不进行心理干扰的独立的判断机会，要求各位专家以书面形式给出各自意见。

同时，该方法又考虑到由于采用匿名的方式，受邀专家之间互不见面和联系，仅靠一轮调查得到的专家意见往往比较分散，而且不能够相互启发，共同提高，因此德尔菲法要求进行四轮的征询专家意见。组织者必须对每一轮的专家意见（包括有关专家提供的论证依据和资料）进行汇总整理和统计分析，并在下一轮征询中将这些材料再匿名反馈给每位受邀专家，以便专家们在预测时参考。

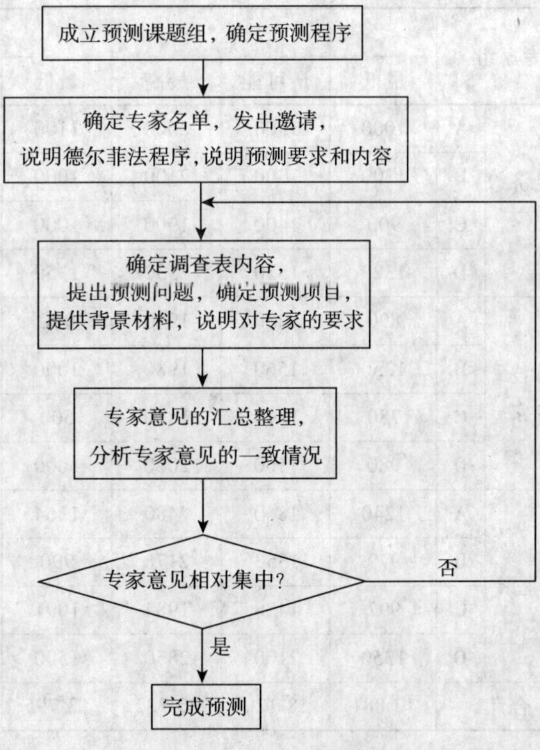

图 4－2　德尔菲法流程图

另外，为了科学地综合专家们的预测意见和定量地表示预测的结果，德尔菲法还采用统计方法对专家意见进行处理，其结果往往以概率的形式出现。这些结果既可反映专家意见的集中程度，又可反映专家意见的离散程度。

德尔菲法的优点在于其简单易行，可靠性较经验判断法好，能够充分发挥出人的智慧和经验，适用于没有足够信息资料的中长期经济预测与科技预测，还可以支持决策，尤其适用于难以用精确的数学模型处理，需要征求意见的人数较多、人员较分散、经费有限、难以多次开会或因某种原因不宜当面交换意见的问题。

德尔菲法的缺点是受人的主观因素影响较大，如权威人士的影响、心理状态、个人兴趣、主观偏见的影响等，预测需要的时间也较长。由于不同的专家个体，其主观估计意见和一致性不可能完全一样，因此预测结果具有一定的不稳定性。

德尔菲法因存在定性预测的局限性，一般经常与定量预测结合使用。

用德尔菲法预测某货运站未来的运量情况，预测具体过程如下：

(1) 提出问题。预测某货运站未来的运量情况。

(2) 聘请专家。聘请4位经济学家、4位科技专家、4位企业家，发放意见征询表，要求每人对该服务区域内未来（以第4年为例）的运输量进行预测，分为最高运输量、最可能运输量和最低运输量3种情况。

(3) 意见汇总、整理、计算、分析。经过三轮的意见反馈，得到运输量预测统计（见表4-1）。

表4-1 德尔菲法预测运输量（万吨·公里）

专家组		第1轮			第2轮			第3轮		
		最低	最可能	最高	最低	最可能	最高	最低	最可能	最高
经济学家	A	1000	1500	2000	1100	1500	2100	1200	1600	2200
	B	1200	1300	2100	1000	1600	2300	1700	1900	2500
	C	900	1400	1900	1000	1300	1800	1200	1500	2200
	D	1320	1550	2530	1350	1400	2600	1200	1800	2800
科技专家	A	890	1230	1980	900	1530	2310	1200	1650	2150
	B	1250	1560	1980	1000	1560	2530	1100	1800	3000
	C	780	1300	1800	500	1350	1900	750	900	1700
	D	980	1560	2000	1000	1200	1900	1100	1500	2000
企业家	A	1240	1860	2480	1364	1860	2640	1488	1984	2728
	B	979	1353	2178	990	1683	2541	1320	1815	2365
	C	992	1488	1984	1091	1488	2083	1190	1587	2182
	D	1350	2100	2850	1500	1950	2700	1800	2250	3300
合计		12 881	18 120	25 782	12 795	14 821	27 368	15 248	20 286	29 125

(4) 根据统计表4-1，可以求出需要预测的运输量。

取第3轮的预测数，用平均数求解：

最低运输量平均值 = 15 248/12 = 1271（万吨·公里）

最可能运输量平均值 = 20 286/12 = 1691（万吨 · 公里）

最高运输量平均值 = 29 125/12 = 2427（万吨 · 公里）

第四年交通量预测值 = （1271 + 1691 + 2427）/3 = 1796（万吨 · 公里）

三、对比类推法

对比类推法是利用事物之间的相似特点，把先行事物的表现过程类推到后继事物上去，从而对后继事物的前景作出预测的一种方法。对比类推法预测步骤：

（1）明确预测目标。明确预测对象，以及预测的目的和要求。

（2）确定类比目标。寻找一个相似性较高的实际比较目标，并分析该目标的发展趋势。

（3）分析类比可行性。类比目标与预测目标进行比较，确定类比是否可行。

（4）确定预测起始点。通过调查，获得目前要预测问题的实际统计资料，并把这一数据作为预测计算的起始点。

（5）测算预测期间。单位时间递增率确定了类比目标总的增加率或目标总量，又有了起始数据，则可确定各单位时间的平均递增率。

（6）具体计算。预测期间各时间段的预测值

在应用类推法进行预测时，应注意对比类推法是建立在事物发展变化的相似性基础上。相似性并不等于相同，再加之事物发生的时间、地点、范围等许多条件不同，常会使两个对比事物的发展变化有一定差异，从而导致预测结果存在偏差，甚至有时预测结果失真。因此，在选择类比目标时，预先从各方面充分考虑可比性，这对对比类推法的有效应用有重要意义。

第三节　时间序列预测法

一、趋势外推法

所谓时间序列，就是同一变量的一组观察值，按发生的先后次序排列，它的发展变化是有一定规律的。时间序列预测法是以历史时间、序列数据为基础，用概率统计的方法尽可能减少偶然因素的影响，运用一定的数学方法使其向外延伸，预测未来发展变化趋势的一种方法。时间序列预测法的优点是其预测结果人为的主观因素较少，简便易行，费用不大；缺点是不能反映随机受到的外部环境影响，预测结果的可靠性、实用性较差，只适于进行短期预测。

趋势外推法认为事物发展有跳跃过程，但主要还是渐进的，如果掌握了事物过去的发展规律，就可以根据这种规律预测未来。这种方法基于两条假设：决定事物过去发展的因素也将决定未来发展，影响发展趋势的条件在预测期内是不变或变化不大；事物发展过程是渐进变化的，不是跳跃式变化。

趋势外推法预测时一般包括六个阶段：选择预测趋势线的函数类型；收集数据；拟和曲线；趋势外推；预测结果分析和说明；研究预测结果在决策和规划中的应用。趋势外推

的实质是利用某种函数分析描述预测对象某参数的发展趋势，常用的函数形式有：直线、多项式、指数曲线、生长曲线等。

分析预测2010年安徽省道路运输客运量发展水平，历史资料见表4-2。

表4-2 安徽省历年客运量

年份	客运量（万人）	年份	客运量（万人）	年份	客运量（万人）
1990	35 706	1995	54 143	2000	58 026
1991	35 186	1996	54 278	2001	58 245
1992	37 213	1997	54 321	2002	62 087
1993	32 682	1998	55 715	2003	59 544
1994	40 440	1999	57 120	2004	65 075

将表4-2的数据绘制成图4-3。

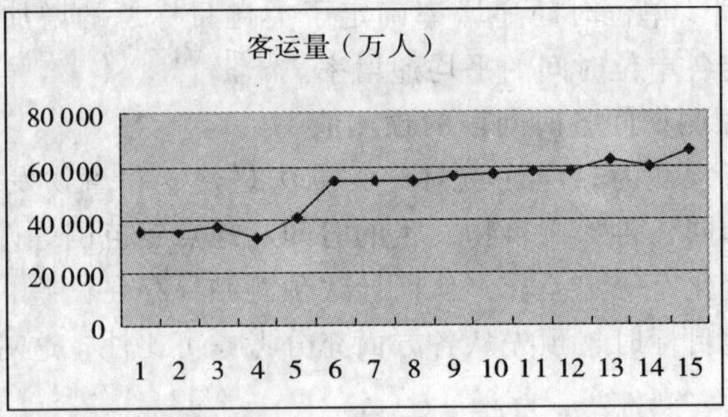

图4-3 安徽省客运量发展变化图

根据图形拟合指数曲线得出预测模型 $Y = ab^t$，得出预测模型为 $Y = 33\ 649.1999 \times 1.049188^t (t = 1,2,3,\cdots,n)$（$Y$ 代表客运量，t 代表自1990年起的时间年限）。由指数曲线模型得出2005～2010年客运量预测结果如表4-3。

表4-3 安徽省2005～2010年客运量预测值

年份	2005	2006	2007	2008	2009	2010
客运量（万人）	72 549	76 117	79 861	83 790	87 911	92 235

二、移动平均法

移动平均法是以预测对象最近一组历史数据（实际值）的平均值直接或间接地作为预测值的方法。当预测者得到每一个新的历史数据时，就可以计算出新的平均值用作预测。移动平均法是将原来时间序列的时间跨度扩大，采用逐项推移的方法计算时间序列平均数，形成一个新的时间序列，以消除短期的、偶然性因素引起的变动（即不规则变动），从而使事物的发展趋势更加明显地表现出来。

一次 N 元移动平均法的数学模型为：

$$S_{t+1} = (X_t + X_{t-1} + \cdots + X_{t-N+1})/N$$

$$S_{t+1} = X_t/N - X_{t-N}/N + S_t$$

式中　S_t —— t 时间上的预测值；

X_t —— t 时间上的实际观测值；

N ——观测点数。

移动平均法对序列中最近 N 项观测值的每一项给予相等的权重，而对以前的观测值完全不给权数。移动平均数计算的每个新的预测值，就是对以前的移动平均预测值的调整，随着 N 的增大，预测值间的调整越小，平滑的效果越明显。

移动平均法对模型变化应取决于观测点数 N。对于 N 值一般应根据具体情况，采用折中办法确定，大体有以下四种选择方法：

1）水平式。趋势保持不变，移动平均值是无偏差的，S 值与 N 值无关。

2）脉冲式。趋势仅在一段时间内突然增加或减少，随后又保持不变，N 值取得越大，S 的误差就越小，因此 N 值应取大些。

3）阶梯式。趋势仅在开始一段时间保持不变，然后增加或减少到一个水平后又保持不变，N 值越小，S 值的预测误差就越小，因此 N 值应取小些。

4）斜坡式。趋势周期递增或递减，S 比实际趋向落后，N 取值应越小越好。

移动平均法的优点是计算简单，一般用于短期预测，缺点是只能预测最近一期的数值，逐期移动、逐期预测，因此要求保存大量的历史资料。移动平移法适用于接近平稳的时间序列预测，时间参数 t 是均匀的，或其均值函数是一常数。

某运输公司过去 10 年货运量的统计资料见表 4-4。

表 4-4　历史货运量数据

周期（年）	1	2	3	4	5	6	7	8	9	10
货运量（万吨）	245	250	256	280	274	255	262	270	273	284

用移动平均法分别取 $N = 3$ 和 $N = 4$ 计算预测该公司当年的货运量（见表 4-5）。

表 4-5　移动平均法预测货运量

实际值 X_t（万吨）	预测值 S_t		绝对误差值 $\lvert X_t - S_t \rvert$	
	$N = 3$	$N = 4$	$N = 3$	$N = 4$
245	——	——	——	——
250	——	——	——	——
256	——	——	——	——
280	250.33	——	29.67	——
274	262.00	257.75	12.00	16.25
255	270.00	265.00	15.00	10.00
262	269.67	266.25	7.67	4.25
270	263.67	267.75	6.33	2.25

续表

实际值 X_t（万吨）	预测值 S_t		绝对误差值 $\|X_t - S_t\|$	
	$N=3$	$N=4$	$N=3$	$N=4$
273	262.33	265.25	10.67	7.75
284	268.33	265.00	15.67	19.00
——	275.67	272.25	——	——
平均绝对误差			13.86	9.92

三、加权移动平均法

加权移动平均法对各个时期的历史数据赋以不同的权值，来反映不同时期数据对预测对象的影响，一般来说，距预测期较近的数据，对预测值的影响较大，因此其权值也较大；距预测期较远的数据，对预测值的影响较小，因此其权值也较小。加权移动平均法的数学模型为：

$$S_t = \frac{\sum_{i=t-n}^{t-1} W_i X_i}{\sum_{i=t-n}^{t-1} W_i}$$

式中 W_i ——与 X_i 相对应的权值。

用加权移动平均法预测表 4－4 的货运量，取 $n=3$，$W_i=3$，$W_{i-1}=2$，$W_{i-2}=1$（见表 4－6）。

表 4－6 加权移动平均法预测货运量

实际值（万吨）	预测值	绝对误差值
245	——	——
250	——	——
256	——	——
280	252.17	27.83
274	267.00	7.00
255	273.00	18.00
262	266.50	3.50
270	261.67	8.33
273	264.83	8.17
284	270.17	13.83
……	278.00	——
平均绝对误差		12.38

四、指数平滑法

指数平滑法利用对历史数据进行平滑来消除随机因素的影响，只需要本期的实际值和本期的预测值便可以预测下一期的数据，不需要保存大量的历史数据。

一次指数平滑法的数学模型为：

$$S_{t+1} = aX_t + (1-a)S_t = S_t + a(X_t - S_t)$$

式中　a——系数（$0 < a < 1$）；

$X_t - S_t$——前期预测误差。

a 的大小对预测值的影响与移动平均法中的观测值个数 N 对预测效果的影响相同。当 a 的值趋近 1 时，新的预测值中将包含一个相当大的调整，即用前次预测中所产生的误差进行调整。相反，当 a 的值趋近 0 时，新的预测值就没有对前次预测的误差做多大的调整。

应用指数模型预测时，有一个确定初值的问题：当 $t = 1$ 时，$S_2 = aX_1 + (1-a)S_1$，只有确定 S_1，才能算出 S_2，而 $S_1 = aX_0 + (1-a)X_0$，若无 X_0，则无法求出 S_1，故一般令 $X_0 = S_0 = S_1$。

当时间数据是水平式时，简单的平滑法能得到有效的结果，并且费用低廉，但这种方法的缺点是：当预测变量的数据模式有较大变化时，指数平滑法的预测效果并不令人满意；在处理长期趋势或水平模式时没有效果；没有一个好办法来确定适当的权数 a 值。

对表 4－4 中的数据运用一次指数平滑法进行预测，分别取 $a = 0.1$ 和 $a = 0.9$ 进行预测，计算结果见表 4－7。由于 $a = 0.9$ 时平均绝对误差小于 $a = 0.1$ 时的平均绝对误差，因此取 $a = 0.9$ 时的预测结果较好。

表 4－7　指数平滑法预测货运量

实际值	预测值		误差值	
	$a = 0.1$	$a = 0.9$	$a = 0.1$	$a = 0.9$
245	……	——	——	——
250	245.00	245.00	5.00	5.00
256	245.50	249.50	10.50	6.50
280	246.55	255.35	33.45	24.65
274	249.90	277.54	34.10	3.54
255	252.31	274.35	2.69	19.35
262	252.58	256.94	9.42	5.06
270	253.52	261.49	16.48	8.51
273	255.17	269.15	17.83	3.85
284	256.66	272.62	27.05	11.38
——	259.66	282.86	——	——
平均绝对误差			16.28	9.76

五、灰色预测

1. GM（1，1）模型的基本原理

人们常用颜色深浅来表示系统信息完备程度，把内部特性已知的信息系统称为白色系统；把未知的或非确知的系统称为黑色系统；既含有已知的、又含有未知的或非确知的信息系统就是灰色系统。1982 年我国学者邓聚龙教授创立了灰色系统，并将其应用于预测分析，取得了很好的效果。

灰色预测是将已知的数据序列按照某种规则构成动态或非动态的白色模块。再按照某种变化、解法来求解未来的灰色模型。具体讲，当一时间序列无明显趋势时，采用累加的方法生成一个趋势明显的时间序列，按该序列增长趋势建立预测模型，并考虑灰色因子的影响进行预测，然后采用“累减”的方法进行逆运算，恢复时间序列，得到预测结果。

灰色预测模型有多种形式。一般的，将预测模型为 n 阶微分方程和 h 个变量的灰色模型记作 GM (n,h)。GM $(1,1)$ 表示是一阶的、单个变量的微分方程，GM $(1,n)$ 表示是一阶的、n 个变量的微分方程。

GM $(1,n)$ 模型有许多用途。但是，变量 x_1 的值除了依赖自身各时刻的值之外，还要依赖其余 $n-1$ 个变量在各个时期的值。因此，在预测过程中为了预测 x_1 的值，首先必须预测其余 $n-1$ 个变量的值，这在预测中是不可取的，作为灰色系统理论在预测中的应用，GM $(1,n)$ 模型并不适合。GM $(1,1)$ 模型的计算过程中只涉及变量 x_1 一个时刻的值，适合预测工作，国内外多领域的使用表明，GM $(1,1)$ 模型预测精度高、使用简便、适用范围广。

灰色预测的另一个重要特点是，模型使用的不是原始数据序列，而是生成的数据序列。灰色预测的数据，不是直接从生成模型得到的数据，而是经过还原后的数据，或者说通过生成数据的 GM 模型得到的预测值，必须进行逆生成处理。

2. GM（1，1）模型建立步骤

（1）确定原始数列。

$$X^{(0)} = \{X^{(0)}(t) \mid t = 1,2,\cdots,n\}$$

（2）对数据进行累加处理。

灰色系统建模时，必须采取一定的方式对原始数据进行生成处理，使生成数据序列变成有规律序列。数据的生成方式主要采用累加生成，累加生成即对原始数列中各时刻的数据依次累加，从而形成新的序列。对 $X^{(0)}$ 作一次累加生成，即：

$$x^{(1)}(k) = \sum_{i=1}^{k} x^{(0)}(t)$$

则得生成数列：

$$x^{(1)} = \{x^{(1)}(t) \mid i = 1,2,\cdots,n\} = \left\{x^{(0)}(1), \sum_{i=1}^{2} x^{(0)}(i), \cdots, \sum_{i=1}^{n} x^{(0)}(i)\right\}$$

也可以写成：

$$x^{(1)}(n) = x^{(1)}(n-1) + x^{(0)}(n)$$

若对 $X^{(0)}$ 作 m 次累加生成，则有：

$$x^{(m)}(k) = \sum_{i=1}^{k} x^{(m-1)}(i)$$

则生成数列为：

$$x^{(m)} = \{x^{(m)}(k) \mid k = 1,2,\cdots,n\}$$

一般地，对非负数列，累加生成次数越多，数列的随机性就弱化得越多。当累加生成次数足够大时，时间序列便由随机转变为非随机了。

(3) GM (1, 1) 模型的建立。

设原始时间序列为 $X^{(0)} = \{X^{(0)}(t) \mid t = 1,2,\cdots,n\}$，通过累加生成新的序列为 $X^{(1)} = \{X^{(1)}(t) \mid t = 1,2,\cdots,n\}$，则 GM (1, 1) 模型相应得微分方程为：

$$\frac{\mathrm{d}X^{(1)}(t)}{\mathrm{d}t} + aX^{(1)}(t) = u$$

式中　a ——发展灰数；

　　u ——内生控制灰数。

解的形式为：

$$\hat{x}^{(1)}(t+1) = \left[x^{(0)}(1) - \frac{u}{a}\right]e^{-at} + \frac{u}{a}$$

(4) 确定 GM (1, 1) 预测模型的参数。

a，u 为待估参数向量，利用最小二乘法求解，可得：

$$\hat{a} = [a,u]^T = (B^TB)^{-1}B^Ty_n$$

$$式中\ B = \begin{vmatrix} -\frac{1}{2}(x^{(1)}(1) + x^{(1)}(2)) & 1 \\ -\frac{1}{2}(x^{(1)}(2) + x^{(1)}(3)) & 1 \\ \cdots & \\ -\frac{1}{2}(x^{(1)}(n-1) + x^{(1)}(n)) & 1 \end{vmatrix},\ y_n = \begin{pmatrix} x^{(0)}(2) \\ x^{(0)}(3) \\ \cdots \\ x^{(0)}(n) \end{pmatrix}$$

将已知的 B，y_n 代入公式 $\hat{a} = [a,u]^T = (B^TB)^{-1}B^Ty_n$，可得 GM (1, 1) 预测模型 $\frac{\mathrm{d}X^{(1)}(t)}{\mathrm{d}t} + aX^{(1)}(t) = u$ 中的参数值 a 和 u。即可得预测模型：

$$\hat{x}^{(0)}(t+1) = \left[x^{(0)}(1) - \frac{u}{a}\right]e^{-at} + \frac{u}{a} \quad (t = 0,1,2,\cdots,n)$$

(5) 还原模型。

可得原始序列的预测公式为：

$$\hat{x}^{(0)}(t+1) = (-a)\left[x^{(0)}(1) - \frac{u}{a}\right]e^{-at} \text{或} \hat{x}^{(0)}(t+1) = \hat{x}^{(1)}(t+1) - \hat{x}^{(1)}(t)$$

(6) 模型精度检验。

在 t 时刻原始数列的实际值 $x^{(0)}(t)$ 与预测值 $\hat{x}^{(0)}(t)$ 之差 $E(t)$，称为 t 时刻的残差。残差 $E(t)$ 与实际值 $x^{(0)}(t)$ 之比 $e(t)$，称为在 t 时刻的相对残差，即：$E(t) = x^{(0)}(t) - \hat{x}^{(0)}(t)$，$e(t) = E(t)/x^{(0)}(t)$，分别计算各时刻的残差 $E(t)$ 与相对残差 $e(t)$，可以检验

上述模型的精度。

设原始数列 $X(0)$ 和残差数列 $E=\{E(t)\ |t=1,2,\cdots,n\}$ 的平均值分别为 $\bar{x}$、$\bar{E}$。则有：

$$\bar{x}=\frac{1}{n}\sum_{t=1}^{n}x^{(0)}(t),\bar{E}=\frac{1}{n}\sum_{n_{t-1}}^{n}E(t)$$

又设原始数列 $X^{(0)}$ 和残差数列 E 的均方差分别为 S_1、S_2。

则有：
$$S_1^2=\frac{1}{n}\sum_{t=0}^{n}(x^{(0)}(t)-\bar{x})^2,S_2^2=\frac{1}{n}\sum_{t=0}^{n}(E(t)-\bar{E})^2$$

定义后验差比值 C 及小误差频率 P 分别为：

$$C=S_2/S_1,P=P\{E(t)-\bar{E}|<0.6745S_1\}$$

指标 C 越小越好，它表明尽管原始数据很离散，但是模型所得值与实际值之差并不太离散。指标 P 越大越好，它表明残差与残差平均值之差小于给定值0.6745 S_1 的点极多。按 C 和 P 两个指标，由表4-8可综合评定预测模型的精度等级。凡是精度等级“不合格”或“勉强”者，应予以修正。

表4-8 灰色预测精度等级

预测模型精度等级	好	合格	勉强	不合格
P	>0.95	>0.80	>0.70	≤0.70
C	<0.35	0.50	<0.65	≥0.65

3. 应用GM（1，1）模型进行预测

某公路历年交通量数据见表4-9，利用GM（1，1）模型预测远景交通量。

表4-9 历年交通量

年 份	1995	1996	1997	1998	1999	2000
平均日交通量（n/d）	6986	8013	9353	10821	12304	13755

（1）对 $x^{(0)}(t)$ 一次累加作生成变换：

$$x^{(0)}(t)=\{6989,8013,9353,10\,821,12\,304,13\,755\}$$
$$x^{(1)}(t)=\{6989,14\,999,24\,352,35\,173,47\,477,61\,232\}$$

（2）构造数据矩阵B和 y_n：

$$B=\begin{bmatrix}-10\,992.5 & 1\\ -19\,675.5 & 1\\ -29\,762.5 & 1\\ -41\,354.5 & 1\\ -54\,235 & 1\end{bmatrix}\quad y_n=\begin{bmatrix}8013\\ 9353\\ 10\,821\\ 12\,304\\ 13\,755\end{bmatrix}$$

（3）由参数方程式计算参数向量：

$$\hat{a}=\begin{pmatrix}a\\ u\end{pmatrix}=\begin{bmatrix}-0.13\,253\\ 6712.085\end{bmatrix}$$

则 $a=-0.13253$，$u=6712.085$。

（4）建立 GM（1，1）模型：

$$\frac{dX^{(1)}(t)}{dt}-0.13253X^{(1)}(t)=6712.085$$

同时得到离散时间相应函数：

$$\hat{x}^{(1)}(k+1)=57631.778e^{0.13253k}-50645.778$$

（5）还原并进行后检验，计算结果列于表 4－10。

表 4－10　后验差检验值

年份	k	计算值	原始值	残差	误差
1996	1	8167	8013	－154	－1.92
1997	2	9325	9353	28	0.3
1998	3	10 646	10 821	175	1.62
1999	4	12 154	12 304	150	1.22
2000	5	13 878	13 755	－123	－0.89

$$C=S_2/S_1=152.326/2579.94=0.0586<0.35$$

$$P=P\{E(t)-\overline{E}|<0.6745S_1\}>0.95$$

故预测精度等级为好，该预测模型可以应用。

（6）预测远景交通量。

将远景年的时间值代入 GM（1，1）模型相应函数，预测得到交通量（见表 4－11）。

表 4－11　远景交通量预测

年　份	2001	2003	2006
预测年均日交通量（n/d）	15 843	20 653	26 921

第四节　回归分析预测法

一、一元线性回归

事物内部的变化关系一般分为两类：变量间是一种确定的函数关系；变量间是一种不确定的相关关系。回归分析预测法就是对其中具有相关关系的变量，通过数理统计方法建立起变量间的回归方程，从而对变量间的密切程度进行描述，并实现对变量回归的估计和测定，进而应用回归方程进行预测。回归分析预测模型按照变量的个数，可以分为一元回归分析和多元回归分析；按照变量之间的关系，又可以分为线性回归分析和非线性回归分析。其中大多数非线性回归分析的问题都可以转化为线性回归分析的问题来处理，且多元回归分析的原理又同一元回归分析的原理一致。

回归分析的主要步骤如下：

(1) 收集资料。通过调查分析，确定待预测变量可能的相关因素，并收集和处理这些因素的相关统计资料。

(2) 初步建立预测模型。应用相关知识及实践经验对预测目标和影响因素作定性分析，确定是否存在相关关系，若存在，选取回归模型。

(3) 计算模型中的参数。根据最小二乘法估计参数，求出回归方程。

(4) 检验模型，确定回归预测模型。由于任意给定样本值，都可以建立一个回归方程，根据所给的样本所建立的回归方程不一定反映事物发展的内在规律。因此，在运用回归方程进行预测之前，必须对回归方程和回归系数进行检验。

(5) 利用模型进行预测。利用模型进行预测并讨论预测结果的置信度。

一元线性回归方程如下：

$$y = a + bx$$

式中 y——因变量；

x——自变量；

a,b——参数。

建立回归方程就是根据数据 $[x_t, y_t], t = 1,2,3,\cdots,n$，确定方程中的参数 a、b。

一个 x_i，就有一个估计值，估计值与实际值 $y_i(i = 1,2,3,\cdots,n)$ 存在一个离差 e_i：

$$e_i = y_i - a - bx_i$$

离差的平方和为：

$$\sum_{i=1}^{n} e_i^2 = \sum_{i=1}^{n} (y_i - a - bx_i)^2$$

离差平方和反映了 n 个统计数据 $y_i(i = 1,2,3,\cdots,n)$ 与回归总方程的偏差程度。根据最小二乘法原理，离差平方与最小的回归方程为最优方程，即下式

$$\min \sum_{i=1}^{n} e_i^2 = \min \sum_{i=1}^{n} (y_i - a - bx_i)^2$$

满足上式的 a 和 b 就是要求的回归方程的参数 a 和 b。

参数 a 和 b 可用下列公式计算：

$$b = \frac{L_{XY}}{L_{XX}}, a = \bar{y} - b\bar{x}$$

其中

$$\bar{x} = \frac{1}{n}\sum_{i=1}^{n} x_i, \bar{y} = \frac{1}{n}\sum_{i=1}^{n} y_i, L_{XX} = \sum_{i=1}^{n} (x_i - \bar{x})^2 = \sum_{i=1}^{n} x_i^2 - \frac{1}{n}(\sum_{i=1}^{n} x_i)^2$$

$$L_{XY} = \sum_{i=1}^{n} (x_i - \bar{x})(y_i - \bar{y}) = \sum_{i=1}^{n} x_i y_i - \frac{1}{n}(\sum_{i=1}^{n} x_i)(\sum_{i=1}^{n} y_i), L_{YY} = \sum_{i=1}^{n} (y_i - \bar{y})^2 = \sum_{i=1}^{n} y_i^2 - \frac{1}{n}(\sum_{i=1}^{n} y_i)^2$$

一元线性回归的相关性检验一般可采用相关系数检验，相关系数是反映两变量间是否存在相关关系，以及这种相关关系密切程度。

$$r = \frac{L_{XY}}{\sqrt{L_{XX}L_{YY}}}$$

相关系数的符号很重要，正号代表 $[X_t, Y_t]$ 正相关，X_t 增加 Y_t 也增加，r 在 0 ~ 1 之间；负号代表 $[X_t, Y_t]$ 负相关，r 在 -1 ~ 0 之间。当 $r = 1$ 时，表示变量 X_t 与 Y_t 完全线形相关；当 $r = 0$ 时，表示变量 X_t 与 Y_t 不存在线形相关。当 $0 < r \leqslant 0.3$ 时，为微弱相关；当 $0.3 < r \leqslant 0.5$ 时为低度相关；当 $0.5 < r \leqslant 0.8$ 时，为显著相关；当 $0.8 < r \leqslant 1$ 时，为高度相关。

某市社会总产值与货运量之间有线性相关关系（见表 4-12），试建立数学模型，并预测该市社会总产值达 60 亿元时，该市的货运量是多少？

表 4-12　某市社会总产值与货运量之间的关系表

社会总产值（亿元）	38.4	42.9	41.0	43.1	49.2	55.1
货运量（千万吨）	15.0	25.8	30.0	36.6	44.4	50.4

建立一元线性回归方程，数学模型为：

$$y = a + bx$$

回归模型系数列于表 4-13。

表 4-13　回归模型系数

序号	总产值 x	货运量 y	xy	x_i^2	y_i^2
1	38.4	15.0	576	1474.56	225
2	42.9	25.8	1106.82	1840.41	665.64
3	41.0	30.0	1230	1681	900
4	43.1	36.6	1577.46	1857.61	1339.56
5	49.2	44.4	2184.48	2420.64	1971.36
6	55.1	50.4	2377.04	3036.01	2540.16
合计	269.7	202.2	9451.8	12 310.23	7641.72

$$\bar{x} = 269.7/6 = 44.95\ ,\ \bar{y} = 202.2/6 = 33.7$$

$$L_{XX} = \sum_{i=1}^{6} x_i^2 - \frac{1}{6}\left(\sum_{i=1}^{6} x_i\right)^2 = 12\,310.23 - 12\,123.015 = 187.215$$

$$L_{YY} = \sum_{i=1}^{6} y_i^2 - \frac{1}{6}\left(\sum_{i=1}^{6} y_i\right)^2 = 7641.72 - 6814.14 = 827.58$$

$$L_{XY} = \sum_{i=1}^{6} x_i y_i - \frac{1}{6}\left(\sum_{i=1}^{6} x_i\right)\left(\sum_{i=1}^{6} y_i\right) = 9451.8 - 9088.89 = 362.91$$

$$b = \frac{L_{XY}}{L_{YY}} = 362.91/187.215 = 1.938$$

$$a = Y - bx = 33.7 - 1.938 \times 44.95 = -53.413$$

则所求的线性回归方程为：

$$Y = -53.413 + 1.938x$$

相关系数为：

$$r = \frac{L_{XY}}{\sqrt{L_{XX}L_{XY}}} = \frac{362.91}{\sqrt{187.215 \times 827.58}} = 0.92$$

$r = 0.92$ 属于高度相关，说明货运量与社会总产值之间的相关性很高。

二、多元线性回归

当预测对象 y 受多个因素 $x_1, x_2, \cdots, x_n$ 影响时，如果 $x_j(j = 1,2,\cdots,n)$ 与 y 之间具有线性相关关系，则可以建立多元线性回归模型进行分析和预测，多元线性回归分析的方法与一元线性回归分析基本相同，只是变量更多，计算更为复杂，和一元线性回归预测模型一样，多元线性回归模型建立时也采用最小二乘法估计模型参数。求下式的最小值：

$$\sum_{j=1}^{n}(y_j - a - b_1x_{1j} - b_2x_{2j} - \cdots - b_nx_{nj})^2$$

对上式中的 $b_i(i = 1,2,\cdots,n)$，分别对 x_i 求偏导，并令其等于零，得到

$$\begin{cases} L_{11}b_1 + L_{21}b_2 + \cdots + L_{n1}b_n = L_{Y1} \\ L_{12}b_1 + L_{22}b_2 + \cdots + L_{n2}b_n = L_{Y2} \\ \cdots \\ L_{1n}b_1 + L_{2n}b_2 + \cdots + L_{nn}b_n = L_{Yn} \end{cases}$$

$$a = \bar{Y} = \sum_{i=1}^{n} b_i\bar{X}_i$$

$$\bar{X}_i = \frac{1}{n}\sum_{k=1}^{n}X_{ik}(i = 1,2,3,\cdots,n),\ \bar{Y} = \frac{1}{n}\sum_{k=1}^{n}Y_k$$

$$L_{ij} = \sum_{k=1}^{n}(X_{ik} - \bar{X}_i)(X_{jk} - \bar{X}_j) = \sum_{k=1}^{n}X_{ik}X_{jk} - \frac{1}{n}(\sum_{k=1}^{n}X_{ik})(\sum_{k=1}^{n}X_{jk}) \quad (i,j = 1,2,3,\cdots,n)$$

$$L_{Yj} = \sum_{k=1}^{n}(Y_k - \bar{Y})(X_{jk} - \bar{X}_j) = \sum_{k=1}^{n}X_{jk}Y_k - \frac{1}{n}(\sum_{k=1}^{n}X_{jk})(\sum_{k=1}^{n}Y_k) \quad (j = 1,2,3,\cdots,n)$$

$$L_{YY} = \sum_{k=1}^{n}(Y_k - \bar{Y})^2$$

同一元线性回归分析一样，对已经确定的多元线性回归分析模型能否较好地反映事物之间的内在规律，要进行线性相关的检验。全相关系数是反映因变量受许多自变量共同影响而变化的相关程度的指标，计算公式如下：

$$R = \sqrt{\frac{\sum b_iL_{Yi}}{L_{YY}}}$$

某地区客运周转量的增长与该地区总人口的增长和人均月收入有关。已经掌握近 10 年的有关资料，见表 4－14，如果预测 5 年后该地区的总人口为 430 万人，人均月收入为 725 美元，预测该地区 5 年后的客运周转量。

表 4－14　相关数据及计算

序号	客运周转量 Y（千万人公里）	总人口数 x_1（万人）	人均月收入 x_2（美元）	X_1Y	X_2Y	X_1X_2	X_1^2	X_2^2	Y^2
1	70	200	45	14 000	3150	9000	40 000	2025	4900
2	74	215	42.5	15 910	3145	9137.5	46 225	1806.25	5476
3	80	235	47.5	18 800	3800	11 162.5	55 225	2256.25	6400
4	84	250	52.5	21 000	4410	13 125	62 500	2756.25	7056
5	88	275	55	24 200	4840	15 125	75 625	3025	7744
6	92	285	57.5	26 220	5290	16 387.5	81225	3306.25	8464
7	100	300	60	30 000	6000	18 000	90 000	3600	10 000
8	110	330	57.5	36 300	6325	18 975	108 900	3306.25	12 100
9	112	350	62.5	39 200	7000	21 875	122 500	3906.25	12 544
10	116	360	65	41 760	7540	23 400	129 600	4225	13 456
合计	926	2800	545	267 390	51 500	156 187.5	811 800	30 212.5	88 140

客运量与总人口、人均月收入存在相关关系，现用二元线性回归方程进行分析：

$$y = a + b_1x_1 + b_2x_2$$

式中　x_1——总人口；

x_2——人均收入。

$$\begin{cases} L_{11}b_1 + L_{21}b_2 = L_{Y1} \\ L_{12}b_1 + L_{22}b_2 = L_{Y2} \end{cases}$$

$$\bar{Y} = \frac{1}{10}\sum_{k=1}^{10} Y_k = 92.6,\ \bar{X}_1 = \frac{1}{10}\sum_{k=1}^{10} X_{1k} = 280,\ \bar{X}_2 = \frac{1}{10}\sum_{k=1}^{10} X_{2k} = 54.5$$

$$L_{11} = \sum_{k=1}^{10}\left(X_{1k} - \bar{X}_1\right)^2 = \sum_{k=1}^{10} X_{1k}^2 - \frac{1}{10}\left(\sum_{k=1}^{10} X_{1k}\right)^2 = 27\ 800$$

$$L_{22} = \sum_{k=1}^{10}\left(X_{2k} - \bar{X}_2\right)^2 = \sum_{k=1}^{10} X_{2k}^2 - \frac{1}{10}\left(\sum_{k=1}^{10} X_{2k}\right)^2 = 510$$

$$L_{12} = L_{21} = \sum_{k=1}^{10}\left(X_{1k} - \bar{X}_1\right)\left(X_{2k} - \bar{X}_2\right) = \sum_{k=1}^{10} X_{1k}X_{2k} - \frac{1}{10}\left(\sum_{k=1}^{10} X_{1k}\right)\left(10\sum_{k=1}^{10} X_{2k}\right) = 3587.5$$

$$L_{Y1} = \sum_{k=1}^{10}\left(Y_k - \bar{Y}\right)\left(X_{1k} - \bar{X}_1\right) = \sum_{k=1}^{10} X_{1k}Y_k - \frac{1}{10}\left(\sum_{k=1}^{10} X_{1k}\right)\left(\sum_{k=1}^{10} Y_k\right) = 8110$$

$$L_{Y2} = \sum_{k=1}^{10}\left(Y_k - \bar{Y}\right)\left(X_{2k} - \bar{X}_2\right) = \sum_{k=1}^{10} X_{2k}Y_k - \frac{1}{10}\left(\sum_{k=1}^{10} X_{2k}\right)\left(\sum_{k=1}^{10} Y_k\right) = 1033$$

$$L_{YY} = \sum_{k=1}^{10}\left(Y_k - \bar{Y}\right)^2 = \sum_{k=1}^{10} Y_k^2 - \frac{1}{10}\left(\sum_{k=1}^{10} Y_k\right)^2 = 2392.4$$

得到方程组：

$$\begin{cases} 27\ 800b_1 + 3587.5b_2 = 8110 \\ 3587.5b_1 + 510b_2 = 1033 \end{cases}$$

求解方程组得 $b_1 = 0.3289$，$b_2 = -0.2884$，则：

$$a = \bar{Y} - b_1\bar{X}_1 - b_2\bar{X}_2 = 16.2258$$

因此所求的回归方程为：

$$Y = 16.2258 + 0.3289X_1 - 0.2884X_2$$

对得到的回归方程进行相关性检验，相关系数：

$$R = \sqrt{\frac{b_1L_{Y1} + b_2L_{Y2}}{L_{YY}}} = \sqrt{\frac{0.3289 \times 8110 - 0.2884 \times 1033}{2392.4}} = 0.9952$$

可见变量 x_i 与 y 之间的线性相关关系高度显著，得到回归方程能够很好地反映客运量与总人口 x_1 和人均收入 x_2 之间的关系。

将预测年份总人口 $x_1 = 430$、人均收入 $x_2 = 72.5$ 代入方程，得到预测年份客运周转量为：

$$y = 16.2588 + 0.3289 \times 430 - 0.2884 \times 72.5 = 136.78\text{（千万人·公里）}$$

三、非线性回归

实际问题中，有时因变量与自变量间的依存关系并非都是线性关系，而是存在非线性关系，通常的做法是采用变量代换法将非线性回归问题转化成线性回归问题，利用线性回归方法求解，常见的非线性回归模型方法处理见表 4－15。

表 4－15 常见的非线性回归模型的线性化处理

线性回归类型	函数形式	变换手段	变量代换	线性回归模型
指数回归	$y = ae^{bx}$	$\ln y = \ln a + bx$	$Y = \ln y$ $A = \ln a$	$Y = A + bx$
幂回归	$y = ax^b$	$\ln y = \ln a + b\ln x$	$Y = \ln y$ $A = \ln a$ $X = \ln x$	$Y = A + bx$
皮尔函数回归	$y = \frac{k}{(1 + ae^{-bx})}$	$\ln\left(\frac{k}{y} - 1\right) = \ln a - bx$	$Y = \ln\left(\frac{k}{y} - 1\right)$ $A = \ln a, B = -b$	$Y = A + BX$
抛物线回归	$y = a_0 + a_1x + a_2x$		$x_1 = x, x_2 = x^2$	$Y = a_0 + a_1x_1 + a_2x_2$
双曲线回归	$\frac{1}{y} = a + \frac{b}{x}$		$Y = \frac{1}{y}, X = \frac{1}{x}$	$Y = a + bX$

四、神经网络预测

1. 人工神经网络的基本概念

人工神经网络模型是基于生物学中神经网络的基本原理而建立的。最典型的人工神经元模型是 MP 认知网络（见图 4－4）。

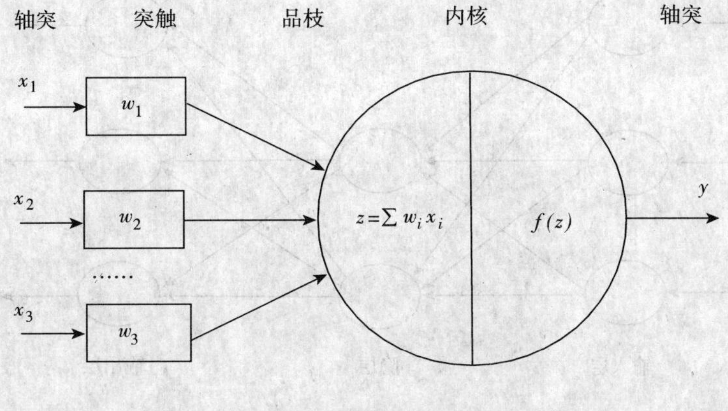

图 4－4　MP 认知网络

一个神经元接收到 n 个信息，w_i 为关联权，表示神经元对第 i 个接到信息的感知能力，函数 $f(z)$ 称为输出函数或激活函数。

$$y = f(z) = \operatorname{sgn}\left(\sum_{i=1}^{n} w_i x_i - \theta_i\right)$$

其中 $\operatorname{sgn}(x) = \begin{cases} 1, & x > 0 \\ 0, & \text{其他} \end{cases}$，$\theta$ 称为阈值。

当 w_i 为固定值时，对给定的一组输入 $(x_1, x_2, ..., x_n)^T$ 很容易计算得到输出值。对给定的输入，尽可能使计算输出同实际值吻合，这就要求确定参数 w_i。

人工神经网络的主要工作就是建立模型和确定 w_i 的值。依据人工神经网络模型的建立和权数 w_i 的确定方法，神经网络有两个主要模型：前向型和反馈型人工神经网络。前向型人工神经网络的特点是将神经元分为层，每一层的神经元之间没有信息交流，并且按一层一层且同步地计算。反馈型人工神经网络则将整个网络看成一个整体，神经元相互作用，计算是整体性的。

在已知一组正确的输入、输出数据和结果的条件下，人工神经网络通过这些数据，调整并确定权数 w_i 的方法称为有指导学习。在只有输入数据而不知输出结果的前提下，确定权数的方法称无监督学习。

对前向型人工神经网络，一般将人工神经网络的计算分为两个阶段：学习阶段和应用阶段（或称工作阶段）。第一个阶段是学习阶段，这个阶段的主要工作是确定权数 w_i（$i = 1, 2, \cdots, n$）。第二个阶段是应用或工作阶段，是在权数确定的基础上，用带有确定权数的神经网络去解决实际问题。当然，学习和应用并不是绝对地分为两个阶段，它们相辅相成。可以通过学习、应用、再学习、再应用的循环过程，逐渐提高人工神经网络的应用效果。

2. BP 网络

单层网络只能解决线性问题，解决较复杂的非线性函数问题的唯一出路是采用多层网络，即在输入及输出层之间加上隐层，构成多层前向网络。多层前向网络由输入层、中间层（隐层）和输出层组成，中间层可有若干层。在实际应用中，多层前向网络经常被设计为三层（见图 4－5）。

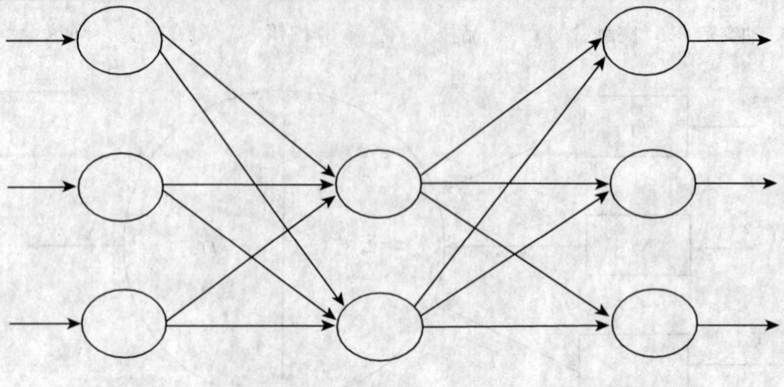

图 4－5　三层前向神经网络结构示意图

误差逆传播算法是对多层网络连接权校正的一种训练方法，它利用实际输出与期望输出之差对网络的各层连接权由后向前逐层进行校正。误差逆传播算法英文为 Error Back－Propagation Training，即从后向前计算，故人们把采用这种算法进行误差校正的多层前向网络称为 BP 网络。

BP 网络是一种具有三层或三层以上的多层神经网络，它的左、右各层之间各个神经元实现全连接，即左层的每一个神经元与右层的每个神经元都有连接，各层内神经元之间无连接。BP 网络按有教师学习方式进行训练，当一对模式提供给网络后，其神经元的激活值将从输入层经中间层向输出层传播，在输出层的各神经元输出，对应于输入模式的网络响应。然后，按照减少希望输出与实际输出误差的原则，从输出层经中间层、最后回到输入层逐层修正各连接权。由于修正过程是从输出到输入逐层进行的。所以称其为“误差逆传播算法”。

假设一个 k 层神经网络每一层的输入输出关系如下：从第零层到第一层的原始输入向量、权矩阵、接受值向量和输出向量及它们之间的关系分别为：

$$X=\begin{bmatrix}x_1\\x_2\\\vdots\\x_{n_0}\end{bmatrix},\ W_1=(w_{ij}^1)_{n_0\times n_1},\ Z_1=\begin{bmatrix}z_1^1\\z_2^1\\\vdots\\z_{n_1}^1\end{bmatrix}=W_1^TX,\ Y_1=\begin{bmatrix}y_1^1\\y_2^1\\\vdots\\y_{n_1}^1\end{bmatrix}=f(Z_1)$$

第 $k-1$ 层到第 k 层的权矩阵、接受值向量和输出向量及它们之间的关系为

$$W_k=(w_{ij}^k)_{n_{k-1}\times n_k},\ Z_k=\begin{bmatrix}z_1^k\\z_2^k\\\vdots\\z_{n_1}^k\end{bmatrix}=W_k^TY_{k-1},\ Y_k=\begin{bmatrix}y_1^k\\y_2^k\\\vdots\\y_{n_1}^k\end{bmatrix}=f(Z_k)$$

其中 $y_i^k=f(z_i^k)$

单样本学习规则是：确定 W，使得

$$F(W) = (D - Y_K)^T(D - Y_K)$$

最小，其中 $D = (d_1, d_2, \cdots, d_n)^T$ 为理想输出。

记 $B_{k+1} = \begin{bmatrix} d_1 - y_1^k \\ d_2 - y_2^k \\ \vdots \\ d_{n_k} - y_{n_k}^k \end{bmatrix}$，$W_{k+1} = I$（单位阵），则 $F(W) = (B_{k+1})^T B_{k+1}$

记 $B_k = diag\left[\frac{dy_1^k}{dz_1^k}, \frac{dy_2^k}{dz_2^k}, \cdots, \frac{dy_{n_k}^k}{dz_{n_k}^k}\right] W_{k+1} B_{k+1}$

$diag(a_1, a_2, \cdots, a_n)$ 表示以 $a_1, a_2, \cdots, a_n$ 为对角元素的 n 阶对角阵，则

$$\left(\frac{\partial F(W)}{\partial w_{ij}^k}\right)_{n_{k-1} \times n_k} = -2 \begin{bmatrix} y_1^{k-1} \\ y_2^{k-1} \\ \vdots \\ y_{n_{k-1}}^{k-1} \end{bmatrix} (B_k)^T \qquad (a)$$

记 $B_{k-1} = diag\left[\frac{dy_1^{k-1}}{dz_1^{k-1}}, \frac{dy_2^{k-1}}{dz_2^{k-1}}, \cdots, \frac{dy_{n_{k-1}}^{k-1}}{dz_{n_{k-1}}^{k-1}}\right] W_k B_k$，则

$$\left(\frac{\partial F(W)}{\partial w_{ij}^{k-1}}\right)_{n_{k-2} \times n_{k-1}} = -2 \begin{bmatrix} y_1^{k-2} \\ y_2^{k-2} \\ \vdots \\ y_{n_{k-1}}^{k-2} \end{bmatrix} (B_{k-1})^T \qquad (b)$$

当第 t 个学习样本值 $X(t)$ 输入后，可以依次得到

$$Y_1(t) = (y_1^1(t), y_2^1(t), \cdots, y_{n_1}^1(t))^T$$
$$Y_2(t) = (y_1^2(t), y_2^2(t), \cdots, y_{n_2}^2(t))^T$$
$$\cdots\cdots$$
$$Y_k(t) = (y_1^k(t), y_2^k(t), \cdots, y_{n_k}^k(t))^T$$

此时，用（a）、（b）和已知的 $w(t)$ 可以得到相应的值，用带有参数 t 的形式表示为 $B_k(t)$ 和 $\left(\frac{\partial F(W)}{\partial w_{ij}^k}(t)\right)_{n_{k-1} \times n_k}$，按 $F(W)$ 下降的方向确定权数的学习规则为

$$W_k(t+1) = W_k(t) + \delta W_k(t) \quad k = K, K-1, \cdots, 1 \qquad (c)$$

其中 $\delta W_k(t) = -\frac{1}{2}\varepsilon_t\left(\frac{\partial F(W)}{\partial w_{ij}^k}(t)\right)_{n_{k-1} \times n_k} = \varepsilon_t \begin{bmatrix} y_1^{k-1}(t) \\ y_2^{k-1}(t) \\ \vdots \\ y_{n_{k-1}}^{k-1} \end{bmatrix} (B_k(t))^T$，$\varepsilon_t$ 为第 t 步的学习效率。

从式（c）的学习规则可以看到这样的一个规律：W_k 的修正是从最后一层神经元的权属 W_k 开始，反向递推求解修正 $k-1$ 层的 W_{k-1}，…，一直修正到第一层的权数 W_k。由此将式（c）学习规则称为反推（BP）学习规则（back - propagation）。

反推学习算法的步骤如下：

(1) 选定学习的数组 $\{X(t), D(t)\}, t = 1, 2, ..., T$，随机确定初始权矩阵 W_0；

(2) 用学习数据 $X(t)$ 计算 $Y_1(t), Y_2(t), \cdots, Y_k(t)$；

(3) 用 (a)、(b) 的计算，反向修正 W_t，修正公式为 (c)，直到学习完所有的数组。

当激活函数 $f(x) = \dfrac{1}{1 + e^{-x}}$ 时

$$\frac{\mathrm{d}y_j^k}{\mathrm{d}z_j^k} = f(z_i^k)(1 - f(z_j^k)) \qquad (i = 1, 2, \cdots, n_{k-1} \quad j = 1, 2, \cdots, n_k)$$

代入式 (a)、(b)，使计算简化。

3. 哈尔滨市公交出行生成量预测

为使模型既有理论价值又有可操作性，采用三层 BP 网络模型，在通过分析城市公交出行生成量的影响因素的基础上，以交通分区内各类性质土地的面积（共 8 个神经元）、人口数、区位特征参数作为输入层，隐层的神经元数通过试算法，以相同计算次数下最大相对误差最小为目标确定，输出层为公交出行的产生量和吸引量两个神经元。

以哈尔滨市现状调查分析处理得到的居民一日内 21 个交通分区公交乘客出行量及与之相关的土地利用、人口的数据为样本见表 4－16，对 BP 神经网络进行训练，在同样训练 15000 次时，其最佳隐层数为 25，最大相对误差为 11.03%，见表 4－17 和表 4－18。

表 4－16　现状调查的各交通分区的输入样本

分区	居住 (m^2)	工业 (m^2)	市政 (m^2)	公共 (m^2)	仓储 (m^2)	绿地 (m^2)	对外 (m^2)	特殊 (m^2)	人口 (人)	区位	产生量 (人次)	吸引量 (人次)
1	2 753 542	353 889	52 328	1 080 234	328 991	12 438	424 449	0	139 398	0.8	79 900	75 490
2	1 715 181	71 289	16 525	2 037 208	0	378 340	0	156 906	119 268	0.8	77 467	86 623
3	2 587 438	226 774	0	380 575	84 509	8849	0	35 651	136 160	0.8	79 627	79 283
4	2 549 203	1 258 356	0	1 001 440	48 858	391 998	0	0	141 478	0.8	60 819	69 086
5	3 023 477	421 148	160 723	746 055	0	456 854	98 254	0	157 374	0.8	52 678	66 367
6	2 765 574	2 536 549	32 171	390 881	860 814	358 703	0	0	170 266	0.5	75 870	68 170
7	1 881 683	1 050 127	0	123 368	92 653	0	87 132	0	175 866	0.5	41 061	46 713
8	1 759 410	46 197	19 619	268 378	69 786	102 530	63 430	0	121 335	0.5	77 639	77 580
9	2 363 085	663 355	2850	230 702	519 619	106 729	0	0	126 840	0.5	59 299	61 121
10	1 200 327	1 036 976	41 605	39 718	0	68 712	157 277	0	106 097	0.5	20 521	19 537
11	3 005 065	1 080 669	92 127	468 845	234 105	282 677	0	0	150 150	0.5	48 906	50 425
12	1 993 449	342 479	85 880	1 227 598	511 275	228 705	0	0	81 725	0.5	53 992	52 077
13	2 713 900	516 953	71 342	886 088	68 843	81 618	0	51 511	128 321	0.5	62 126	59 998
14	3 586 522	4 780 313	210 458	85 719	1 329 517	2 010 351	0	0	130 081	0.2	46 739	39 394
15	2 689 891	1 946 745	79 939	4 024 247	0	402 148	91 568	180 767	100 479	0.2	33 375	31 031
16	1 597 609	2 150 710	129 527	596 015	0	413 262	1 580 621	359 654	46 725	0.2	18 608	17 052

续表

分区	居住（m^2）	工业（m^2）	市政（m^2）	公共（m^2）	仓储（m^2）	绿地（m^2）	对外（m^2）	特殊（m^2）	人口（人）	区位	产生量（人次）	吸引量（人次）
17	2 155 761	2 980 589	187 381	403 697	406 876	294 592	0	8 721	50 902	0.2	17 074	13 518
18	320 530	24 922	0	202 052	0	2 735 661	0	0	2 530	0.2	7 878	7 510
19	4 041 759	5 067 547	168 068	295 779	945 973	646 748	1 310 367	0	99 386	0.2	19 787	15 488
20	2 023 147	4 366 027	96 113	1 812 981	631 809	350 060	878 409	110 542	111 863	0.2	18 251	14 488
21	1 490 792	1 622 071	0	48 018	640 233	359 654	0	36 968	112 453	0.2	6 493	7 159

表 4-17　输入层到隐层的连接权 W_{ij}

W_{ij}	$i=1$	$i=2$	$i=3$	$i=4$	$i=5$	$i=6$	$i=7$	$i=8$	$i=9$	$i=10$
$j=1$	-0.9767	-1.7494	-0.5337	-0.3183	1.2229	2.2346	1.3909	1.2864	-3.6622	-2.5043
$j=2$	-9.3155	-2.0068	1.9744	-3.8508	-0.8144	-2.0753	-1.9071	-1.9399	2.2050	-0.5092
$j=3$	-7.8945	0.9940	0.1420	0.7934	-2.0418	-3.7482	-1.8518	-1.4326	3.6488	-6.4438
$j=4$	-0.3694	2.2857	1.5186	-1.1044	-1.1118	-1.5281	0.9583	-1.5103	-1.4376	-1.8671
$j=5$	0.5417	0.8319	0.7276	0.9203	0.7526	0.2693	0.8536	0.0506	-1.6053	-0.8158
$j=6$	1.5042	0.5830	1.4329	0.4720	0.4765	0.0907	0.6959	-0.6939	-0.5525	-0.7272
$j=7$	-2.9076	-18.3644	-4.6560	-3.0359	-3.0512	-9.2164	1.1119	3.6798	2.1762	-1.2632
$j=8$	0.3056	-0.2451	1.9142	0.9426	-1.3321	2.4212	0.0576	-0.3260	-0.0507	-0.0114
$j=9$	0.1931	0.4819	1.7143	0.6682	1.2912	-0.4904	-0.0328	-1.3339	-0.3823	-0.6735
$j=10$	-0.2862	8.2151	-3.4073	2.7368	3.8805	-1.8406	0.8225	3.4440	0.8267	-1.9696
$j=11$	0.2587	-0.0413	0.7107	0.0123	0.1078	0.1563	0.0836	0.3471	-1.3127	-1.0952
$j=12$	-1.9527	-0.0328	-0.8230	0.4572	2.1003	0.9491	0.3637	2.2606	-0.2335	-0.7054
$j=13$	-0.5989	-0.9169	0.6279	0.5725	0.3177	0.6988	0.8508	0.6204	-2.0253	-1.9156
$j=14$	1.0455	0.3752	0.6513	0.8283	0.9696	0.5081	-0.0007	0.4250	-1.1672	-0.7063
$j=15$	0.6932	0.6710	0.8169	0.7555	0.5538	0.8414	0.8449	-0.5248	-1.2520	-0.6286
$j=16$	-0.8857	-0.3761	0.2681	0.5106	1.2115	-0.0216	0.0343	0.7604	-1.8034	-1.3263
$j=17$	-3.7398	1.7615	1.1114	-2.0656	-0.7134	-1.7936	-0.0899	-2.0391	0.2759	-1.1686
$j=18$	-1.4807	1.4806	-0.6420	0.9967	2.0602	0.6683	-0.1014	2.0886	0.4195	-1.2463
$j=19$	1.7457	0.7073	2.0771	0.4720	-0.3118	0.3939	0.7143	-0.6001	-0.7804	-0.6737
$j=20$	-0.3488	2.2157	1.5341	0.3538	-0.2150	-1.1334	0.5883	-1.4001	-0.7813	-1.0623
$j=21$	-1.9173	-1.1878	-0.9803	1.0790	1.4037	1.5460	1.1390	1.9754	-1.3340	-0.3052
$j=22$	-4.7969	1.9613	-4.4980	1.0668	4.2952	-0.5448	-1.5330	3.9311	0.6121	0.8307
$j=23$	-0.2320	1.6892	2.0671	-0.0056	-1.3944	-1.7136	0.3030	-1.3892	0.0721	-2.0598
$j=24$	-4.5695	0.0085	1.3902	-0.9507	0.3446	-2.0691	-1.3088	-1.9515	-0.6156	-0.5650
$j=25$	1.4391	0.6278	1.0046	1.6208	1.5101	-0.2144	0.6241	-0.6347	-0.8857	-0.7326

表 4-18 隐层到输出层的连接权 W_{jt}

W_{jt}	$t=1$	$t=2$	W_{jt}	$t=1$	$t=2$	W_{jt}	$t=1$	$t=2$
$j=1$	3.6019	1.3298	$j=10$	5.6597	4.7929	$j=19$	-1.9501	-1.5494
$j=2$	-6.3418	-4.9809	$j=11$	-0.2262	0.1182	$j=20$	-1.6322	-1.8719
$j=3$	-5.6028	-4.5822	$j=12$	0.9229	1.2892	$j=21$	0.5522	1.9339
$j=4$	-2.6472	-0.5688	$j=13$	0.9965	0.8259	$j=22$	4.3181	4.0680
$j=5$	-0.9921	-0.4906	$j=14$	-0.4345	-0.9053	$j=23$	-2.2740	-1.8202
$j=6$	-1.1396	-1.8148	$j=15$	-1.1245	-0.7776	$j=24$	-1.6889	-3.5772
$j=7$	9.2692	7.8919	$j=16$	0.8487	-0.0678	$j=25$	-0.8333	-2.1848
$j=8$	-3.1193	0.6434	$j=17$	-1.8847	-2.7153			
$j=9$	-0.5033	-2.5595	$j=18$	1.3077	0.7639			

将哈尔滨调查的21个样本数据带入模型，对模型精度进行预测检验，见表4-19。预测误差为0.01%～11.03%，预测效果令人满意。

表 4-19 输出层检验比较表

交通分区		产生量（人次）	吸引量（人次）	交通分区		产生量（人次）	吸引量（人次）	交通分区		产生量（人次）	吸引量（人次）
1	预测值	77 139	79 196	8	预测值	78 058	76 995	15	预测值	33 056	31 506
	调查值	79 900	75 490		调查值	77 639	77 580		调查值	33 375	31 031
	误差（%）	3.46	-4.91		误差（%）	-0.54	0.75		误差（%）	0.96	-1.53
2	预测值	78 812	84 472	9	预测值	61 230	58 604	16	预测值	18 786	16 745
	调查值	77 467	86 623		调查值	59 299	61 121		调查值	18 608	17 052
	误差（%）	-1.74	2.48		误差（%）	-3.26	4.12		误差（%）	-0.96	1.80
3	预测值	78 151	80 839	10	预测值	18 568	21 691	17	预测值	17 735	12 437
	调查值	79 627	79 283		调查值	20 521	19 537		调查值	17 074	13 518
	误差（%）	1.85	-1.96		误差（%）	9.52	-11.03		误差（%）	-3.87	8.00
4	预测值	61 142	68 269	11	预测值	48 913	50 356	18	预测值	7105	8202
	调查值	60 819	69 086		调查值	48 906	50 425		调查值	7878	7510
	误差（%）	-0.53	1.18		误差（%）	-0.01	0.14		误差（%）	9.81	-9.21
5	预测值	53 701	64 925	12	预测值	54 294	51 843	19	预测值	20 052	14 945
	调查值	52 678	66 367		调查值	53 992	52 077		调查值	19 787	15 488
	误差（%）	-1.94	2.17		误差（%）	-0.56	0.45		误差（%）	-1.34	3.51
6	预测值	75 110	68 846	13	预测值	61 196	61 100	20	预测值	18 137	14 759
	调查值	75 870	68 170		调查值	62 126	59 998		调查值	18 251	14 488
	误差（%）	1.00	-0.99		误差（%）	1.50	-1.84		误差（%）	0.62	-1.87

续表

交通分区		产生量（人次）	吸引量（人次）	交通分区		产生量（人次）	吸引量（人次）	交通分区		产生量（人次）	吸引量（人次）
7	预测值	41 453	46 032	14	预测值	46 492	39 835	21	预测值	6533	6775
	调查值	41 061	46 713		调查值	46 739	39 394		调查值	6493	7159
	误差（%）	-0.95	1.46		误差（%）	0.53	-1.12		误差（%）	-0.62	5.36

利用建立的神经网络模型，以及2010年哈尔滨市各交通分区的人口、土地利用规划资料（表4-20），预测得到2010年的公交出行生成量，见表4-20、表4-21。

表4-20　2010年各交通分区特征

分区	居住（m^2）	工业（m^2）	市政（m^2）	公共（m^2）	仓储（m^2）	绿地（m^2）	对外（m^2）	特殊（m^2）	人口（人）	区位
1	2 484 342	165 446	263 578	155 164	202 304	176 476	400 485	0	156 430	0.8
2	2 228 502	113 712	0	1 437 070	0	557 570	169 443	143 845	133 880	0.8
3	2 776 684	144 332	0	428 001	0	71 346	0	275 741	152 855	0.8
4	2 075 033	874 182	0	1 186 435	56 670	617 985	129 917	50 203	158 847	0.8
5	3 039 126	333 853	386 237	743 361	0	460 933	0	49 425	176 649	0.8
6	3 846 207	649 740	16 113	732 393	429 762	952 194	292 820	0	191 044	0.5
7	2 026 264	1 050 869	0	180 210	0	116 537	0	0	197 461	0.5
8	1 404 046	553 922	0	1 120 197	39 283	214 096	0	0	136 127	0.5
9	1 816 055	379 274	0	1 363 474	304 662	140 898	229 473	0	142 377	0.5
10	1 202 660	661 542	0	321 368	47 808	259 573	245 903	0	119 100	0.5
11	3 059 090	852 893	63 743	654 658	379 155	811 080	136 677	0	168 466	0.5
12	2 354 213	954 263	142 057	2 390 948	86 295	991 014	146 030	72 429	91 637	0.5
13	2 700 159	597 957	57 983	918 870	0	72 262	57 928	0	144 043	0.5
14	3 696 216	5 766 529	171 932	129 586	1 499 352	2 862 620	463 364	245 761	145 986	0.2
15	2 514 780	1 412 019	29 980	4 839 813	157 192	4 506 973	87 955	287 726	112 676	0.2
16	3 975 062	2 190 242	217 963	1 045 158	555 465	8 131 933	1 759 347	0	52 359	0.2
17	5 781 677	484 314	527 512	480 850	485 929	5 036 722	0	0	57 162	0.2
18	0	0	0	342 524	0	4 775 556	0	0	2 834	0.2
19	4 021 831	6 946 252	211 526	90 687	1 082 853	3 340 983	1 877 982	0	111 549	0.2
20	3 708 498	5 056 625	75 708	1 164 314	783 844	664 091	920 907	162 522	125 508	0.2
21	788 334	1 706 915	0	0	615 470	0	703 478	0	126 066	0.2

表 4-21 公交出行生成预测结果（人次）

分区	产生量	吸引量	分区	产生量	吸引量	分区	产生量	吸引量
1	73 641	78 552	8	52 468	56 793	15	70 217	82 934
2	73 865	81 707	9	78 792	77 929	16	29 687	48 267
3	90 290	91 434	10	32 761	38 116	17	1846	4367
4	64 406	74 630	11	55 090	60 266	18	11 577	17 930
5	55 821	67 643	12	46 022	52 688	19	21 684	25 601
6	63 437	67 973	13	62 790	63 288	20	29 903	23 302
7	39 810	47 461	14	57 885	54 434	21	1384	1765

4. 呼和浩特市汽车保有量预测

根据统计资料，呼和浩特市 1990～1999 年的市区人口、国内生产总值、人均国内生产总值、工业总产值、城市的财政收入、城市居民人均生活费收入与支出及相应汽车保有量（当量小汽车）样本数据如表 4-22 所示。

表 4-22 1990～1999 年样本数据表

年份	市区人口（万人）	国内生产总值（万元）	人均国内生产总值（元）	工业总产值（万元）	财政收入（万元）	居民平均生活费收入（元）	居民平均生活费支出（元）	汽车保有量（PCU）
1990	87.9	306 867	1652	409 349	45 494	1149	1023	58 041
1991	89.5	358 603	1917	446 049	49 499	1281	1202	59 621
1992	90.2	437 264	2321	539 506	56 619	1544	1413	62 713
1993	91.2	627 291	3296	711 990	71 964	1981	1782	67 725
1994	92.8	851 636	4419	903 052	85 157	2735	2372	68 930
1995	93.9	962 001	4946	931 036	95 395	3008	2785	69 802
1996	96.3	1 137 364	5762	1 060 061	133 880	3934	3171	71 311
1997	98.6	1 280 130	6388	1 211 278	154 249	4335	3398	73 512
1998	101.8	1 430 164	6997	1 403 100	173 219	4739	3674	76 308
1999	104.9	1 564 299	7528	1 425 275	189 805	5167	4173	79 532

由于以上各个指标之间数值相差悬殊，为避免在学习过程中数据溢出，而影响学习速度，因此在预测前需要对样本数据进行 0-1 之间的标准化处理。2005 年、2010 年、2020 年的汽车保有量预测过程如下。

用基于 BP 网络非线性预测方法，对预测年的汽车保有量进行预测。考虑到年样本数据较为充分，故将样板数据分为两个部分，其一为训练部分，其二为检验部分，待学习精度和检验精度达到规定的要求，得到稳定的网络结构和连接权值，即可用于汽车保有量预测。本预测步骤又分为三阶段：

（1）学习阶段。选择1990～1997年的8个年份样本数据作为学习样本，输入计算机软件包运行，用试算法确定隐层节点数，经过筛选，4为满意选择。评判标准是不引起网络震荡，收敛速度快，平均误差小。学习精度在98%以上即可转入检验阶段。

（2）检验阶段。以1998～1999年样本数据作为检验样本，并比较汽车保有量输出值与已知值的差异。输出值与实际值误差在要求的5%范围内，说明本模型所建立的网络结构和连接权值用于汽车保有量预测已具有较高的可行性。

（3）预测。分别将基于BP网络的非线性时间序列的汽车保有量影响指标各预测年的预测值作为稳定网络结构的输入，即可得到相应各预测年汽车保有量预测值。呼和浩特市2005年、2010年、2020年汽车保有量预测值结果如表4－23所示。

表4－23 呼和浩特市汽车保有量预测结果

年 份	2005	2010	2020
汽车保有量（PCU）	127 410	179 640	298 800

用神经网络方法和传统方法对已知年1999年汽车保有量进行预测，并对误差进行对照分析见表4－24，表明采用传统预测方法，预测结果误差较大，而神经网络预测方法只有1.74%，说明其具有较强的容错性，神经网络模型对汽车保有量预测模拟效果和预测精度比其他方法更符合实际。

表4－24 1999年汽车保有量检验预测结果对照表

预测对象	时间序列	多元线性回归法	神经网络
汽车保有量（PCU）	73 713	72 808	80 913
相对误差（%）	7.32	10.97	1.74

第五节 概率型预测法

一、马尔可夫链法

1. 马尔可夫链预测过程

马尔可夫过程是研究事物状态及其转移的理论，它通过对不同状态的初始概率以及状态间转移概率的研究，确定状态的变化趋势，从而达到预测未来的目的。

马尔可夫过程的特点是每次状态的转移都只与互相连接的前一个状态有关，与过去的状态无关，即当过程在时刻 t_0 所处的状态为已知的情况下，过程在时刻 $t(t > t_0)$ 所处的状态与过程在时刻 t_0 之前无关，这种特性称为无后效性。

如果随机变量 X_t 在 $t = k + 1$ 时取值的规律只与 X_t 在 $t = k$ 时的取值有关，而与 $t = k$ 以前的取值无关，则这时的 X_t 称为一次马尔可夫链。同样，如果随机变量 X_t 在 $t = k + 1$ 时取值规律只与 X_t 在 $t = k$ 及 $t = k - 1$ 时的取值有关，而与 $t = k - 1$ 以前的取值无关，则这时的 X_t 称为二次马尔可夫链。依次类推可得到三次、四次马尔可夫链。

(1) 状态转移概率矩阵。

假设预测对象可能处在 $S_1, S_2, \cdots, S_n$ 等 n 个状态中，而且每次只能处在一个状态中，若目前它处于状态 S_i，则下一时刻可能由 S_i 转向 $S_1, S_2, \cdots, S_n$ 共 n 种状态之一，可能的转移方式有 n 种（其中 $S_i \to S_i$ 表示停留在状态 S_i），相应的转移概率为 p。如果将 p 作为矩阵的第 i 行第 j 列，则 n 个状态共有 n 行 n 列。

$$R = \begin{bmatrix} p_{11} & p_{12} & \cdots & p_{1j} & \cdots & p_{1n} \\ p_{21} & p_{22} & \cdots & p_{2j} & \cdots & p_{2n} \\ \cdots & \cdots & \cdots & \cdots & \cdots & \cdots \\ p_{i1} & p_{i2} & \cdots & p_{ij} & \cdots & p_{in} \\ \cdots & \cdots & \cdots & \cdots & \cdots & \cdots \\ p_{n1} & p_{n2} & \cdots & p_{nj} & \cdots & p_{nn} \end{bmatrix}$$

将矩阵 R 称为状态转移概率矩阵，其中，表示从状态 i 向状态 j 的概率，矩阵满足 $p_{ij} \geqslant 0$，$\sum_{j=1}^{n} p_{ij} = 1$。

(2) 状态概率和稳定状态概率。

状态概率是指系统在某一时期处在某一状态的概率，系统概率是指有多种状态的，在某一时期只能处于其中的一种状态。系统在某一时期各种状态的发生概率可用向量表示，称为状态概率向量。

稳定状态概率是指系统在固定的一次转移概率条件下，经过多次转移，处于某种状态概率趋向一个常数，这种逐渐稳定下来的概率，就称为稳定状态概率。系统存在稳定状态概率的条件是一次转移概率不变，即系统在多次转移过程中，任何相邻两个时期的转移概率不变。

(3) 一次马尔可夫链预测。

1) 预测对象所处的状态划分。

对于状态划分问题，不同事物，不同的预测目标，有不同的状态划分，有的是预测对象本身已具有明显的状态界限，如气象预报中的晴、阴、雨、风；有的预测需要根据实际情况人为地作出划分，如可以把道路路面状况的好坏按综合指标划分成若干个状态。

2) 计算初始概率。

所谓初始概率 p_t，在实际问题中就是指能分析历史资料得到的某一状态出现的概率。假设某时间有 S_i 个状态（$i = 1,2,\cdots,n$），在已知历史资料中，状态 S_i 出现的次数 M，等于资料的总个数 N，这时 S_i 出现概率为 $F = M/N$。当样本足够大时，用频率 F_i 代替概率 p 的误差就会足够小。

3) 计算状态的一次转移概率。

转移概率的理论分布是未知的，当掌握的数据资料足够多时，可以用状态转移的概率描述状态转移的频率。

从转移的频率定义知道：

$$p_{ij} = (S_i \to S_j) = p(S_j | S_i) = F(S_j | S_i) \quad (i = 1,2,\cdots,n, j = 1,2,\cdots,n)$$

式中　$F(S_j|S_i)$——样本中由状态 i 转向状态 j 的概率。

处于 S_i 状态的样本个数为 M_i，假设由 S_i 转向 S_j 的个数为 M_n，则

$$F(S_j|S_i) = M_n/M_i$$

假设目前时间处于 S_i 状态下，那么它的转移概率分布为

$$p_{i1} \cong F(S_1|S_i) = M_{i1}/M_i$$

$$p_{i2} \cong F(S_2|S_i) = M_{i2}/M_i$$

……

$$p_{in} \cong F(S_n|S_i) = M_{in}/M_i$$

根据条件概率性质，对任意 $i(i = 1,2,\cdots,n)$ 均有

$$\sum_{j=1}^{n} p_{ij} = M_{i1}/M_i + M_{i2}/M_i + \cdots + M_{in}/M_i = (1/M_i)\sum_{j=1}^{n} M_{ij}$$

因为 $\sum_{j=1}^{n} M_{ij} = M_i$，所以 $\sum_{j=1}^{n} p_{ij} = 1$，写成矩阵形式，即

$$R = \begin{bmatrix} p_{11} & p_{12} & \cdots & p_{1j} & \cdots & p_{1n} \\ p_{21} & p_{22} & \cdots & p_{2j} & \cdots & p_{2n} \\ \cdots & \cdots & \cdots & \cdots & \cdots & \cdots \\ p_{i1} & p_{i2} & \cdots & p_{ij} & \cdots & p_{in} \\ \cdots & \cdots & \cdots & \cdots & \cdots & \cdots \\ p_{n1} & p_{n2} & \cdots & p_{nj} & \cdots & p_{nn} \end{bmatrix}$$

矩阵 R 称为一步转移概率矩阵，它完整描述了 n 个状态的概率分布，矩阵对角线上的元素 $p_{11},p_{22},\cdots,p_{nn}$ 表示状态经过 Δt 时间后，仍然处在原状态的概率。

在实际工作中，往往需要预测今后第 k 个时刻系统的状态，这时需要先求出系统得 k 步状态转移概率矩阵。

$$R^{(k)} = R^{(k-1)}R$$

式中　R——一步转移概率矩阵；

$R^{(k)}$——k 步转移概率矩阵。

上述公式说明，系统的 k 步转移概率矩阵可以由 $k-1$ 步转移概率矩阵乘上一步转移概率矩阵得到。

4）根据转移概率矩阵进行预测。

转移概率矩阵全面地描述了各种状态之间相互转移的概率分布，根据它对未来所处的状态进行预测。

2. 公路养护的马尔可夫链预测

公路养护部门为了合理安排公路维修资金，需要预测到道路的变化情况，路面一般分为四种状态：S_1 为优，S_2 为良，S_3 为中，S_4 为差，第一年处于优、良、中、差的道路长度分别为 200 公里、400 公里、300 公里、100 公里。根据以往经验，得到日常养护情况下的路面状态转移概率表（见表 4－25），试预测日常养护下第二年、第三年的路面状况。

表 4-25 路面状态转移概率

	S_1	S_2	S_3	S_4
S_1	0.65	0.20	0.10	0.05
S_2	0.00	0.70	0.20	0.10
S_3	0.00	0.00	0.80	0.20
S_4	0.00	0.00	0.00	1.00

马尔可夫链预测用于描述路面状态时假定：路面的当前状态仅依赖于路面的先期状态，而路面的未来状态只依赖于目前的状态：第一年处于 S_1、S_2、S_3、S_4 状态的道路里程为（200、400、300、100），在日常养护条件下，第二年的路面状态

$$(S_1,S_2,S_3,S_4) = (200,300,400,100)\begin{bmatrix}0.65 & 0.20 & 0.10 & 0.05\\ 0.00 & 0.70 & 0.20 & 0.10\\ 0.00 & 0.00 & 0.80 & 0.20\\ 0.00 & 0.00 & 0.00 & 1.00\end{bmatrix} = (130,250,400,220)$$

第二年处于优、良、中、差状态的道路长度分别为 130km、250km、400km、220km。如果第二年仍然采用日常养护，则第三年路面状态

$$(S_1,S_2,S_3,S_4) = (130,250,400,220)\begin{bmatrix}0.65 & 0.20 & 0.10 & 0.05\\ 0.00 & 0.70 & 0.20 & 0.10\\ 0.00 & 0.00 & 0.80 & 0.20\\ 0.00 & 0.00 & 0.00 & 1.00\end{bmatrix} = (84.5,201,383,331.5)$$

第三年处于优、良、中、差状态长度分别为 84.5km、201km、383km、331.5km。

3. 车辆结构优化预测

（1）车辆结构优化模型的建立。

根据车辆结构变化的特点，作下列假设：

1）旅客运输总需求是由各种车型共同承担、共同完成的，各种车型之间可以互相替代。若设在时刻 t，m 种车型的数量占总车辆数的比例分别为 $f_1(t)$、$f_2(t)$、…、$f_m(t)$，则有

$$\sum_{j=1}^{m} f_j(t) = 1 \tag{1}$$

2）由于各种类型的车辆各有其特点，适应于不同的运输条件和旅客需求。因此各种车型在激烈的竞争中不断发展其特长，克服其弱点，这将引起车辆结构的重新调整。设从 t 到 $t+1$ 时刻，i 种车型在时刻 t 的市场占有率 $f_i(t)$ 将以某一概率转移给下一时刻从 1 到 m 的各种车型中。因此，若记从 t 到 $t+1$ 时刻由第 i 种车型转移到第 j 种车型的车辆结构比例为 $\Delta f_{ij}(t)$，则有

$$f_i(t) = \sum_{j=1}^{m} \Delta f_{ij}(t) \quad (i = 1,2,\cdots,m) \tag{2}$$

3）设在 $t+1$ 时刻，i 种车型市场占有率全由上一时刻从 1 到 m 的各种车型转移而来，则有：

$$f_i(t+1) = \sum_{j=1}^{m} \Delta f_{ji}(t) \quad (i = 1,2,\cdots,m) \tag{3}$$

4）t 时刻，第 i 种车型所占车辆结构比例与该时刻其他车型 j 所占结构比例的获得方式无关，而仅与上一时刻各车辆结构比例 $f_j(t-1)(j = 1,2,\cdots,m)$ 有关。

5）从 t 到 $t+1$ 时刻，第 j 种车型由第 i 种车型转化而来的车辆结构比例 $\Delta f_{ij}(t)$ 与时刻 t 第 i 种和第 j 种车辆自身所占的车辆结构比例 $f_i(t)$、$f_j(t)$ 成比例

$$\Delta f_{ij}(t) = G_{ij}(t) \cdot f_i(t) \cdot f_j(t) \tag{4}$$

式中　G_{ij} ——比例因子，它的大小决定了转移量 $\Delta f_{ij}(t)$ 的大小。

根据上述基本假设，对式（2）、（3）、（4）进行适当的代换，便可得到各种车型的结构优化模型的数学函数表达式。

首先将式（4）代入式（2）得：

$$f_i(t) = \sum_{j=1}^{m} G_{ij}(t) \cdot f_i(t) \cdot f_j(t) \quad (i = 1,2,\cdots,m) \tag{5}$$

然后将式（4）代入式（3）得：

$$f_i(t+1) = \sum_{j=1}^{m} G_{ji}(t) \cdot f_i(t) \cdot f_j(t) \quad (i = 1,2,\cdots,m) \tag{6}$$

由于 $f_i(t) \neq 0$，将式（5）和式（6）两边分别除以 $f_i(t)$ 得：

$$\sum_{j=1}^{m} G_{ij} \cdot f_j(t) = 1 \quad (i = 1,2,\cdots,m) \tag{7}$$

$$\sum_{j=1}^{m} G_{ji} \cdot f_j(t) = \frac{f_i(t+1)}{f_i(t)} \quad (i = 1,2,\cdots,m) \tag{8}$$

(7)、(8) 两式即为客运市场车辆结构优化模型。

(2) 模型的求解。

求解步骤如下：

1）用最小二乘法估计式（8）参数 G_{ij}，得到 G_{ij} 的初始估计值，记为 $G_{ij}^{(0)}$。

2）设置规划求解的目标条件，令 R_s 的取值达到最小，并使预测误差最小

$$\min R_s = \min \frac{1}{n} \sum_{t=1}^{n} \sum_{i=1}^{m} \{[1 - \sum_{j=1}^{m} G_{ij} f_j(t)]^2 + [f_i(t+1)/f_i(t) - \sum_{j=1}^{m} G_{ij} f_j(t)]^2\} \tag{9}$$

$$\min \sum_{t=2}^{n} \sum_{i=1}^{m} [f_i(t)^{yu} - f_i(t)] \tag{10}$$

$$\sum_{i=1}^{m} f_i(t) = 1 \quad (i = 1,2,\cdots,m) \tag{11}$$

由式（9）、(10)、(11) 得出的 G_{ij} 即为最优解。

(3) 应用实例。

应用上述方法，利用吉林省车辆结构的统计数据，预测了吉林省 2001～2005 年客运市场各车辆结构的市场占有率。

1）参数的初始估计值。

用最小二乘法作回归分析，结果如下：

大型、中型、小型车辆的 $G_{ij}^{(0)}$ 估计值为：

$$\begin{bmatrix} G_{11(0)} & G_{21(0)} & G_{31(0)} \\ G_{12(0)} & G_{22(0)} & G_{32(0)} \\ G_{13(0)} & G_{23(0)} & G_{33(0)} \end{bmatrix} = \begin{bmatrix} 0.6020 & 2.0012 & -8.2525 \\ 1.8526 & 0.2108 & 9.9802 \\ -2.0184 & 6.3725 & -20.3455 \end{bmatrix}$$

高级、中级、普通型车辆的 $G_{ij}^{(0)}$ 估计值为：

$$\begin{bmatrix} G_{11(0)} & G_{21(0)} & G_{31(0)} \\ G_{12(0)} & G_{22(0)} & G_{32(0)} \\ G_{13(0)} & G_{23(0)} & G_{33(0)} \end{bmatrix} = \begin{bmatrix} -80.4345 & 16.8966 & -3.6534 \\ -16.3456 & -4.0265 & 4.0656 \\ -11.4465 & 5.0567 & -0.8975 \end{bmatrix}$$

2）规划求解结果。

设置规划目标条件后，得大型、中型、小型预测结果 $R_s = 12.2546$，最终 G_{ij} 值为：

$$\begin{bmatrix} G_{11} & G_{21} & G_{31} \\ G_{12} & G_{22} & G_{32} \\ G_{13} & G_{23} & G_{33} \end{bmatrix} = \begin{bmatrix} 0.5572 & 1.8745 & -7.8456 \\ 1.6897 & 0.1986 & 9.8456 \\ -0.9765 & 4.9876 & -21.4563 \end{bmatrix}$$

大型、中型、小型预测结果 $R_s = 2.5086$，最终 G_{ij} 值为：

$$\begin{bmatrix} G_{11} & G_{21} & G_{31} \\ G_{12} & G_{22} & G_{32} \\ G_{13} & G_{23} & G_{33} \end{bmatrix} = \begin{bmatrix} 0.0087 & 0.0056 & 3.8796 \\ 5.9867 & 0.0009 & 1.5674 \\ -0.0006 & 1.0087 & 0.5624 \end{bmatrix}$$

各种车辆结构市场占有率比较模型为：

$$\left[\frac{f_1(t+1)}{f_1(t)} \quad \frac{f_2(t+1)}{f_2(t)} \quad \frac{f_3(t+1)}{f_3(t)}\right] = [f_1(t) \quad f_2(t) \quad f_3(t)]\cdot \begin{bmatrix} 0.5572 & 1.8745 & -7.8456 \\ 1.6897 & 0.1986 & 9.8456 \\ -0.9765 & 4.9876 & -21.4563 \end{bmatrix} \tag{12}$$

式中　$f_i(t+1)$——$t+1$ 年度大、中、小型车辆的市场占有率，$i=1,2,3$。

$$\left[\frac{f_1(t+1)}{f_1(t)} \quad \frac{f_2(t+1)}{f_2(t)} \quad \frac{f_3(t+1)}{f_3(t)}\right] = [f_1(t) \quad f_2(t) \quad f_3(t)]\cdot \begin{bmatrix} 0.0087 & 0.0056 & 3.8796 \\ 5.9867 & 0.0009 & 1.5674 \\ -0.0006 & 1.0087 & 0.5624 \end{bmatrix} \tag{13}$$

式中　$f_i(t+1)$——$t+1$ 年度高、中、普型车辆的市场占有率，$i=1, 2, 3$。

3）预测结果。

用模型（12）和（13）对未来5年的吉林省客运市场各车辆结构的市场占有率预测，其值如表4－26所示。

表4－26　2001～2005年吉林省车辆结构预测值

年份	大型车	中型车	小型车	高级车	中级车	普通车
2001	0.2876	0.5898	0.1226	0.1331	0.5212	0.3457
2002	0.2654	0.6245	0.1101	0.1421	0.5917	0.2662
2003	0.2456	0.6765	0.0779	0.1200	0.6566	0.2234
2004	0.2289	0.7002	0.0709	0.0946	0.6827	0.2227
2005	0.2086	0.7267	0.0647	0.0816	0.6660	0.2524

拟合相对误差见表 4－27。

表 4－27　车辆结构预测拟合相对误差

年份	大型车	中型车	小型车	高级车	中级车	普通车
1996	0.0208	－0.0042	－0.2108	－0.0042	0.0105	－0.0072
1997	0.0079	－0.0039	0.0003	0.0912	－0.0292	0.0189
1998	0.0283	0	－0.1865	0.5757	－0.0639	0.0204
1999	0.0499	0	－0.2988	0.2324	0.0527	－0.0723

二、蒙特卡罗法

1. *蒙特卡罗法介绍*

蒙特卡罗法是一种随机模拟方法，它是利用随机数或某种概率现象模拟现实问题，该方法可以对现实问题进行分析和作出预测。由于蒙特卡罗方法比较简单，能够保证结果依概率收敛，所以适合用于可靠度的计算。

蒙特卡罗法早期用于计算问题，例如，有些数学家利用蒙特卡罗法计算 π 的值，准确度很高。其计算过程是：对图 4－6 中的正方形及所含 1/4 圆投掷一个质点，设总投掷次数为 N，而质点落入圆内的次数为 n，因为投掷次数是均匀随机的，因此有扇形面积与正方形面积之比 $= n/N$，即

$$\frac{\pi}{4}/1^2 = n/N, \pi = 4n/N$$

试验结果表明，N 越大，计算越接近准确值。

蒙特卡罗法已经渗透到多个领域，在预测过程中也有应用。

蒙特卡罗法预测首先建立一个与预测对象相关的随机模型，该模型可以是离散型随机变量分布或连续型随机变量分布，然后根据概率分布进行大量独立随机试验，取得随机变量的模拟值（即样本的集合），用数理统计方法求出样本的数量特征值（即各种统计量的估计量），该估计量的值就是预测对象的近似解。

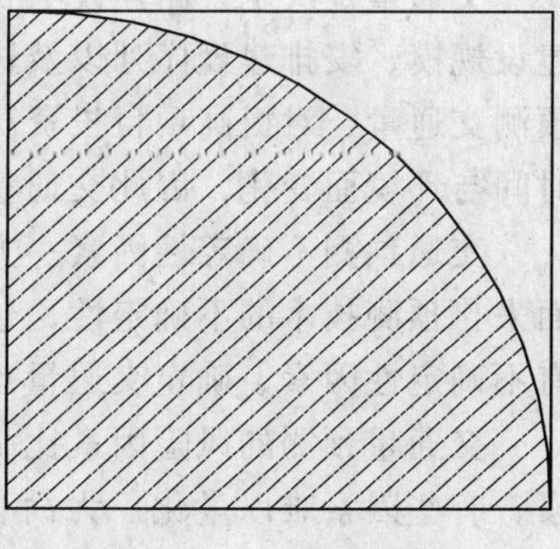

图 4－6　求 π 计算原理图

蒙特卡罗法既可以用于近期预测，也可以用于中远期预测。

蒙特卡罗法在预测过程中，一般要假设某一频率分布为概率分布。而这与现实有一定差距，因此常在预测对象内部关系难以把握时应用。蒙特卡罗法预测过程中的模拟次数视问题性质而定。

2. *运输公司业务量预测*

根据某运输公司过去 15 年的统计，其中有 3 年的业务量为 45 万吨，有 9 年的业务量为 50 万吨，有 3 年的业务量为 55 万吨。试预测下一年的业务量。根据已有资料，整理得表 4－28。

表 4－28 已有资料

业务量（万吨）	45	50	55
频率	20%	60%	20%

表 4－28 中的频率表示，将 15 年的业务量视为 15 次随机试验，试验结果为 45 的次数占全部试验次数的比重即频率为 20%，试验结果为 50 的频率为 60%，试验结果为 55 的频率为 20%：将频率看作概率，并用随即变量 ε 表示业务量，假设用 A_i 表示事件 $|\varepsilon = x_i|$，则有 $A_i \cap A_j = \varphi(j \neq i)$ 以及 $p(\sum_{i=1}^{N} A_i) = 1$，即 A_i 满足时间完备性假定。因此，表 4－29 中所述的分布是合理的。

表 4－29 概率分布表

$\varepsilon(\varepsilon = x_i)$	45	50	55
$p(\varepsilon = x_i)$	20%	60%	20%

至此，已经建立了预测对象的概率分布模型，并且预测对象即为随机变量本身，随机变量的取值就是预测对象的量值。通过随机试验，得到随机变量的试验值，将试验平均值作为预测对象值。

从均匀随机数表中抽取数值进行抽样模拟，经 1000 次模拟，得到各次模拟值总和为 50105，即平均值为 50.105。因此，预测该公司下一年的业务量为 50.105。

3. 基于风险分析的交通量预测

交通量是决定公路建设项目效益的核心内容之一，高速公路交通量预测结果是决定其建设规模、安排建设序列以及进行项目国民经济评价和财务评价的基本依据。科学合理地预测交通量，对提高项目投资决策可靠性具有重要价值。影响交通量的因素很多，并随着时间与环境而变化，因此交通量的大小是波动的。

交通预测不确定性因素一方面来自社会环境，包括政策、社会经济与人口等；另一方面来自预测技术的不确定性，包括模型选用、参数标定、预测基础数据的收集等。归纳所有不确定性因素，确定交通量预测的风险结构见图 4－7。

交通量预测的风险因素比一般工程项目的风险因素更复杂，有些是可以直接量化的因素，有些因素难以量化。为简化模型，选取了 4 个主要影响因素来分析：GDP 增长因素（增长率 I_{GDP}）、人口增长因素（增长率 I_{R}）、机动车的发展（汽车保有量 T）、运输方式的竞争（转移、诱增交通量 δ）。

按四阶段法预测的步骤，引入上述风险变量，建立预测模型。

（1）交通生成预测。假设基年为 n_0，n 为预测年，生成预测可采用弹性系数法。其中，对客运量的预测考虑了经济、人口两个因素的影响，而货运量的预测只考虑了经济因素。

$$\begin{cases} Y_1 = p_0 \times [1 + (a \times E_1 \times I_{\mathrm{GDP}} + b \times E_2 \times I_R + c)]^{n-n_0} \\ Y_2 = f_0 \times (1 + E_3 \times I_{\mathrm{GDP}})^{n=n_0} \end{cases}$$

式中 Y_1，Y_2——分别为第 n 年的客运量、货运量；

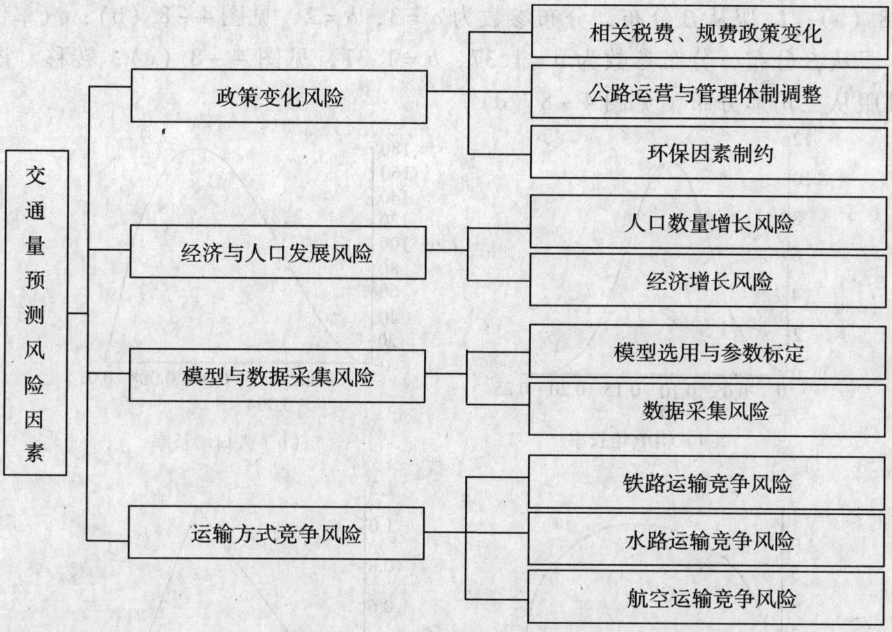

图 4－7 交通量预测风险结构图

p_0——基年客运量；

E_1——客运量对 GDP 的弹性系数；

E_2——客运量对人口的弹性系数；

E_3——货运量对 GDP 的弹性系数；

f_0——基年货运量；

a、b、c——参数。

（2）交通方式划分。主要是计算公路运输承担的比例，并折算成年平均日交通量。考虑铁路、水运等运输方式的竞争，以及机动车增长对公路交通量的影响。

$$W = k \times [\frac{Y_1 \times \varepsilon_1}{q_1} + \frac{Y_2 \times \varepsilon_2}{q_2}]$$

式中 W——公路交通量；

k——机动车增长影响系数，$k = \alpha + \beta \times \ln T$，$\alpha$、$\beta$ 为参数；

ε_1、ε_2——公路承担客运量和货运量的比例；

q_1、q_2——客、货车平均实载率。

（3）交通分布与分配。根据分布和分配理论，将各交通小区的发生吸引量进行分配，并分路段求和。假设小区 i 到小区 j 的出行量分配到项目所在路段的交通量为 w_{ij}，同时考虑其他潜在项目的转移和诱增交通量 δ。

$$Q = \sum_{i,j} w_{ij} + \delta$$

以沪宁高速公路（江苏段）改扩建工程项目为例，预测基年为 2001 年，预测目标为 2008 年。通过对具体情况的研究，结合了历史年份的数据进行统计分析，确定了各风险因素的概率分布如图 4－8 所示。其中 I_{GDP} 服从正态分布，分布参数为 $\mu = 0.11$，$\delta = 0.37$，见图 4－8（a）；I_R 服从 β 分布，分布参数为 $a=3$，$b=2$，见图 4－8（b）；汽车保有量增长率 I_rI_R 服从 β 分布，分布参数为 $a=1.37$，$b=1.31$，见图 4－8（c）；转移、诱增交通量假设其服从三角形分布，见图 4－8（d）。

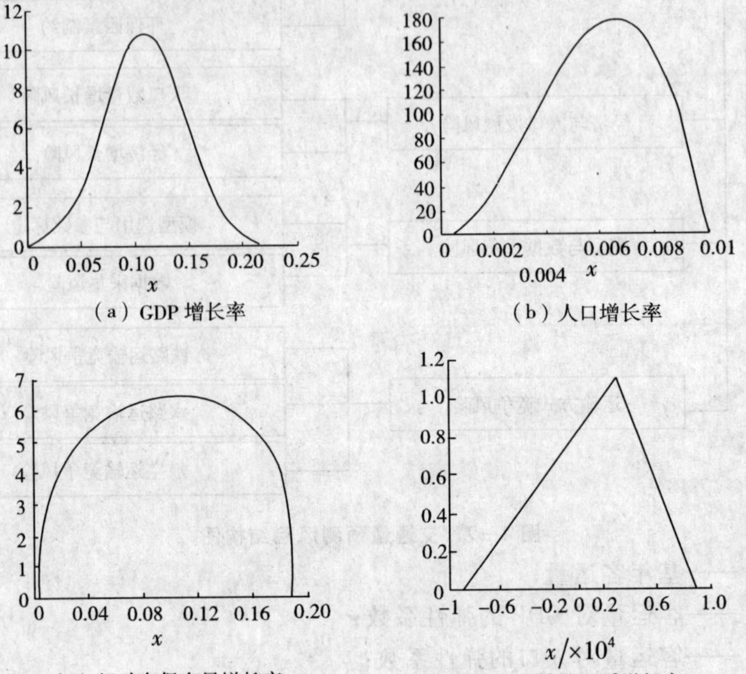

（a）GDP 增长率　（b）人口增长率

（c）机动车保有量增长率　（d）转移和诱增长率

图 4－8　风险因素概率分布图

根据风险因素的概率分布，产生相应的随机数，运用蒙特卡罗方法模拟，得到项目交通量的概率分布曲线（见图 4－9）。

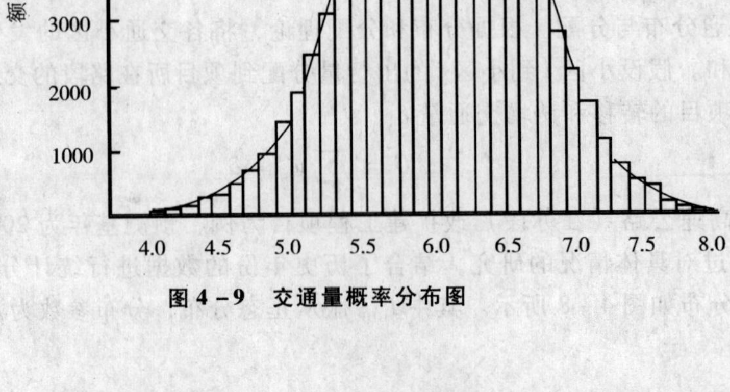

图 4－9　交通量概率分布图

预测结果为在一定范围内上下波动的交通量曲线（图 4 - 10）。随着模拟次数增加，交通量的分布近似正态分布，其均值为 61 700pcu/d，方差为 5865pcu/d。

根据预测曲线，计算交通量在任意数值范围内的概率如图 4 - 10 所示，交通量在 50 000 ~ 70 000pcu/d 之间概率为 89.8%，其他范围的概率计算结果见表 4 - 30。

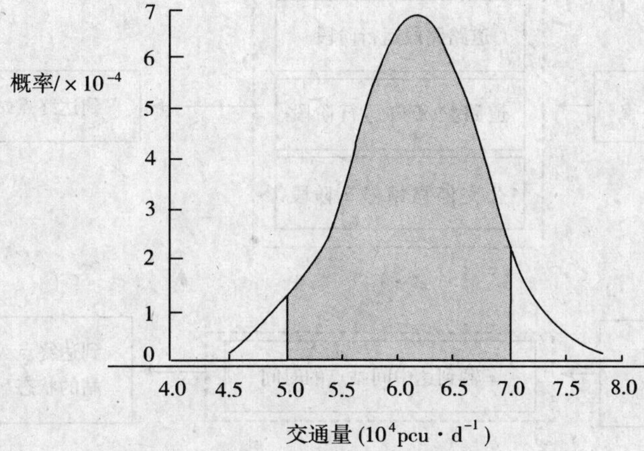

图 4 - 10　交通量概率计算

表 4 - 30　交通量波动概率计算结果

波动范围（pcu/d）	概率	波动范围（pcu/d）	概率
40 000 ~ 50 000	0.024	60 000 ~ 70 000	0.538
50 000 ~ 60 000	0.360	70 000 ~ 80 000	0.078

计算结果表明，交通量在 60 000 ~ 70 000pcu/d 之间发生的可能性最大，概率为 53.8%。另外交通量大于 60 000pcu/d 的概率为 63.6%，交通量小于 50 000pcu/d 的概率只有 2.4%。

4. 蒙特卡罗法在公交线路运行时间可靠性计算中的应用

（1）公交线路运行时间可靠性含义。

公交线路运行时间可靠性，是指公交车辆在一条规定的公交线路上完成乘客运输过程中，从某站点 i 到站点 j 的运行时间达到公交时刻表规定时间水平的概率，用于衡量公交线路的服务能力和服务水平。其中，规定条件是指公交线路运行时的客观环境条件和工作条件，规定时间是指公交线路时刻表的时间，规定功能是指公交线路运行必须具备的运载服务功能。

公交线路的运行时间可靠性取决于公交线路在正常行驶路段、道路交叉口及公交停靠站的时间可靠性，因此，如果一条公交线路在其中任何一部分发生行驶时间的延误，都将可能影响整个线路的时间可靠性。

（2）公交车辆运行状态分析。

一条公交线路上，公交车辆在运行过程中，主要经历 3 个典型的阶段，如图 4 - 11

(a) 所示。按照公交车辆的运输任务，公交车必须在停靠站处完成客流的上下，而在路段和交叉口运行阶段没有乘客的上下车需求。因此，图 4－11 (a) 可描述为图 4－11 (b) 的形式。

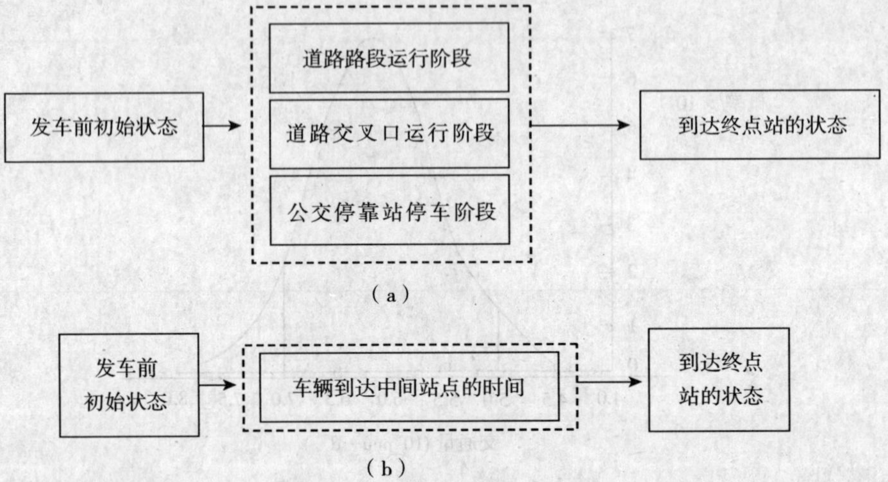

图 4－11　公交车辆的运行状态

在公交线路运行过程中，产生延误事件的时间标准是以公交运行时刻表为依据的。一条公交线路要完成乘客运输任务，必须在时刻表规定的时间内从始发站安全地运行至终点站，从而完成对乘客的运输。如果由于抛锚、事故等原因，车辆不能按时完成到达各个站点的乘客运输任务，则发生公交线路运行失效现象。在建立公交线路运行时间可靠性模型之前，对公交线路运行系统作如下假设：公交车辆运行至各个停靠站点只有延误和正常两种状态，不存在第三种状态；车辆到达某个公交站点如果产生延误，即发生延误事件并对可靠性产生影响；公交车辆在线路上的不同站点处产生的延误是相互独立的；假设公交车辆运行过程中人员、车辆等因素均是安全可靠的。

(3) 公交线路运行时间可靠性。

公交运行时间的可靠程度是评价公共交通服务水平的一种方法，它用于衡量正常交通条件下和客流量变动情况下公交线网的运输功能。

$$R_j = P_r(T_j \leqslant T_j^0)$$

式中　R_j——站点 j 的运行时间可靠性；

P_r——公交运行时间可靠的概率；

T_j——到达站点 j 的实际时间；

T_j^0——时刻表上规定的到达站点 j 的时间。

对于乘客来说，公交车上的乘客关心能否正常到达目的站点，而每个公交站台上等待的乘客关心的是车辆是否能够正常到达停靠站点。按照这两种情况，可分别建立公交线路的运行时间可靠性模型。

1) i 站点到 j 站点的公交运行时间可靠性。

从 i 站点到 j 站点的运行时间是否可靠的判断准则：对于公交车辆，只要到达 j 站点的时间在时刻表规定的时间之内，即使到达 j 站点之间的中间停靠站点 k 发生时间延误事件，也称其为从 i 站点到 j 站点运行时间可靠。中间停靠站点 k 的状态包含车辆到达 k 站点正常或延误两种状态，因此，k 站点正常的事件与其逆事件延误事件一起构成完备事件组。利用全概率公式，经多次分解简化后，可以计算出公交运行时间的可靠性。其可靠性框图如图 4－12 所示。

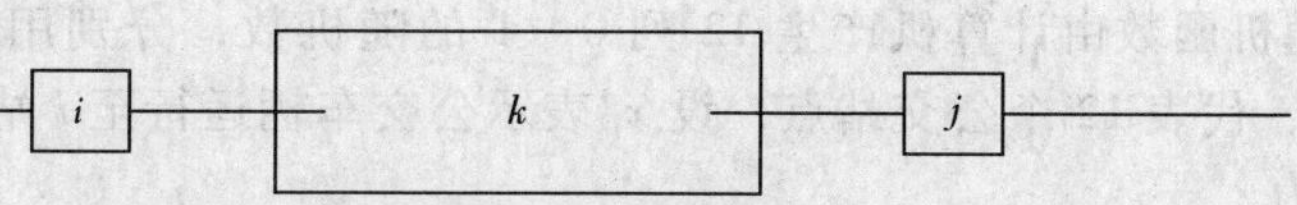

图 4－12　从 i 站点到 j 站点运行时间可靠性框图

建立公交运行时间可靠性数学模型为

$$R_{i-j}^{s}(t)=P_{i-j}(t)=P(k)P(s\mid k)+P(\bar{k})P(s\mid \bar{k})$$

式中　$P(k)$ ——车辆到达中间站点 k 正常的概率；

$P(k)$ ——车辆到达中间站点 k 延误的概率；

$R_{i-j}^{s}(t)$ ——公交车辆在规定时间 t 内从 i 站点到达 j 站点的可靠度；

$R_{i-j}(t)$ ——公交车辆在规定时间 t 内从 i 站点到达 j 站点的概率；

$P(s\mid k)$ ——车辆到达 k 站点时间正常的条件下，到达 j 站点正常的概率；

$P(s\mid \bar{k})$ ——车辆到达 k 站点时间延误的条件下，到达 j 站点正常的概率。

2）车辆准时到达各站的运行时间可靠性。

公交线路上任一停靠站点发生时间延误，则产生线路运行时间不可靠现象，所以，公交到达每一站点时间均正常实际上是各停靠站点相互串联的系统。其可靠性框图如图 4－13 所示。

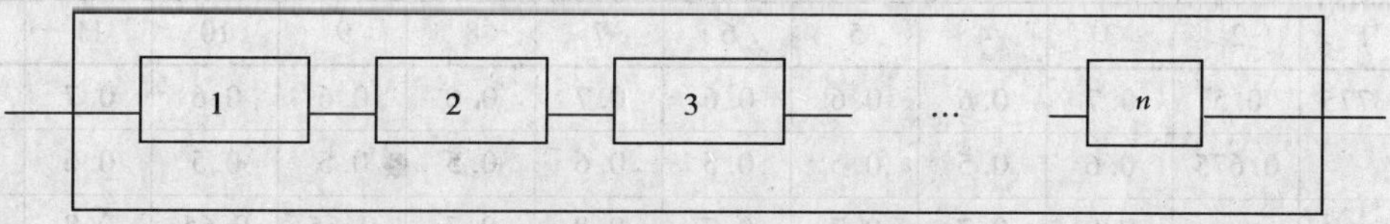

图 4－13　串联系统可靠性框图

建立线路运行时间可靠性数学模型为

$$R_{s}(t)=\prod_{i=1}^{n}R_{i}(t)$$

式中　$R_{s}(t)$ ——公交线路到达每一站点正常的系统可靠度；

$R_{i}(t)$ ——公交车辆到达 i 站点正常的可靠度。

（4）运用蒙特卡罗方法计算公交运行时间可靠性。

对某条公交线路进行高峰时间跟车调查显示，该线路的停靠站点总数为 12 个，线路长度为 4.8km，行驶时刻表如表 4－31 所示。统计高峰时间车辆到达各站点的时间数据，单个站点可靠性的概率达 80% 以上。为了消除短期调查数据结果的误差，正确描述公交线路的运行时间可靠性，现用蒙特卡罗方法模拟。

表 4-31 公交时刻表

站点	1	2	3	4	5	6
时刻表	7：13	7：16	7：20	7：23	7：27	7：31
站点	7	8	9	10	11	12
时刻表	7：34	7：38	7：42	7：45	7：48	7：50

首先，用随机函数由计算机产生 12 列 0-1 的随机数，分别用 p_1、p_2、…、p_n 表示。这 12 列随机数，代表 12 个公交站点，设 x_i 表示公交车辆运行至 i 站点的时间状态，定义 p_i 与 x_i 的关系为

$$x_i = \begin{cases} 1 & p_i \in [0.2,1) \\ 0 & p_i \in (0,0.2) \end{cases} \quad (i = 1,2,\cdots,n)$$

式中 n——该公交线路的停靠站点总数，$n = 12$。

判断随机数列，即公交车辆在站点 x_i 的时间状态，统计得到车辆到达停靠站点时间可靠的概率，结果如表 4-32 所示。

表 4-32 站点运行时间可靠度

站点	1	2	3	4	5	6
可靠度	0.775	0.675	0.90	0.75	0.75	0.75
站点	7	8	9	10	11	12
可靠度	0.90	0.775	0.725	0.725	0.85	0.80

计算，得到从 i 站点到达 j 站点的事件可靠性，结果如表 4-33 所示。

表 4-33 i 站点到 j 站点的运行时间可靠度

站点	1	2	3	4	5	6	7	8	9	10	11	12
1	0.775	0.5	0.7	0.6	0.6	0.6	0.7	0.6	0.6	0.6	0.7	0.6
2		0.675	0.6	0.5	0.5	0.5	0.6	0.5	0.5	0.5	0.6	0.5
3			0.9	0.7	0.7	0.7	0.8	0.7	0.65	0.65	0.8	0.7
4				0.75	0.6	0.6	0.7	0.6	0.55	0.55	0.65	0.6
5					0.75	0.6	0.7	0.6	0.5	0.5	0.6	0.6
6						0.75	0.7	0.6	0.5	0.5	0.6	0.6
7							0.9	0.7	0.65	0.65	0.8	0.7
8								0.775	0.6	0.6	0.7	0.6
9									0.725	0.5	0.6	0.6
10										0.725	0.6	0.6
11											0.85	0.7
12												0.8

第六节　组合预测法

一、组合预测方法

组合预测法就是用两种或两种以上不同的单项预测法对同一预测对象进行预测，并对各个单独的预测结果作加权平均，取其加权平均值作为最终预测结果的一种预测方法。组合预测模型的建立与应用是提高预测模型精度、增强预测模型实用性的有效途径之一。

1. 预测模型的一般数学表示

设某一预测问题在某一阶段的实际值为 $y_t(t = 1,2,\cdots,n)$，对此问题有 m 种可行的预测方法，其预测值或模型拟合值为 $f_{tj}(t = 1,2,\cdots,n;j = 1,2,\cdots,m)$。又设 m 种预测方法的向量为 $W = (w_1,w_2,\cdots,w_m)^T$，且满足归一化约束条件和非负约束条件：

$$e^TW = 1 \text{ , } W \geqslant 0$$

式中　$e^T = (1,1,\cdots,1)$

则可得简单加权算术平均组合预测公式：

$$f_t = \sum_{j=1}^{m} Wf_{tj}$$

如何确定各单项预测方法的加权权重是组合预测的关键，而采用不同的最优准则将产生不同的加权权重，其直接影响到组合预测模型的确立。

2. 组合预测

以建立加权算术平均组合预测模型说明组合预测方法的基本原理和步骤。加权算术平均组合预测模型是基于误差绝对值之加权和最小的组合预测模型。

误差绝对值之加权和为

$$S = \sum_{t=1}^{N} a_t |e_t| = \sum_{t=1}^{N} a_t |w_1e_{1t} + w_2e_{2t} + \cdots + w_me_{mt}$$

式中　a_t——折扣系数；

e_t——t 时刻组合预测模型预测值的误差值。

求出使 S 取得最小值的非负权重最优组合预测权重向量，w 即求解模型

$$\min S = \sum_{t=1}^{N} a_t |w_1e_{1t} + w_2e_{2t} + w_2e_{2t} + w_2e_{2t} + \cdots w_me_{mt}|$$

约束条件 $w_1 + w_2 + \cdots + w_m = 1, w_i \geqslant 0 \quad (i = 1,2,\cdots,m)$

二、海港集装箱预测

以某海港集装箱吞吐量（1990～1999）为原始数据建立某海港集装箱吞吐量的组合预测模型，见表 4－34。

表 4－34　某海港集装箱吞吐量（10^4TEU）

年份	1990	1991	1992	1993	1994	1995	1996	1997	1998	1999
吞吐量	45.6	57.7	73.1	93.5	119.9	152.7	197.1	252.7	306.6	420.6

（1）三次指数平滑预测法预测。

已知三次指数平滑法的预测模型为 $\hat{y}_{t+T} = a_t + b_t T + c_t T^2$

其中 $a_t = 3S_t^{(1)} - 3S_t^{(2)} + S_t^{(3)}$，

$$b_t = \frac{a}{2(1-a)^2}[(6-5a)S_t^{(1)} - 2(5-4a)S_t^{(2)} + (4-3a)S_t^{(3)}],$$

$$c_t = \frac{a^2}{2(1-a)^2}[S_t^{(1)} - 2S_t^{(1)} + S_t^{(3)}]。$$

而 $S_t^{(1)}$ 为一次平滑值，$S_t^{(2)}$ 为二次平滑值，$S_t^{(3)}$ 为三次平滑值，a 为加权系数，根据一般经验取 $a = 0.3$。

取前三个数据点的平均值作为一次平滑指数的初始值，即：$S_0^{(1)} = (y_1 + y_2 + y_3)/3 = 58.8$，用同样的方法确定 $S_0^{(2)}$ 和 $S_0^{(3)}$。再根据三次指数平滑法的计算公式 $S_t^{(1)}$、$S_t^{(2)}$、$S_t^{(3)}$（$t = 1, 2, \cdots, 10$）计算，结果如表 4－35 所示。

表 4－35　用三次指数平滑法的预测模型计算的结果

年份	T	吞吐量（10^4TEU）	$S_t^{(1)}$	$S_t^{(2)}$	$S_t^{(3)}$
	0		58.8	56.446	56.09818
1990	1	45.6	54.84	55.9642	56.05799
1991	2	57.7	55.698	55.88434	56.00589
1992	3	73.1	60.9186	57.39462	56.42251
1993	4	93.5	70.69302	61.38414	57.911
1994	5	119.9	85.4551	68.60543	61.11933
1995	6	152.7	105.6286	79.71238	66.69724
1996	7	197.1	133.07	95.71966	75.40397
1997	8	252.7	168.959	117.6915	88.09022
1998	9	306.6	210.2513	145.4594	105.301
1999	10	420.6	273.3559	183.8284	128.8592

将结果代入公式计算得到：$\hat{y}_{1998} = a_{1998} = 299.6767$，$\hat{y}_{1999} = a_{1999} = 397.4417$。

所得预测模型为：

$$\hat{y}_{1999+T} = 397.4417 + 71.1635T + 3.1725T^2。$$

（2）灰色预测法。

根据灰色预测的模式 GM（1，1）计算如下

$$y^{(0)}(t) = (y^{(0)}(1990), y^{(0)}(1991), \cdots, y^{(0)}(1999))$$
$$= (45.6, 57.7, 73.1, 93.5, 119.9, 152.7, 197.1, 252.7, 306.6, 420.6)$$

$$y^{(1)}(t) = (y^{(1)}(1), y^{(1)}(2), \cdots, y^{(1)}(10))$$
$$= (45.6, 103.3, 176.4, 269.9, 398.8, 542.5, 739.6, 992.6, 1298.9, 1719.5)$$

由此得数据矩阵：

$$B = \begin{bmatrix} -\frac{1}{2}(y^{(1)}(1)+y^{(1)}(2)) & 1 \\ -\frac{1}{2}(y^{(1)}(2)+y^{(1)}(3)) & 1 \\ -\frac{1}{2}(y^{(1)}(9)+y^{(1)}(10)) & 1 \end{bmatrix}$$

$$y_n = (y^{(0)}(1991), y^{(0)}(1992), \cdots, y^{(0)}(1999))^T$$

$$\hat{a} = (a, u)^T = (B^T B)^{-1} B^T y_n = (-0.2473, 37.4715)^T$$

GM（1，1）模式为 $\frac{\mathrm{d}y^{(1)}}{\mathrm{d}t} - 0.2473 y^{(1)} = 37.4715$

其时间响应函数为：

$$\hat{y}^{(1)}(k+1) = \left(y^{(0)}(1) - \frac{u}{a}\right)e^{-ak} + \frac{u}{a} = 197.122 e^{0.2473k} - 151.5224$$

由 $\hat{y}^{(0)}(k) = \hat{y}^{(1)}(k) - \hat{y}^{(1)}(k-1)$ 得

$$k = 9, \hat{y}^{(0)}(1998) = 312.3009$$

$$k = 10, \hat{y}^{(0)}(1999) = 399.922$$

（3）组合预测分析。

从以上的三次指数平滑预测法和灰色预测法这两种单项预测的预测实例可知，1998 年、1999 年度的某海港集装箱吞吐量数据的模型模拟值及其相应的误差值如表 4－36 所示。

表 4－36　两种单项预测法的模型模拟值及其相应误差（TEU）

	模型模拟值		实际值		误差	
年份	1998	1999	1998	1999	1998	1999
三次指数平滑法	299.7	397.4	306.6	430.6	－6.9	－23.2
灰色预测法	312.3	399.9	306.6	430.6	5.7	－20.7

令 e_{1t} 为三次指数平滑预测法 t 时刻预测值的误差，e_{2t} 为灰色预测法 t 时刻预测值的误差，由表 4－35 可知：

$$e_{11} = -6.9 \quad e_{12} = -23.2 \quad e_{21} = 5.7 \quad e_{22} = -20.7$$

并取最优准则的折扣系数 a 为 0.8，$a_t = 0.8^{2-t}$，代入模型：

$$\min S = \sum_{t=1}^{N} a_t \left| w_1 e_{1t} + w_2 e_{2t} + \cdots + w_m e_{mt} \right|$$

约束条件：$w_1 + w_2 + \cdots + w_m = 1, w_i \geqslant 0 \quad (i = 1, 2, \cdots, m)$

得：

$$\min S = 0.8 \times (-6.9 w_1 - 23.2 w_2) + (5.7 w_1 - 20.7 w_2)$$

$$w_1 + w_2 = 1, w_1, w_2 \geqslant 0,$$

解得：

$$w_1 = 0.4524, w_2 = 0.5476$$

因此，该组合预测模型的最优的非负权重向量 $w^* = (0.4524, 0.5467)^T$，由此可得基于误差值之加权和最小的三次指数平滑预测法和灰色预测法的海港集装箱吞吐量的组合预测模型：

$$\hat{y}_t = 0.4524 f_{1t} + 0.5476 f_{2t}$$

式中 f_{1t}——三次指数平滑法 t 时刻的预测值；

f_{2t}——灰色预测法 t 时刻的预测值。

三、多步变权组合预测法及其应用

1. 多步变权组合预测法

多步变权组合预测法是针对已有研究成果将已获得的预测信息用于权重确定的实际情况，通过充分利用新的预测信息和多次求解二次规划的方法确定预测期权重，并利用该权重进行组合预测。

（1）有关设定及规划问题。

设有 n 期观测值，m 个单项预测模型（$m \geqslant 2$）；$y(t)$ 表示第 t 期的观测值（$t = 1,2,\cdots,n$）；$f_i(t)$、$w_i(t)$ 分别表示 t 期第 i 个模型的预测值和权重（$i = 1,2,\cdots,m$）；$f(t)$ 表示第 t 期的组合预测值；r 为设定的允许误差。

变权重可通过求解下列二次规划问题得到，具体形式为：

$$\min \sum_{i=1}^{k} (f(t) - y(t))^2 \tag{1}$$

$$s.t. \begin{cases} f(t) = \sum_{i=1}^{m} w_i(t) f_i(t) \quad (t = 1,2,\cdots,k) \\ \sum_{i=1}^{m} w_i(t) = 1 \quad (t = 1,2,\cdots,k) \end{cases}$$

又设 $x(t) = [w_1(t) \quad w_2(t) \quad \cdots \quad w_m(t)]^T$

$$H(t) = \begin{bmatrix} f_1^2(t) & f_1(t)f_2(t) & \cdots & f_1(t)f_m(t) \\ f_1(t)f_2(t) & f_2^2(t) & \cdots & f_2(t)f_m(t) \\ \vdots & \vdots & \vdots & \vdots \\ f_1(t)f_m(t) & f_2(t)f_m(t) & \cdots & f_m^2(t) \end{bmatrix}$$

$$c(t) = [-2y(t)f_1(t) \quad -2y(t)f_2(t) \quad \cdots \quad -2y(t)f_m(t)]^T$$

$$a(t) = [1 \quad 1 \quad \cdots \quad 1]^T \text{（} a(t) \text{ 为 } m \text{ 维列向量）}$$

$$X = \begin{bmatrix} x(1) \\ x(2) \\ \vdots \\ x(k) \end{bmatrix}, \bar{H} = \begin{bmatrix} H(1) & & & \\ & H(2) & & \\ & & \ddots & \\ & & & H(k) \end{bmatrix}, C = \begin{bmatrix} c(1) \\ c(2) \\ \cdots \\ c(k) \end{bmatrix}$$

$$A = \begin{bmatrix} a^T(1) & & & \\ & a^T(2) & & \\ & & \ddots & \\ & & & a^T(k) \end{bmatrix}, B = \begin{bmatrix} 1 \\ 1 \\ (2) \\ 1 \end{bmatrix} (B\text{为}k\text{维向量})$$

$$\min X^T \overline{H} X + C^T X \qquad (2)$$
$$s.t. AX = B$$

上式与原式是等价的，可通过上式得到原式的解。

（2）求权重。

因预测期没有观测值，权重的确定分为观测期权重确定和预测期权重确定两部分。观测期权重就是规划（2）的解。预测期某期权重：用该期初始的权重（该权重为该期以前各期对应权重的平均值）计算组合预测值，以此作为该期的观测值，求解规划（2），得到该期新的权重值；按新权重计算该期新的组合预测值，如果新的组合预测值与观测值之差的绝对值不超过设定的允许误差，当前的权重即为所求，否则，将新的组合预测值作为该期的观测值，再次求解规划（2），得到该期又一新的权重值，按新权重计算组合预测值，如果新的组合预测值与观测值之差的绝对值小于设定的允许误差，当前的权重即为所求，否则，重复上述过程直到求出权重为止。

确定第 L 期权重的具体方法如下：

①当 $L \leqslant n$ 时，令 $k = L$，求解规划（2）即可得到 L 期的权重。

②当 $L > n$ 时，按下列步骤求解。

步骤 1 令 $k = n$，求规划（2）得到观测期各期的权重；

步骤 2 令 $k = n + 1$；

步骤 3 令 $w_i(k) = \sum_{t=1}^{k-1} w_i(t)/(k-1)$ $(i = 1,2,\cdots.m)$，又令 $y(k) = \sum_{i=1}^{m} w_i(k)/f_i(k)$；

步骤 4 先按规划（2）求解第 k 期权重，然后计算 $f(k) = \sum_{i=1}^{m} w_i(k)/f_i(k)$ 和 $e = |f(k) - y(k)|$，并令 $y(k) = f(k)$；

步骤 5 当 $e \leqslant r$ 时，转到步骤 6；否则，返回到步骤 4；

步骤 6 若 $k = L$，即得到所求 L 期的权重，结束；否则令 $k = k + 1$，返回步骤 3。

2. 邮政收入和邮政从业人数组合预测法

（1）邮政收入预测。

用 1993 年到 2004 年统计资料分别建立邮政收入与时间关系的模型、邮政收入与全国人口关系模型、邮政收入与 GDP 关系模型（即此处 $m = 3$，$n = 12$），得到 3 个单项模型及相应的预测结果（f_1，f_2，f_3）。

因拟预测 2005～2010 年 6 年的邮政收入，为分析比较 6 年的预测误差，考察组合预测精度，在假设观测期 n 分别为 1，2，3，4，5，6 时，用组合预测法预测 $n+1$ 到 $n+6$ 期的组合预测值，计算各预测方法的年平均预测误差的绝对值（简称平均误差），结果见表 4－37。

表 4-37 各种预测方法的平均误差（亿元）

观测期 n 的取值	预测期	组合预测	f_1	f_2	f_3
$n=1$	1994~1999 年	16.375	17.566	23.791	21.994
$n=2$	1995~2000 年	20.379	21.494	26.980	32.636
$n=3$	1996~2001 年	23.931	25.339	33.764	44.837
$n=4$	1997~2002 年	21.877	21.583	42.310	55.008
$n=5$	1998~2003 年	20.497	26.415	40.310	54.734
$n=6$	1999~2004 年	24.538	30.881	40.409	53.661

组合预测法平均误差最小（$n=4$ 除外），说明组合预测方法的预测精度最高。

用组合预测方法预测 2005~2010 年我国邮政收入，具体结果见表 4-38。

(2) 邮政从业人员数量预测。

同理对我国邮政从业人员的数量进行预测（具体过程略去），结果见表 4-38。

表 4-38 2005~2010 年我国邮政收入及从业人数

年份	2005	2006	2007	2008	2009	2010
邮政收入(亿元)	593.753	673.697	681.771	726.055	770.347	814.874
从业人数(人)	557320	547848	541092	532936	526678	522389

四、山东省汽车保有量预测

采用两种预测方法所构成的组合预测法，其加权系数可由下面的公式进行表述：设 k_1、k_2 分别为两种单项预测方法的最优组合系数向量；e_{1i}、e_{2i}（$i=1,2,\cdots,n$；n 为样本数）分别为两种单项预测方法的残差，则：

$$k_1=\frac{E_{22}}{E_{11}+E_{22}},\ k_2=\frac{E_{11}}{E_{11}+E_{22}}$$

式中 $E_{11}=\sum_{i=1}^{n}e_{1i}^2$；$E_{22}=\sum_{i=1}^{n}e_{2i}^2$。

又设 X_T（T 为预测时间）为组合预测法的预测值，X_{1T} 和 X_{2T} 分别为两种单项预测法的预测值，则有：

$$X_T=X_{1T}k_1+X_{2T}k_2$$

根据山东省 1991~2002 年汽车保有量随时间的变化趋势可知，汽车保有量呈非线性增长趋势。指数平滑法在预测中是应用较广泛的一种方法，其建模基本原则是厚今薄古和误差反馈原理，三次指数平滑一般用于非线性时间序列的预测。灰色系统方法是近年来兴起的常用预测方法，它具有所需信息较少、计算简便和精度较高等特点。汽车保有量预测系统既包含已知的汽车生产和销售信息，也包括未知的、不确定的未来市场需求信息，因此，可视为一灰色系统。故选用了三次指数平滑预测模型和灰色数列预测模型作为组合预测法的两种单项预测方法。山东省历年汽车保有量见表 4-39。

表 4－39　山东省 1991～2002 年汽车保有量（万辆）

年　份	数据点	汽车保有量	年　份	数据点	汽车保有量
1991	1	42.66	1997	7	84.75
1992	2	50.56	1998	8	90.04
1993	3	58.17	1999	9	98.13
1994	4	68.65	2000	10	112.30
1995	5	76.20	2001	11	127.67
1996	6	82.96	2002	12	150.53

根据表 4－39 的数据，建立的三次指数平滑预测模型为：

$$F_{t+m} = 150.4929 + 24.8953m + 25224m^2$$

式中　m——预测时间超前数；$t = 12$ 。

用灰色系统 GM（1，1）方法预测模型为：

$$X^{(0)}(t+1) = 501.5224e^{0.0994} - 458.8624$$

将两种预测方法的误差值分别计算，求得 $k_1 = 0.60, k_2 = 0.40$ ，得到汽车保有量的组合预测模型。基于上述三种预测模型，计算得出山东省汽车保有量的拟合结果与预测结果分别见表 4－40 和表 4－41。

表 4－40　三种预测模型的汽车保有量拟合结果比较

年份	三次指数平滑预测		灰色预测		组合预测	
	模型值	误差	模型值	误差	模型值	误差
1991	41.3215	－1.3385	42.6600	0	41.8569	0.8031
1992	46.4663	－4.0937	52.4305	－1.8705	48.852	1.708
1993	61.6935	3.5235	57.9117	0.2583	60.1808	－2.0108
1994	68.1762	－0.4738	63.966	4.6841	66.4921	2.1579
1995	81.2232	5.0232	70.6531	5.5469	76.9952	－0.7952
1996	84.0146	1.0546	78.0394	4.9206	81.6245	1.3355
1997	88.9383	4.1883	86.1978	－1.4478	87.8421	－3.0921
1998	84.0674	－5.9726	95.2092	－5.1692	88.5241	1.5159
1999	94.6161	－3.5139	105.1626	－7.0326	98.8347	－0.7047
2000	107.6455	－4.6545	116.1566	－3.8566	111.0499	1.2501
2001	130.0692	2.3992	128.2999	－0.6299	129.3615	－1.6915
2002	146.2839	－4.2461	141.7127	8.8173	144.4554	6.0746
误差平方和		168.5454		251.7747		68.3576

表 4-41　三种预测模型的汽车保有量预测结果（万辆）

年　份	三次指数平滑预测模型	灰色预测模型	组合预测法预测值
2005	248	191	225
2010	511	314	432
误差平方和	168.5454	251.7747	68.3576
预测方案	高速发展方案		中速发展方案

通过三种预测模型的比较可以看出，三次指数平滑预测模型和组合预测模型的模拟结果较为准确，而且采用组合预测法的预测精度比两种单项预测模型的预测精度有较大的提高，其误差平方和明显降低。

第五章　交通系统优化

第一节　系统优化

一、优化理论

随着生产、经济、技术的发展，工程技术和管理人员在实际工作中，面临着这样一类问题：工程设计中应怎样选择参数，以使得设计既满足要求又降低成本；资源分配中，什么样的分配方案既能满足各方面的基本要求，又能获得好的经济效益；生产计划中，选择怎样的计划方案才能提高产值和利润；原料配比问题中，怎样确定各种成分的比例才能提高质量，降低成本；城建规划中，怎样安排工厂、机关、学校、商店、医院、住宅和其他单位的合理布局，才能方便群众，有利于各行各业的发展。在各个领域中，此类问题不胜枚举。这些问题的共同特点，就是要在所有可能的方案中，选出合理的，实现规定最优目标的方案，这个方案称为最优方案，寻找最优方案的方法称为最优化方法。

优化技术是一种以数学为基础，用于求解各种实际问题优化方案的应用技术，优化的根本目的就是在原有基础上改善，并力求在考虑范围内找到最佳的结果。随着现代科学的发展，各学科之间相互渗透，新的交叉学科不断形成，新的思维方式、新的计算方法迅速发展，为优化技术的研究与发展注入了活力，也为其提供了更广阔的研究空间。对于实际系统，超大规模的非线性系统不断涌现，在这些系统的研究中，经典优化方法不能有效求解。鉴于实际问题的复杂性、约束性、非线性、不确定性、建模困难等特点以及传统优化方法局限性大的现状，寻求一种适合大规模并行的最优化方法已成为很多学科研究的目标和内容，优化理论的研究是一个兼具理论意义和应用价值的重要课题。

系统最优化过程是指系统在一定限制条件下达到目标最大值（最小值）目标的过程。一般包括：从系统思想出发对系统评价目标的定性和定量分析；对系统约束条件的定性和定量分析；建立系统模型；系统模型求解；对求解结果进行分析和系统因素变化时对求解结果影响的分析。在系统最优化的过程中，以定性分析为指导，把系统目标、约束条件用数学形式进行描述，建立数学模型并求解的方法叫最优化方法，应用最优化方法所建立的模型叫最优化模型。

二、最优化问题

一般最优化问题主要是指函数优化问题和组合优化问题。

以最小化函数为例，函数优化问题通常可描述为：令 s 为 R^n 上的有界子集（即变量的定义域），$f:s\rightarrow R$ 为 n 维实值函数，所谓函数 f 在 s 域上全局最小化就是寻求点 $x_{\min}\in s$，使得 $f(x_{\min})$ 在 s 域上全局最小，即 $\forall x\in s:f(x\min)\leqslant f(x)$ 。有约束的问题可以将其转化为无约束问题，因此，函数优化以无约束问题为主。

仍以最小化问题为例，组合优化问题通常可以描述为：令 $\Omega = \{S_1, \cdots, S_n\}$ 为所有状态构成的解空间，$C(s_i)$ 为状态 s_i 对应的目标函数值，目的是寻找最优解 s^*，使得 $\nabla s_i \in \Omega$，$C(s^*) = \min C(s_i)$。组合优化问题是函数优化问题中的一类特殊优化问题，求解难度大，一般优化算法难以有效解决。典型组合优化问题有旅行商问题、调度问题、0－1背包问题、图着色问题、装箱问题、聚类问题等。

三、数学规划

数学规划的一般数学表达式为：

目标函数 $f(x) \to$ 最大（或最小）

约束条件 $x \in S$（S 为可行解集合）

根据目标函数和约束条件的数学方程和变量取值范围的形态、特点和解法，数学规划可分为两大类，一类是连续变量型，主要包括线性规划和非线性规划；另一类是离散变量型或组合优化型，主要包括整数规划、动态规划等。图 5－1 为数学规划分类图。

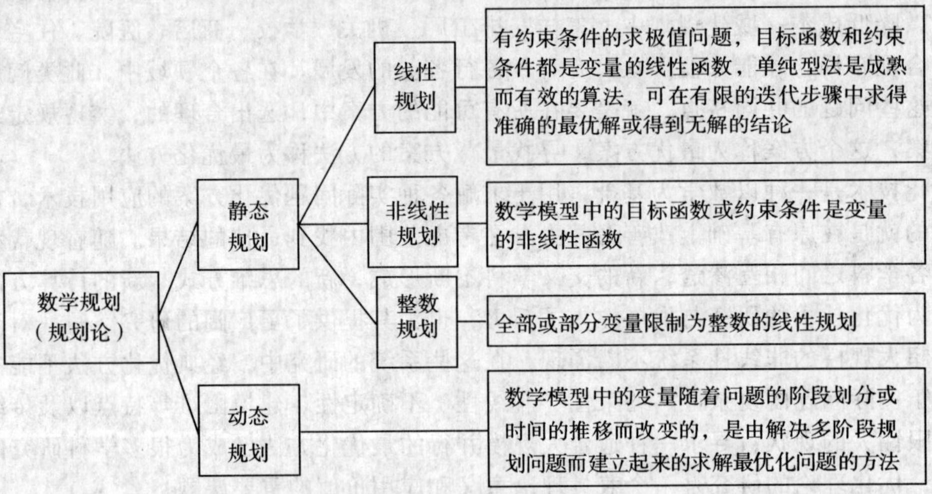

图 5－1 数学规划分类图

第二节 多目标优化

一、多目标规划问题

很多实际问题中，通常包含多个不相容的目标，而且要求同时考虑。作为单目标规划的推广，多目标规划定义为在一组约束条件下，极大化（极小化）多个不同的目标函数。一般形式为：

$$\begin{cases} \max[f_1(x), f_2(x), \cdots, f_p(x)] \\ g_j(x) \leqslant 0 \quad (j = 1, 2, \cdots, m) \end{cases}$$

其中 $x = (x_1, x_2, \cdots, x_n)$ 是一个 n 维决策变量；$f_i(x)$ 是目标函数，$i = 1, 2, \cdots, p$；$g_j(x) \leqslant$

0 是系统约束，$j = 1,2,\cdots,m$ 。

对于多目标问题，不能像单目标问题那样求最优解，当目标函数处于冲突状态时，不存在最优解使所有目标函数同时最优化。

多目标规划求解主要是评价函数法，评价函数法的基本思想是：构造评价函数，将多目标优化问题转化为单目标优化问题；然后利用单目标优化问题的求解方法求出最优解，并把这种最优解当作多目标优化问题的最优解。所谓评价函数是利用多目标规划的目标函数 $f(x)$ ，构造一个复合函数 $\varphi(f(x))$ ，然后在约束集 D 上极小化 $\varphi(f(x))$ 根据评价函数构造的不同，产生不同的方法。

1. 理想点法

在多目标规划中，先求解 p 个单目标问题：

$$\min_{x \in D} f_j(x) \qquad (j = 1,2,\cdots,p)$$

设其最优值为 f_j^* ，称 $f_j^* = (f_1^*, f_2^*, \cdots, f_p^*)^T$ 为值域中的一个理想点。因为一般很难达到它，就期望在某种度量下，寻求距 f^* 最近的 f 作为近似值。一种最直接的想法是构造评价函数：

$$\varphi(z) = \sqrt{\sum_{i=1}^{p}(z_i - f_i^*)^2}$$

然后极小化 $\varphi(f(x))$ ，即求解：

$$\min_{x \in D}\varphi(f(x)) = \sqrt{\sum_{i=1}^{p}(f_i(x) - f_i^*)^2}$$

并将它的最优解 x^* 作为多目标规划的“最优解”。

2. 线性加权和法

在具有多个指标的问题中，人们总是希望对那些相对重要的指标给予较大的权系数。基于这种现实，令：

$$\wedge = \left\{\lambda = (\lambda_1,\cdots,\lambda_p)^T \middle| \lambda_i \geqslant 0 \text{ 且 } \sum_{i=1}^{p}\lambda_i = 1\right\}$$

称之为权向量集。令：

$$p(z) = \sum_{i=1}^{p}\lambda_i z_i = \lambda^T z \ \lambda \in \wedge$$

再求解：

$$\min_{x \in D}\varphi(f(x) = \lambda^T f(x)$$

将它的最优解 x^* 作为多目标规划的“最优解”。关于权系数的取法，可征求专家意见，也有定量的办法。

3. 极大极小法

在决策时，采取保守策略是稳妥的，即在最坏的情况下，寻求最好的结果。按照这种想法，可以构造下述评价函数：

$$\varphi(z) = \max_{1 \leqslant i \leqslant p} z_i$$

然后求解

$$\min_{x \in D}\varphi(f(x)) = \min_{x \in D}\max_{1 \leqslant i \leqslant p} f_i(x)$$

将它的最优解 x^* 作为多目标规划的"最优解"。

二、秦皇岛市海浪花路口理想车流量计算

海浪花路口如图 5－2 所示。

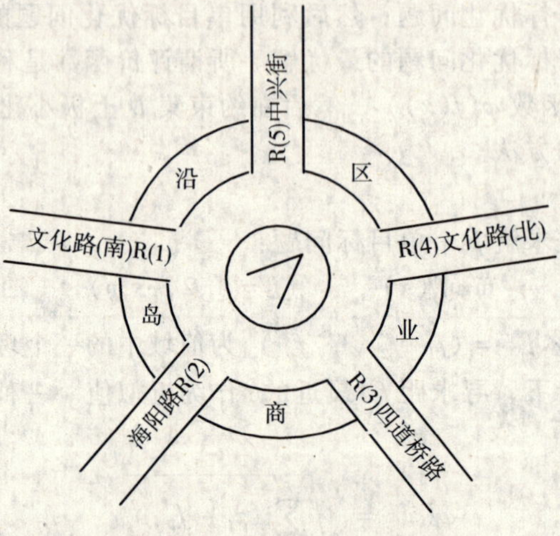

图 5－2 海浪花路口示意图

各道路的理想车流量必须维持该路口所在地区足够人气和车流以保证商业繁荣，解决交通拥挤问题，建立如下的目标函数和约束方程：

$$\max f_1 = profit \cdot e^{\sum_{i=1}^{5}\frac{u_i}{m_i}} - loss \cdot e^{\sum_{i=1}^{5} - \left|\frac{u_i}{m_i} - 0.7\right|}$$

$$\min f_2 = \sum_{i=1}^{5} e^{-(1-\frac{u_i}{m_i})}$$

$$\begin{cases} \sum_{i=1}^{5} u_i \leqslant C_{\max} \\ \sum_{i=1}^{5} a \cdot \dfrac{u_i - C_{\max}}{u_i C_{\max}} + b \cdot e^{-(1-\sum_{i=1}^{5}\frac{u_i}{C_{\max}})} \geqslant 0 \\ \sum_{i=1}^{5} a \cdot \dfrac{u_i - C_{\max}}{u_i C_{\max}} + b \cdot e^{-(1-\sum_{i=1}^{5}\frac{u_i}{C_{\max}})} \leqslant D_{\max} \\ u_i \leqslant m_i \quad (i = 1,2,\cdots,5) \\ u_i \geqslant 0 \quad (i = 1,2,\cdots,5) \end{cases}$$

式中 u_i——道路 R_i（i =1，2，3，4，5）进口的理想车流量（辆/h）；

$C_{\max}$——环岛可容纳车流量上限（辆/h）；

$D_{\max}$——车辆通过环岛被延误的最长时间（h）；

profit——由于车流所带来的人气给环岛的商业产生的效益权系数；

loss——由于车流所带来的拥挤给环岛造成负面作用的权系数；

m_i——道路 R_i（i =1，2，3，4，5）进口的通行能力（辆/h）。

第 1 个目标是要使交通繁忙所带来的正面效益（如商业繁荣）和负面作用（如事故等）的综合效果最佳；第 2 个目标要使环岛交通拥挤程度减至最小。第 1 个约束方程要求

所求出的理想流量应遵守岛内环路通行能力的限制；第 2 个约束方程要求车辆的延误时间须遵守非负的限制；第 3 个约束方程要求使延误不超过 $D_{\max}$；第 4 和第 5 个方程体现了对各道路理想车流量的上限和非负约束。

将调查、统计后所得到的数据代入模型，得到多目标优化模型为：

$$\max f_1 = 1.2e^{(\frac{u_1}{1430}+\frac{u_2}{740}+\frac{u_3}{700}+\frac{u_4}{1090}+\frac{u_5}{685})} - 0.65e^{(-\left|\frac{u_1}{1430}-0.7\right|-\left|\frac{u_2}{740}-0.7\right|-\left|\frac{u_3}{700}-0.7\right|-\left|\frac{u_4}{1090}-0.7\right|-\left|\frac{u_5}{685}-0.7\right|)}$$

$$\min f_2 = e^{-(1-\frac{u_1}{1430})} + e^{-(1-\frac{u_2}{740})} + e^{-(1-\frac{u_3}{700})} + e^{-(1-\frac{u_4}{1090})} + e^{-(1-\frac{u_5}{685})}$$

$$\begin{cases} u_1 + u_2 + u_3 + u_4 + u_5 \leqslant 4700 \\ 120 \cdot (\frac{u_1 - 4700}{u_1 \times 4700} + \frac{u_2 - 4700}{u_2 \times 4700} + \frac{u_3 - 4700}{u_3 \times 4700} + \frac{u_4 - 4700}{u_4 \times 4700} + \frac{u_5 - 4700}{u_5 \times 4700}) + 0.75e^{-(1-\frac{u_1+u_2+u_3+u_4+u_5}{4700})} \geqslant 0 \\ 120 \cdot (\frac{u_1 - 4700}{u_1 \times 4700} + \frac{u_2 - 4700}{u_2 \times 4700} + \frac{u_3 - 4700}{u_3 \times 4700} + \frac{u_4 - 4700}{u_4 \times 4700} + \frac{u_5 - 4700}{u_5 \times 4700}) + 0.75e^{-(1-\frac{u_1+u_2+u_3+u_4+u_5}{4700})} \leqslant 0.0833 \\ u_1 \leqslant 1430 \\ u_2 \leqslant 740 \\ u_3 \leqslant 700 \\ u_4 \leqslant 1090 \\ u_5 \leqslant 685 \\ u_1, u_2, u_3, u_4, u_5 \geqslant 0 \end{cases}$$

采用理想点法，求出各条道路的理想车流量 u_i（i =1，2，3，4，5）（单位是小汽车数/小时），u_1（文化路（南））=1147，u_2（海阳路）=604，u_3（四道桥路）=577，u_4（文化路（北））=700，u_5（中兴街）=566。

三、城市出租车拥有量优化研究

一个城市，假设拥有 n 辆出租车，该城市合适的出租车拥有量 n^*。考虑到客流在时间分布上的不均匀性，将一天分成 I 个时段，每个时段的时段长分别为 T_i（$\iota = 1,2,\cdots,I$），时段 i 出行者对出租车服务的需求为 d_i（$i = 1,2,\cdots,I$）。通过调查统计，每个（d_i，T_i）（$i = 1,2,\cdots,I$）都可以得到。用 f_0 表示经营者（司机）的不满意度，用 f_c 表示消费者（乘客）的不满意度。经营者和消费者的不满意程度都与该城市的出租车拥有量 n 和对出租车服务的需求 d 有关，即 $f_0(d,n)$、$f_c(d,n)$。时段 i（$i = 1,2,\cdots,I$）经营者的不满意度为 $f_0(d_i,n)$，消费者的不满意度为 $f_c(d_i,n)$。

建立城市出租车合适拥有量模型的基本思想是：同时考虑经营者（司机）和消费者（乘客）两者的不满意度，极小化经营者一天总的不满意度，同时极小化消费者不满意度最大时的不满意度，建立多目标规划模型如下：

$$\min \sum_{i=1}^{I} f_0(d_i,n) \cdot T_i$$

$$\min \max_i f_c(d_i,n) \cdot d_i$$

对于消费者来说，不满意度最大的时段是出租车最繁忙的时段，即客流的最高峰时段。而客流的最高峰时段即是客流量最大的时段。

令 $d_{\max} = \max\limits_i d_i$，则 $f_c(d_{\max},n) = \max\limits_i f_c(d_i,n)$，

$\max\limits_i f_c(d_i,n) \cdot d_i = f_c(d_{\max},n) \cdot d_{\max}$，模型简化为

$$\min \sum_{i=1}^{I} f_0(d_i,n) \cdot T_i$$

$$\min f_c(d_{\max},n) \cdot d_{\max}$$

对于出租车服务的需求 d 一定，经营者（司机）的不满意度 f_0 随城市出租车拥有量 n 增大而增大（$f'_0(n) > 0$）。而在城市出租车拥有量相同的情况下，对出租车服务的需求较大时，所对应的经营者的不满意度较小。对出租车服务的需求 d 一定，当出租车数量由很少开始增加时，消费者的不满意程度随之减小；而当出租车数量增加到一定程度，造成交通拥挤时，消费者的不满意程度又会增加。因此，消费者（乘客）的不满意度 f_c 随 n 的增加由大变小再变大（$f''_c(n) > 0$）。而在城市出租车拥有量相同的情况下，对出租车服务的需求较大时，所对应的消费者的不满意度也较大。

多目标规划的求解可以转化为求解带约束的非线性规划：

$$\min f_c(d_{\max},n) \cdot d_{\max}$$

$$\text{s.t.} \quad \sum_{i=1}^{I} f_0(d_i,n) \cdot T_i \leqslant u_0$$

式中　u_0 ——一给定值。

由约束条件可以得到规划问题的可行域 Ω，$\Omega = \{n \mid n \leqslant n_1\}$。

根据对 $f_c(d_i,n)$ 的分析，$f''_c(d_{\max},n) > 0$。故 $F(n) = f_c(d_{\max},n) \cdot d_{\max}$ 的极小值是存在且唯一的，记为 $F(n_2)$。即当 $n = n_2$ 时，$F(n) = f_c(d_{\max},n) \cdot d_{\max}$ 取得极小值。

对 $F(n)$ 关于 n 求一阶导数

$$\frac{\mathrm{d}F}{\mathrm{d}n} = d_{\max} \cdot \frac{\mathrm{d}f_c(d_{\max},n)}{\mathrm{d}n}$$

令 $F'(n) = 0$

$$d_{\max} \cdot \frac{\mathrm{d}f_c(d_{\max},n)}{\mathrm{d}n} = 0, \quad \frac{\mathrm{d}f_c(d_{\max},n)}{\mathrm{d}n} = 0$$

可以解出 n_2。

当 $n_1 \leqslant n_2$ 时，$n^* = n_1$；当 $n_1 > n_2$ 时，$n^* = n_2$。

因此，只要给定 u_0，统计出 (d_i, T_i)，找到 $f_0(d_i,n)$ 和 $f_c(d_i,n)$ 的具体函数表达式，就可以得到所研究城市的出租车合适的拥有量 n^*。

四、城市公交线网优化模型

公交线网的根本目的在于方便居民出行，因此设计时必须以居民出行分布为依据，使线网与客流分布一致。优化的目标是找到客流密度最大的公交线路集合、乘客直达率最高的线网以及线网覆盖率最高。

寻找客流密度最大的公交线路集合，事实上确定一条公交线路需要确定它所经过的站点和路段，这样，线路优化问题可以转化成为寻找相应的站点和路段集合。这里，令 N 为所有站点的集合，A 为所有路段的集合。因此，所有候选的公交线路都是 A 的子集，记

为 $S\{S_{OD}\}$，另外定义了两个变量 x_{ij} 和 Δ_{ij}^{a}，分别代表 S_{OD} 是否通过 (i,j) 点对与是否通过 (i,j) 点间的 a 路段。

$$x_{ij} = \begin{cases} 1 & \text{当}(i,j)\text{点对在规划的公交线路上} \\ 0 & \text{其他} \end{cases}$$

$$\Delta_{ij}^{a} = \begin{cases} 1 & \text{当规划线路}\, S_{OD}\, \text{通过}(i,j)\text{点对间的}\, a\, \text{路段时} \\ 0 & \text{其他} \end{cases}$$

对线网覆盖率 β，即有公交的道路总长与可通行公交的线路总长，可表示为：

$$\beta = \frac{\left[\sum_{L_{s-t} \in LG} L_{S-T} - \sum_{L_{s-t} \in LG} (L_{S-T} \cap L_{S'-T'})\right]}{\sum_{L_{s-t} \in LG} L_{S-T}}$$

式中　L_{S-T}——同一线路中公交两相邻节点 S 至 T 的距离；

$\sum_{L_{s-t} \in LG} (L_{S-T} \cap L_{S'-T'})$——互相重叠的公交线路的重叠部分；

$\sum_{L_{s-t} \in LG} L_{S-T}$——可通行路网总长。

建立了如下的公交线网优化模型：

$$\begin{cases} \max D_{OD} = \dfrac{\sum_{i \in N} \sum_{j \in N} SP_{ij} x_{ij}}{\sum_{a \in A} \sum_{i \in N} \sum_{j \in N} \Delta_{ij}^{a} l_{ij}^{a} x_{ij}} \\ \max \beta = \dfrac{\left[\sum_{L_{s-t} \in LG} L_{S-T} - \sum_{L_{s-t} \in LG} (L_{S-T} \cap L_{S'-T'})\right]}{\sum_{L_{s-t} \in LG} L_{S-T}} \end{cases}$$

$$s.t. \begin{cases} L_{\min} \leqslant L \leqslant L_{\max} \\ Q^{sum} > Q_{\min} \\ \overset{x}{q} \leqslant \overset{x}{q}_{\max} \\ \overset{n}{b} \leqslant \overset{n}{b}_{\max} \\ \overset{M}{Q} < \overset{M}{Q}_{\max} \\ \forall \overset{a}{l}_{ij} > 0.5\ \text{公里} \\ \sum_{n} x_{mn} = 1 \quad \forall m,\ n \in S_{OD} \\ NTR < 50\% \\ O,\ D \in N \end{cases}$$

式中　D_{OD}——直达客流密度；

SP_{ij}——网络内从节点 i 到节点 j 的直达客流量；

l_{ij}^{a}——i、j 两点间 a 路线的道路网长度；

L，$L_{\max}$，$L_{\min}$——公交线路的长度、最大长度限制、最小长度限制；

Q^{sum}——线路的客流总量；

$Q_{\min}$——最低开线客流量；

q^x、$q^x_{\max}$——非直线系数和最大非直线系数；

b^n、$b^n_{\max}$——线路断面客流的布局不均匀系数和最大不均匀系数；

Q^{kl}——断面 k、l 的客流量；

$Q^{kl}_{\max}$——断面 k、l 的允许通过的最大客流量；

NTR——整个网络的直达率。

这是一个非线性整数规划问题，满足的约束条件为：

(1) 线路长度约束。公交线路不宜过长或过短，线路过长，使车辆在途中运行时间增加，影响车辆准点到站，延长了乘客的等车时间，且因沿线客流分布不均匀而导致运能利用不平衡；线路过短，既增加了乘客次数，又使车辆在终点站的停靠时间相对延长而降低运营车速。若线路的长度大于最长限制距离或小于最短限制距离时，一般不考虑设线。

(2) 开线的最低客流量约束。为了保证较高的运输效率和公交企业的经济效益，原则上不在客流量过低的起、终点之间布设线路。

(3) 非直线约束。线路的非直线系数是指公交线路的实际长度与空间直线距离之比，线路的非直线系数越小越好，对于一般城市，以取 1.15~1.20 为宜，对单条公交线，应不大于 1.4。

(4) 断面客流量不均匀约束。线路的断面客流不均衡系数是线路中的最大断面客流量与平均断面客流量的比，一般不宜超过 1.5。

(5) 线路断面流量约束。线路的断面流量必须小于断面的运载能力，否则线路只能运送部分客流量，超过运载能力的部分将被留剩。

(6) 站点间距约束。建议值平均站距为 0.5~0.6 公里。

(7) 线路走向约束。在一条规划好的公交线路中不应含有环（不考虑环线），即相同的站点不应通过两次或两次以上。

(8) 整个网络乘客直达率约束。公交线网确定后，便可确定该网络的实际直达乘客比例。公交线网乘客直达率按下式计算：

$$NTR = \frac{\text{各线路直达乘客量总和}}{\text{全规划区乘客 } OD \text{ 量总和}}$$

若计算的不换乘比与采用的不换乘比相差较大，则应以计算的不换乘比重新进行网络设计，直至采用的不换乘比与计算的不换乘比接近为止。

第三节 模糊优化

一、模糊规划及其分类

一般线性规划的基本形式为：

$$\min Z = CX$$
$$AX \leqslant b$$

$$X \geqslant 0$$

如将线性规划中的线性目标 CX 和线性约束条件 $AX \leqslant b$ 模糊化，可得以下几类模糊线性规划：

第一类，目标函数是明确的，而约束条件是模糊的。

$$\min Z = CX$$
$$AX \lesssim b$$
$$X \geqslant 0$$

式中　$\lesssim$——模糊约束，$AX \lesssim b$ 表示 AX 大约小于 b 这一模糊约束。

第二类，目标函数和约束条件均是模糊的。

$$CX \lesssim Z_0$$
$$AX \lesssim b$$
$$X \geqslant 0$$

式中　Z_0——决策时提出的目标期望值。

第三类，约束条件明确而目标函数是模糊的。其形式为：

$$CX \lesssim Z_0$$
$$AX \leqslant b$$
$$X \geqslant 0$$

二、模糊规划的求解方法

1. 第一类模糊线性规划的求解方法

第一类模糊线性规划的标准形式为：

$$\max Z = CX$$
$$AX \lesssim b$$
$$X \geqslant 0$$

其中 $b = (b_1, b_2 \cdots b_m)^T$，各分量 b_i 的增量 d_i；即包括最大增量的 b 向量为 $b^0 = (b_1 + d_1, b_2 + d_2 \cdots, b_m + d_m)^T$。

该类模糊规划的求解如下：

(1) 选择隶属函数 $\mu_i(d_i)$，$i = 1, 2 \cdots, m$。

隶属函数是模糊数学中的基本概念，定义为：设给定论域 V，所谓 V 上的一个模糊子集 A 是指对于任意的 $x \in V$，都是一个确定的数 $\mu_A(x) \in [0,1]$，用该数表示 x 属于 A 的程度。

映射 $\mu_A: V \to [0,1]$，$X \to \mu_A(X)$ 称为 A 的隶属函数，数 $\mu_A(X)$ 叫做 V 中元素 x 对模糊子集隶属度。

通俗地说，当 x 明确地属于模糊子集 A，则隶属度 $\mu_A(X) = 1$；明确地不属于该集合，则隶属度 $\mu_A(X) = 0$。不明确地告诉 x 是否属于该集合，则可根据 x 接近 A 集合的程度用［0，1］之间的一个数来表示其属于该集合的程度，该数叫隶属度，描述隶属度计算过程的函数叫隶属函数。

第一类模糊规划中一般选严格递减函数作为隶属函数。最简单的严格递减函数是一条斜率为负数的直线，见图 5－3。

由图 5－3 可见，当 $d \in [0,d_i]$ 时，$\mu_i(d_i) \in [0,1]$。当 $d \leqslant 0$ 时，$\mu_i(d_i)=1$，当 $d > d_i$ 时，$u_i(d_i)=0$。用公式描述则为：

$$\mu_i(d_i)\begin{cases}1 & d<0\\ 1-\dfrac{1}{d_i}d & 0 \leqslant d < d_i\\ 0 & d > d_i\end{cases}$$

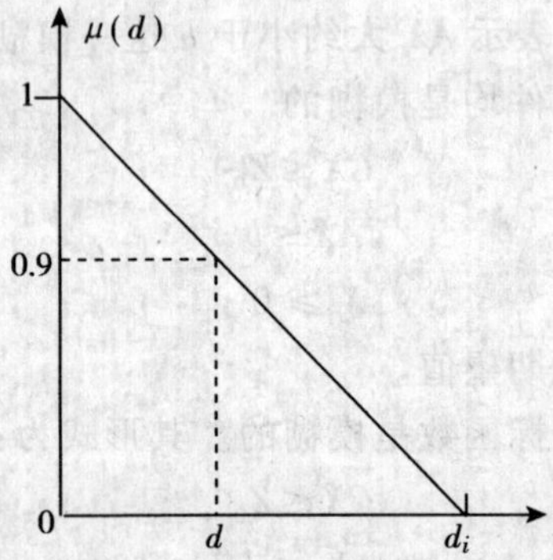

图 5－3 最简单的严格递减隶属函数

（2）求 b^0 下一般线规划的最优解和极值 Z_0^*。

（3）按下式将目标函数模糊化。

$$\mu_F(X)=\frac{CX}{Z_0^*}$$

（4）给定截水平 λ_κ 和精度 $\varepsilon>0$，计算 d_i^λ 和 b^λ，从而形成以 $\mu_F(X)$ 为目标，以 b^λ 为约束右端项的一般线规划，求解该线性规划得其最优解 X^* 和最优值 Z_k^*。

d_i^λ 和 b^λ 的计算公式如下：

$$d_i^\lambda = \max\{d_i \mid u_i(d) \geqslant \lambda\}$$

$$b^\lambda = b + d_i^\lambda$$

（5）按 $\varepsilon_k = \lambda_k - Z_k^*$ 计算 ε_k，如果 $|\varepsilon_k| \leqslant \varepsilon_0$，则 X^* 为该模糊线性规划的最优解，将其代入原目标得该模糊线性规划极值，λ_κ 则为该模糊线性规划的最优截水平。如果 $|\varepsilon_\kappa| > \varepsilon_0$，则需按 $\lambda_{k+1} = \lambda_k - r_k\varepsilon_k$ 再确定截水平，重复第四步计算，直至得到最优解为止。r_κ 的选择原则为：$0 < r_\kappa \leqslant 1$，并使 $0 \leqslant r_{\kappa+1} \leqslant 1$。

2. 第二类模糊线性规划的求解方法

第二类模糊线性规划的标准形式为：

$$CX \leqslant Z_0$$

$$AX \leqslant b$$

$$X \geqslant 0$$

该类模糊线性规划的求解方法如下。

（1）将模糊目标和模糊约束结合起来，写成如下形式：

$$\begin{Bmatrix} c_1 & c_2 & \cdots & c_n \\ a_{11} & a_{12} & \cdots & a_{1n} \\ a_{21} & a_{22} & \cdots & a_{2n} \\ \cdots & \cdots & \cdots & \cdots \\ a_{m1} & a_{m2} & \cdots & a_{mn} \end{Bmatrix} \cdot \begin{Bmatrix} X_1 \\ X_2 \\ \cdots \\ X_n \end{Bmatrix} \begin{bmatrix} Z_0 \\ b_1 \\ b_2 \\ \cdots \\ b_m \end{bmatrix}$$

(2) 确定隶属函数 $\mu(X)$。

$$\mu(X) = \begin{cases} 1 & (A'X)_i \leqslant b_i \\ \dfrac{b_i + d_i - (A'X)_i}{d_i} & 0 < (A'X)_i < b_i + d_i \\ 0 & (A'X)_i \geqslant b_i + d_i \end{cases}$$

当然也可将 $\mu(X)$ 取其他函数形式。

(3) 根据最优判决条件，建立一般线性规划模型。

由模糊数学基本理论可知，最优判决条件为：

$$\max_{X \geqslant 0} \left\{ \min_{0 \leqslant i \leqslant m} \left(\frac{b_i + d_i - (A'X)_i}{d_i} \right) \right\}$$

令

$$\lambda = \min_{0 \leqslant i \leqslant m} \left(\frac{b_i + d_i - (A'X)_i}{d_i} \right)$$

可得如下一般线性规划模型：

$$\max \lambda$$

$$s.t. \begin{cases} \lambda \leqslant (b_0 + d_0 - c_1x_1 - c_2x_2 - \cdots - c_nx_n)/d_0 \\ \lambda \leqslant (b_1 + d_1 - a_{11}x_1 - a_{12}x_2 - \cdots - a_{1n}x_n)/d_0 \\ \cdots \\ \lambda \leqslant (b_m + d_m - a_{m1}x_1 - a_{m2}x_2 - \cdots - a_{mn}x_n)/d_m \\ \lambda \geqslant 0,\ x_i \geqslant 0 \qquad (j = 1, 2, \cdots, n) \end{cases}$$

将其写成规范形式有：

$$\max \lambda$$

$$s.t. \begin{cases} d_0\lambda + c_1x_1 + c_2x_2 + \cdots + c_nx_n \leqslant b_0 + d_0 \\ d_1\lambda + a_{11}x_1 + a_{12}x_2 + \cdots + a_{1n}x_n \leqslant b_1 + d_1 \\ \cdots \\ d_m\lambda + a_{m1}x_1 + a_{m2}x_2 + \cdots + a_{mn}x_n \leqslant b_m + d_m \\ \lambda \geqslant 0,\ x_j \geqslant 0 \qquad (j = 1, 2, \cdots, n) \end{cases}$$

(4) 求解一般线性规划即可得到最大隶属度 λ 和模型的最优解。

三、模糊优化的应用

1. 船舶营运时间优化

某航运公司甲、乙两船主要用于运输某类散货，甲船每月最多能营运大约 400 小时，每小时平均耗费 3 单位费用，但获纯利为 7 单位；乙船每月最多能营运大约 250 小时，每小时平均耗费 2 单位费用，但获纯利为 3 单位。而甲、乙两船每月耗费总和不能超过大约 1500 单位。那么甲、乙两船每月各营运多长时间获利最大？

（1）建立优化模型。

设 x_1 为甲船营运的时间（每月），x_2 为乙船营运的时间（每月）。该问题可归结为如下的模糊线性规划问题：

$$\max G(x) = 7x_1 + 3x_2$$

$$s.t.\begin{cases} x_1 \lesssim 400 \\ x_2 \lesssim 250 \\ 3x_1 + 2x_2 \lesssim 1500 \\ x_1 \geqslant 0 \\ x_2 \geqslant 0 \end{cases}$$

将该模糊线性规划问题写成

$$\max G(x) = Ax$$

$$s.t.\begin{cases} Bx \lesssim b \\ x = (x_1, x_2)^T \\ A = (7,3) \\ B = \begin{pmatrix} 1 & 0 \\ 0 & 1 \\ 3 & 2 \end{pmatrix} \\ b = (400, 250, 1500)^T \end{cases}$$

为了简便，对各模糊约束条件均考虑如下的线性隶属函数如图 5－4 所示：

$$C_i(Bx) = \begin{cases} 1 & 0 \leqslant (Bx)_i \leqslant b_i \\ \dfrac{\bar{b}_i - (Bx)}{\bar{b}_i - b_i} & b_i \leqslant (Bx)_i \leqslant \bar{b}_i \\ 0 & \text{其他情况} \end{cases}$$

其中 $(Bx)_i (i = 1,2,3)$ 表示第 i 个约束函数。如 $i = 1$，则 $(Bx)_1 = x_1$；$i = 3$ 则 $B(x)_3 = 3x_1 + 2x_2$。

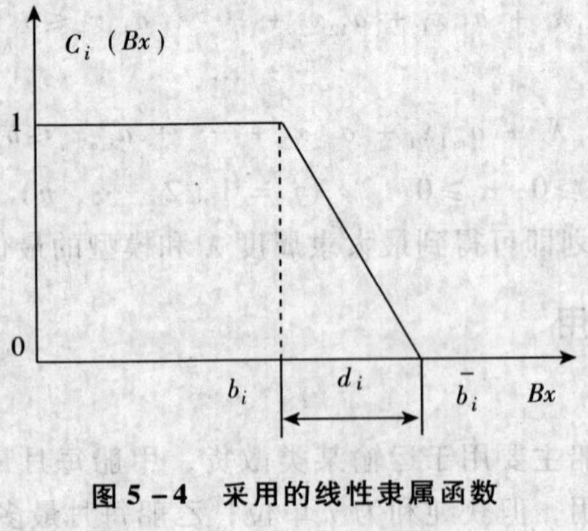

图 5－4 采用的线性隶属函数

设每个模糊约束的过渡区间 d_i 均相同，令 $d_i = 5$，则：

$$\bar{b}_i = b_i + d_i = b_i + 5 \quad (i = 1,2,3)$$

$$\bar{b} = (b_i + d_1, b_2 + d_2, b_3 + d_3)^T = (400 + 5, 250 + 5, 1500 + 5)^T = (405, 255, 1505)^T$$

再将目标函数模糊化，令

$$\tilde{G}(x) = \frac{G(x)}{\max\limits_{x \in \mathbf{R}_1} G(x)}$$

其中 R_1 为最大可行域，即 $R_1 = \{x \mid Ax \leqslant \bar{b}, x \geqslant 0\}$

$\max\limits_{x \in \mathbf{R}_1} G(x)$ 为在 R_1 上预先估算的一个最大的目标值，它应是在满足约束条件下所有目标值中最大的一个，估算基本方法如下：令

$$\begin{cases} x_1 = 405 \\ 3x_1 + 2x_2 = 1505 \end{cases}$$

从中解出 $x_2 = 145$，代入目标函数，即 $\max\limits_{x \in \mathbf{R}_1} G(x) = 7 \times 405 + 3 \times 145 = 3270$

则 $$\tilde{G}(x) = \frac{7x_1 + 3x_2}{3270} = 0.002x_1 + 0.0009x_2$$

至此，该模糊优化问题又可表示为：

模糊目标： $$\tilde{G}(x) = 0.002x_1 + 0.0009x_2$$

模糊约束： $$\tilde{C}(x) = C_i(Bx) \quad (i = 1,2,3)$$

$$\max \tilde{D}(x) = \tilde{G}(x) \wedge \tilde{C}(x)$$

（2）迭代求解。

①任选一 $\lambda^{(1)} = 0.9$，收敛精度 $\varepsilon_1 = 10^{-3}$。

②作 $\lambda^{(1)}$ 水平截集：

$$C_\lambda^{(1)} = \{x \mid C_i(Bx) \geqslant 0.9, x \geqslant 0\}$$

令 $$\frac{\bar{b}_i - (Bx)_i}{\bar{b}_i - b_i} \geqslant 0.9$$

即 $$(Bx)_i \leqslant \bar{b}_i - 0.9(\bar{b}_i - b_i) \quad (i = 1,2,3)$$

也即 $$x_1 \leqslant 405 - 0.9(405 - 400) = 400.5$$

$$x_2 \leqslant 255 - 0.9(255 - 250) = 250.5$$

$$3x_1 + 2x_2 = 1505 - 0.9(1505 - 1500) = 1500.5$$

③在 $C_\lambda^{(1)}$ 截集上解线性规划问题：

$$x = (x_1, x_2)^T$$

$$\max \tilde{G}(x) = 0.002x_1 + 0.0009x_2$$

$$x_1 \leqslant 400.5$$

$$x_2 \leqslant 250.5$$

$$3x_1 + 2x_2 \leqslant 1500.5$$

得 $x_1^{(1)} = 400.5, x_2^{(1)} = 149.5$，$\tilde{G}(x) = 0.935$

④计算 $\varepsilon^{(1)}$ 为：

$$\varepsilon^{(1)} = \lambda^{(1)} - G^{(1)}(x) = 0.9 - 0.935 = -0.035$$

⑤收敛检查：

$$|\varepsilon^{(1)}| = 0.035 > 0.001\text{，不收敛}$$

⑥计算 $\lambda^{(2)}$ 为：

$$\lambda^{(2)} = \lambda^{(1)} - a^{(1)}\varepsilon^{(1)}$$

取 $a^{(1)} = 0.5$，得：

$$\lambda^{(2)} = 0.9 - 0.5 \times (-0.035) = 0.918$$

转回第②步，以 $\lambda^{(2)}$ 代替 $\lambda^{(1)}$，重复上述运算，最后求得最优解为：

$$x_1^* = 403.32\text{，}x_2^* = 145.27$$

$$G^*(x) = 3259.05\text{，}\lambda^* = 0.936$$

结果是在对约束的满足程度为93.6%的情况下，甲船每月营运403.32h，乙船每月营运145.7h，可获最大利润为3259.05单位。

2. 建筑公司生产方案优化

某建筑公司木制品厂生产甲、乙两种实木门窗，已知甲种门窗可获利润2000元/套，乙种获利1000元/套，甲生产资金占用量为4000元/套，乙占用5000元/套，企业现有生产资金200 000元，通过挖掘潜力有可能再增加5000元。甲、乙两种门窗的市场需求预测结果为：甲40～45套，乙30～35套。如何决定最优生产方案以使企业两种门窗的生产获最大利润？

设该企业生产甲产品 x_1 套，乙产品 x_2 套，建立如下模糊线性规划模型：

$$\max Z = 2x_1 + x_2$$

$$s.t.\begin{cases}4x_1 + 5x_2 \lesssim 200 \\ x_1 \lesssim 40 \\ x_2 \lesssim 30 \\ x_1 \geqslant 0, x_2 \geqslant 0\end{cases}$$

（1）选择隶属函数 $\mu_i(d)$。

因该问题各模糊约束右端项各分量的增长均为5。故 $b = (200,40,30)^T$，$b' = (200+5,40+5,30+5)^T$。隶属函数均取直线递减形式，则：

$$\mu_i(d) = \begin{cases}1 - 0.2d & 0 \leqslant d \leqslant 5 \\ 0 & d > 5\end{cases}$$

（2）用单纯形法求解一般线性规划模型：

$$\max Z = 2x_1 + x_2$$

$$s.t.\begin{cases}4x_1 + 5x_2 \leqslant 200 \\ x_1 \leqslant 40 \\ x_2 \leqslant 30 \\ x_1 \geqslant 0, x_2 \geqslant 0\end{cases}$$

其最优解为：$x_1^* = 45; x_2^* = 5; Z_0^* = 95$。

（3）将目标函数模糊化：

$$\mu_F(x) = \frac{1}{95}(2x_1 + x_2) = 0.021x_1 + 0.0105x_2$$

（4）令 $\lambda_1=0.9,\varepsilon_0=0.01$，计算 d_i^λ、b^λ 并求解以 b^λ 为约束右端项的一般线性规划模型。

$$d_1^\lambda=d_2^\lambda=d_3^\lambda=\max\{d_i \mid \mu_i(d)\geqslant\lambda\}$$

$$d^\lambda=\max\{1-0.2d\geqslant 0.9\}=\max\{d\leqslant 0.5\}=0.5$$

$$b^\lambda=(200+0.5,40+0.5,30+0.3)=(200.5,40.5,30.5)$$

一般线性规划模型为：

$$\max Z_1=0.021x_1+0.0105x_2$$

$$s.t.\begin{cases}4x_1+5x_2\leqslant 200.5\\x_1\leqslant 40.5\\x_2\leqslant 30.5\\x_1\geqslant 0,x_2\geqslant 0\end{cases}$$

求解得：$x_1^*=40.5;x_2^*=7.7;Z_1^*=0.934$。

（5）计算 $\varepsilon_1=\lambda_1-Z_1^*$，判断最优解。

$$\varepsilon_1=0.9-0.934=-0.034$$

$$|\varepsilon_1|=0.034>0.01=\varepsilon_0$$

故模型的解不是最优解，需再选截水平 λ_2。

$$\lambda_2=\lambda_1-r_1\varepsilon_1,\text{ 选 } r_1=1\text{，则：}$$

$$\lambda_2=0.9+0.034\times 1=0.934$$

（6）计算 d_1^λ 和 b_λ 并求解一般线性规划。

$$d_\lambda=\max\{d_i \mid \mu_i(d)\geqslant\lambda\}=\max\{1-0.2d\geqslant 0.934\}=\max\{d\leqslant 0.33\}=0.33$$

$$b^\lambda=(200.33,40.33,30.33)$$

一般线性规划模型为：

$$\max Z_2=0.021x_1+0.0105x_2$$

$$s.t.\begin{cases}4x_1+5x_2\leqslant 200.33\\x_1\leqslant 40.33\\x_2\leqslant 30.33\\x_1\geqslant 0,x_2\geqslant 0\end{cases}$$

其解为 $x_1^*=40.33;x_2^*=7.802;Z_2^*=0.931$。

（7）求 ε_2 并判断是否得到最优解。

$$\varepsilon_2=\lambda_2-Z_2^*=0.934-0.931=0.003<\varepsilon_0$$

故最优水平 $\lambda^*=0.931,x_1^*=40.33,x_2^*=7.802$；最优值为88.462。

3. 企业产品生产搭配优化

某企业生产两种产品，甲产品每件可获利30元，乙产品可获利40元，两种产品在A、B、C、D各工序加工工时消耗和市场需求见表5－1。

表 5－1 产品时耗和市场需求

	A工序（工时）	B工序（工时）	C工序（工时）	D工序（工时）	需求量（个）
甲	15	30	20	35	300～400
乙	15	10	10	15	400～500

A工序加工工时为12 000工时，最多可达13 000工时：B工序加工工时为16 750工时，最少可达15 750工时：C工序加工工时为12 500工时，最多可达13 500工时：D工序加工工时最多为22 000工时，最少为21 000工时。企业确定的该月份利润在30 000～31 000元之间，如何搭配两种产品的生产才能实现企业目标？

设甲、乙两种产品产量为 x_1 和 x_2，依题意可得如下模糊规划模型：

$$
\begin{aligned}
&30x_1+40x_2 \lesssim 31\,000 && d_0=-1000\\
&15x_1+15x_2 \lesssim 12\,000 && d_1=1000\\
&30x_1+10x_2 \lesssim 16\,750 && d_2=-1000\\
&20x_1+10x_2 \lesssim 12\,500 && d_3=1000\\
&35x_1+15x_2 \lesssim 22\,000 && d_4=-1000\\
&x_1 \lesssim 300 && d_5=100\\
&x_2 \lesssim 400 && d_6=100\\
&x_1 \geqslant 0, x_2 \geqslant 0
\end{aligned}
$$

将上述模型化为标模糊线性规划形式：

$$
\begin{aligned}
&-30x_1-40x_2 \lesssim -31\,000 && d_0=1000\\
&15x_1+15x_2 \lesssim 12\,000 && d_1=1000\\
&-30x_1-10x_2 \lesssim -16\,750 && d_2=1000\\
&20x_1+10x_2 \lesssim 12\,500 && d_3=1000\\
&-35x_1-15x_2 \lesssim -22\,000 && d_4=1000\\
&x_1 \lesssim 300 && d_5=100\\
&x_2 \lesssim 400 && d_6=100\\
&x_1 \geqslant 0, x_2 \geqslant 0
\end{aligned}
$$

根据第二类模糊线性规划的求解方法，其隶属函数分别为：

$$
\begin{aligned}
p_0(x) &= (1000-31000+30x_1+40x_2)/1000\\
p_1(x) &= (1000+12000-15x_1-15x_2)/1000\\
p_2(x) &= (1000-16750+30x_1+10x_2)/1000\\
p_3(x) &= (1000+12500-20x_1-10x_2)/1000\\
p_4(x) &= (1000-22000+35x_1+15x_2)/1000\\
p_5(x) &= (100+300-x_1)/100\\
p_6(x) &= (100+400-x_2)/100
\end{aligned}
$$

由第二类模糊规划的最优判决条件，得如下一般线性规划模型：

$$\max \lambda$$

$$s.t.\begin{cases}\lambda \leqslant (1000-31000+30x_1+40x_2)/1000\\ \lambda \leqslant (1000+12000-15x_1-15x_2)/1000\\ \lambda \leqslant (1000-16750+30x_1+10x_2)/1000\\ \lambda \leqslant (1000+12500-20x_1-10x_2)/1000\\ \lambda \leqslant (1000-22000+35x_1+15x_2)/1000\\ \lambda \leqslant (100+300+x_1)/100\\ \lambda \leqslant (100+400-x_2)/100\\ \lambda \geqslant 0, x_1 \geqslant 0, x_2 \geqslant 0\end{cases}$$

整理得：

$$\max \lambda$$

$$s.t.\begin{cases}1000\lambda-30x_1-40x_2 \leqslant -30\,000\\ 1000\lambda+15x_1+15x_2 \leqslant 13\,000\\ 1000\lambda-30x_1-10x_2 \leqslant 15\,750\\ 1000\lambda+20x_1+10x_2 \leqslant 13\,500\\ 1000\lambda-35x_1-15x_2 \leqslant 21\,000\\ 100\lambda+x_1 \leqslant 400\\ 100\lambda+x_2 \leqslant 500\\ \lambda \geqslant 0, x_1 \geqslant 0, x_2 \geqslant 0\end{cases}$$

求解该一般线性规划问题，得 $\lambda=0.25, x_1=375, x_2=475$。

企业可实现利润 $30\times375+40\times475=30250$ 元。

第四节　灰色优化

一、灰色规划基本概念

灰色系统是指系统中部分信息清楚、部分信息不清楚的系统。系统中清楚的信息称为白色信息，不清楚的信息称为黑色信息，而介于二者之间的信息称为灰色信息。这类系统通常用灰色元素 $\otimes$（简称灰元）、灰矩阵 $\otimes$ A 和各种数学运算符号表示其关系的灰色方程来描述。

含有灰色元素的线性规划称为灰色线性规划，灰色线性规划是灰色系统最优化的重要方法之一。灰色线性规划不同于普通的线性规划，其特点表现在：约束条件的约束值可以随着时间变化；模型系数可以在一定范围内变化；目标函数不一定是数学上的极值，也可以是相对优化值，或者是一个灰区间值；模型提供的可用信息多，决策时选择余地大。因此，可以说灰色线性规划和普通线性规划相比，具有更大的科学性、先进性和实用性。

灰色线性规划中经常用有界灰元表示，将该类灰元按某种准则、规则、概念进行量化或以其上界或下界值作为估计值的方法称为灰元白化，简称白化，灰元白化后产生的数值为白化值。根据灰色规划中灰元的白化方法，灰色规划分为预测型和漂移型灰色规划两种类型。两种类型灰色规划求解的基本原理均是将灰色线性规划中的灰元白化，从而得到普通线性规划，对该线性规划求解后，按某些原则进行处理从而得到该灰色规划的最优解。

灰色线性规划的数学模型：

$$\max(\min) f(x) = \otimes (C) X^T$$
$$\otimes (A) X \leqslant \otimes (B)$$
$$X \geqslant 0$$

式中 $\otimes$——灰色参数，$\otimes (C) = [\otimes (C_1), \otimes (C_2), \cdots, \otimes (C_n)]$，

$$\otimes (A) = \begin{Bmatrix} \otimes (a_{11}) & \otimes (a_{12}) & \cdots & \otimes (a_{1n}) \\ \otimes (a_{21}) & \otimes (a_{22}) & \cdots & \otimes (a_{2n}) \\ \vdots & \vdots & \vdots & \vdots \\ \otimes (a_{m1}) & \otimes (a_{m2}) & \cdots & \otimes (a_{mn}) \end{Bmatrix}, \otimes (B) = [\otimes (b_1), \otimes (b_2). \cdots \otimes (b_m)]。$$

二、预测型灰色线性规划

1. 预测型灰色线性规划

预测型灰色线性规划是指约束条件中存在的灰元且约束值中某一量是由时间序列描述的，其基本形式为：

$$\max Z = CX$$
$$s.t.\ \otimes AX \leqslant B(t)$$
$$X \geqslant 0$$

式中 $B(t)$——时间序列。

该类灰色规划的求解方法是将 $\otimes A$ 中灰元素按上限值白化，再按 GM（1，1）模型对 $B_i(t)$ 进行预测，确定 t 时间的约束值，从而得到普通线性规划，求解该线性规划，则求出其最优解。对应未来不同时期的约束值，便有相应的规划解，从而既能了解目前条件下的优化结果，又能分析未来优化结果的变化趋势。

2. 基建投资优化

某企业历年基建投资如表 5－2 所示，当年度有关部门提出要上的基建项目有 5 个，所需投资规划如表 5－3。每年资金回收应大于 6 万元，每年基建用流动资金应小于 17 万元，如何对基建投资方案优化？

表 5－2 基建投资时间序列

年份	2000	2001	2002	2003	2004	2005
投资（万元）	43.4	48.6	51.3	56.7	b_5	b_6

表 5-3　各项目投入与收入表

项　目	A	B	C	D	E
年初所需投资（万元）	10	30	20	30	20
第一年纯收入（万元）	1.5	2	3	1.5	2.5
第一年流动资金（万元）	4	4	13	10	6.5
资金回收率（%）	30.4	45.6	13.5	24.2	22.2~25.5

设各项目投资金额分别为 x_i（$i = 1,2,3,4,5$），建立预测型规划模型如下：

（1）目标函数使投资效益最佳。

$$\max f = 0.304x_1 + 0.456x_2 + 0.135x_3 + 0.242x_4 + \otimes a x_5$$

$\otimes a \in [22.2, 25.5]$，取 $\otimes a = 22.2$。

（2）约束方程组（2004 年）。

投资约束：$\sum_{i=1}^{5} x_i \leqslant b_5$

项目限额约束：$0 \leqslant x_1 \leqslant 10, 0 \leqslant x_2 \leqslant 30, 0 \leqslant x_3 \leqslant 20, 0 \leqslant x_4 \leqslant 30, 0 \leqslant x_5 \leqslant 20$

资金回收任务约束：$\frac{1.5}{10}x_1 + \frac{2}{30}x_2 + \frac{3}{20}x_3 + \frac{2.5}{30}x_4 + \frac{2.5}{20}x_5 \geqslant 6$ 万元

所需流动资金：$\frac{4}{10}x_1 + \frac{4}{30}x_2 + \frac{13}{20}x_3 + \frac{10}{30}x_4 + \frac{6.5}{20}x_5 \leqslant 17$ 万元

（3）用 GM（1，1）预测 b_5。

按基建投资历年数值序列 $b^{(0)}$。

$$b^{(0)} = (43.4, 45.6, 51, 3, 56.7)$$

对 $b^{(0)}$ 作累加生成后得 $b^{(1)}$，再建 GM（1，1）模型，得到基建投资模型为：

$$b^{(1)} = 400.16e^{0.11k} + 356.76$$

预测 2004 年基建投资额为 $b_5 = 63.3$。

（4）求解线性规划模型得优化解（2004 年）。

x_1（即 A 项目）＝10 万元；x_2（即 B 项目）＝30 万元；x_3（即 C 项目）＝0 万元；x_4（即 D 项目）＝10.06 万元；x_5（即 E 项目）＝13.24 万元。目标效益（投资回收额）为 $f = 22.09$ 万元（2004 年）。平均投资回收率＝22.09/63.3＝0.349。

同理，2005 年预测规划模型为：

（1）目标函数。

$$\max f = 0.304x_1 + 0.456x_2 + 0.135x_3 + 0.242x_4 + \otimes a x_5$$

$\otimes a \in [22.2, 25.5]$，取 $\otimes a = 22.2$。

（2）约束方程组（2005 年）。

投资约束：$\sum_{i=1}^{5} x_i \leqslant b_6$

项目限额约束：$0 \leqslant x_1 \leqslant 10, 0 \leqslant x_2 \leqslant 30, 0 \leqslant x_3 \leqslant 20, 0 \leqslant x_4 \leqslant 30, 0 \leqslant x_5 \leqslant 20$

资金回收任务约束：$\frac{1.5}{10}x_1+\frac{2}{30}x_2+\frac{3}{20}x_3+\frac{2.5}{30}x_4+\frac{2.5}{20}x_5\geqslant 6$ 万元

所需流动资金：$\frac{4}{10}x_1+\frac{4}{30}x_2+\frac{13}{20}x_3+\frac{10}{30}x_4+\frac{6.5}{20}x_5\leqslant 17$ 万元

（3）用 GM（1，1）预测得 $b_6=70.5$。

（4）求解线性规划模型得优化解（2005 年）。

x_1（即 A 项目）=10 万元；x_2（即 B 项目）=30 万元；x_3（即 C 项目）=0 万元；x_4（即 D 项目）=21.638 万元；x_5（即 E 项目）=5.552 万元。目标效益（投资回收额）为 $f=23.19$（2005 年）。平均投资回收率 =23.19/70.5 =0.3304。

3. *产品生产方案优化*

某厂生产甲、乙两种产品，甲产品每件需用 2.5～3.5 个劳动日，耗电 3～5kw·h，煤 7～11t；乙产品每件需用 8～12 个劳动日，耗电 3.5～6.5kw·h，煤 3～5t。甲产品每件可获利润 600～800 元，乙产品每件可获利润 900～1500 元。该厂有可调配劳动力 300 人，日供煤计划 360t，日供电数据如表 5－4 所示。

表 5－4 某厂日供电量

年份	1999	2000	2001	2002
日供电量（kw·h）	168	174	180	190

2003 年、2004 年应如何安排甲、乙两种产品的日产量，使利润最大？

设甲、乙两种产品的产量分别为 x_1、x_2，则灰色线性规划问题如下：

$$\max S = c_1(\otimes)x_1 + c_2(\otimes)x_2$$

$$s.t.\begin{cases}\otimes_{11}x_1+\otimes_{12}x_2\leqslant b_1(\otimes)\\ \otimes_{21}x_1+\otimes_{22}x_2\leqslant b_2=360\\ \otimes_{31}x_1+\otimes_{32}x_2\leqslant b_3=300\\ x_1\geqslant 0,x_2\geqslant 0\end{cases}$$

式中 $c_1(\otimes)\in[600,800]$，$c_2(\otimes)\in[900,1500]$，$\otimes_{11}\in[3,5]$，$\otimes_{12}\in[3.5,6.5]$，$\otimes_{21}\in[7,11]$，$\otimes_{22}\in[3,5]$，$\otimes_{31}[2.5,3.5]$，$\otimes_{32}\in[8,12]$。

将目标函数和约束条件中的灰元作均值白化，得：

$$\tilde{C}=(\tilde{c}_1,\tilde{c}_2)=(700,1200),\tilde{A}=\begin{bmatrix}\tilde{a}_{11} & \tilde{a}_{12}\\ \tilde{a}_{21} & \tilde{a}_{22}\\ \tilde{a}_{31} & \tilde{a}_{32}\end{bmatrix}=\begin{bmatrix}4 & 5\\ 9 & 4\\ 3 & 10\end{bmatrix}$$

由 $b_1(\otimes)$ 的时间序列：

$$(b_1(1),b_1(2),b_1(3),b_1(4))=(168,174,480,190)$$

得 GM（1，1）时间响应式为：

$$\begin{cases}\hat{b}_1^{(1)}(k+1)=3829.125e^{0.044k}-3661.125\\ \hat{b}_1(k+1)=\hat{b}_1^{(1)}(k+1)-\hat{b}_1^{(1)}(k)\end{cases}$$

于是得到预测值 $b_1(5)\approx 198$(2003 年)，$b_1(6)\approx 207$(2004 年)。

从而可写出 2003 年的规划模型：

$$\max S = 700x_1 + 1200x_2$$
$$s.t.\begin{cases}4x_1 + 5x_2 \leqslant 198\\ 9x_1 + 4x_2 \leqslant 360\\ 3x_1 + 10x_2 \leqslant 300\\ x_1 \geqslant 0, x_2 \geqslant 0\end{cases}$$

解得 $x_1 = 19.2, x_2 = 24.24$ 即为最优解，因此，2003 年应安排甲产品日产 19.2 件，乙产品日产 24.24 件（只考虑理论计算，没取整）利润最大，其最大利润为 $\max S = 700\times 19.2 + 1200\times 24.24 = 42\ 528$ 元。

2004 年的规划模型为：

$$\max S = 700x_1 + 1200x_2$$
$$\begin{cases}4x_1 + 5x_2 \leqslant 207\\ 9x_1 + 4x_2 \leqslant 360\\ 3x_1 + 10x_2 \leqslant 300\\ x_1 \geqslant 0, x_2 \geqslant 0\end{cases}$$

求出最优解 $x_1 = 22.8, x_2 = 23.16$，2003 年应安排甲产品日产 22.8 件，乙产品日产 23.16 件，最大利润为 $\max S = 700\times 22.8 + 1200\times 23.16 = 43\ 752$ 元。

三、漂移型灰色线性规划

当目标函数和约束条件中均含有界灰元时，该类线性规划称漂移型灰色线性规划，其基本描述形式为：

$$\max Z = \otimes\, CX$$
$$s.t.\ \otimes\, AX \leqslant B$$
$$X \geqslant 0$$

式中 $\otimes(c_i)\in[\underline{c}_i\ \bar{c}_i]$；$\otimes(a_{ij})\in[\underline{a}_{ij},\bar{a}_{ij}]$。

令 $0 < a < 1$，可将灰元 $\otimes(c_i)$ 和 $\otimes(a_{ij})$ 白化，得到白化值：

$$\tilde{\otimes}(c_i) = \underline{c}_i + a(\bar{c}_i - \underline{c}_i),\ \tilde{\otimes}(a_{ij}) = \underline{a}_{ij} + a(\bar{a}_{ij} - \underline{a}_{ij})$$

式中 a ——白化系数。

当 $a = 1$ 时，白化值取上限；当 $a = 0$ 时，白化值取下限；当 $a\in(0,1)$ 时，则白化值将在灰元上限与下限之间漂移，故记为 $\tilde{\otimes}(c)_i$ 和 $\tilde{\otimes}(a_{ij})$。

在上述灰色规划模型中，如果约束条件的白化值取上限，即 $a = 1$，则满足约束条件的 x 取最小值，记为 $x_{\min}$；反之则取最大值，记为 $x_{\max}$。目标函数中灰元取上限($a = 1$)，则目标函数中变量有最大的权，反之有最小的权。

如果当约束条件中白化系数 $a = 0$，目标函数中白化系数 $a = 1$，则该灰色线性规划必有最大值，反之必有最小值，分别记为 $Z_{\max}$ 和 $Z_{\min}$。

如果在目标函数和约束条件中，a 均取相同的值，即按一致性取数原则，该灰色线性规划的极值必然在 Z_{max} 和 Z_{min} 之间，故下式成立：

$$Z_{min} \leqslant Z \leqslant Z_{max}$$

设　C_a ——目标函数中灰元取 a 时的变量系数；

X_a ——对应于灰元取 a 时的变量的解。

则定义：

$$\mu_a = \frac{C_a^T X_a}{Z_{max}}$$

为白化系数取 a 时的可信度，当 μ_0 超过某一预先规定的标准时，即得到该问题的最优解。

规划模型的求解步骤为：

（1）对约束条件取白化系数 $a=0$，对目标函数白化系数取 $a=1$，将灰色线性规划变为一般线性规划。求解该线性规划，得出最优解和极值 Z_{max}。

（2）给出 a 值，按一致性取数原则，将灰色规划变为一般线性规划，求解得出最优解和极值 Z_a。

（3）给定可信度 μ 的预期值 μ^*，并计算 μ_a：

$$\mu_a = \frac{z_a}{z_{max}}$$

（4）如果 $\mu_a \geqslant \mu^*$，则 Z_a 为该灰色规划的极值，x_a 为最优解。否则再选 a 按上步计算，直至使 $\mu_a \geqslant \mu^*$ 为止。

由上述可见，灰色线性规划的求解，最终仍归结为一般线性规划的求解。只是以可信度是否满足要求作为选择最优解的标准。

某建筑公司木材加工厂地板生产车间生产两种规格木地板，由于从原木外观很难准确确定各种地板块生产的原木消耗，因而销售木地板所得利润也难以准确估计，经研究历史生产状况，得表 5-5。如何安排产量使利润最大？

表 5-5　产品资源消耗与利润

	甲 产 品	乙 产 品	资 源 量
原木消耗量（m^3）	1~21	4~10	360
电力消耗（kw）	4	5	198
工时消耗（h）	3	10	300
单位利润（千元）	1~7	4~12	

设甲、乙两种地板块的产量分别为 x_1 和 x_2，建立灰色线性规划模型如下：

$$\max Z = \otimes(c_1)x_1 + \otimes(c_2)x_2$$

$$s.t.\begin{cases} \otimes(a_{11})x_1 + \otimes(c_{12})x_2 \leqslant 360 \\ 4x_1 + 5x_2 \leqslant 198 \\ 3x_1 + 10x_2 \leqslant 300 \\ x_1 \geqslant 0, x_2 \geqslant 0 \end{cases}$$

式中 $\otimes(c_1) \in [1,7]$，$\otimes(c_2) \in [4,12]$，$\otimes(a_{11}) \in [1,21]$，$\otimes(a_{12}) \in [4,10]$。

（1）构造漂移模型：

$$\tilde{\otimes}(c_1) = \underline{c}_1 + a(\bar{c}_1 - \underline{c}_1) = 1 + a(7 - 1) = 1 + 6a$$

$$\tilde{\otimes}(c_2) = \underline{c}_2 + a(\bar{c}_2 - \underline{c}_2) = 4 + a(12 - 4) = 4 + 8a$$

$$\tilde{\otimes}(a_{11}) = \underline{a}_{11} + a(\bar{a}_{11} - \underline{a}_{11}) = 1 + a(21 - 1) = 1 + 20a$$

$$\tilde{\otimes}(a_{12}) = \underline{a}_{12} + a(\bar{a}_{12} - \underline{a}_{12}) = 4 + a(10 - 4) = 4 + 6a$$

对目标函数取 $a = 1$，对约束条件取 $a = 0$ 建立一般线性规划模型并求解。

$$\max Z = 7x_1 + 12x_2$$

$$s.t.\begin{cases} x_1 + 4x_2 \leqslant 360 \\ 4x_1 + 5x_2 \leqslant 198 \\ 3x_1 + 10x_2 \leqslant 300 \\ x_1 \geqslant 0, x_2 \geqslant 0 \end{cases}$$

求解该线性规划模型得：$x_1 = 19.2, x_2 = 24.24, Z_{\max} = 425.28$。

（2）设 $\mu^* = 0.85$，并令 $a = 0.5$，求 μ_a。

当 $a = 0.5$ 时，按一致取数原则：

$$\otimes(c_1) = 1 + 6 \times 0.5 = 4 \qquad \otimes(a_{11}) = 1 + 20 \times 0.5 = 11$$

$$\otimes(c_2) = 4 + 8 \times 0.5 = 8 \qquad \otimes(a_{12}) = 4 + 6 \times 0.5 = 7$$

一般线性规划模型为：

$$\max Z_{a=0.5} = 4x_1 + 8x_2$$

$$s.t.\begin{cases} 11x_1 + 7x_2 \leqslant 360 \\ 4x_1 + 5x_2 \leqslant 198 \\ 3x_1 + 10x_2 \leqslant 300 \\ x_1 \geqslant 0, x_2 \geqslant 0 \end{cases}$$

求解该线性规划问题得 $x_1 = 16.85, x_2 = 24.94, Z_{a=0.5} = 266.92$

故

$$\mu_{a=0.5} = \frac{Z_a}{Z_{\max}} = \frac{266.92}{425.28} = 0.627$$

（3）判断最优解。

因 $\mu^* \geqslant \mu_{a=0.5}$，故不满足最优条件。

（4）取 $a = 1$ 再按以上步骤计算，此时一般线性规划模型如下：

$$\max Z_{a=1} = 7x_1 + 12x_2$$

$$s.t.\begin{cases} 21x_1 + 10x_2 \leqslant 360 \\ 4x_1 + 5x_2 \leqslant 198 \\ 3x_1 + 10x_2 \leqslant 300 \\ x_1 \geqslant 0, x_2 \geqslant 0 \end{cases}$$

求解得 $x_1 = 3.34, x_2 = 29, Z_{a=0.1} = 371.38$。

$$\mu_{a=1} = \frac{371.328}{425.28} = 0.873$$

因 $\mu_{a=1} > \mu^*$，故得最优解为 $x_1 = 3.34, x_2 = 29, Z^* = 371.38$。

第五节 遗传算法

一、遗传算法简介

遗传算法（Genetic Algorithm，GA）是由美国的 J. H. Holland 教授于 1975 年首次提出的。这是一种全局优化搜索算法，其基本特征是利用群体进化，即在求解过程中，通过种群不断优化，从而找到满意解或最优解。它只要求优化问题是可计算的，直接在优化准则函数值的引导下，在搜索空间进行自适应全局并行搜索，运行过程简单而计算结果丰富，是目前一类新的通用性强的优化方法。

1. 遗传算法的步骤

(1) 初始化。选择一个群体，即选择一个串或个体的集合 b_i ($i = 1,2,\cdots,n$)，这个初始的群体也就是问题假设解的集合。一般取 $n = 30 \sim 160$。通常以随机方法产生串或个体的集合 b_i ($i = 1,2,\cdots,n$)。问题的最优解将通过这些初始假设解进化而求出。

(2) 选择。根据适者生存原则选择下一代的个体。在选择时，以适应度为选择原则。适应度准则体现了适者生存，不适应者淘汰的自然法则。

给出目标函数 f，则 $f(b_i)$ 称为个体 b_i 的适应度。以

$$p\{\text{选中 } b_i\} = \frac{f(b_i)}{\sum_{j=1}^{n} f(b_j)} \cdot n$$

选中 b_i ——下一代个体的次数。

显然，适应度较高的个体，繁殖下一代的数目较多；适应度较小的个体，繁殖下一代的数目较少，甚至被淘汰。这样，就产生了对环境适应能力较强的后代。从问题求解角度来讲，就是选择出与最优解较接近的中间解。

(3) 交叉。对于选中用于繁殖下一代的个体，随机地选择两个个体的相同位置，按交叉概率 p_c 在选中的位置实行交换。这个过程反映了随机信息交换，目的在于产生新的基因组合，也即产生新的个体。交叉时，可实行单点交叉或多点交叉，一般而言，交叉算子 p_c 取值为 0.25 ~ 0.75。

例如有个体 S_1 = 100 101、S_2 = 010 111，选择它们的左边 3 位进行交叉操作，则产生 S'_1 = 010 101、S'_2 = 100 111。

(4) 变异。根据生物遗传中基因变异的原理，以变异概率 p_m 对某些个体的某些位执行变异。在变异时，对执行变异的串的对应位求反，即把 1 变为 0，把 0 变为 1。变异概率 p_m 与生物变异极小的情况一致，所以，p_m 的取值较小，一般取 0.01 ~ 0.2。

例如个体 S = 101 011，对其第 1、4 位置的基因进行变异，则有 S' = 001 111。

单靠变异不能在求解中得到好处。但是，它能保证算法过程不会产生无法进化的单一

群体。因为在所有的个体一样时，交叉是无法产生新的个体的，这时只能靠变异产生新的个体。也就是说，变异增加了全局优化的特质。

（5）全局最优收敛。当最优个体的适应度达到给定的阈值，或者最优个体的适应度和群体适应度不再上升时，则算法的迭代过程收敛、算法结束。否则，用经过选择、交叉、变异所得到的新一代群体取代上一代群体，并返回到2），即选择操作处继续循环执行（图5－5）。

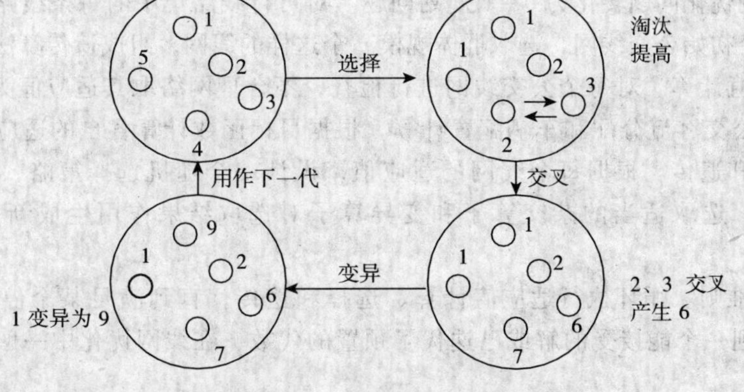

图5－5　遗传算法示意图

2. 遗传算法的应用关键

（1）串的编码方式。这本质是问题编码。一般把问题的各种参数用二进制编码，构成子串；然后把子串拼接构成“染色体”串。串长度及编码形式对算法收敛影响极大。

（2）适应函数的确定。适应函数是问题求解品质的测量函数，往往也称为问题的“环境”。一般可以把问题的模型函数作为对象函数，但有时需要另行构造。

（3）遗传算法自身参数设定。遗传算法自身参数有3个，即群体大小 n 、交叉概率 p_c 和变异概率 p_m 。群体大小 n 太小时难以求出最优解，太大则增长收敛时间，一般 n 取值为30 ～160。交叉概率 p_c 太小时难以向前搜索，太大则容易破坏高适应值的结构，一般 p_c 取值为0.25 ～0.75 。变异概率 p_m 太小时难以产生新的基因结构，太大使遗传算法成了单纯的随机搜索。一般 p_m 取值为0.01 ～0.2 。

二、遗传算法优化公交线网

公交线网由多条公交线路所组成，在城市中符合线路线长、非直线系数等约束的公交线路很多，在线网优化时，可对每一条可行公交线路给出布设与不布设两种决策选择，在数学上可归结为复杂的0－1规划问题，这类问题的计算复杂性与问题的规模之间呈指数增长关系，当问题的规模较大时，工作量大，时间长，虽然计算机技术使得传统方法的求解能力得到改善，但对于大规模复杂函数的优化问题，用传统方法仍然难以得到满意解。遗传算法具有并行搜索能力，可以从解空间中多点出发搜索问题的最优解，适用于大规模复杂优化问题的求解。因此可用遗传算法来解决线网优化问题。采用遗传算法计算公交线网优化的过程为：

（1）优化模型的建立。每个城市都有自己的特点，在建立线网优化模型的时候，应结合城市的用地规模、用地布局、人口规模、经济发展状况以及当地的风土人情，选取适当的约束条件和目标函数。

（2）可行线路集的形成。根据道路节点的性质以及线长、线路弯曲系数的约束，在整个网络中选取可布设公交线路的端点对，并找到相应的公交线路，形成公交可行线路集。

（3）初始化。对每条公交线路在优化线网中有选取和不选两种方案，分别用 1 和 0 表示，将公交线网优化问题转化为 0－1 规划问题。对可行线路集中的每条线路用 0 或 1 随机选取可构成一个初始公交线网，选取群体规模 n 个这样的线网，组成遗传算法的种群 1。

（4）适应值计算。对每个公交线网进行检查，不合理网络取其适应值为 0。对合理的公交线网进行公交客流分配和车辆配置计算，根据目标函数计算各自的适应值。

（5）选择和遗传。根据每个线网的适应值，设计一个随机选择策略，对种群 1 中的线网进行选取；选取适当的杂交算子和变异算子对选取结果作用生成新一代的个体种群 2。

（6）停止准则。循环执行适应值计算、选择和遗传，直到满足某个停止准则。停止准则一般为找到一个能接受的解或已迭代了预置的代数，在线网优化中一般设置最大迭代次数。

（7）线网输出与评价。对线网优化方案输出，评价检验其合理性与正确性。

公交线网优化流程图如图 5－6 所示。

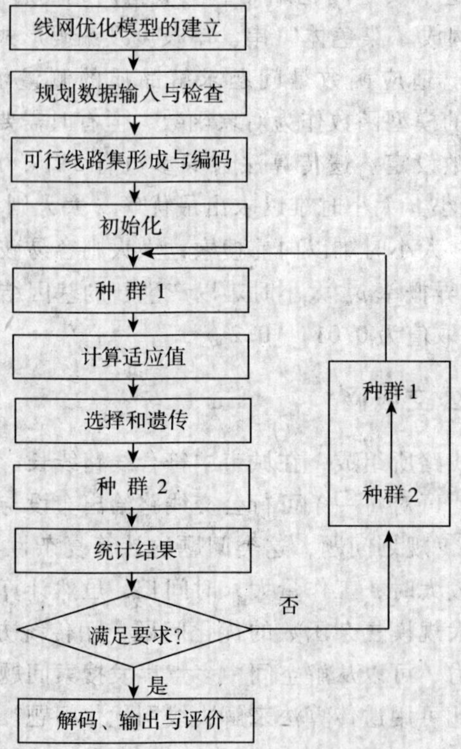

图 5－6 公交线网优化流程图

三、温州滨海新区公交线网优化

温州滨海新区规划（2010）占地 35.2 平方公里，规划总人口 35 万。常规公交是滨海新区公交客流的主要承担者，根据交通预测分析的公交高峰客流量为 33000 人次/小时。规划中将滨海新区总体规划确定的主、次干道及部分具有交通功能的支路作为公交出行路网，并对道路节点分别编码，具体见图 5－7。

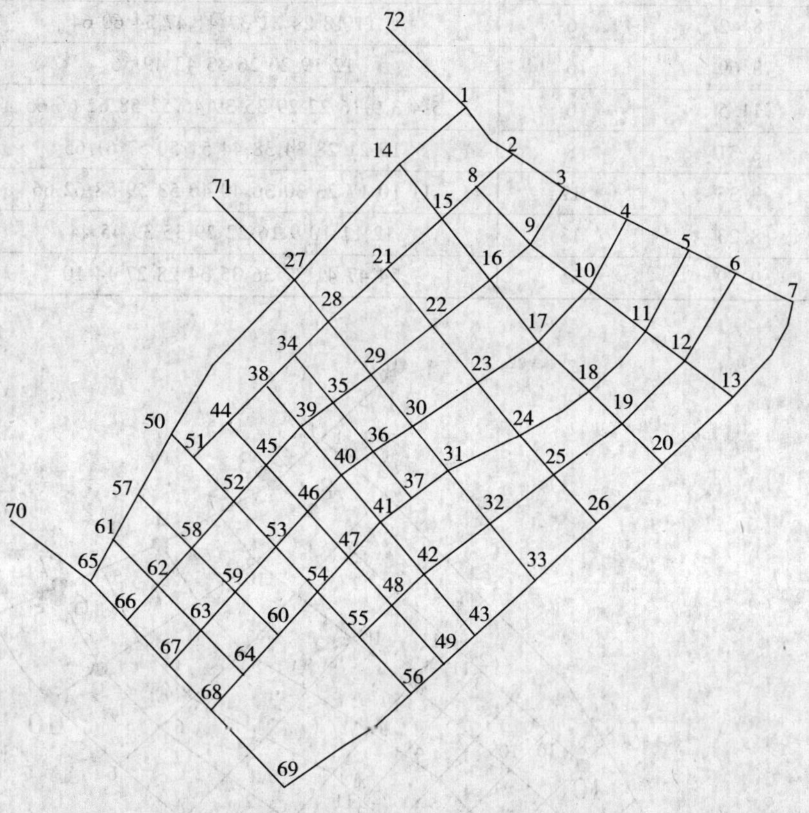

图 5－7　滨海新区规划路网结构及编码图

依据滨海新区的公交客流分布情况，建立公交线网优化函数为：

$$\min\left(a_1 \sum_{i,j=1}^{n} Q_{ij} T_{ij} + a_2 \sum_{k=1}^{m} M_k L_K\right)$$

式中　n——交通区的数目；

Q_{ij}——从交通区 i 到交通区 j 的公交乘客量（人次）；

T_{ij}——从交通区 i 到交通区 j 的公交出行总时间（h）；

m——布设公交线路条数；

M_k——第 k 条线路的发车数（辆/h）；

L_k——第 k 条线路的长度（km）；

a_1、a_2——换算系数。

通过遗传算法优化计算得到由 11 条线路组成的公交线网，见表 5－6、图 5－8。

表 5－6　滨海新区规划公交线路走向表

编号	距离（km）	起点	中间站点	终点
1	9.69	43	33 32 31 30 29 28 27 14 1	72
2	8.15	2	8 15 21 28 34 35 36 37 41 47 48	49
3	10.3	2	8 15 21 28 34 35 36 37 41 47 54 60 64 68	69
4	9.35	4	10 17 23 30 36 37 41 47 54 60 64 68	69
5	8.42	6	5 11 18 24 31 37 41 47 54 60 64	68
6	8.69	6	12 19 20 26 33 43 49 56	69
7	11.5	6	5 4 3 9 16 22 29 35 39 45 52 58 62 66 65	70
8	8.31	8	15 21 28 34 38 44 51 50 57 61 65	70
9	9.35	12	11 10 17 23 30 36 40 46 53 59 58 62 66	65
10	8.23	13	12 11 10 9 16 22 29 35 39 45 44	51
11	9.79	55	54 47 41 37 36 35 34 28 27 14 10	72

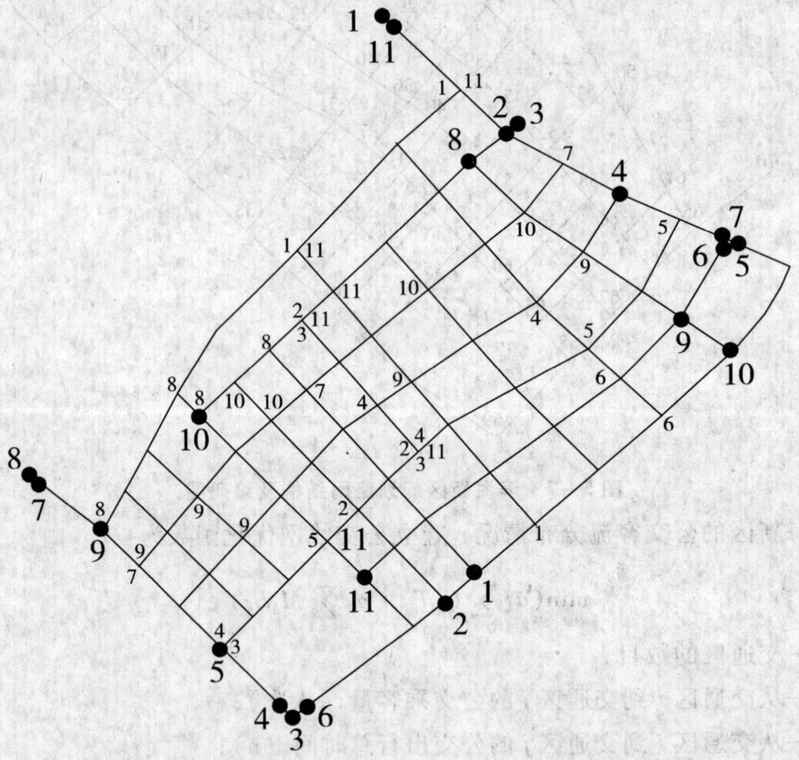

图 5－8　规划公交线路走向图

规划公交线网滨海新区公交线网总长度为 107.71km，线路平均长度 9.25km，平均直线系数为 1.25；公交线网密度为 2.89km/km^2。线网经过 66 个节点，节点覆盖率为 92%；路段总长 60.62km，道路长度覆盖率为 63%。高峰时每小时 OD 量 33 314 人次，直达 OD 量 8902 人次，直达率 26.72%，一次换乘率 57.47%。车辆配置总数 272 辆。滨海新区公交线网在客流效益和网络效率上是令人满意的。各条公交线路评价及车辆配置见表 5－7。

表 5－7　各条公交线路评价及车辆配置表

线路编号	起点	终点	直线距离（km）	线路长度（km）	非直线系数	行车间隔（min）	双向最小配车数（辆）
1	43	72	7.34	9.69	1.32	2.5	36
2	2	49	6.17	8.15	1.32	4	16
3	2	69	8.02	10.28	1.28	3.5	22
4	4	69	7.8	9.35	1.2	4	18
5	6	68	7.9	8.42	1.07	3.5	18
6	6	69	7.99	8.69	1.09	3.5	20
7	6	70	8.75	11.45	1.31	3	30
8	8	70	6.64	8.31	1.25	2.5	26
9	12	65	7.23	9.35	1.29	2.5	28
10	13	51	6.15	8.23	1.34	2	32
11	55	72	7.29	9.79	1.34	3	26

第六节　蚁群算法

一、蚁群算法简介

蚁群算法是受自然界中真实蚁群的集体觅食行为启发而发展起来的一种基于群集智能的进化算法，属于随机搜索算法，它是由意大利学者 Dorigo 等人在 20 世纪 90 年代初首先提出来的。虽然蚂蚁本身的行为极其简单，但由这些简单个体所组成的蚁群却表现出极其复杂的行为特征。如蚁群除了能够找到蚁巢与食物源之间的最短路径外，还能适应环境的变化，即在蚁群运动的路线上突然出现障碍物时，蚂蚁能够很快地重新找到最短路径，蚁群是如何完成这些复杂任务的呢？仿生学家经过大量的观察、研究发现，蚂蚁在寻找食物时，能在其经过的路径上释放一种蚂蚁特有的分泌物——外激素，使得一定范围内的其他蚂蚁能够感觉到这种物质，且倾向于朝着该物质强度高的方向移动。因此，蚁群的集体行为表现为一种信息正反馈现象：某条路径上经过的蚂蚁数越多，其上留下的外激素的痕迹也就越多（当然，随时间的推移会逐渐蒸发掉一部分），后来蚂蚁选择该路径的概率也越高，从而更增加了该路径上外激素的强度。蚁群这种选择路径的过程被称之为自催化行为，其原理可用图 5－9 来表示。

假设图中 *A* 是巢穴，*E* 是食物源，*BCDF* 中间的部分表示存在于 *A*、*E* 之间的障碍物，由于它的存在，从 *A* 点到 *E* 点的蚂蚁就必须在 *B* 点选择应该往左走还是往右走；同样，从 *E* 点到 *A* 点的蚂蚁也必须在 *D* 点作出选择哪条路径的抉择。这种决定会受到各条路径上以往蚂蚁留下的激素浓度（残留信息浓度）的影响，如果向右的路径上的激素浓度比较大，那么向右的路径被蚂蚁选中的可能性就比较大些。设每个时间单位有30只蚂蚁由 A 到达 E，有30只蚂蚁由 E 到达 A，每只蚂蚁过后留下的激素量（以下称信息）为1。在初始时刻，因为没有激素的影响，位于 B、D 的蚂蚁可以随机选择路径。可以认为它们以相同的概率选择这4条路径，由于路径 BCD 比路径 BFD 要短，因此选择 BCD 路径蚂蚁中的第一只蚂蚁要比选择 BFD 的第一只蚂蚁早到达 D 点。此时，从 D 点向 B 点看，指向路径 DCB 的激素要比指向 DFB 的浓度大。经过一个时间单位后，路径 DCB 的激素浓度是路径 DFB 激素浓度的2倍。过一段时间，将有20只蚂蚁经 B 和 C 到达 D，有10只蚂蚁经 B 和 F 到达 D，随着时间的推移，从而使路径 BCD 上激素浓度与路径 BFD 激素浓度的差变大。而激素浓度差变大的结果是选择路径。BCD 的蚂蚁进一步增加，这又导致激素浓度差的进一步增大。最终蚂蚁将完全选择路径 BCD，从而找到蚁巢到食物源的最短路径。

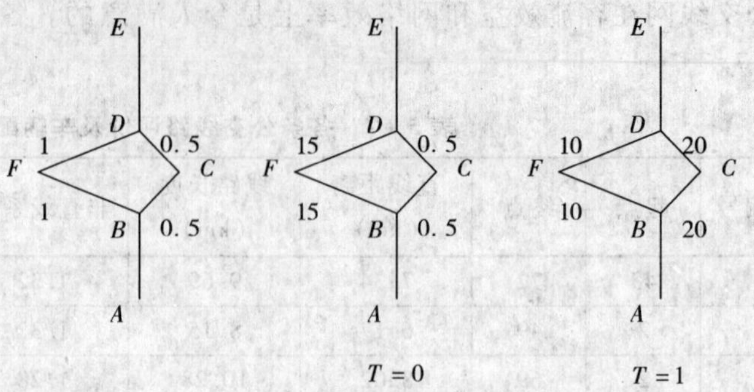

图5-9 蚁群算法原理图

二、公交线网优化的蚁群算法

采用“分层次逐条布设公交线路，优化成网”的思路布设公交线路，以公交线网总费用最小为优化目标，通过蚁群算法搜索最佳路径进行公交线网优化。

首先是公交枢纽选址。公交枢纽选址的原则是基本保持原有公交起讫站点不变，根据交通分区划分和居民公交出行OD调查，适当增加起讫站点，采用专家咨询法统计确定三级公交枢纽及其起讫站点。

其次是布设第一条主干线线路。在每个一级公交起（讫）点上放置1个人工蚂蚁，根据客流量和节点间距确定蚂蚁从该公交站点到其相邻公交站点的转移概率，并取转移概率最大者运动到下一个公交站点（网络节点）。依此类推，直至所有蚂蚁都不再向前运动或到终（起）点。计算每个蚂蚁所运送的直达乘客量、线路长度、非直线系数以及断面客流量不均匀系数等，取起讫点间直达乘客量最大且总费用最小的那条最佳路径为公交线网优化的第一条主干线线路。

接着布设第二条主干线路。修改直达乘客量矩阵，从原直达乘客量矩阵中减去第一条线路运送直达乘客量。考虑线路重复系数的影响，重新调用蚁群算法按布设第一条线路同样的步骤布设第二条线路。

继续布设公交主干线，直到低于最低开线标准为止。

采用同样方法依次布设公交次干线、支线。

按这种方法布设的公交优化线网，层次清晰，走向较合理，既能最大限度地满足公交服务社会的功能，又能兼顾公交企业的利益。

采用蚁群算法经常遇到的一个问题是：由于蚂蚁是靠转移概率向前移动的，移动到何处事先无法预知。所以，在线网布设过程中，可能出现一条满足约束条件且总费用最小的公交线路，但其终点并不能满足设置终点站的情况。这样，初始线路布设后，必须根据实际情况进行调整。具体做法是：判断线路终点是否为起（终）点站，如果是，就把其纳入被选公交线路集里，否则，向前回溯直到公交起（终）点为止，找到起（终）站时，把其列入被选公交线路集中。在最终的被选公交线路集内，选择总费用最小且满足约束条件的线路作为公交线网优化的线路，组成公交优化线网。

在优化过程中，通过采取一系列的限制、修正措施，基本上能满足设线目标和准则。基于蚁群算法的常规公共交通线路优化过程如图 5－10 所示。

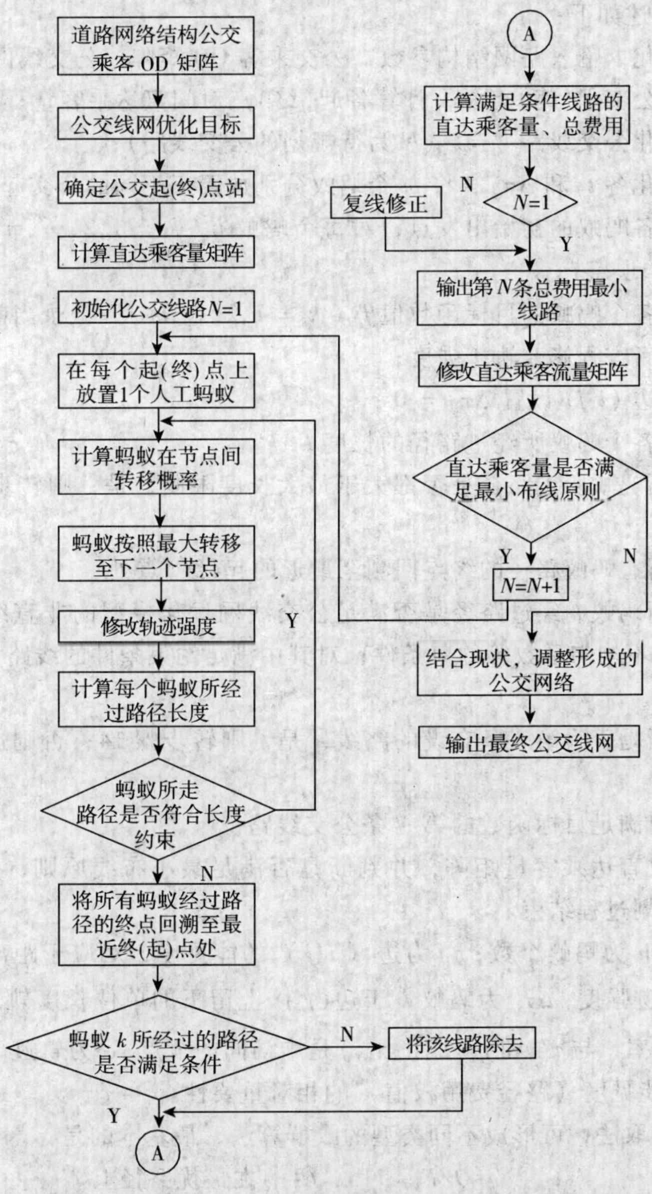

图 5－10　常规公交线网优化流程图

对于一个城市重新建立全新的公交线网或新建城市公交线网规划上述公交线网优化方法无疑是合理的。但是，对于一个建成多年的城市，本身已具备一定规模的公交线网，重新进行全新公交线网规划显然是不合理的。因为人们对新布设线路的认知需要一个较长的过程，这样大规模的更新公交线路必然会对居民出行造成许多不便，显然这与线网优化的初衷是背道而驰的。为了较好地解决这个问题，在对老城市进行线网优化时需要结合现有公交线网和道路网结构对生成的优化线网进行调整。调整的原则是：尽量保留现有线网中的合理线路，对部分线路进行加长、缩短或局部改线处理，剔除不合理的线路，适当增设新线路。

其主要步骤描述如下：

步骤1：初始化，输入路网结构参数，公交乘客OD矩阵，公交线网优化目标函数；

步骤2：确定公交起(终)点站，计算各起(终)点对间直达乘客量；

步骤3：初始化公交线路 $N=1$（N 为待规划的公交线路)；

步骤4：初始化各 t_{ij} 和 $\Delta\tau_{ij}$，将 m 个蚂蚁分别放置于不同的公交起（终）点；

步骤5：记录各蚂蚁的初始出发点，对每个蚂蚁 k（$k=1,2,\cdots,m$），按最大转移概率 p_{ij}^{k} 可移至下一个顶点 j；

步骤6：计算各个蚂蚁的目标函数值 f_k（$k=1,2,\cdots,m$），记录当前的最好值；

步骤7：按更新方程修改轨迹强度；

步骤8：对各边 (i,j) 设置 $\Delta\tau_{ij}=0$；

步骤9：计算各个蚂蚁所经过路径的长度 L；

步骤10：判断蚂蚁所走路径是否都大于最大长度限制，是，则转步骤11；否则转步骤5，继续前进；

步骤11：将所有蚂蚁路径的终点回溯至最近的起(终)点处；

步骤12：判断蚂蚁 k 经过路径是否满足公交线网优化模型的非直线系数、单线载客容量及断面客流量不均匀系数等约束条件；对其中满足约束条件的线路，计算其直达乘客量及总费用值；

步骤13：判断是否为第一条布设的路线，是，则转步骤14；否则进行复线修正后转步骤15；

步骤14：输出满足目标函数的第 N 条公交线路；

步骤15：修改直达乘客量矩阵，并判断是否满足最小布线原则，是，则 $N=N+1$，转步骤4；否则规划过程结束。

优化过程中，m 为蚂蚁个数；n_{ij} 为边（i,j）的能见度，对应于距离的倒数 $1/d_{ij}$；t_{ij} 为边（i,j）的轨迹强度；$\Delta\tau_{ij}$ 为蚂蚁 k 于边(i,j)上留下的单位长度轨迹信息素数量；P_{ij}^{k} 为蚂蚁 k 的转移概率，与 $\tau_{i,j}^{\alpha}$ 和 $\eta_{i,j}^{\beta}$ 成正比，j 是未访问的节点；α 为轨迹（信息素浓度）的相对重要性；β 为能见度（路径费用权值）的相对重要性。

按 $\Delta\tau_{ij}$ 的不同取法，可形成不同类型的蚁群算法，最基本的是：

$$\Delta\tau_{ij}=\begin{cases}Q/F_k & (i,j)\text{在最优路径上}\\0 & \text{其他}\end{cases}$$

式中　F_k——目标函数，即总费用；

Q——体现蚂蚁所保留轨迹数量的一个常数。

轨迹强度的更新方程为：

$$\tau_{ij}(t+n)=\rho\cdot\tau_{ij}(t)+\Delta\tau_{ij}$$

式中　ρ——轨迹的持久性（$0\leqslant\rho\leqslant1$）。

蚁群算法没有精确的公式进行参数选择。在确定参数值时，往往先在一个大概范围内进行实验，然后对实验结果进行比较分析，依据不同参数对实验结果的影响趋势，来调整下一步实验采用的实验范围。最终系统得到一组结果相对理想的参数对。

蚁群算法主要考察的参数有4个：

（1）α：信息素浓度的相对重要性参数，$\alpha\geqslant0$；

（2）β：路径费用权值的相对重要性参数，$\beta\geqslant0$；

（3）ρ：信息素浓度随时间变化而剩余的比例，$0\leqslant\rho<1$（$1-\rho$即为信息素挥发比例）；

（4）Q：蚂蚁所释放的信息素常量。

在确定参数过程中，根据国内外的研究情况暂时取$\alpha=1$、$\beta=1$、$\rho=0.9$、$Q=1000$，然后每次只改变其中一项参数值，而保持其他参数不变，进行实验。分析实验结果，取结果的平均值和均方差进行比较，以便消除随机扰动的影响，经过大量实验，可以发现：

（1）Q的不同取值对实验结果的影响相当小，即蚂蚁在完成一次寻径后，释放在路径上的信息素总量对接下来的寻径过程影响不大，故取$Q=1000$。

（2）由于ρ的取值范围为（0，1），将其离散化进行实验。实验结果显示，当ρ从$0.2\rightarrow0.98$时，结果越来越好；当ρ大于0.98时，寻径效果也不理想。因此取$\rho=0.98$。

（3）保持其他参数不变，分几组进行实验，可以发现$\alpha\in(0.6,0.8)$、$\beta\in(0.9,1.4)$时，实验结果均较好，尤其当$(\alpha,\beta)=(0.8,1.2)$时，结果最理想，所以取$\alpha=0.8$、$\beta=1.2$。

第六章　交通网络技术

第一节　图与网络

一、图与网络系统

1. 图的定义

在实际工程中，许多工程系统都可以用图形来描述，如公路运输系统、城市公交系统、城市给排水系统及通信系统等，这些系统都可以用节点与连线所组成的网络来描述。有一些计划工作，也可按其相互关系绘制成网络形式，可以认为是沿时间展开的网络。把一个工程课题的各种物理量之间的关系用一个抽象的图或网络来描述，用图与网络的性质求解网络模型往往比求解数学模型简单得多。

图论中所研究的图与人们通常熟悉的图（如数学中各种几何图形、函数图形）是完全不同的。图论中所研究的图是指由若干个点和连接这些点中某些“点对”的连线所组成的图形，它可不按比例尺画，线段不代表真正的长度，点和线条的位置也是随意的。图中的点称之为顶点，线条称之为边，在图论中，用顶点表示所研究的对象，用边表示研究对象间的某种特定关系。

例如图 6－1（a）表示某地区的公路交通网，A、B、C、D、E、F 表示 6 个城镇，连线表示两城镇间的公路，如连线 AE 表示城镇 A、E 间有公路相通这种特定关系。而我们研究的问题又只是着眼于“两城镇间有无公路相通”这一特定关系，公路的长度、曲直、坡度、海拔高度、城镇的具体位置都不是主要问题，那么就可以用图 6－1（b）所示的网状图来代替图 6－1（a）所示的公路交通网。

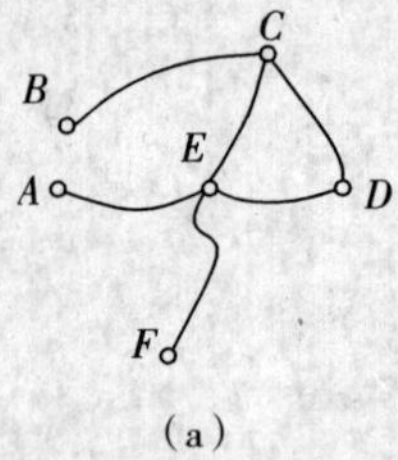

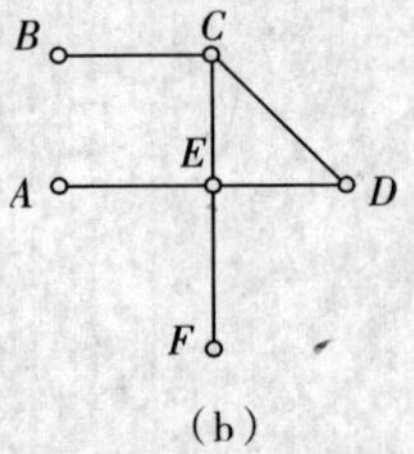

图 6－1　图的转化过程

从图 6－1（b）看不出它所代表的具体含义，这种抽象图既可以表示公路交通系统，也可以表示农田灌溉系统或通信系统。在图论及网络理论中，对图的讨论是将图的具体内容抛开，研究抽象图的一般规律及典型问题的分析和求解方法。

图是顶点和边的集合，记为 $G=(V,E)$，V 代表点集合，E 代表边集合。例如图 6－2

中 $V=\{V_1,V_2,V_3,V_4,V_5,V_6\}$，$E=\{e_1,e_2,e_3,e_4,e_5,e_6,e_7,e_8\}$。若某条边 e_k 连接点 V_i,V_j，则记之为 $e_k=[V_i,V_j]$，若 $e_k=[V_i,V_j]\in E$，则称 V_i,V_j 为边 e_k 的端点，称 e_k 为点 V_i 及 V_j 的关联边，如图 6－2 中 $e_2=[V_1,V_5]$，则 V_1,V_5 为 e_2 的端点，而 e_2 为点 V_1,V_5 的关联边。若一条边的两个端点重合，则称该边为环，如图 6－2 中的边 e_8。若两点之间多于一边时，则称这些边为多重边，如图中的 e_4、e_7。若一个图中既没有环也没有多重边，这样的图称之为简单图，如图 6－1（b）就是一个简单图。

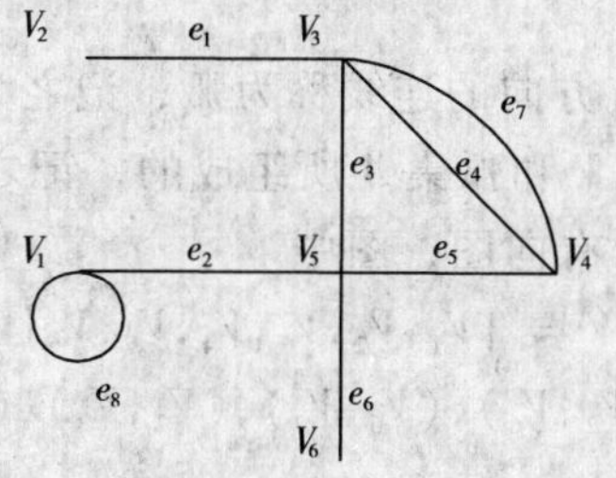

图 6－2　图的定义

2. 连通图

图中，若存在某一个点与边的连续交替序列 $\{V_{i1},e_{i1},V_{i2},e_{i2},\cdots,V_{ik-1},e_{ik-1},V_{ik}\}$，则称这个点边序列为一条从 V_{i1} 点到 V_{ik} 点的链，简记为 $\{V_{i1},V_{i2},\cdots,V_{ik}\}$。链 $\{V_{i1},V_{i2},\cdots,V_{ik}\}$ 中，若 $V_{i1}=V_{ik}$，即链的起点与终点重合，则称之为圈，圈实际上是闭链。若链（圈）中所含的边均不相同，则称之为简单链（圈）；若点也不相同，则称之为初等链（圈）。例如在图 6－3（a）中，$\mu_1=\{V_1,V_2,V_4,V_5,V_3,V_2,V_4,V_6\}$ 为一条从 V_1 到 V_6 的链，但它不是简单链，因为 $\{V_2,V_4\}$ 重复两次。$\mu_2=\{V_1,V_2,V_3,V_1\}$ 为初等圈，$\mu_3=\{V_1,V_2,V_5,V_3,V_2,V_4\}$ 为简单链，$\mu_4=\{V_1,V_2,V_5,V_4,V_6\}$ 为初等链。

在一个图中，若任何两点之间至少存在一条链，则称这个图为连通图，否则就称为不连通图。图 6－3 中除图 6－3（d）外均为连通图，在图 6－3（d）中，点 V_6 与点 V_4 之间不存在链，故为不连通图。

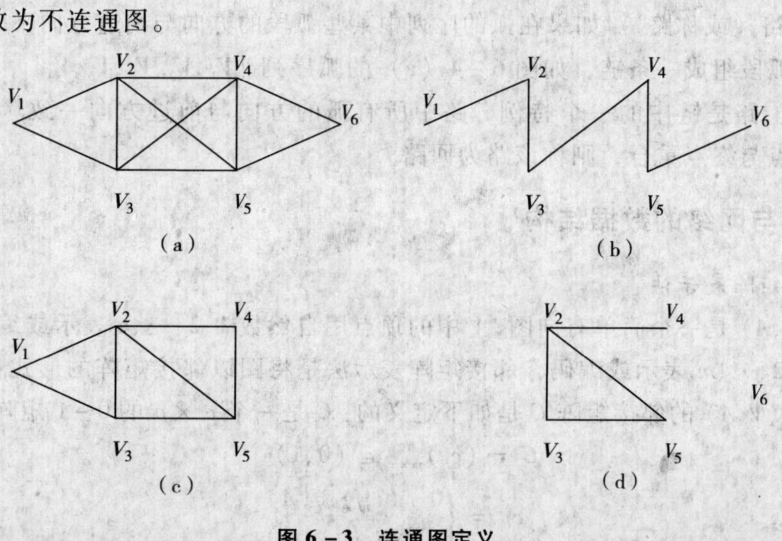

图 6－3　连通图定义

3. 无向图与有向图

图中不规定从一点到另一点的方向，即从 V_i 到 V_j 与从 V_j 到 V_i 都是一样的，这种图称之为无向图。如果图中每条边均表明方向，规定只能从 $V_i \to V_j$，不能从 $V_j \to V_i$，这样的图称之为有向图。在实际问题中，有些问题可用无向图来描述，如市政管道系统、双向行驶的交通网络。但有些问题用无向图就无法描述，如交通网络中的单行线，一项工程中各项工序之间的先后关系等，显然，这些关系仅用边时反映不出来的，还必须标明各边的方向。

在有向图中，点与点之间有方向的连线称为弧，记之为 $A = (V_i, V_j)$，(V_i, V_j) 与 (V_j, V_i) 是不同的。有向图是由点集 V 和弧集 A 所组成的，记之为 $D = (V, A)$。

例如图 6－4（a）就是一个有向图，图中

$$V = \{V_1, V_2, V_3, V_4, V_5, V_6\}$$

$$A = \{(V_1,V_2),(V_1,V_6),(V_2,V_6),(V_6,V_2),(V_2,V_3),(V_2,V_5),(V_6,V_5),(V_5,V_3),(V_3,V_4),(V_5,V_4)\}$$

如果从一个有向图中去掉箭头，就得到一个无向图，见图 6－4（b）。

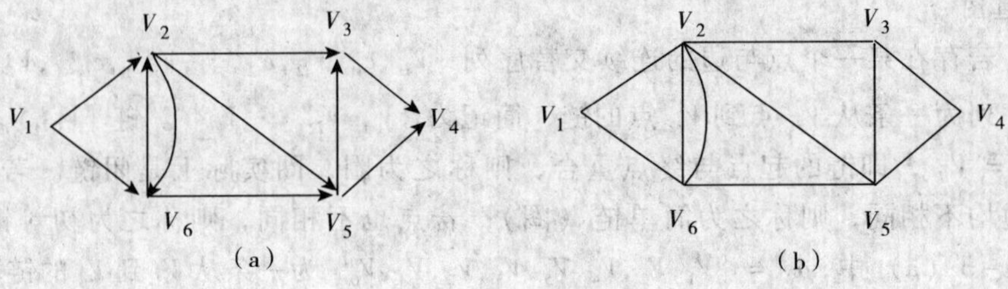

图 6－4 有向图与无向图

（a）有向图；（b）无向图

有向图 6－4（a）中，从 V_1 到 V_4 沿箭头方向排列一些弧段 $\{V_1, V_2, V_5, V_3, V_4\}$，这些弧段组成一个连续弧的序列，在此序列中各弧段首尾连接而不重复，这就形成了从 V_1 到 V_4 的一条通路（或称路）。如果在弧的序列中某些弧段的方向与前进方向不一致，则从起点到终点各弧段组成一条链，如图 6－4（a）的弧序列 $\{V_1, V_2, V_3, V_5, V_4\}$，便是从 V_1 到 V_4 的一条链。路是链中的一个特例，路中所有弧的方向与前进方向一致。在有向图中，如果路的起点与终点重合，则称该路为回路。

二、图与网络的数据结构

1. 邻接矩阵表示法

$G = (V, A)$ 是一个简单有向图，V 中的顶点用自然数 1、2、…、n 表示或编码，A 中的弧用自然数 1、2、…、m 表示或编码，邻接矩阵表示法是将图以邻接矩阵的形式存储在计算机中。图 $G = (V, A)$ 的邻接矩阵 C 是如下定义的：C 是一个 $n \times n$ 的 0－1 矩阵，即：

$$C = (c_{ij})_{m \times n} \in (0,1)^{m \times n}$$

$$c_{ij} = \begin{cases} 0 & (i,j) \notin A \\ 1 & (i,j) \in A \end{cases}$$

也就是说，如果两点之间有一条弧，则邻接矩阵中对应的元素为 1，否则为 0。每行元素之和正好对应顶点的出度，每列元素之和正好是对应顶点的入度。可以看出，这种表示法非常简单、直接。但是，在邻接矩阵的所有 n^2 个元素中，只有 m 个非零元素。如果网络比较稀疏，这种表示法浪费大量的存储空间，从而增加了在网络中查找弧的时间。

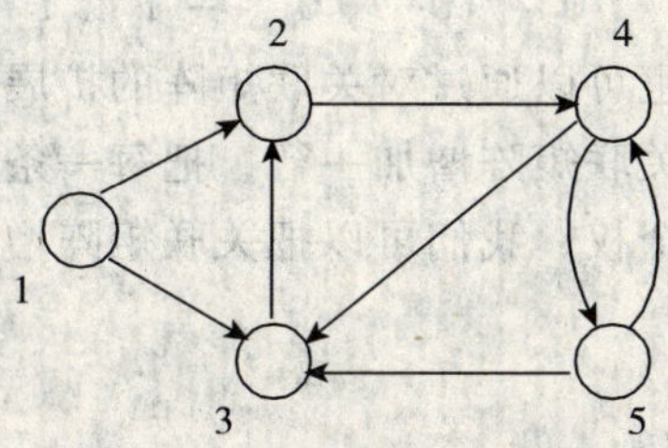

图 6－5　有向简单图的例子

图 6－5 为有向简单图的一个例子，其所示的网络图，可以用邻接矩阵表示为：

$$\begin{bmatrix} 0 & 1 & 1 & 0 & 0 \\ 0 & 0 & 0 & 1 & 0 \\ 0 & 1 & 0 & 0 & 0 \\ 0 & 0 & 1 & 0 & 1 \\ 0 & 0 & 1 & 1 & 0 \end{bmatrix}$$

同样，对于网络中的权，也可以用类似邻接矩阵的 $n \times n$ 矩阵表示。只是此时一条弧所对应的元素不再是 1，而是相应的权而已。如果网络中每条弧赋有多种权，则可以用多个矩阵表示这些权。

2. 关联矩阵表示法

关联矩阵表示法是将图以关联矩阵的形式存储在计算机中。图 $G = (V,A)$ 的关联矩阵 B 是如下定义的：B 是一个 $n \times m$ 的矩阵，即：

$$B = (b_{ik})_{n \times m} \in \{-1,0,1\}^{n \times m}$$

$$b_{ik} = \begin{cases} 1 & \exists j \in V, k = (i,j) \in A \\ -1 & \exists j \in V, k = (j,i) \in A \\ 0 & \text{其他} \end{cases}$$

也就是说，在关联矩阵中，每行对应于图的一个节点，每列对应于图的一条弧。如果一个节点是一条弧的起点，则关联矩阵中对应的元素为 1；如果一个节点是一条弧的终点，则关联矩阵中对应的元素为 -1；如果一个节点与一条弧不关联，则关联矩阵中对应的元素为 0。对于简单图，关联矩阵中每列只含有两个非零元素（+1，-1）。在关联矩阵中，每行元素 1 的个数正好是对应顶点的出度，每行元素 -1 的个数正好是对应顶点的入度。可以看出，这种表示法也非常简单、直接。但是，在关联矩阵的所有 $n \times m$ 个元素中，只有 $2m$ 个为非零元素。如果网络比较稀疏，这种表示法也会浪费大量的存储空间。

图 6－5 中，如果关联矩阵中每列对应的弧顺序为 (1,2)、(1,3)、(2,4)、(3,2)、(4,3)、(4,5)、(5,3) 和 (5,4)，则关联矩阵表示为：

$$\begin{bmatrix} 1 & 1 & 0 & 0 & 0 & 0 & 0 & 0 \\ -1 & 0 & 1 & -1 & 0 & 0 & 0 & 0 \\ 0 & -1 & 0 & 1 & -1 & 0 & -1 & 0 \\ 0 & 0 & -1 & 0 & 1 & 1 & 0 & -1 \\ 0 & 0 & 0 & 0 & 0 & -1 & 1 & 1 \end{bmatrix}$$

同样，对于网络中的权，也可以通过对关联矩阵的扩展来表示。例如，如果网络中每条弧赋有一个权，我们可以把关联矩阵增加一行，把每一条弧所对应的权存储在增加的列中。如果网络中每条弧赋有多个权，我们可以把关联矩阵增加相应的行数，把每一条弧所对应的权存储在增加的行中。

3. 弧表表示法

弧表表示法将图以弧表的形式存储在计算机中。所谓弧表，也就是图的弧集合中的所有有序对。弧表表示法直接列出所有弧的起点和终点，共需 2 m 个存储单元，当网络比较稀疏时比较方便。此外，对于网络图中每条弧上的权，也要对应地用额外的存储单元表示。如图 6－5 中，弧（1,2）、（1,3）、（2,4）、（3,2）、（4,3）、（4,5）、（5,3）和（5,4）的权分别为 8、9、6、4、0、3、6 和 7，则弧表表示如表 6－1。

表 6－1　弧表表示

起点	1	1	2	3	4	4	5	5
终点	2	3	4	2	3	5	3	4
权	8	9	6	4	0	3	6	7

为了便于检索，一般按照起点、终点的自然顺序存储弧表。

4. 邻接表表示法

邻接表表示法将图以邻接表的形式存储在计算机中。所谓图的邻接表，也就是图的所有节点的邻接表的集合；而对每个节点，它的邻接表就是它的所有出弧。邻接表表示法就是对图的每个节点，用一个单向链列出该节点出发的所有弧，链表中每个单元对应于一条出弧。为了记录弧上的权，链表中每个单元除列出弧的另一个端点外，还可以包含弧上的权等作为数据域。图的整个邻接表可以用一个指针数组表示。例如，图 6－5 所示的网络图，邻接表表示为图 6－6。

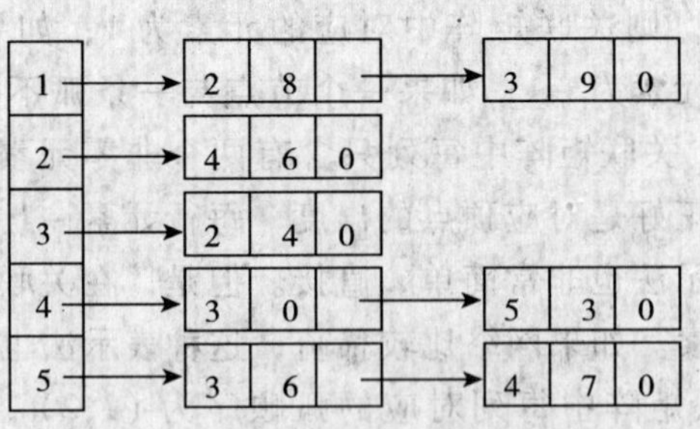

图 6－6　邻接表示图

这是一个5维指针数组，每一维（上面表示法中的每一行）对应于一个节点的邻接表，如第1行对应于第1个节点的邻接表（即第一个节点的所有出弧）。每个指针单元的第1个数据域表示弧的另一个端点（弧的头），后面的数据域表示对应弧上的权。如第1行中的“2”表示弧的另一个端点为2［即弧为（1,2）］，“8”表示对应弧（1,2）上的权为8；“3”表示弧的另一个端点为3［即弧为（1,3）］，“9”表示对应弧（1,3）上的权为9；“0”表示邻接点结束，空格表示还有邻接点。又如，第5行说明节点5出发的弧有（5,3）、（5,4），它们对应的权分别为6和7。

三、规划交通网络的形成

实际的交通网是由不同的交通方式构成的，各点、线都具有不同的技术经济特性，而且包括众多的网络边和节点，典型的如城市交通网，实际交通网可能有数百个节点和上千条边，网络中的点对、路径更是数量惊人。这样的实际网络如何表达以适应计算机和数学处理而又不失相对准确性呢？这就要求对实际交通网进行数学抽象及简化处理。实际交通网转化一般经过以下步骤：

（1）划分区域的地理以及网络边界，使之形成一个相对独立的网络；

（2）对实际网络的点、边进行合并、简化，并保留具有重要价值的中转点、交叉点，以保证简化网络的准确性。这样，网络中的边经过简化，网络中的点就是质心、中转点、交叉点和网络与大系统的边界点，边界点可以代表区外交通流的收发活动。

（3）用网络图论方式反映网络的结构及供给特性，使多种运输方式的复杂网络化成统一的可用于数学及计算机处理的抽象网络。

网络连通性、网络中不同的运输方式、不同的边，分别用不同的特征矩阵来表示。常用矩阵如网络邻接矩阵（表达网络连通性）：

$$Q = \{q_{ij}\} \quad q_{ij} = \begin{cases} 0 & (i\text{、}j\text{两点不相邻}) \\ 1 & (i\text{、}j\text{两点直接连通}) \end{cases}$$

距离矩阵（边长）：

$$L = \{l_{ij}\}$$

式中 l_{ij} 表示 i、j 两点间边的长度；$l_{ij} = \infty$ 表示两点间无直接联系。

通行能力矩阵：

$$P = \{p_{ij}\}$$

式中 p_{ij} 表示 i、j 两点间线路通行能力；$p_{ij} = 0$ 表示两点间无边相连。

费率矩阵：

$$C = \{c_{ij}\}$$

式中 c_{ij} 表示 i、j 两点间单位运输费用（运价、成本）以及其他如速度、能耗、通过时间等各种特性。

另外，每条边上的运输特性均可以用服务特性矢量来表示，如：

$$S_{ij} = \{v, t, f, m, \cdots\}$$

式中 v、t、f、m 分别表示速度、时间、费率、服务频率。

第二节　最小生成树问题

一、最小生成树问题

一个无圈的连通图称为树，树具有以下性质：

（1）任意两点之间必有一条且仅有一条链。

（2）去掉任一条边，则树成为不连通图。

（3）任何两个顶点间添上一条边，恰好得到一个圈。

设图 $G(V,E)$，对 G 中的每一条边 $[v_i,v_j]$，相应地有一个数 w_{ij}，称这个数为边 $[v_i,v_j]$ 上的权，G 连同边上的权称为赋权图。这里所说的“权”，是指与边有关的数量指标，根据实际问题的需要，可以赋于不同的含义，例如表示距离、时间、费用或流量等。

设有一连通图 $G(V,E)$，对于每一条边 $[v_i,v_j]$，有一权 $w_{ij}\geqslant 0$，最小树问题就是求图 G 的生成树 T，使得：$W(T)=\sum\limits_{[v_i,v_j]\in T} w_{ij}$ 取得最小值。在 G 的所有生成树中，权数最小的生成树称为 G 的最小生成树。

二、最小生成树计算

1. 破圈法

图中任取一圈，从圈中去掉一条权最大的边，在余下的圈中，重复这个步骤，直到无圈时为止，即可求出最小生成树。

某城市有 6 个居民点，道路交通图如图 6－7 所示，现要沿道路铺设煤气管道，将 6 个居民点联成网，已知每条道路的长度，求使管道长度最短的铺设方案。

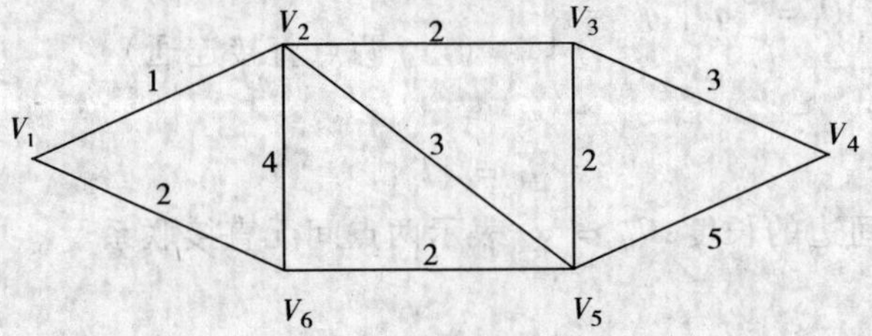

图 6－7　居民出行道路交通图

由于煤气管道只能沿着道路布设，并要求通到所有居民点，故表示煤气管道的图必须为道路图的部分图，为了使管道总长最短，途中不应有圈，故原问题为一个求最小树的问题。任取一圈 $\{V_1,V_2,V_6,V_1\}$，去掉权最大的边 $[V_2,V_6]$；取圈 $\{V_3,V_4,V_5,V_3\}$，去掉权最大的边 $[V_4,V_5]$；取圈 $\{V_2,V_3,V_5,V_2\}$，去掉权最大的边 $[V_5,V_2]$；取圈 $\{V_1,V_2,V_3,V_5,V_6,V_1\}$，去掉权最大的边 $[V_5,V_6]$；得最小部分树，该图即为管道总长为最短的铺设方案，管道总长（即最小树的权之和）为 10 个单位，求解过程见图 6－8。

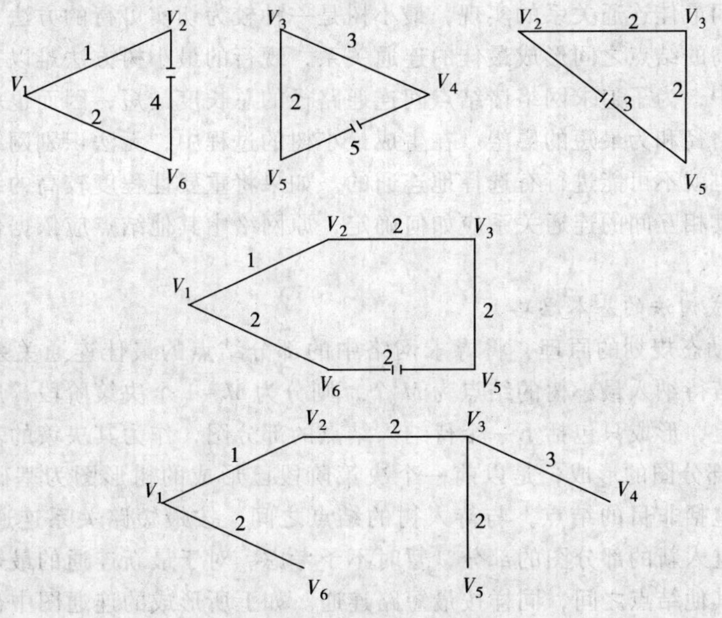

图 6-8　破圈法求解过程

2. 避圈法

先从图中选一条权最小的边，以后每步从未选的边中，选一条权最小的边，使与已选的边不构成圈，直到形成生成树。

用避圈法求最小树，先取权最小的边 [V_1,V_2]，在余下的边中，最小权为 2，这样的边有 4 条，可以任取其中的　条，但应不构成圈，故取 [V_1,V_6]，再取 [V_2,V_3]、[V_6, V_5]，这时不能再取边 [V_3,V_5]，否则将构成圈。取不构成圈的边中权最小的边 [V_3, V_4]，连通所有点形成最小树。与破圈法的最小树不一致，但权之和是相同的，都是 10 个单位，可见最小树不是唯一的，但它们的最小权是唯一的。图 6-9 为避圈法求解过程示意图。

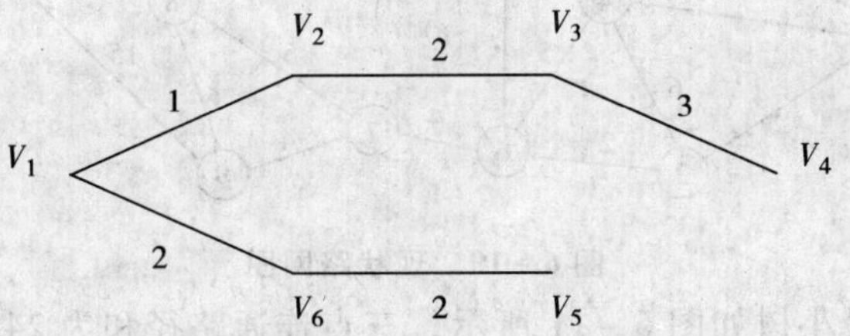

图 6-9　避圈法求解过程

三、逐步生成树法

1. 问题的提出

区域公路网规划中，一方面要在原有路网的基础上，根据新的形势，扩大路网的深入程度，提高路网的密度；同时还要作出路网技术改造规划，对部分结点间的连通关系分别提升到相应的等级，因而，提出了一个如何实现网络中部分结点最佳连通关系的问题。

网络结点间最佳连通关系的实现，最小树是一种较为切实可行的方法，但如何在部分重要性程度较高的结点之间形成最佳的连通关系，现行的最小树方法难以完全胜任。在求最小树的过程中，为了追求网络诸结点间连通路径的总长度最短，因而也就无法实现其部分结点间连通路径和为最短的愿望。在生成最小树的过程中，无法识别网络中各结点的重要程度，因而也就不可能进行有选择地连通的。如果将重要性程度较高的结点从原网络中分离出来，则其相互间的连通关系应如何确定，原网络中其他结点应依据什么样的原则进行取舍？

2. 逐步生成树法的基本思路

（1）基于动态规划的原理，将寻求网络中的部分结点的最佳连通关系，划分为若干个决策阶段，若待纳入最小树的结点为 M 个，则分为 $M-1$ 个决策阶段，后续决策是在前一决策的基础上，形成只包括下一个待纳入结点的部分图，作为其决策的基础。

（2）新的部分图的形成，是以前一个决策阶段已形成的树形图为基础的，将图上的所有的结点，包括非目的结点，与待入树的结点之间，按最短路关系连通形成新的部分图。对于尚未进入新的部分图的部分，暂时不予考虑。对于最新连通的最短路上除去起讫点之外的所有其他结点之间，同样按最短路连通。如上所形成的连通图中，凡只有两条边与之相邻接的结点，将与其相邻接的两条边归并为一条边，将两条边的权数之和作为新边的权数，其他情况不变。

（3）在如上所构成的部分图上求最小树，形成新的扩展了的最小树，删除树上的那些非目的结点的末端点。

（4）依此类推，直至将所有待入树的结点全部入树，其结果即为所求。

3. 举例

如图 6－10 所示的网络中，需将 1、5、9 三个结点用较高级别路段连通。

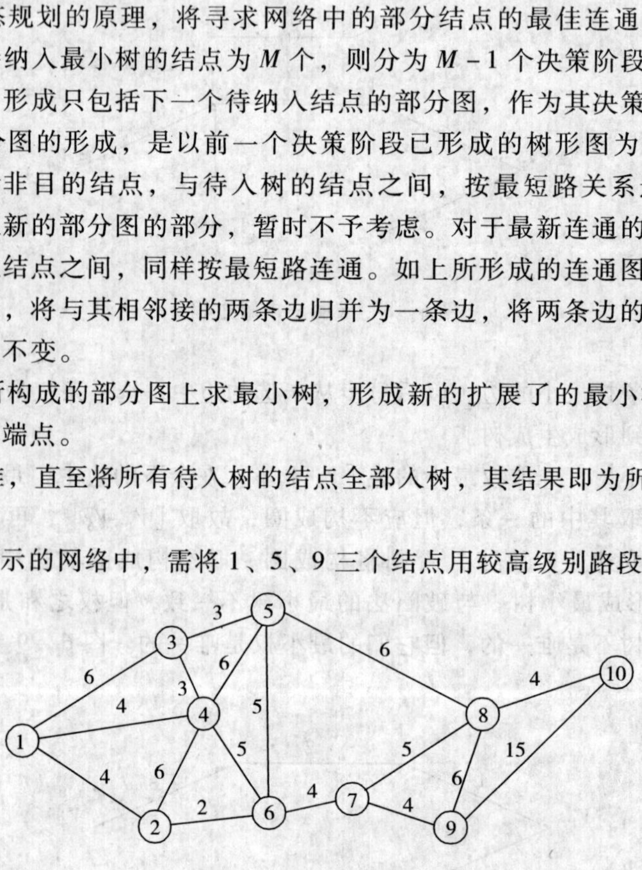

图 6－10 现状路网图

按常规方法生成最小树如图 6－11 所示，三点连通路径和为 24。

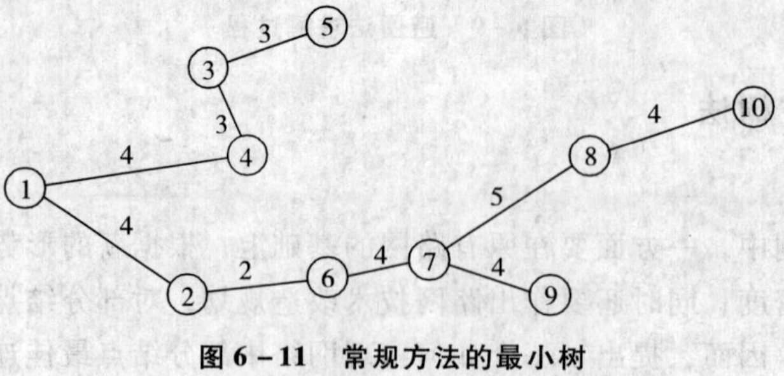

图 6－11 常规方法的最小树

仅将要纳入树的部分结点按最短路连通时形成的网络图，获得的最小树为。先将 1、5、9 三点间按最短路连通形成新的网络（图 6－12）；再求最小树（图 6－13），其权数和为 21。

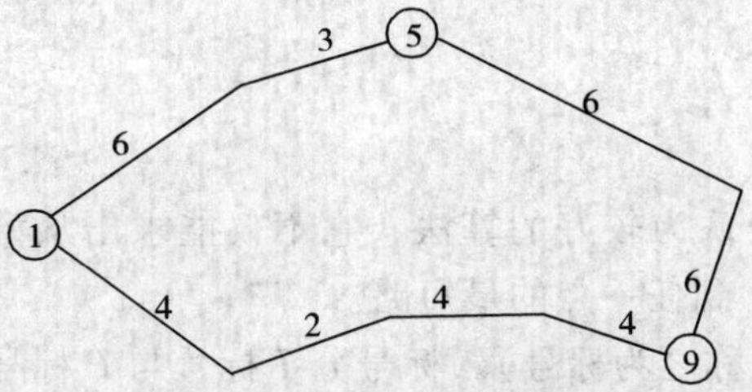

图 6－12　1、5、9 的连通图

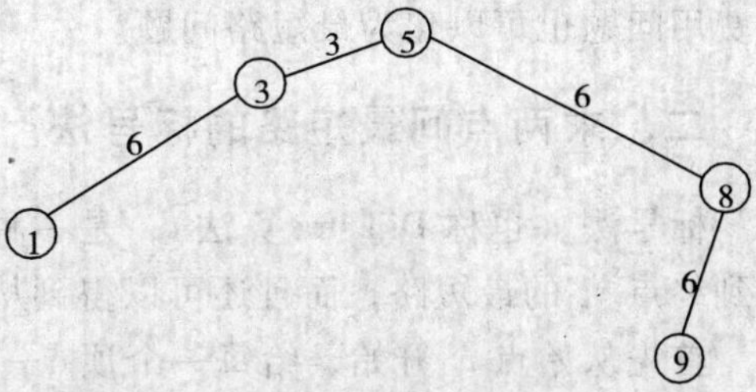

图 6－13　1、5、9 的连通图的最小树

按逐步生成法成图并求最小树。先将结点 5 和结点 9 按最短路连通，再将结点 1 及连通结点 1 与仅包括结点 5 和结点 9 的最小树上的各结点的所有的连通路纳入新的树形图之中，如图 6－14 所示。所生成的最小树如图 6－15 所示，权数和为 19。

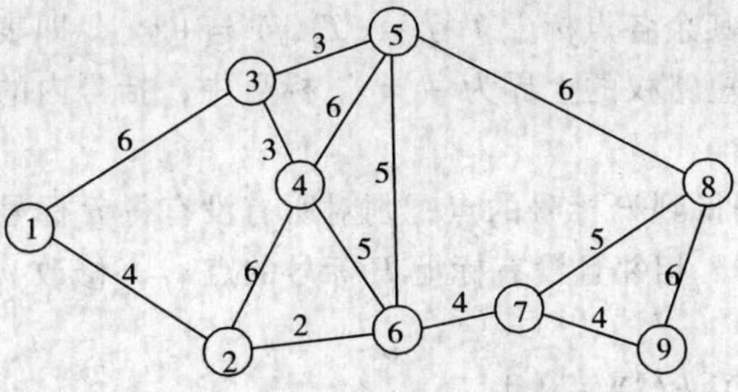

图 6－14　树形结构图

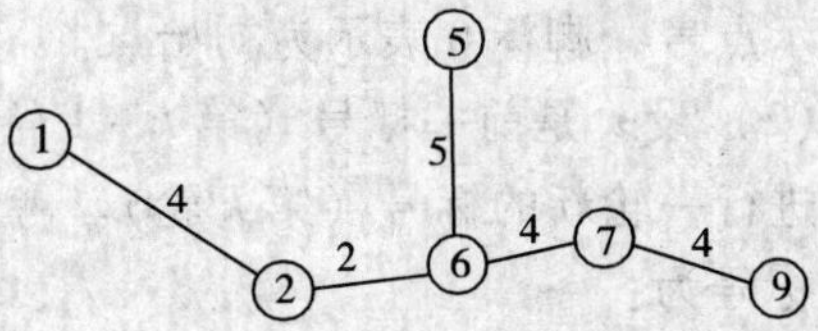

图 6－15　最后的最小树

从分析结果来看逐步生成法在形成网络中部分结点之间的最小树时，是一种既能使结果最接近优化日标，其操作过程又比较规范的可行方法。

第三节　最短路问题

一、最短路问题

设在有向图 $G=(V,E)$ 中，$V=\{v_1, v_2, \cdots, v_n\}$，$E=\{e_1, e_2, \cdots, e_n\}$，$G$ 中每边都有一个非负实数权值，则称 G 为非负赋权图（权可表示距离、费用和时间等）。

设 p 为图 G 中 u 至 v 的路径，则定义 p 的长度：

$$W(P) = \sum_{e \in p} W(e)$$

若 p^* 为 u 至 v 的路径且满足：

$$W(P^*) = \min[W(P)]$$

则称 p^* 为 u 至 v 的最短路径。

最短路问题可以用线性规划或非线性规划的方法求解，也可以处理成动态规划问题求解，但算法不经济。

许多工程实际问题可以归纳为最短路问题，如交通网络规划、管道铺设等。另外如拟定施工网络计划的关键线路法，实际上是求工序流程图的最短路线，而运输网络中寻找最小费用问题也可以化为最短路问题。

二、求两点间最短路的标号法

标号法（也称 Dijkstra 算法），是一种目前公认为较好的算法，它不仅能求出从始点 v_1 到终点 v_n 的最短路，而且还可以得到从始点 v_1 到任一点的最短路。

首先从始点 v_1 开始，给每一个顶点一个数（称之为标号），标号分 T 标号与 P 标号两种。T 标号表示从始点 v_1 到这一点的最短路权的上界，称为临时标号；P 标号表示从 v_1 到该点的最短路权，称为固定标号。已得到 P 标号的点不再改变，凡是没有标上 P 标号的点，标上 T 标号。算法的每一步是把某一点的 T 标号修改为 P 标号，经过有限步后，就可给所有的点标上 P 标号，即得到从始点到每一点的最短路权。

计算步骤如下：

（1）开始，给 v_1 标上 P 标号，$P(1)=0$，其余各点标上 T 标号；$T_0(j)=+\infty$，即表示从 v_1 到 v_1 的最短路权为 0，从 v_1 到各点的最短路权的上界为 $+\infty$。标号中，括号内的数表示点号，脚标 0 表示为初始点。

（2）设 v_i 是前一标号（第 $k-1$ 轮标号）刚得到 P 标号的点，则对所有没有得 P 标号的点进行一轮新的标号（第 k 轮）。考虑所有与 v_i 相邻且没有标上 P 标号的点 v_j，修改 v_j 的 T 标号为：

$$T_k(j)=\min[T_{k-1}(j),P(i)+d_{ij}]$$

式中　d_{ij}——v_i 到 v_j 的距离（权）。

在所有的 T 标号中，寻找一个最小的 T 标号 $T_k(j_0)$

$$T_k(j_0)=\min[T_k(j),T(l)]$$

式中　$T(l)$——与 v_i 所有不相邻点 v_l 已取得的 T 标号。

给点 v_{j_0} 标上 P 标号 $P(j_0)=T_k(j_0)$。

（3）若 G 中已没有 T 标号，则算法结束，否则转入第（2）步。

某地区 4 个城镇间的公路交通网如图 6-16 所示。城镇 1 有一批货物需运往城镇 4。网络边上的数据为综合运输费用。如何选择路线才能使总的综合运费最少？

这是一个最短路问题，像这样一个相当简单的网络，我们可以穷举可能的路线，从中选择最短的一条，如果网络比较复杂，各种可能的路线多得不胜枚举，就需要采用更有效的办法来找出最短路。标号法的求解过程见图 6-16。

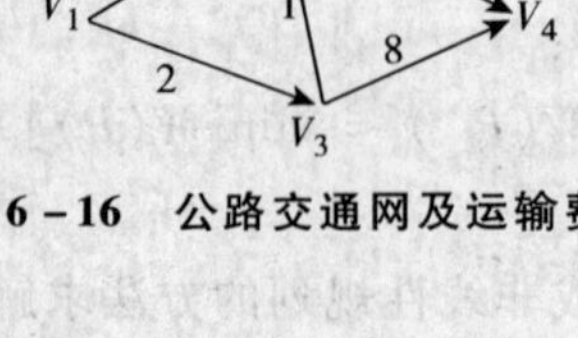

图 6-16　公路交通网及运输费用

首先给点 V_1 标上 $P(1)=0$，其他点标上 T 标号：

$$T_0(2)=\infty, T_0(3)=\infty, T_0(4)=\infty$$

第一轮标号：

前一轮中，V_1 是刚得到 P 标号的点，因为 V_2、V_3 与 V_1 相邻，且又是 T 标号，故修改两点的 T 标号：

$$T_1(2)=\min[T_0(2), P(1)+d_{12}]=\min[\infty, 0+6]=6$$

$$T_1(3)=\min[T_0(3), P(1)+d_{13}]=\min[\infty, 0+2]=2$$

在所有的 T 标号中（这里有 3 个 T 标号，即 $T_1(2)$、$T_1(3)$、$T_0(4)$），V_3 的 T 标号最小，则给 V_3 标上 P 标号：

$$P(3)=T_1(3)=2$$

第二轮标号：

V_3 是前一轮刚得到 P 标号的点，因为 V_2、V_4 与 V_3 相邻，且均为 T 标号，故修改 V_2、V_4 的 T 标号：

$$T_2(2)=\min[T(2), P(3)+d_{32}]=\min[6, 2+1]=3$$

$$T_2(4)=\min[T(4), P(3)+d_{34}]=\min[\infty, 2+8]=10$$

在所有的 T 标号中，V_2 的 T 标号最小，则给 V_2 标上 P 标号：

$$P(2)=T_2(2)=3$$

第三轮标号：

前一轮刚得到 P 标号的点为 V_2，在与 V_2 点相邻的所有点中，只有 V_4 是 T 标号，故修改 V_4 的 T 标号：

$$T_3(4)=\min[T(4), P(2)+d_{24}]=\min[10, 3+4]=7$$

这时只有一个 T 标号 $T_3(4)$，所以给 V_4 标上 P 标号：

$$P(4)=T_3(4)=7$$

到此，所有点均标上了 P 标号，算法停止（图 6－17）。

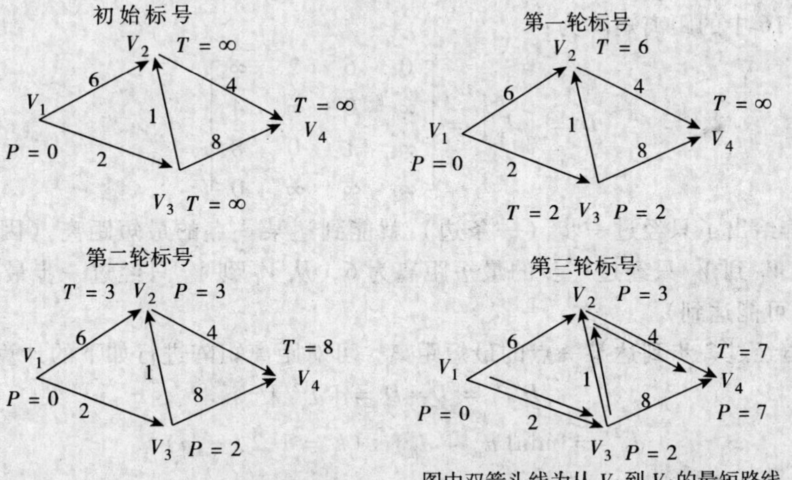

图中双箭头线为从 V_1 到 V_4 的最短路线

图 6－17　标号法求最短路的图上作业法

可见，从城市 V_1 到城市 V_2 的最少综合运费为 3 个单位，到城市 V_3 的最少运费为 2 个单位，到城市 V_4 的最少运费为 7 个单位。

需要指出的是，以上求得的是从某一点到另外一点的最短路权，实际上，我们要求的是具体的最短路线，因此，还必须在求得各点最短路线之后，再采用“反向追踪”法求出最短路线。“反向追踪”法从线路的终点 V_n 开始反向寻找最短路线，P_j 为起点 V_1 到某一点 V_j 的最短路权，已由标号法求得，则寻找一点 V_k 使 $P_k + d_{kn} = P_n$，记下弧（V_k，V_n）；再考察 P_k，寻找一点 V_i 使 $P_i + d_{ik} = P_k$，记下弧（V_i，V_k）；如此直至到达起点 V_1 为止，于是从 V_1 到 V_n 的最短路线为 $\{V_1,\cdots,V_i,V_k,V_n\}$。

例中从 V_1 到各点的最短路权为：$V_1 \to V_1$ 为 0，$V_1 \to V_2$ 为 3，$V_1 \to V_3$ 为 2，$V_1 \to V_4$ 为 7。即 $P(1)=0$，$P(2)=3$，$P(3)=2$，$P(4)=7$，现在要寻找从 V_1 到 V_4 的最短路线。先考察 $P(4)$，易见，$P(2)+d_{24}=4+3=7=P(4)$，记下（V_2，V_4）。再考察 $P(2)$，因 $P(3)+d_{32}=2+1=3=P(2)$，记下（V_3，V_2）。考察 $P(3)$，因 $P(1)+d_{13}=0+2=2=P(3)$，记下（V_1，V_3），因此，从 V_1 到 V_4 的最短路线为 $\{V_1,V_2,V_3,V_4\}$。

利用图上作业法进行标号比较直观，工程上经常采用。图上作业法求解时，每修改一轮标号，画一图，并确定下个 P 标号，直至终点标上 P 标号。

三、求任意两点最短路的距离矩阵法

在有些最短路问题中，不仅需要知道从一个起点到一个终点的最短路线，而且需要知道网络中各个点之间的最短路线。用标号法求解任意点之间的最短路问题比较复杂，有 n 个节点，就需要这种算法重复计算 n 次。距离矩阵法就是求解网络中任意两点最短路的方法。

首先必须构造一个距离矩阵 D：$D=[d_{ij}]$

D 中的元素 d_{ij} 定义如下：

$$d_{ij}=\begin{cases}\text{给定的权} & \text{当 } i \text{ 与 } j \text{ 之间有连接时}\\ 0 & \text{当 } i=j\\ \infty & \text{当 } i \text{ 与 } j \text{ 之间不存在边时}\end{cases}$$

如图 6－16 中的距离矩阵为：

$$D=[d_{ij}]=\begin{bmatrix}0 & 6 & 2 & \infty\\ \infty & 0 & \infty & 4\\ \infty & 1 & 0 & 8\\ \infty & \infty & \infty & 0\end{bmatrix}$$

这个矩阵给出了只经过一步（一条边）就能到达某一点的最短距离（因为只有唯一可能）。如从 V_1 到 V_2 只经过一步的最短距离为 6，从 V_1 到 V_4 只经过一步最短距离为 ∞（表示一步不可能达到）。

想要知道经过 2 步到达某一点的最短距离，可对距离矩阵进行如下的计算。

$$D^{(2)}=D*D=[d_{ij}^{(2)}]$$

$$d_{ij}^{(2)}=\min[d_{ik}+d_{jk}]\quad(k=1,2,\cdots,n)$$

式中 n——节点数；

$*$——逻辑运算符。

本例中 $d_{12}^{(2)} = \min[d_{11} + d_{12}, d_{12} + d_{22}, d_{13} + d_{32}, d_{14} + d_{42}]$

$= \min[0 + 6, 6 + 0, 2 + 1, \infty + \infty]$

$= 3$

$$d_{34}^{(2)} = \min[d_{31} + d_{14}, d_{32} + d_{24}, d_{33} + d_{34}, d_{34} + d_{44}]$$
$$= \min[\infty + \infty, 1 + 4, 0 + 8, 8 + 0]$$
$$= 5$$

其他元素同理可得，则：

$$D^{(2)} = \begin{bmatrix} 0 & 3 & 2 & 10 \\ \infty & 0 & \infty & 4 \\ \infty & 1 & 0 & 5 \\ \infty & \infty & \infty & 0 \end{bmatrix}$$

同样可得经过 3 步到达某一节点的最短距离为：

$$D^{(3)} = D^{(2)} * D = [d_{ij}^{(3)}]$$

$$d_{ij}^{(3)} = \min[d_{ik}^{(2)} + d_{kj}] \quad (k = 1, 2, \cdots, n)$$

$$D^{(3)} = \begin{bmatrix} 0 & 3 & 2 & 7 \\ \infty & 0 & \infty & 4 \\ \infty & 1 & 0 & 5 \\ \infty & \infty & \infty & 0 \end{bmatrix}$$

一直算到 $D^{(m)}$，$D^{(m)} = D^{(m-1)}$，即 $D^{(m)}$ 中每个元素等于 $D^{(m-1)}$ 中的每一个元素为止。最后得到的 $D^{(m)}$ 便是任意两点之间的最短距离矩阵。

$$D^{(4)} = \begin{bmatrix} 0 & 3 & 2 & 7 \\ \infty & 0 & \infty & 4 \\ \infty & 1 & 0 & 5 \\ \infty & \infty & \infty & 0 \end{bmatrix}$$

这时，$D^{(4)} = D^{(3)}$ 可见 $D^{(4)}$ 即为图中各城市间的最少运费矩阵，矩阵中，$d_{21}^{(4)} = \infty$ 表示从 V_2 到 V_1 没有通路。

上法算得的最短距离矩阵 $D^{(m)}$，是任意两点之间的最短路权，而与它相应的最短路线，还需用“反向追踪”法来确定。

四、求解双目标最短路的方法

通常，最短路问题往往考虑的是一个目标的最小化，比如成本或运输时间等。然而，网络的路径选择中往往需要同时考虑多个目标，比如成本、时间、风险、安全性等，这样，在求解过程中就需要对不同的目标进行折中。

对于双目标路径选择问题，一般地，可以描述为：对于网络 $G = (N, E)$，E 为有向边的集合，N 为节点集，$|N| = n$，$|E| = m$。令 $z_1(i,j)$ 和 $z_2(i,j)$ 为从节点 i（包括起点 O）出发，节点 i（包括起点 O）和节点 j（包括终点 D）之间的目标值 1 和目标值 2，$z_1(i,j)$ 和 $z_2(i,j)$ 均为一个非负的实数。求在两个目标下从起点 O 到终点 D 之间的最短路。

为了得到网络的双目标路径选择模型，首先定义如下变量：

$$y_{ij} = \begin{cases} 1 & \text{从节点 } i \text{ 到节点 } j \text{ 之间存在任务} \\ 0 & \text{否则} \end{cases}$$

对于双目标最短路模型可以描述为：

$$\min Z_1 = \sum_{(i,j)} y_{ij} z_1(i,j) \text{ , } \min Z_2 = \sum_{(i,j)} y_{ij} z_2(i,j)$$

$$s.t. \sum_j y_{ij} - \sum_j y_{ji} = \begin{cases} 1, & i = O \\ -1, & i = D \\ 0, & \text{否则} \end{cases} \quad \forall i \in N$$

$$\sum_j y_{ij} \leqslant 1, \qquad \forall i \in N$$

$$y_{ij} \in \{0,1\}, \qquad \forall (i,j) \in E$$

双目标最短路的算法具体步骤如下：

步骤 1：利用标号法获得网络 $G = (N,E)$ 中目标 1 和 2 的最短路 φ_1^* 和 φ_2^*；

步骤 2：若 $\varphi_1^* = \varphi_2^*$，则结束，否则转步骤 3；

步骤 3：令 Z_1^* 和 Z_2^* 为路径 φ_1^* 和 φ_2^* 的目标 1 和目标 2 的值，并给出目标 1 和目标 2 的上限 upZ_1^* 和 upZ_2^*；

步骤 4：利用最短路算法获得目标 1 的上限为 upZ_1^* 的路径集合 Ω_1；

步骤 5：利用最短路算法获得目标 2 的上限为 upZ_2^* 的路径集合 Ω_2；

步骤 6：获得的集合 Ω_1 和 Ω_2 的交集 Ω^*；

步骤 7：获得 Ω^* 的有效路径集合 Π；

步骤 8：(1) 若 $|\Pi| = 0$，则转步骤 9；(2) 若 $|\Pi| = 1$，若决策者认为此路径为可行路径，结束；否则转步骤 9；(3) 若 $|\Pi| > 1$，若决策者认为这些路径为可行路径，结束；否则转步骤 9；

步骤 9：调整目标 1 和目标 2 的上限 upZ_1^* 和 upZ_2^*，转步骤 4。

图 6－18 给出了从起点 O 到终点 D 之间的运输网络，各条有向边上的目标值 1 和 2 的值分别如表 6－2 所示，现希望获得从起点 O 到终点 D 之间，考虑两个目标的最短路。

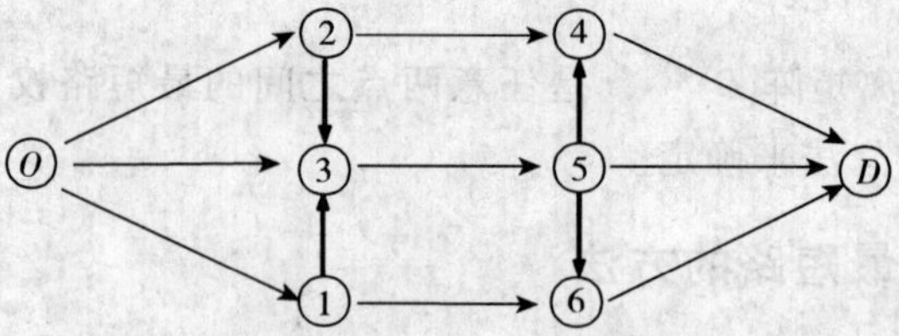

图 6－18　运输网络

表 6－2　各有向边的目标值 1 和 2

目标	$(O,1)$	$(O,2)$	$(O,3)$	$(1,3)$	$(2,3)$	$(2,4)$	$(3,5)$	$(1,6)$	$(5,4)$	$(5,6)$	$(4,D)$	$(5,D)$	$(6,D)$
1	30	50	60	20	15	18	10	50	5	5	8	25	5
2	60	95	80	35	55	45	20	60	5	40	25	50	5

首先利用标号法，得到考虑目标 1 和目标 2 的最短路以及它们的最小目标值，分别为 70 和 125。然后，得到在取不同的目标 1 和目标 2 的上限时，集合 Π 的情况，分别如表 6－3所示。当取 $upZ_1^*=80$ 和 $upZ_2^*=125$ 时，集合 $|\Pi|=0$，此时无可行的有效路径。这样，需要增加目标 1 和目标 2 的上限，当取 $upZ_1^*=85$ 和 $upZ_2^*=130$ 时，$|\Pi|=2$，此时有 2 条可行的有效路径，分别为路径 1 和路径 2。当取 $upZ_1^*=85$ 和 $upZ_2^*=150$ 时，$|\Pi|=3$，此时有 3 条可行的有效路径，分别为路径 1、2 和 3。当取 $upZ_1^*=90$ 和 $upZ_2^*=160$ 时，$|\Pi|=4$，此时有 4 条可行的有效路径，分别为路径 1、2、3 和 4。当所取的目标 1 和目标 2 的上限再继续增加，有效路径的数量仍然为 4 条。获得了这些有效路径的集合之后，决策者就可以在此有效路径的集合中选择出其认为最优的路径。

表 6－3　不同的目标 1 和目标 2 的上限下的有效路径组合

目标 1 和目标 2 的上限	有效路径组合	目标 1 和 2 的值
（80，125）	——	——
（85，130）	路径 1：O，3，5，4，D	（83，130）
	路径 2：O，1，6，D	（85，125）
（85，150）	路径 1：O，3，5，4，D	（83，130）
	路径 2：O，1，6，D	（85，125）
	路径 3：O，1，3，5，4，D	（73，145）
（90，160）	路径 1：O，3，5，4，D	（83，130）
	路径 2：O，1，6，D	（85，125）
	路径 3：O，1，3，5，4，D	（73，145）
	路径 4：O，1，3，5，6，D	（70，160）
（＞90，＞160）	路径 1：O，3，5，4，D	（83，130）
	路径 2：O，1，6，D	（85，125）
	路径 3：O，1，3，5，4，D	（73，145）
	路径 4：O，1，3，5，6，D	（70，160）

第四节　最大流最小割量

一、网络流

1. 网络流概念

给定一个有向图 $G=(V,A)$，对于图中的每一弧 $(V_i,V_j)\in A$，对应有一个数 $c_{ij}\geqslant 0$，称之为弧的容量，可把图记作 $G=(V,A,C)$。

所谓网络流，是指定义在弧集合 A 上的一个函数 $f=\{f_{ij}\}$，称 f_{ij} 为弧（V_i,V_j）上的流量，这些流量的集合就是该网络的流 f。f 是个函数，它随着各弧上流量的不同而改变。

2. 可行流与最大流

满足下列条件的流 f 称为可行流：

（1）容量限制条件：对（V_i,V_j）$\in A$，有 $0\leqslant f_{ij}\leqslant C_{ij}$

（2）平衡条件：

对中间点有 $\sum f_{ij}-\sum f_{ji}=0,\ i\neq s,t\ (V_i,V_j)\in A,\ (V_j,V_i)\in A$

对 V_s 点有 $\sum f_{sj}-\sum f_{js}=V(f)\ (V_s,V_j)\in A,\ (V_j,V_s)\in A$

对 V_t 点有 $\sum f_{tj}-\sum f_{jt}=-V(f)\ (V_t,V_j)\in A,\ (V_j,V_t)\in A$

式中 V_j 是与 V_s、V_t 相关联的任一顶点；$V(f)$ 称为可行流流量，即发点净输出量或收点净输入量。

可行流总是存在的，例如所有弧的流量 f_{ij} 均为 0 就是一个可行流（零流），显然，符合上述条件的可行流 f 不是唯一的。

最大流就是求一个流 $\{f_{ij}\}$，使其流量 $V(f)$ 达最大。可见，最大流问题也是一个线性规划问题，当然也可用线性规划的单纯形法求解，但是，利用图的特点，解决这个特殊线性规划问题的方法较之线性规划的单纯形法要方便、直观。

3. 增广链

给一个可行流 $f=\{f_{ij}\}$，称：

$$\begin{cases} f_{ij}=C_{ij}\text{ 的弧为饱和弧} & f_{ij}=0\text{ 的弧为零流弧} \\ f_{ij}<C_{ij}\text{ 的弧为非饱和弧} & f_{ij}>0\text{ 的弧为非零流弧} \end{cases}$$

定义 μ 是方向自 V_s 到 V_t 的一条通路，则：

$$\begin{cases} \text{与 }\mu\text{ 方向一致的弧为前向弧 }\mu^+ \\ \text{与 }\mu\text{ 方向相反的弧为后向弧 }\mu^- \end{cases}$$

对于一个可行流 f，若 μ 满足下列条件，称 μ 为关于 f 的一条可增广路（链）

$$\begin{cases} \text{在弧}(V_i,V_j)\in\mu^+ & \text{上 } 0\leqslant f_{ij}<C_{ij}\ \ (\text{即 }\mu^+\text{ 中各弧是非饱合弧}) \\ \text{在弧}(V_i,V_j)\in\mu^- & \text{上 } 0<f_{ij}\leqslant C_{ij}\ \ (\text{即 }\mu^-\text{ 中各弧是非零弧}) \end{cases}$$

4. 割集与割景

某网络图如图 6－19 所示，在网络的某处横切一些弧，把网络切成两半，一半包含发点 V_s，一半包含收点 V_t。若将被切的弧全部去掉，即将弧集 $E_1=\{(V_2,V_4),(V_3,V_4),(V_3,V_5)\}$ 去掉，则发点 V_s 与收点 V_t 之间不存在通路，这个弧集 E_1 被称之为割集。

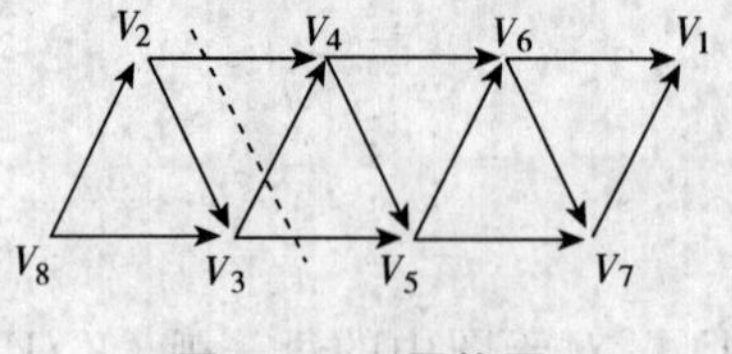

图 6－19 网络图

一般地，若网络的节点集为 V，把点集 V 分割成两个集合 S、T。S 包含发点 V_s，T 包含收点 V_t，并使得 S、$T \subset V, S \cup T = V, S \cap T = \Phi$，则把由起点在 S、终点在 T 的所有弧组成的集体（S,T）称之为割集。把割集（S,T）中的所有弧的容量之和称之为这个割集的容量（割量），记为 $C(S,T)$，即：

$$C(S,T) = \sum_{(V_s,V_t)\in(S,T)} c_{ij}$$

不难看出，割集是 V_s 到 V_t 的必经之路，任何一个可行流的流量 $V(f)$ 都不会超过任一割集的容量，即：

$$V(f) \leqslant C(S,T)$$

二、最大流最小割量定理

在图 6－20 所示的公路交通网络，V_s 为发点，V_t 为收点，弧旁数据为通行能力。若在图中取一割集 S_1，将弧（V_s,V_2），（V_s,V_3）割断，则网络被分割成为两个互不连通的子图。而 V_s、V_t 分别属于这两个子图，这样从 V_s 到 V_t 的通路被中断。割集的容量为 $C_{s2} + C_{s3}$ = 13 000 + 9000 = 22 000 辆/d。任何一个可行流 f 相应的网络流量 $V(f)$ 均不可能超过这个割集的容量。如果在图中另取一个割集 S_2，其割量为 $C_{s2} + C_{32} + C_{34} + C_{36}$ = 13 000 + 4000 + 5000 + 5000 = 27 000 辆/d，那么，该网络任何一个可行流 f 相应的网络流量 $V(f)$ 也不会超过这个割集的容量。由此可以联想到，如果我们把网络的所有割集全找出并计算其割量，如表 6－4 所示，就可得到这个网络的最小割量。

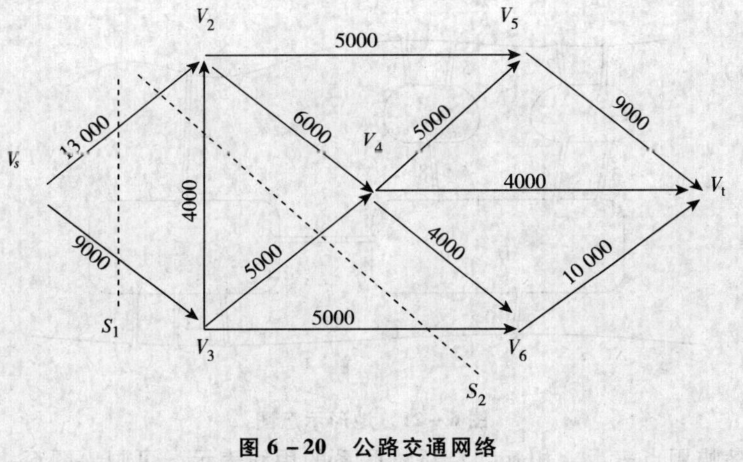

图 6－20 公路交通网络

表 6－4 割集与割量（辆/d）

S	T	(S, T)	C (S, T)
S	2, 3, 4, 5, 6, t	(s, 2) (s, 3)	22 000
S, 2	3, 4, 5, 6, t	(s, 3) (2, 5) (2, 4)	20 000
S, 3	2, 4, 5, 6, t	(s, 2) (3, 4) (3, 2) (3, 6)	27 000

续表

S	T	(S, T)	C (S, T)
S, 2, 3	4, 5, 6, t	(2, 5) (2, 4) (3, 4) (3, 6)	21 000
S, 2, 3, 4	5, 6, t	(2, 5) (4, 5) (4, 6) (4, t) (3, 6)	23 000
S, 2, 3, 4, 5, 6	t	(4, s) (5, t) (6, t)	23 000
S, 3, 6	2, 4, 5, t	(s, 2) (3, 2) (3, 4) (6, t)	32 000
S, 2, 4, 5	3, 6, t	(s, 3) (4, 6) (4, t) (5, t)	26 000
S, 3, 4, 6	2, 5, t	(s, 2) (3, 2) (4, 5) (4, t) (6, t)	36 000
S, 2, 5	3, 4, 6, t	(s, 3) (2, 4) (5, t)	24 000
S, 2, 3, 4, 5	6, t	(3, 6) (4, 6) (4, t) (5, t)	22 000

本例中的最小割量为 20 000 辆/d，显然从出发点 V_s 到收点 V_t，整个网络的流量（即总交通量）$V(f)$ 最大不会超过 20 000 辆/d。可见网络的最大流与网络的最小割量有密切的关系。

最大流量—最小割量定理：任意网络 D 中，从出发点 V_s 到收点 V_t 的最大流的流量等于分离 V_s、V_t 的最小割集的容量。只要能找到网络的一个最小割量，那么就可得到网络的最大流量，但对于较复杂的网络，直接在网络图上找最小割集是不胜其烦的，且容易漏掉最小割集。因此，通常是采用标号法来寻找最小割集。

某河流中有几个岛屿，从两岸至各岛屿及各岛屿之间的桥梁编号如图 6－21 所示。在一次敌对的军事行动中，问至少应炸断哪几座桥梁，才能完全切断两岸的交通联系。

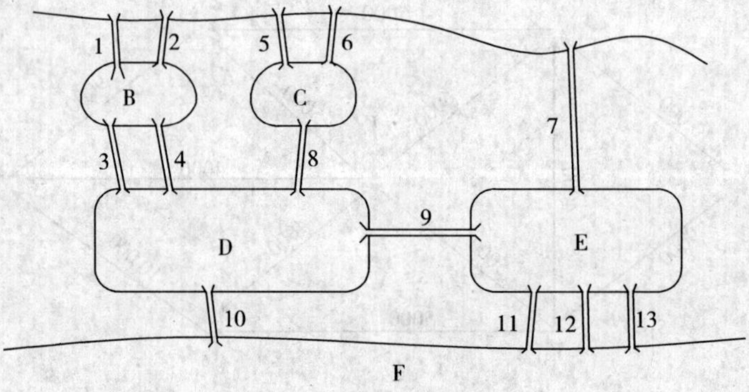

图 6－21　地形示意图

将两岸及岛屿用点表示，相互间有桥梁联系的用线表示，可画出图 6－22。

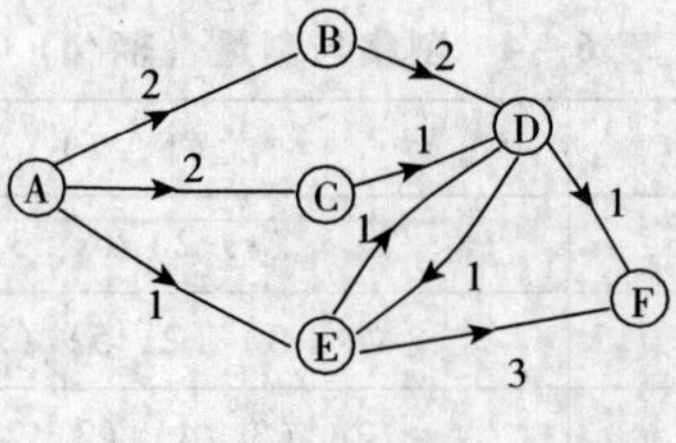

图 6－22　两岸、岛屿及桥梁简化图

图中连线方向根据从 A 出发通向 F 的方向来定。因如 A→F 方向不通的话，从 F→A 的方向也走不通。其中 D、E 之间可能从 D→E，也可能从 E→D，故画相对方向的两条线。各弧旁数字为两点间的桥梁数，相当于容量。要求切断 A、F 间交通联系的最少桥梁数，就相当于求图 6－22 中网络的最小割。

求出网络图 6－22 中的最小割如图 6－23 所示。由图 6－23 得该网络的最小割为 {(D，F)(D，E)(A，E)}，即至少应炸断编号为 7、9、10 的三座桥梁，才能完全切断两岸的交通联系。

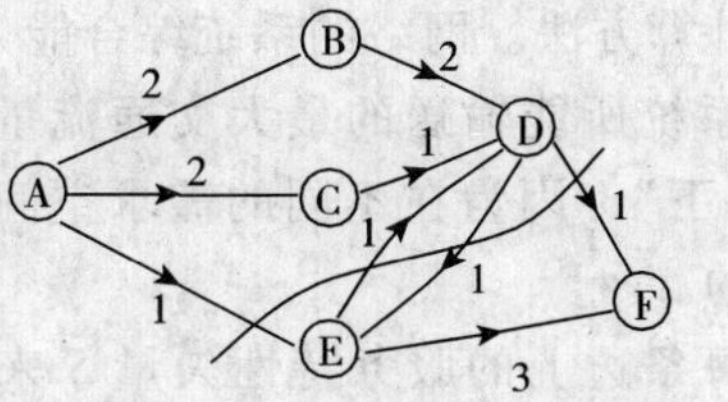

图 6－23　网络图的最小割

三、交通供需分析的断面法

1. 交通网络上的需求

对于一个城市或区域的网络，我们将其分成 N 个小区，那么对于每个质点，都可能与其他 $N-1$ 个点发生供需关系，因此将形成 $N(N-1)$ 个供需点对，如考虑小区内的需求，则有 N^2 个点对。而且，一般网络中常有不只一种客、货流，假设有 M 种，则形成 $M\times N^2$ 个点对；如果在城市交通中再考虑不同的时段需求分布的不同（如大城市早、晚高峰及低峰期），分成 P 个时间周期，则需求组合数即为 $P\times M\times N^2$ 个。因此，网络结构使得需求分析变得极为复杂。如果每对小区之间都有不同的需求函数，则将会有 $P\times M\times N^2$ 个需求函数，进一步讲，当每对小区之间的运输需求是服务特性矢量 S 的函数时，则情况将变得更为复杂。

为此，在实际的交通运输网络分析中，多是从系统的观点、从整体的角度直接分析需求总量与社会经济活动的关系，或每个点的出行量与经济特性的关系，然后采用一些分布模型来求点对之间的需求。一般地，在某一时点，我们用 OD 矩阵来表示网络点对间的需求关系：

$$
\begin{array}{c} \\ \\ Q= \\ \\ \\ \end{array}
\begin{array}{c} \\ O_1 \\ O_2 \\ \vdots \\ O_i \\ \vdots \\ O_N \end{array}
\begin{array}{c} \begin{array}{cccccc} D_1 & D_2 & \cdots & D_j & \cdots & D_N \end{array} \\
\begin{bmatrix}
q_{11} & q_{12} & \cdots & q_{1j} & \cdots & q_{1N} \\
q_{21} & q_{22} & \cdots & q_{2j} & \cdots & q_{2N} \\
\cdots & \cdots & \cdots & \cdots & \cdots & \cdots \\
q_{i1} & q_{i2} & \cdots & q_{ij} & \cdots & q_{iN} \\
\cdots & \cdots & \cdots & \cdots & \cdots & \cdots \\
q_{N1} & q_{N2} & \cdots & q_{Nj} & \cdots & q_{NN}
\end{bmatrix} \end{array}
$$

式中　q_{ij} —— i 发到 j 的交通需求量。

2. 交通网络的供给特性

交通网络的供给取决于交通网络的结构，包括网络空间布局、网络中交通方式的构成、网络通过能力及网络服务特性。网络的空间布局决定了网络的连通性，表现为网络中各点间的邻接关系及最短距离。网络中不同交通方式的构成、各边通过能力以及不同的技术水平、管理水平和交通工具的水平决定了各边的供给特性，包括供给能力和服务特性水平。

网络的供给能力分为点线自身的通过能力及网络系统综合能力。对于点线通过能力不同的交通方式均有其相应的计算方法。网络的系统综合能力为：在一定的交通网络结构和交通需求构成条件下，网络系统所能输送的最大交通流量，在网络综合能力中，强调了“在一定的交通需求构成条件下”，因为在不同的需求空间、时间分布条件下，网络所能承担的最大交通流量是不同的。

网络的服务水平可以用每条边上的服务特性矢量 S 来表示，每条边的综合服务水平 U_{ij}（用户效益或广义费用）都是边服务特性矢量 S 中各元素的一个函数，即 $U_{ij} = U(S_{ij})$，而函数形式以及其中各元素的权重系数就取决于未来此边上交通量的构成。因为不同的交通流对于各服务特性的重视程度不同，同时，这些参数也随国家和地区、随着时间的推移而变动的。通常，网络边上的服务特性矢量 S 还是边上交通流的函数，如出行时间、舒适度都会随边上交通流的增大而趋于变坏，这样，就使每条边上的服务水平函数相当复杂。

3. 交通供需分析的断面法

图 6－24 所示为某区域的交通分区与交通网络，该区域分 A、B、C、D 4 个交通区，该区域共有 12 个交叉口。该交通网络由 17 个双向路段组成。已知各交通分区之间的机动车出行 OD 矩阵和相应每条路段的通行能力。

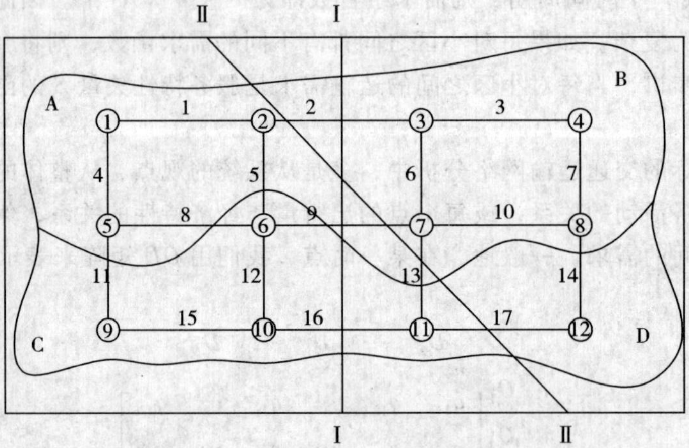

图 6－24　交通分区及交通网络

将每条路段及其相应的下游交叉口的通行能力分别计算，取其最小值最终得到整条道路（一段）的通行能力。将整个交通网络放置在一个矩形内，在矩形边上任意取两点，对整个交通网络进行分割，每次分割得到一个断面（断面 I、断面 II）。断面对交通网络分割以后，将整个交通区域分成两个部分，则此两部分的机动车出行量必须经过此断面，承担此部分交通量的必然是断面所切割的路段，研究断面的交通量和相应断面切割路段的通行能力之和就可以分析此断面的交通拥挤程度，采取相应的措施。

对于任意断面 i，断面的交通量为：

$$OD_i = \sum_{j=1}^{m} \sum_{k=1}^{m} OD_{jki}$$

式中　OD_i ——经过断面 i 的交通量；

m ——交通分区数；

OD_{jki} ——交通分区 j 、k 之间经过断面 i 的修正 OD 值，其修正可按断面切割交通分区 j 、k 的面积修正。

断面 i 的通行能力为：

$$N_i = \sum_{j=1}^{M_i} N_{ji}$$

式中　N_i ——断面 i 切割路段的通行能力之和；

M_i ——被断面 i 切割所有路段数；

N_{ji} ——被断面 i 切割的 j 路段的通行能力。

断面 i 的利用率：

$$\eta_i = \frac{OD_i}{N_i}$$

式中　η_i ——断面 i 的利用率。

求出所有断面的利用效率，对其进行分析，可以找到城市道路网中比较拥挤的断面，通过对拥挤断面进行分析，可以找出城市道路网中的关键点，有针对地采取相应措施。

应用断面法对哈尔滨城市 2001 年道路网供需平衡进行分析，在矩形每边上等间距取 100 个点，共计切割 58 412 个断面，断面的利用效率平均为 0. 2，断面利用效率分布如表 6 – 5。

表 6 – 5　断面利用效率分布表

分布分区	断面个数
0 ~ 0. 1	8927
0. 1 ~ 0. 2	21 632
0. 2 ~ 0. 3	22 160
0. 3 ~ 0. 4	3414
0. 4 ~ 0. 5	935
0. 5 ~ 1. 0	1025
>1. 0	319
总计	58 412

由结果可知，哈尔滨城市道路网整体水平与城市交通需求相适应，可以满足城市交通需求，断面的利用效率小于 0. 5 的占总数的 97. 7%，只有 2. 3% 超过 0. 5。

通过对利用效率大于 0. 5 的断面进行分析可以知道，哈尔滨路网存在问题多数都是集中在二环以外，这是由于二环以外的主要道路承担着城市对外交通流量，并且二环以外的干路比二环以内的干路要少得多，涉及道路有水泥路、水源街以及东滨江桥、化工路。另外，二环路康安路、和兴路以西的道里区、南岗区的部分区域的断面利用效率较高，涉及道路有职工街、哈西大街、学府四道街、工农大街、安阳街、顾乡大街。松花江对城市交通的分割作用明显，现状过江的通道有东滨江桥和松花江公路大桥，经断面分析两座桥的断面利用效率大于1，需要增加过江通道的建设。

第五节 网络最大流问题

一、最大流的标号法

1. 标号法的思路

求最大流和最小割的思路是先任意假设 G 中一个可行流，若网络中没有给定可行流，则可以取 $f=0$，即从零流开始，然后设法逐渐增大流值，逐步找到最大流。用标号法求可行流的增广链，若增广链存在，则可以经过调整，得到一个新的可行流 f'，其流量 $V(f')$ 较 $V(f)$ 为大，然后再寻找 f' 的增广链，再调整。反复多次直到增广链不存在为止，即得到最大流。如果 V_s 到 V_t 所有路中存在一条路，其所有前向弧未饱和，所有后向弧的流具有正值，此时总有可能使这条路的前向弧的流增加一个正整数 ε，所有后向弧的流减少一个 ε，而同时保持全部弧的流为正值且不超过弧的容量。这样做不会破坏可行流条件，同时也不会影响不属于这些路的其他弧的流。但 G 自 V_s 到 V_t 的流值 $f_{s,t}$ 则增加了 ε，所以总有可能逐次增大 $f_{s,t}$，使 G 自 V_s 到 V_t 的全部路中任何一条路到至少一条前向弧被饱合或一条后向弧的流为零，变为不可增广链，否则仍是可增广链。当 V_s 到 V_t 无可增广链时，$f_{s,t}$ 就不能再增大，即 $f_{s,t}$ 达到最大，否则总可以按上述步骤增大 $f_{s,t}$，求得最大流。

以图 6－25 为例来说明寻找最大流的过程。引入一个可行流 f_0（图中括号内的数据为给定可行流的流量 f_{ij}）。图中，$\mu=\{V_s, V_2, V_3, V_4, V_5, V_t\}$ 满足增广链的两个条件，μ 为增广链。该链上各段弧的流量分别为 7、4、0、2、7。若沿该链的前进方向增加 2，即前向弧上加 2，后向弧上减 2，则各弧段的流量变为 9、2、2、4、9。显然，此时各弧段的流量仍在容量的限制范围内，且仍满足各点的平衡条件，但网络的流量增大了 2。

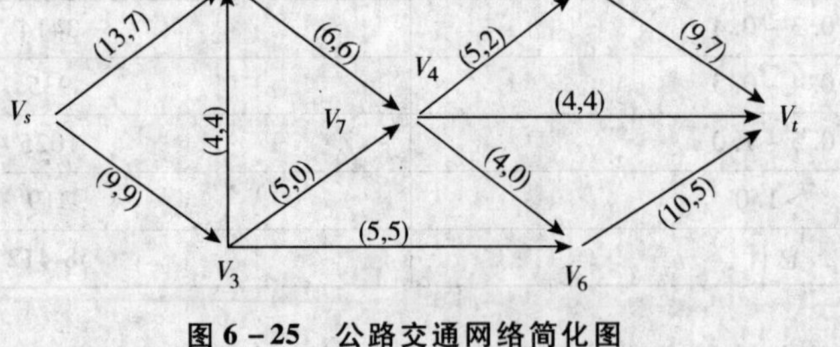

图 6－25 公路交通网络简化图

由此可以看出，如果增广链存在，说明沿着增广链从出发点到收点输送的流还未饱和，将流量调整后，可以使网络的流量增大，而且调整后的各弧流量仍满足各点的平衡条件及容量限制条件。在调整时，尽量使前向弧的流量等于（或接近于）其容量，而使后向弧的流量尽量等于（或接近于）0。

2. 标号法的计算过程

寻找最大流的算法可分为两步：首先是寻找增广链的标号过程，其次是增广链的流量调整过程。

（1）标号过程。

在这个过程中，给网络顶点 v_i 标号为 $(v_j,\Delta i)$ 或 $(-v_j,\Delta i)$，其中，第一部分表明该标号的来源，以便找出增广链，若为 v_j 表示 v_i 由 v_j 正向弧到达，若为 $-v_j$ 表示 v_i 由 v_j 反向弧到达；第二部分是为确定增广链的调整量用的。网络中的点可分为标号点（又分为已检查和未检查两种）和未标号点。

标号过程开始，先给 v_s 标上（0，∞），这时 v_s 是标号而未检查的点，其余都是未标号点。一般地，取一个已标号而未检查的点 v_i，对于一切未标号点 v_j：

1）若在前项弧 (v_i,v_j) 上，$f_{ij}<c_{ij}$，则给 v_j 标号 $(v_i,l(v_j))$，这里 $l(v_j)=\min[l(v_j),c_{ij}-f_{ij}]$，这时点 v_j 成为标号而未检查的点。

2）若在后向弧上 (v_i,v_j) 上，$f_{ij}>0$，则 v_j 给标号 $(v_i,l(v_j))$，这里 $l(v_j)=\min[l(v_j),f_{ij}]$。这时点 v_j 成为标号而未检查的点。

于是 v_i 成为标号而已检查过的点。重复上述过程，一旦 v_t 被标上号，表明得到一条从 v_s 到 v_t 的增广链 μ，转入调整过程。

若所有都已检查过，而标号过程进行不下去时，则表明已不存在增广链，算法结束，这时的可行流就是最大流。

（2）调整过程。

首先按 v_t 及其他点的第一部分标号，利用“反向追踪”的方法，找出增广链 μ。例如，设 v_t 的第一部分标号为 v_k（或 $-v_k$），则弧 (v_k,v_t)（或相应地 (v_t,v_k)）是 μ 上的弧。接着检查 v_k 的第一部分标号，若为 v_i（或 $-v_i$），则找出 (v_i,v_k)（或相应地 (v_k,v_i)）。再检查 v_i 的第一部分标号，依次下去，直到 v_s 为止。这时找出的弧就构成了增广链 μ。

令调整量 $\Delta=l(v_t)$，即 v_t 的第二部分标号。令

$$f'_{ij}=\begin{cases}f_{ij}+\Delta & (v_i,v_j)\in\mu^+\\ f_{ij}-\Delta & (v_i,v_j)\in\mu^-\\ f_{ij} & \text{其他}\end{cases}$$

则得到一个新的可行流 $f'=\{f'_{ij}\}$，去掉所有的标号对新的可行流 f' 重新进入标号过程。

3. 标号法计算举例

用标号法求图 6－25 从 V_s 到 V_t 的最大流，网络弧旁的数据是 (c_{ij},f_{ij})。

标号过程如下：

（1）先给 V_s 标上（0，∞）。

（2）检查 V_s。

在前向弧 (V_s,V_3) 上，因 $f_{s3}=C_{s3}$ 不满足标号条件。

在前向弧（V_s, V_2）上，因 $f_{s2} = 7 < C_{s2} = 13$，满足标号条件，则 V_2 的标号为 $[V_s, l(V_2)]$，其中：

$$l(V_2) = \min[l(V_2), C_{s2} - f_{s2}] = \min(\infty, 13 - 7) = 6$$

即 V_2 的标号为（V_s,6）。

(3) 检查 V_2。

在前向弧（V_2, V_5）、（V_2, V_4）上，因 $f_{25} = C_{25}, f_{24} = C_{24}$，不满足标号条件。

在前向弧（V_2, V_3）上，$f_{32} > 0$，满足标号条件，则给 V_3 标上（$-V_2, l(V_3)$），其中：

$$l(V_3) = \min[l(V_2), f_{32}] = \min(6,4) = 4$$

即 V_3 的标号为（$-V_2$,4）。

(4) 检查 V_3。

在前向弧（V_3, V_6）上，$f_{36} = C_{36}$，不满足标号条件。

在前向弧（V_3, V_4）上，$f_{34} > C_{34}$，则给 V_4 标号，为（$V_3, l(V_4)$），其中：

$$l(V_4) = \min[l(V_3), C_{34} - f_{34}] = \min(4, 5 - 0) = 4$$

即 V_4 的标号为（V_3,4）。

(5) 检查 V_4。

在前向弧（V_4, V_t）上，$f_{4t} = C_{4t}$，不满足标号条件。

在前向弧（V_4, V_6）上，$f_{46} > C_{46}$，则给 V_6 标号，为（$V_4, l(V_6)$），其中：

$$l(V_6) = \min[l(V_4), C_{46} - f_{46}] = \min(4, 4 - 0) = 4$$

即 V_6 的标号为（V_4,4）。

在前向弧（V_4, V_5）上，$f_{45} > C_{45}$，则给 V_5 标号，为（$V_4, l(V_5)$），其中：

$$l(V_5) = \min[l(V_4), C_{45} - f_{45}] = \min(4, 5 - 2) = 3$$

即 V_5 的标号为（V_4,3）。

(6) 在 V_5、V_6 中任意选一点检查，如 V_6 点。

在前向弧（V_6, V_t）上，$f_{6t} < C_{6t}$，则给 V_t 标号，为（$V_6, l(V_t)$），其中：

$$l(V_t) = \min[l(V_6), C_{6t} - f_{6t}] = \min(4, 10 - 5) = 4$$

即 V_t 的标号为（V_6,4）。

按 V_t 及其他点的第一部分标号找到一条增广链，如图 6－25 中的双箭头所示。

该增广链 μ 中：

$$\mu^+ = \{(V_s, V_2), (V_3, V_4), (V_4, V_6), (V_6, V_t)\}$$

$$\mu^- = \{(V_2, V_3)\}$$

按 V_t 的第二部分标号 $\Delta = 4$，在 μ 上调整 f。

$$\mu^+ 上 Z \qquad f_{s2} + \Delta = 7 + 4 = 11$$
$$f_{34} + \Delta = 0 + 4 = 4$$
$$f_{46} + \Delta = 0 + 4 = 4$$
$$f_{6t} + \Delta = 5 + 4 = 9$$

$$\mu^{-} \text{上} Z \qquad f_{32} - \Delta = 4 - 4 = 0$$

其余的 f_{ij} 不变，于是得到一个新的可行流，如图 6－27 所示，对这个可行流重复标号过程，寻找增广链。

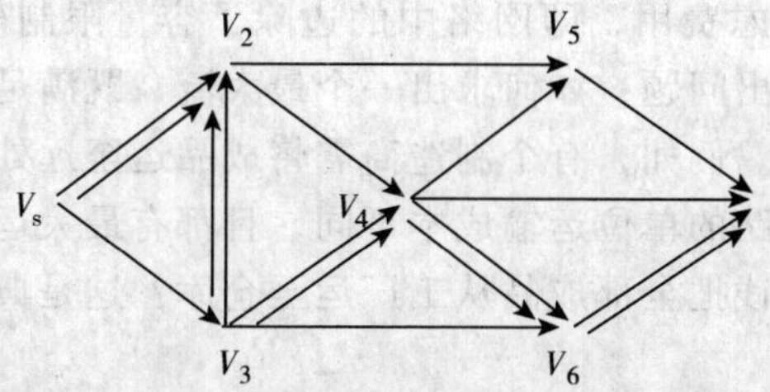

图 6－26　图 6－25 的一条增广链

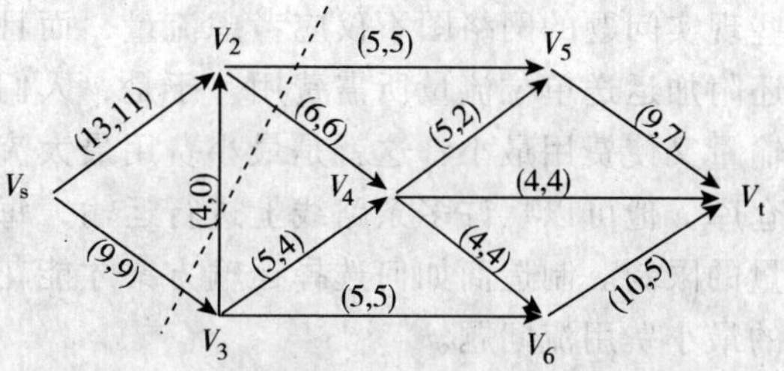

图 6－27　对图 6－25 调整后的可行流图

先给 V_s 标号（0,∞）。

检查 V_s，V_3 点不满足标号条件，V_2 满足标号条件，给 V_2 标（V_s,2）。

检查 V_2，因在前向弧（V_2,V_5）、（V_2,V_4）上，$f_{25} - C_{25}$、$f_{24} = C_{24}$；在后向弧（V_2,V_3）上，$f_{32} = 0$，均不满足标号条件，因此标号过程无法继续下去，即已不存在增广链，算法结束，这时的可行流就是最大流。最大流量为：

$$V(f) = f_{S2} + f_{S3} = f_{St} + f_{4t} + f_{61} = 20$$

与此同时，还可以找到最小割集（S,T），图中虚线所示。

$$S = \{V_s, V_2\},\ T = \{V_3, V_4, V_5, V_6, V_t\}$$

$$(S,T) = \{(V_2,V_5),(V_s,V_3),(V_3,V_2),(V_2,V_4)\}$$

最小割集的容量为 9＋6＋5＝20。

用标号法找增广链以寻找最大流，不仅能求得从发点到收点的最大流，而且同时可找到最小割集。最小割集是影响网络流量的瓶颈，在这里的弧的容量最小，因此它决定了整个网络的最大通行能力，若要提高网络的通行能力，必须从改造这个瓶颈部位入手。

当网络中具有多个发点或多个收点时，可增设一个虚拟的发点 V_s 和一个虚拟的收点 V_t，虚拟发点至各点的弧的容量及各收点至模拟收点的弧的容量为无限大。这样，把原来多发点、多收点的网络化成单发点、单收点的网络，便可用前面的标号求最大流。如图 6－28 中，原网络为 3 个发点、3 个收点的网络系统，增设虚拟发点、虚拟收点后就转化成单发点、单收点的网络系统了。

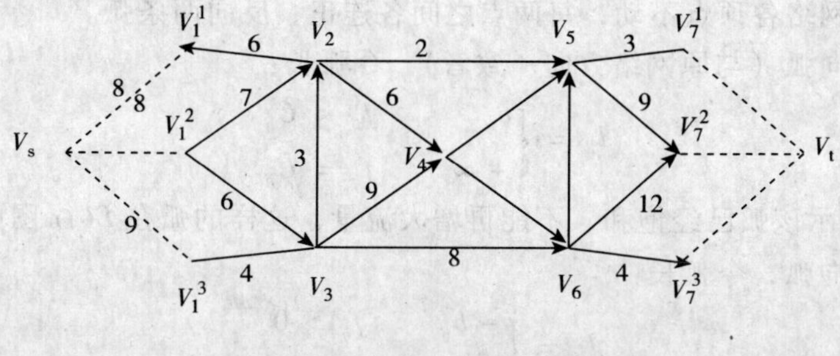

图 6－28　多发点与多收点网络

二、最小费用最大流

最大流问题为在一个边容量有限的网络图中，求出发点至收点的最大流值。然而，有些现实问题的网络图不仅应考虑流量，而且应考虑费用，即网络中的边除了容量限制外，还附加运送单位流量所需费用。于是，人们便提出问题：如何求出一个最大流，既满足运输量又使费用最小？这就是最小费用最大流问题。例如，有个制造商需将成品运至远处的仓库，他可以从许多条路线上进行运输，每段线路的单位运输成本不同，且都有最大运输量的限制。制造商如何选择运输方案才能花最少钱把全部成品从工厂运至仓库？这是典型的最小费用流问题。

对网络 $G = (V,A,C)$，每条弧 $(V_i,V_j) \in A$ 上，除容量 C_{ij}，还给了一个单位流量的费用 $b(V_i,V_j) \geqslant 0$，所谓最小费用最大流就是要求一个最大流 f，使流的总运输费用取最小值。即：

$$\min b(f) = \min \sum b_{ij} f_{ij} \qquad (V_i,V_j) \in A$$

寻找最大流的方法是从某个可行流出发，找到关于这个流的一条增广链 μ。沿着 μ 调整 f，对新的可行流试图寻求关于它的增广链，如此反复直到最大流。现在的问题是要寻求最小费用的最大流，首先考虑一下，当沿着一条关于可行流 f 的增广链 μ，以 $\Delta = 1$ 调整 f，得到新的可行流 f'（显然 $V(f') - V(f) = 1$）时，费用 $b(f')$ 比 $b(f)$ 增加：

$$b(f') - b(f) = \left[\sum_{\mu^+} b_{ij}(f'_{ij} - f_{ij}) - \sum_{\mu^-} b_{ij}(f'_{ij} - f_{ij}) \right] = \sum_{\mu^+} b_{ij} - \sum_{\mu^-} b_{ij}$$

称 $\sum\limits_{\mu^+} b_{ij} - \sum\limits_{\mu^-} b_{ij}$ 称为增广链 μ 的“费用”。

若 f 是流量为 $V(f)$ 的所有可行流中费用最小者，μ 是关于 f 的所有增广链中费用最小的增广链，那么沿 μ 调整 f，得到的可行流 f'，就是流量为 $V(f')$ 的所有可行流中的最小费用流，当 f' 是最大流时，即为所要求的最小费用最大流。

在实际问题中，费用 b_{ij} 总是非负的，所以 $f = 0$ 必是流量为 0 的最小费用流。这样，总可以从可行流 $f = 0$ 开始。一般地，设已知 f 是流量 $V(f)$ 的最小费用流，余下的问题就是如何去寻找关于 f 的最小费用增广链。

为了找出关于 f 的最小费用增广链，需要构造一个长度网络 $L(f)$，使得在网络 G 中寻找关于 f 的最小费用增广链等价于在长度网络 $L(f)$ 中寻找从 V_s 到 V_t 的最短路。长度网络的构造方法如下：

(1) 保持原网络各顶点不动，每两点之间各连正、反向两条弧。

(2) 对于正向弧（与原网络方向一致者），令弧长：

$$l_{ij} = \begin{cases} b_{ij} & f_{ij} < C_{ij} \\ +\infty & f_{ij} = C_{ij} \end{cases}$$

其中 $+\infty$ 表示该弧已经饱和，不能再增大流量，这样的弧在 $L(f)$ 图中可以省略。

(3) 对于反向弧，令弧长：

$$l_{ij} = \begin{cases} -b_{ij} & f_{ij} > 0 \\ +\infty & f_{ij} = 0 \end{cases}$$

这里 $+\infty$ 的意义是流量以减小到 0，不能再小，这样的弧也是可以省略的。

于是，求网络最小费用最大流的算法可归纳如下：

(1) 取零流为初始可流量 $f^{(0)}=0$。

(2) 构造长度网络 $L^{(0)}$，在 $L^{(0)}$ 上求 $V_s \to V_t$ 最短路。这条最短路就是对应在原网络中的关于 $f^{(0)}$ 的最小费用增广链。

(3) 在原网络中找到相应于最短路的增广链 μ。沿 μ 对 $f^{(0)}$ 进行调整，于是得费用最小的可行流 $f^{(1)}$。

(4) 设在第 $k-1$ 步，我们得到最小费用流为 $f^{(k-1)}$，在原网络 G 中找到相应的增广链 μ，在 μ 上对 $f^{(k-1)}$ 进行调整，调整量为：

$$\Delta=\min\{\min_{\mu^+}(c_{ij}-f_{ij}^{(k-1)}),\ \min_{\mu^-}(f_{ij}^{(k-1)})\}$$

令

$$f_{ij}^{(k)}=\begin{cases}f_{ij}^{(k-1)}+\Delta & (V_i,V_j)\in\mu^+\\ f_{ij}^{(k-1)}-\Delta & (V_i,V_j)\in\mu^-\\ f_{ij}^{(k-1)} & \text{其他}\end{cases}$$

于是得到一个新的可流 $f^{(k)}$。

(5) 返回第 2 步，继续进行，直到 L 网络中不存在最短路为止，这时的可流量 f 就是最小费用的最大流。

某地区公路交通网络如图 6－29 所示，弧上的数字为 (b_{ij},c_{ij})，b_{ij} 为单位行驶费用（元/辆），c_{ij} 为路段通行能力（千辆/小时），求该网络的最小费用最大流。

取初始可行流为零流 $f^{(0)}=0$，并以此构成相应的长度网络 $L^{(0)}$（图 6－30）。

在 $L^{(0)}$ 上，求出从 V_s 到 V_t 的最短路，其最短路线为 $V_s\to V_2\to V_1\to V_t$。如图 6－30 中的双线所示。

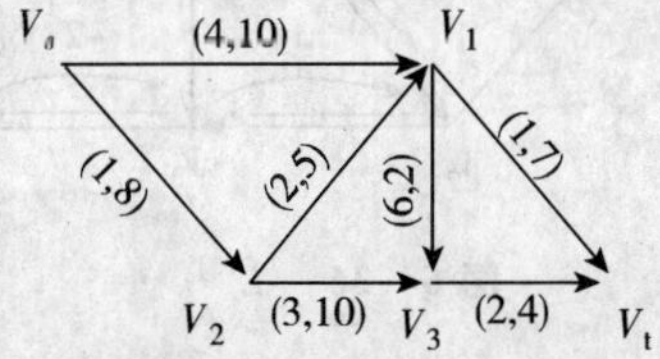

图 6－29　公路交通网络

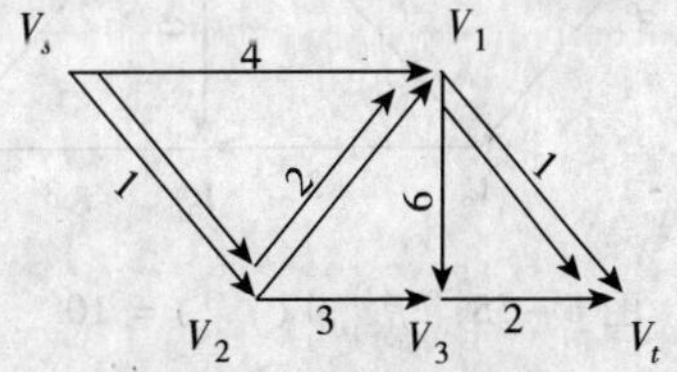

图 6－30　$L^{(0)}$ 上最短路线

在原网络中找出与最短路相应的最小费用增广链 μ 上进行调整，调整量为：

$\Delta=\min\{\min_{\mu^+}(c_{ij}-f_{ij}^{(0)}),\ \min_{\mu^-}(f_{ij}^{(0)})\}=\min\{(8-0),(5-0),(7-0)\}=5$

调整后得到新的最小费用客流量 $f^{(1)}$，如图 6－31 所示。

重复前面的过程。构造长度网络 $L^{(1)}$，如图 6－32 所示。并找出最短路 $V_s\to V_1\to V_t$，如图 6－32 中的双线。

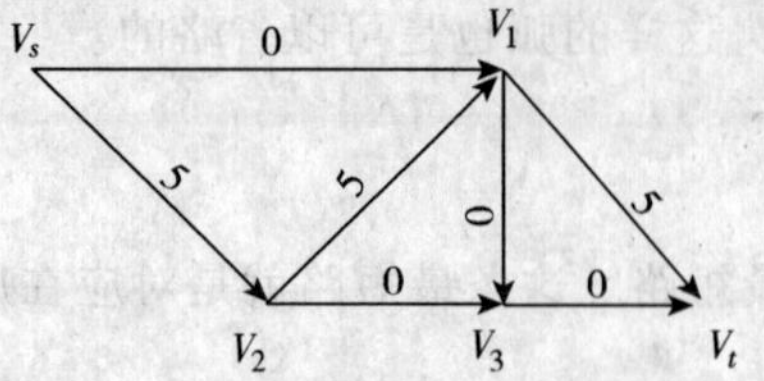

图 6-31 $f^{(1)}, V(f^{(1)}) = 5$

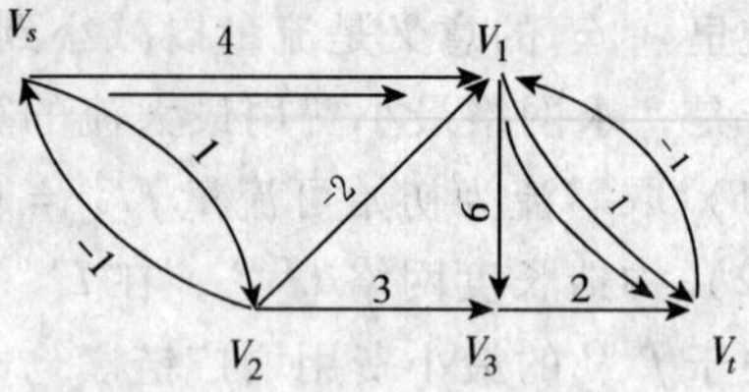

图 6-32 $L^{(1)}$

在 G 中找出相应的增广链 μ，对 $f^{(1)}$ 进行调整。调整量为 $\Delta = \min\{(10-0),(7-5)\} = 2$，得新的最小费用客流量 $f^{(2)}$（图 6-33）。

重复上面的方法依次求出 $L^{(2)}$（图 6-34）、$f^{(3)}$（图 6-35）、$L^{(3)}$（图 6-36）、$f^{(4)}$（图 6-37）、$L^{(4)}$（图 6-38）。

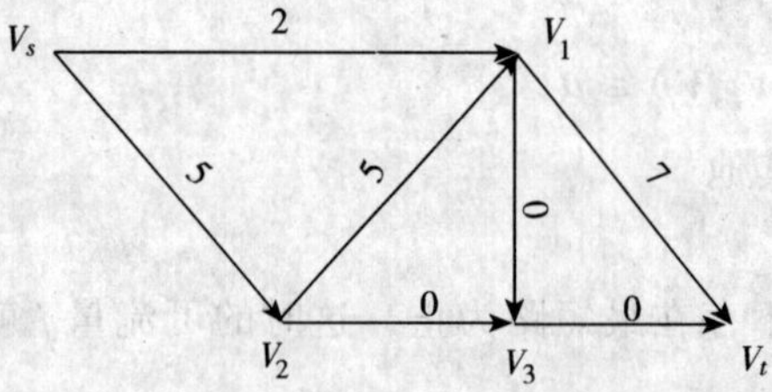

图 6-33 $f^{(2)}, V(f^{(2)}) = 7$

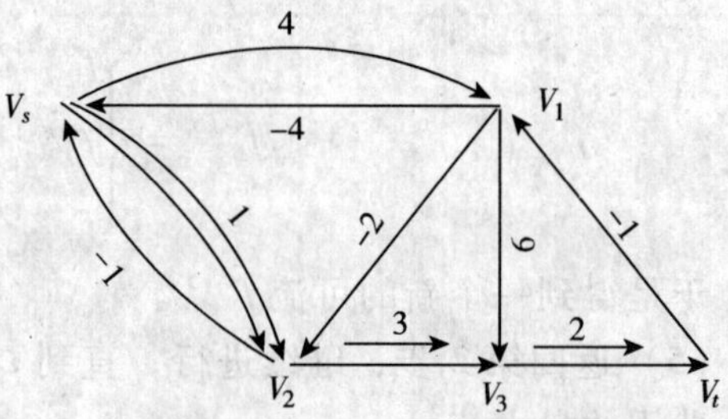

图 6-34 $L^{(2)}$

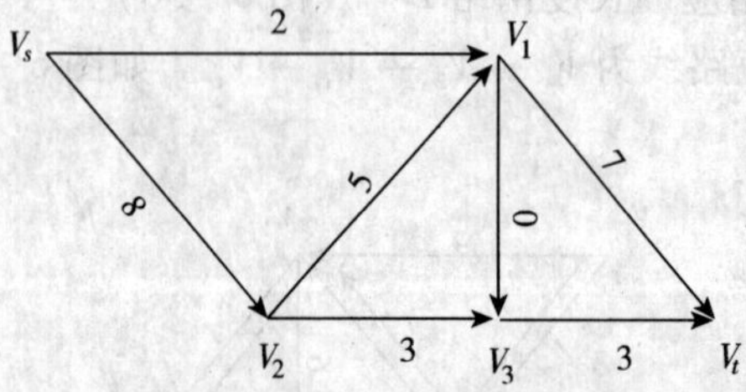

图 6-35 $f^{(3)}, V(f^{(3)}) = 10$

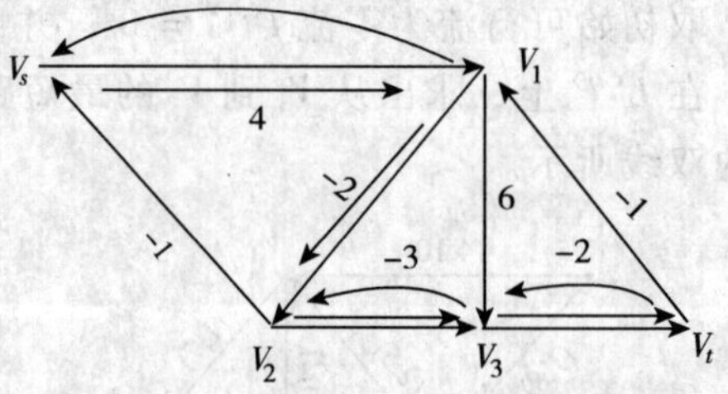

图 6-36 $L^{(3)}$

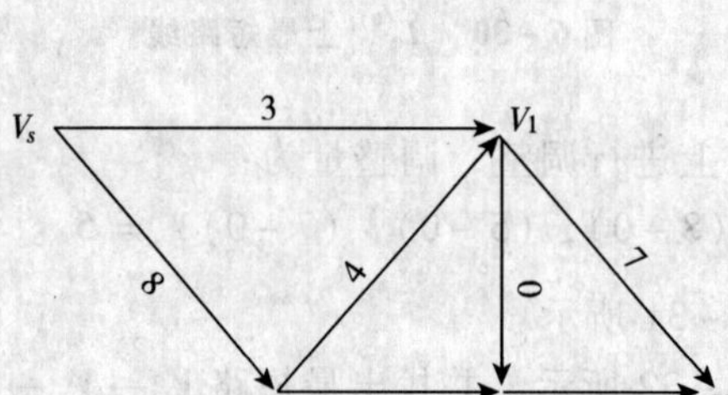

图 6-37 $f^{(4)}, V(f^{(4)}) = 11$

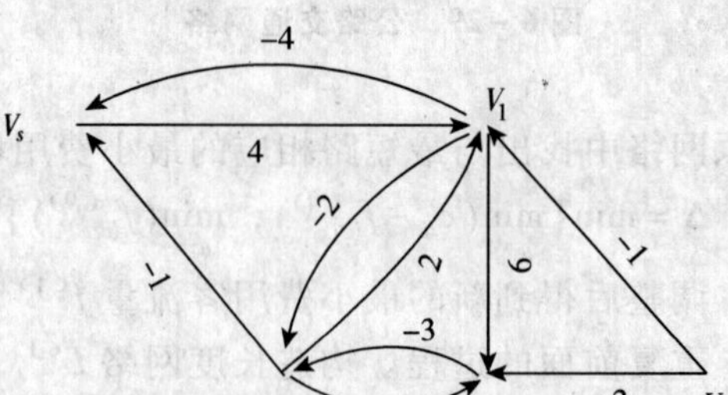

图 6-38 $L^{(4)}$

当进行到 $L^{(4)}$ 时，在 $L^{(4)}$ 中已不存在最短路，即在长度网络 $L^{(4)}$ 中，V_s 与 V_t 之间不存在通路，这是算法结束。$f^{(4)}$ 就是我们所要求的最小费用最大流。即图 6－29 的公路交通网的最大流量为 11 000 辆/h，最大流量的最小费用为：

$$4\times3000+1\times7000+1\times8000+2\times4000+3\times4000+2\times4000=55\ 000\text{ 元/h}$$

三、工程施工运输网络优化方案

兴建土石坝（或铁路、公路路基）时，筑坝土石料运输方案的优化设计，对于机械化施工程度高的工地是很关键的问题。为了提高每日上坝土石方量，加快施工进度，必须对料场到坝上运输线路的通行能力进行分析计算，取得最小运输费用最大通行量的优化方案。

在一个新的施工工地提出需要的最大土石方量后，利用工地大比例尺地形图和现场勘测资料结合运输工具，在图纸上设计出土石料运输线路，计算各段线路容量，然后计算总的最大流量，以验证能否满足施工需要。某工地地形图上设计的运输线路简化成图 6－39。运料线路自下游料场到坝上有三条，即左岸、右岸和中线。三条线路各段由于地形地质条件和维修等原因容量不等，单位运输费用也不相等。图 6－39 中路旁第一个数字是线路容量，用 c_{ij} 表示，单位是万立方米；第二个数字是单位方量（万立方米）的运费（包括筑路费、运输费、道路维修费等），用 b_{ij} 表示，单位是百元；第三个数字是设计者设计的一个可能流量，用 f_{ij} 表示。

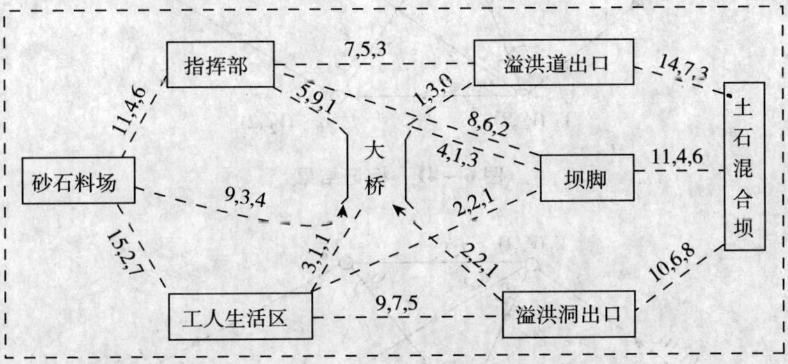

图 6－39　工地运输线路示意图

将图 6－39 抽象为图 6－40。

由图 6－40 进行标记过程得图 6－41。由图 6－41 进行增广过程，增广链为 (V_S,V_1,V_4,V_t)，$\Delta=4$，得图 6－42。在图 6－42 中去掉原标记，重新进行标记。按同法进行直至得到图 6－43。

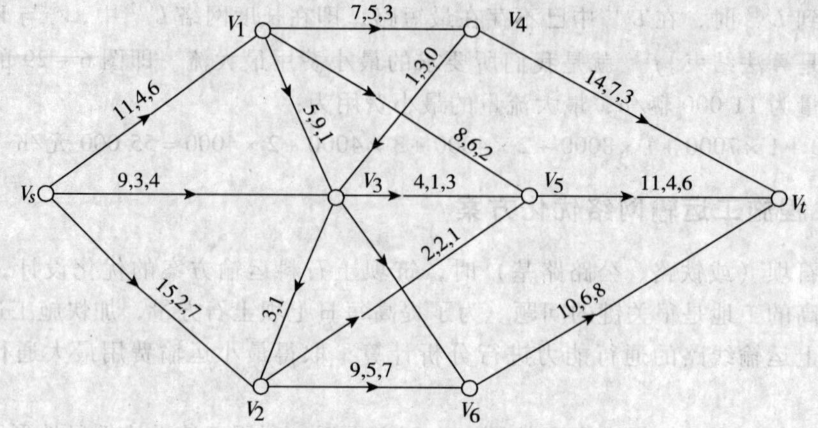

图 6－40 抽象的工地运输路线图

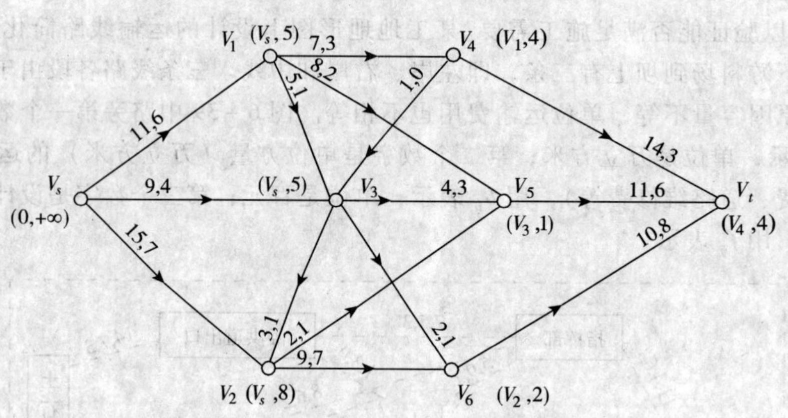

图 6－41 标记结果

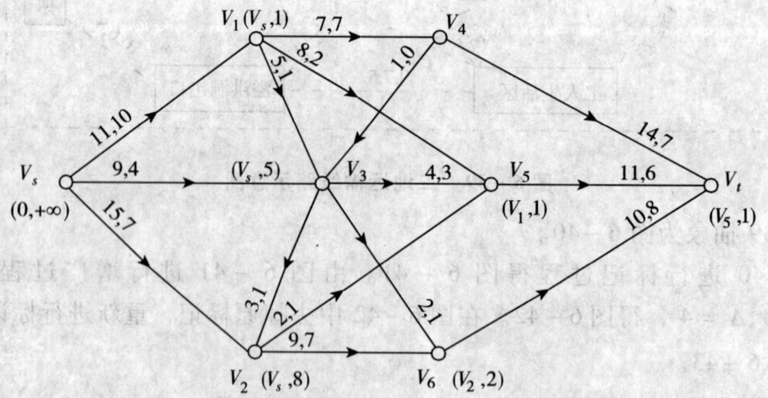

图 6－42 调整与标记过程

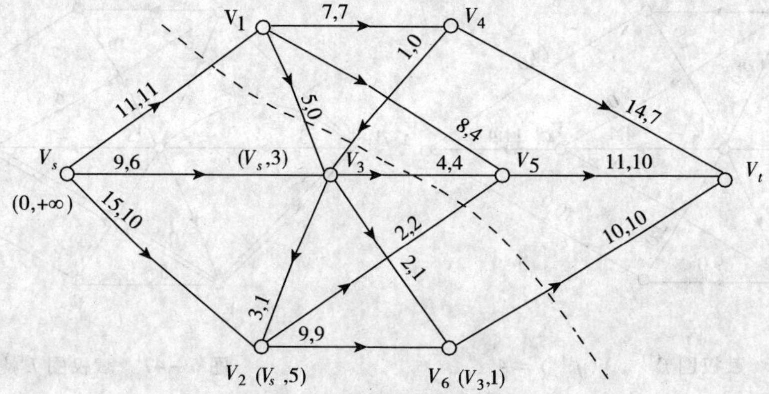

图 6－43　最后最大流结果

经过计算得出图 6－43 中不再有可增广链，则图 6－43 中所示的可行流就是要求的最大流。同时也求出最小割，割集弧如图 6－43 虚线所截的饱和弧，被标记顶点为 $\{V_s,V_2,V_3,V_6\}$，未被标记顶点为 $\{V_1,V_4,V_5,V_t\}$；割为：

$$(V_s,V_t)=\{(V_s,V_1),(V_3,V_5),(V_2,V_5),(V_6,V_i)\}$$

$$\min C(V_s,V_t)=11+4+2+10=27$$

$$\max[f_{s,t}]=27（万立方米）$$

求最小费用最大流运输方案设计实施。对图 6－40 取初始可行流 $f^{(0)}=0$（图 6－44），构造赋权有向图 $L^{(0)}$（图 6－45），V_s 到 V_t 的最短路为 (V_s,V_3,V_5,V_t)，与最短路相应的增广路 $\mu=\{V_s,V_3,V_5,V_t\}$，在 μ 上对 $f^{(0)}$ 调整，调整流量为 $\Delta=4$，调整后 $f^{(1)}$ 见图 6－46。再构造赋权图 $L^{(1)}$（图 6－47）。重复上述步骤直至 $f^{(6)}$（图 6－48）、$L^{(6)}$（图 6－49）。

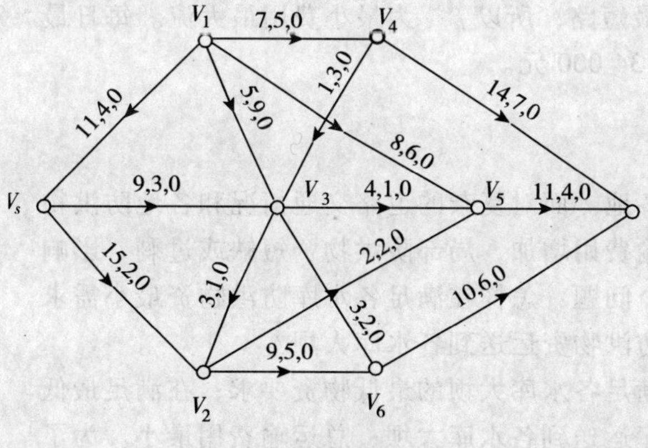

图 6－44　赋权图 $f^{(0)}=0$

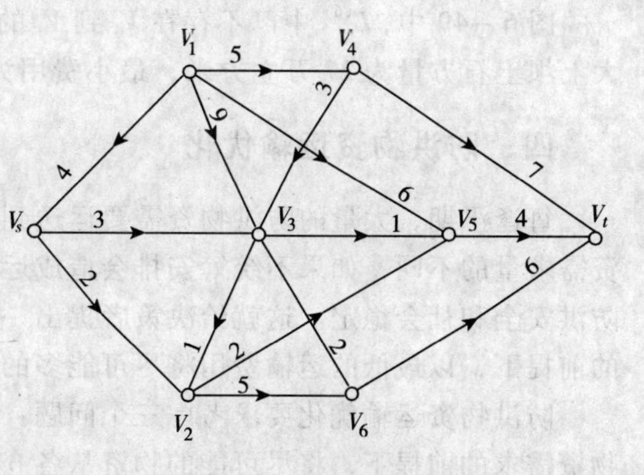

图 6－45　赋权图 $L^{(0)}$

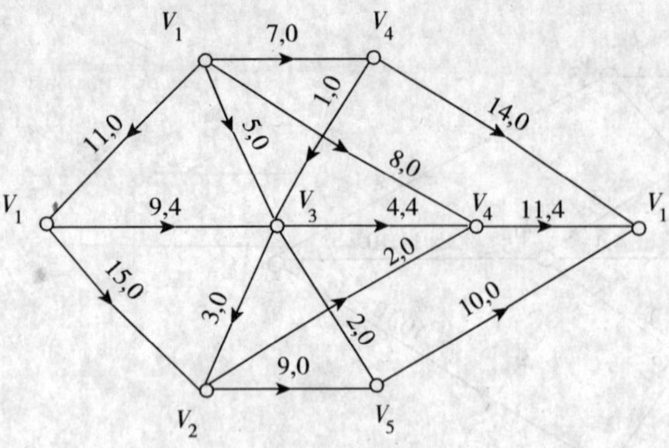

图 6-46 赋权图 $f^{(1)}$，$V(f^{(1)})=4$

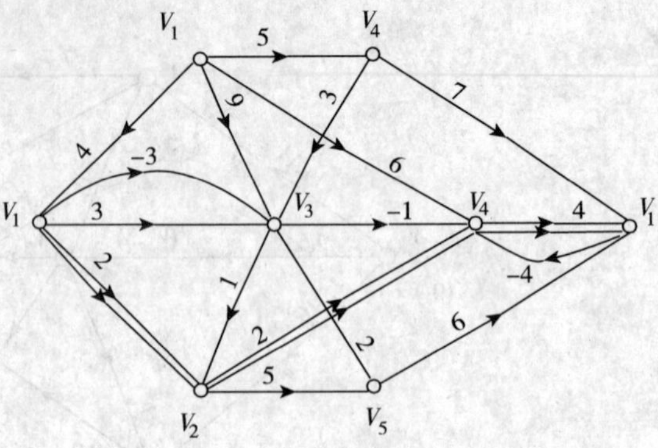

图 6-47 赋权图 $L^{(1)}$

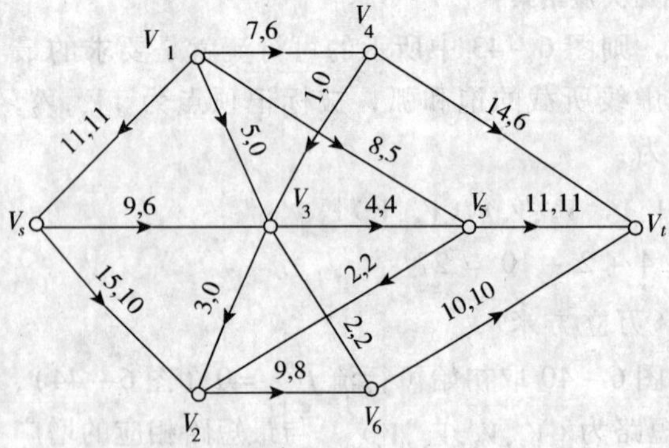

图 6-48 赋权图 $f^{(6)}$，$V(f^{(6)})=27$

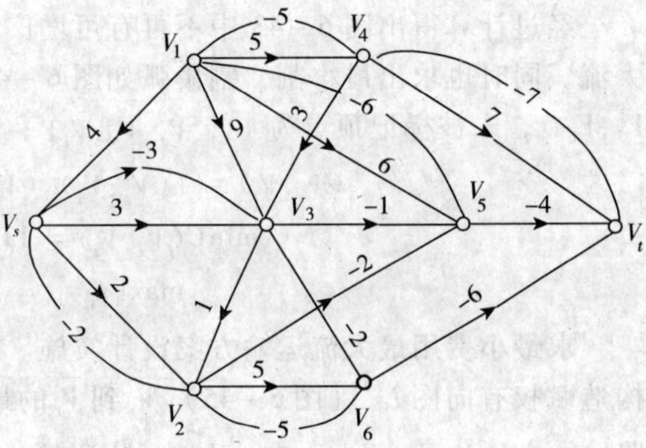

图 6-49 赋权图 $L^{(6)}$

图 6-49 中，$L^{(6)}$ 中已不存在 V_s 到 V_t 的最短路，所以 $f^{(6)}$ 为最小费用最大流。每日最大上坝土石方量为 27 万立方米，最小费用为 34 000 元。

四、防洪物资运输优化

每逢汛期，大量的防洪物资需要运送到各地。面对复杂的道路交通情况和各地防洪物资需求量的不同，如果不统筹安排会造成运输费用增加，局部防洪物资短缺或过剩，影响防洪安全和社会稳定。这就给决策者提出一个问题：怎样在满足各水库防洪物资最小需求的前提下，以最低的运输费用将尽可能多的防洪物资运送到各水库大坝？

防洪物资运输优化要求考虑三个问题：满足各水库大坝的最低物资要求；在满足最低物资需求的前提下，将尽可能的物资从各仓库运送到各水库大坝；总运输费用最小。为了更好地处理这三个问题，定义两个常量 t_{ij} 和 f_{ij}，t_{ij} 为运送单位防洪物资从第 i 仓库到第 j 水库所需费用，f_{ij} 为从第 i 仓库到第 j 水库运送防洪物资的数量。这样以总运输费用最小为目标函数，以各仓库的物资储备量、道路运输能力、各水库大坝所需要的最小物资量为约束条件构造模型如下：

$$\min Z = \sum_{i=1}^{m}\sum_{j=1}^{n} t_i, f_{i,j}$$

$$\begin{cases} \sum_{j} f_{i,j} \leqslant p_i \\ \sum_{i} f_{i,j} \geqslant p_j \\ f_{i,j} \leqslant c_{i,j} \end{cases}$$

式中　p_i——第 i 个仓库的物资储备数量；

q_j——第 j 各水库至少所需要的物资数量；

c_{ij}——从第 i 个仓库到第 j 个水库的道路运输能力。

第 1 个约束表示从仓库 i 运走的所有物资数量必须小于第 i 个仓库的物资储备量；第 2 个约束条件表示运送到第 j 个水库的所有物资数量必须大于第 j 个水库最少需求量；第 3 个约束条件表示从第 i 个仓库到 j 个水库的物资运输量必须在道路运输能力范围内。

最小费用最大流理论的求解过程是对单一起点到单一终点进行的，防洪物资运输问题涉及多个储存物资的仓库（起点）和多个需求物资的水库（终点）。这就需要引进 s 点作为单起点，引进 t 点作为单终点。规定从 s 点到第 i 个仓库的道路运输能力为 $+\infty$，从第 j 个水库运送到 t 点的单位物资运输费用为 0。这样一来，运输的总费用不会变，也可以应用最小费用最大流算法对模型进行求解。

桃曲坡水库、玉皇阁水库和高尔塬水库都位于渭河的支流上，处于古城西安的上游。这三座水库的防洪对西安的安全有着很大的影响，每逢汛期，都有大量的防汛物资从附近仓库运送到这三座水库（具体仓库和水库分布见图 6－50），研究这三座水库的防洪物资运输问题对实际运输有很大的指导作用。

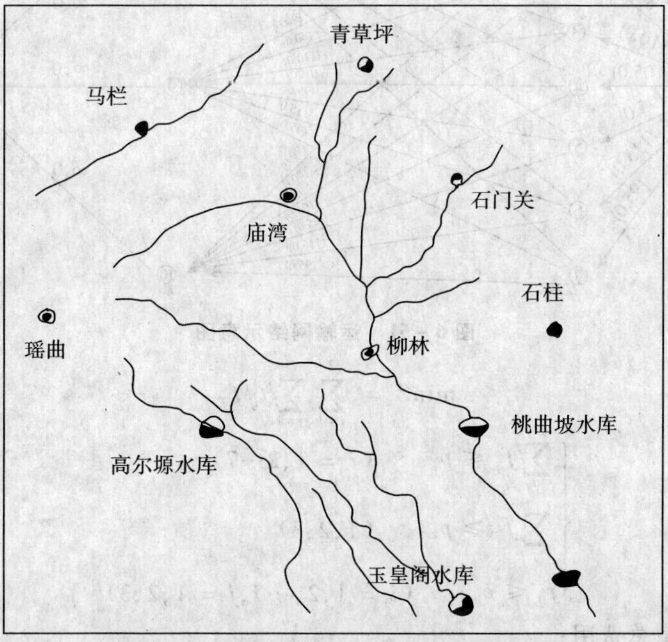

图 6－50　各仓库和水库分布示意图

三座水库最低防洪物资需求量为：桃曲坡230吨、高尔塬190吨、玉皇阁110吨。这三座水库附近有7个仓库，每个仓库的物资储备量和从某座仓库运输物资到某座水库的单位物资运输费用见表6-6。将表6-6中的信息网络化，得图6-51，①②……⑦分别代表仓库马栏、庙湾、瑶曲、柳林、石门关、青草坪、石柱；⑧⑨⑩分别代表水库桃曲坡、高尔塬、玉皇阁；每条弧上的标注为（c_{ij}，t_{ij}），c_{ij}为从i点到j点的道路运输能力（从第i仓库到第j水库的道路运输能力c_{ij}即为第i仓库的物资储备量），t_{ij}为从i点到j点的单位物资运输费用。

表6-6 单位物资运输费

仓 库	桃曲坡（元）	高尔塬（元）	玉皇阁（元）	仓库物资储备量（t）
马 栏	200	160	230	90
庙 湾	130	110	200	80
瑶 曲	130	160	200	110
柳 林	50	70	130	105
石门关	130	70	160	95
青草坪	200	200	250	115
石 柱	50	120	140	95

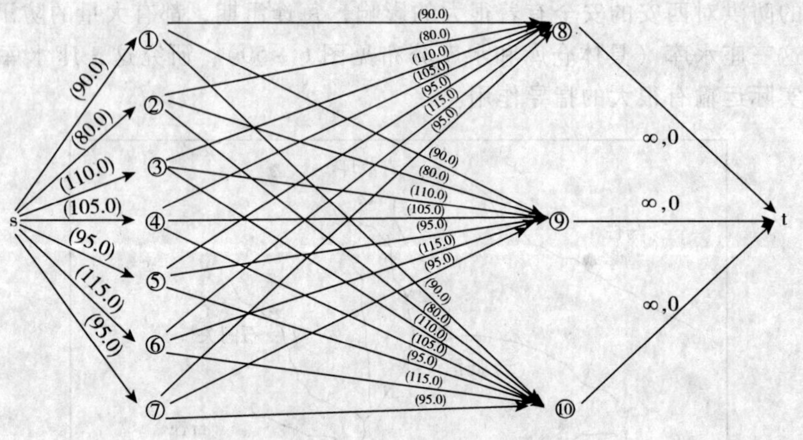

图6-51 运输网络示意图

建立模型
$$\min Z = \sum_{i=1}^{7}\sum_{j=1}^{3} t_{ij} f_{ij}$$

$$\begin{cases} \sum_j f_{ij} \leqslant p_i & (i = 1,2\cdots 7) \\ \sum_j f_{ij} \geqslant p_j & (1,2,3) \\ f_{ij} \leqslant c_{ij} & (i = 1,2,\cdots 7, j = 1,2,3) \end{cases}$$

式中 Z——运输总费用；

$p_i(i=1,2,\cdots7)$ 的值分别为 90、80、110、105、95、115、95，q_1、q_2、q_3 的值分别为 230、190、110；c_{ij}、t_{ij} 的值见图 6-51 中括弧里的标注。

对模型根据最小费用最大流的求解步骤求解，结果见表 6-7（表中物资运输量表示从各仓库到各水库的防洪物资运输数量），计算结果为满足各水库最低物资需求量的运输方案，总运输费用为 54 650 元。

表 6-7　运输计算结果

仓 库	桃曲坡（t）	高尔塬（t）	玉皇阁（t）	运输费用（元）
马 栏	0	15	30	9300
庙 湾	0	80	0	8800
瑶 曲	30	0	80	19 900
柳 林	105	0	0	5250
石门关	0	95	0	6650
青草坪	0	0	0	0
石 柱	95	0	0	4750

第七章 交通排队理论

第一节 排队系统

一、排队现象

排队是日常生活中经常遇到的现象，如顾客到商店购买物品形成的排队；上下班坐公共汽车，等待公共汽车的排队；文件等待打印和发送；电话占线；故障机器停机待修；水库的存贮调节等。在交通系统中，排队现象也相当普遍，如车辆通过信号交叉口时常需排队，汽车在加油站加油常需排队，汽车在通过道路的“瓶颈”地段时常需排队，货轮进港、飞机着陆等也常需排队。

对于各种排队系统或服务系统，将其中要求得到服务的对象统称为“顾客”，将提供服务者统称为“服务机构”，顾客与服务机构之间存在一种服务关系。实际的排队系统千差万别，但都可概括为：顾客为得到某种服务到达服务机构，若不能立即得到服务又允许排队等待，则加入等待队伍，直到获得服务后离去。

一般地，在一个排队服务机构中总是包括一个或若干个“服务设施”，有许多“顾客”进入该系统要求得到服务，服务完毕即自行离开。倘若顾客到达时，服务系统空闲，则到达的顾客立即得到服务，否则将排队等待服务或离去。如在自动机床生产车间，1 个工人往往看管若干台机床，当机床发生故障或要求加料、更换刃具，要求工人进行照管修理。在同一时间 1 个工人只能在 1 台机床上照管或修理，如果这时又有别的机床需要该工人修理或照管，就必须等待。这样，工人与需要照管或修理的机床之间就构成了一个服务系统，这里工人是“服务设施”，“顾客”是需要照管或修理的机床。

如果到达服务系统的顾客完全按固定的间隔时间到达，服务设施用在每个顾客身上的服务时间也是固定的，就像工厂流水生产线那样有固定的节拍，这类服务系统的设计计算是比较方便的。但在大多数的服务系统中，顾客的到达经常是随机的，并且服务设施用于每个顾客身上的服务时间往往也是随机的，对于这样一类随机服务系统的设计计算要复杂得多。

由于顾客到达间隔时间和服务时间具有随机性，使排队现象不可避免。如果增加服务设备（服务台），就要增加投资或发生空闲浪费；如果服务设备太少，排队现象就会严重，对顾客个人和对社会都会带来不利影响。车站的售票口应开设多少个比较合适呢？开设得多，方便旅客，减少排队时间；但售票口增多了，就要增加服务人员及相关的设施，增加服务费用。这样，顾客排队时间长短与服务设施规模大小构成随机服务系统中的一对矛盾。有些场合下，如公共汽车的班次可以随季节及顾客到达规律的变化进行调整，但另一些场合，服务设施的规模，如机场跑道、港口泊位、电话线路等一旦建成则不易改动，因此需要有一个进行设计计算遵循的理论依据。到底怎样才能做到既保证一定的服务质量指标，又使服务设施费用经济合理，恰当地解决顾客排队时间与服务设施费用这对矛盾，这就是研究随机服务系统的理论——排队论所要研究解决的问题。

排队论（Queuing theory），亦称随机服务系统理论，是研究排队现象的一门科学，是20世纪初丹麦科学家爱尔朗（A. K. Erlang）在研究电话通话的拥挤问题时提出的理论。排队论首先应用于电话行业，目前已被广泛应用于交通、运输等公用事业系统及其他领域。

二、排队问题的基本结构

对一个排队问题，基本排队过程如图7-1所示。每个顾客由输入源出发，按一定规律到达排队系统，排队等待服务，然后按一定规则进入服务机构接受服务，服务结束离开排队系统。

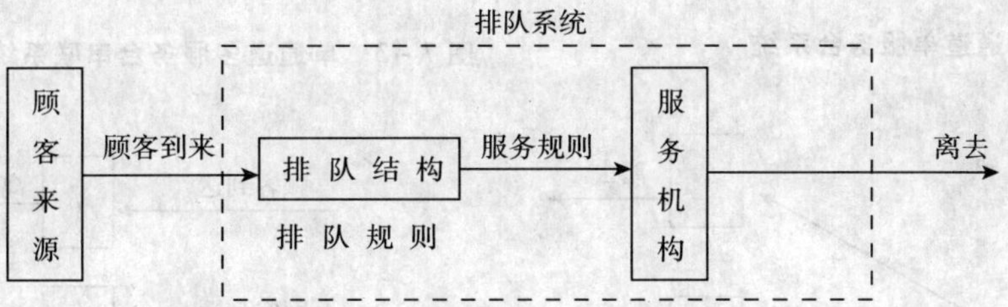

图7-1 基本排队过程模型

一般排队系统由输入过程与到达规则、排队规则、服务机构的结构、服务时间与服务规则组成。

（1）输入过程与到达规则。输入过程一般是由（顾客）到达间隔时间来描述的。根据到达间隔时间所服从的分布，输入过程可分为定长输入、（负）指数输入（Poisson输入）、爱尔朗输入、几何输入、负二项输入与一般输入。到达规则是在这些输入的每一种中又分为单个到达，成批到达、依时到达等。

（2）排队规则。排队规则一般分为等待制、损失制和混合制。在等待制与混合制中通常又可分为先来先服务（FCFS）、后来先服务（LCFC）、随机服务（RSS）、优先服务（PR）等。在混合制中又分为队长（容量）有限、等待时间有限。

（3）服务机构的结构。服务机构的结构可分为单服务台、多个服务台与无限多个服务台。而在多个服务台中又可分为并联、串联两种。

（4）服务时间。服务时间是指服务一个顾客所用的时间。根据其分布，一般分为定长分布、指数分布、几何分布与一般分布等。

为了区别各种排队系统，根据输入过程、排队规则和服务机构的变化对排队模型进行描述或分类。1953年肯道尔（Kendall）提出一个分类方法，称为Kendall符号，其形式是：X/Y/Z/A/B/C，各符号的意义为：

（1）X：表示顾客相继到达时间间隔的概率分布；

（2）Y：表示服务时间分布，所用符号与X相同；

（3）Z：表示服务台个数，取正整数。1表示单个服务台，S（>1）表示多个服务台；

（4）A：表示系统中顾客容量限额，或称等待空间容量。若系统中有 K 个等待位子（$0 < K < \infty$），当 $K=0$ 时，说明系统不允许等待，即为损失制；若 $K=\infty$ 时为等待制；K 为有限整数时，表示为混合制系统；

（5）B：表示顾客源限额，可取正整数或 ∞，即有限与无限两种；

（6）C：表示服务规则，如 FCFS、LCFS 等。

三、服务系统类型

根据服务通道和排列方式的不同，服务机构分为单通道、多通道、系列服务等几种类型，见图 7－2、图 7－3、图 7－4、图 7－5、图 7－6。

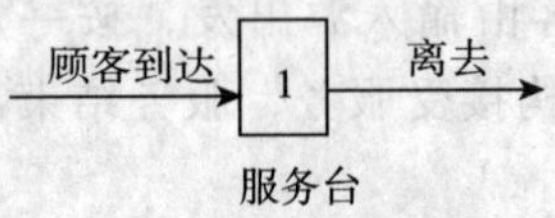

图 7－2　单通道单服务台系统

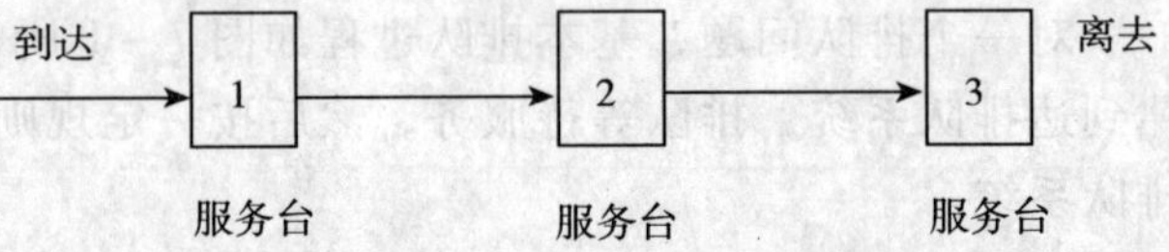

图 7－3　单通道多服务台串联系统

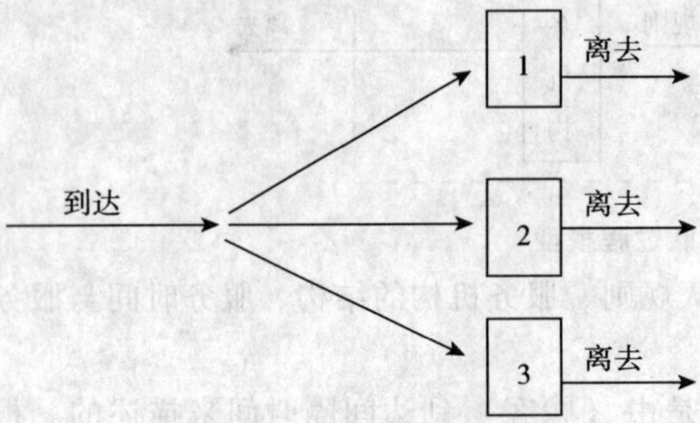

图 7－4　可互通的多通道系统

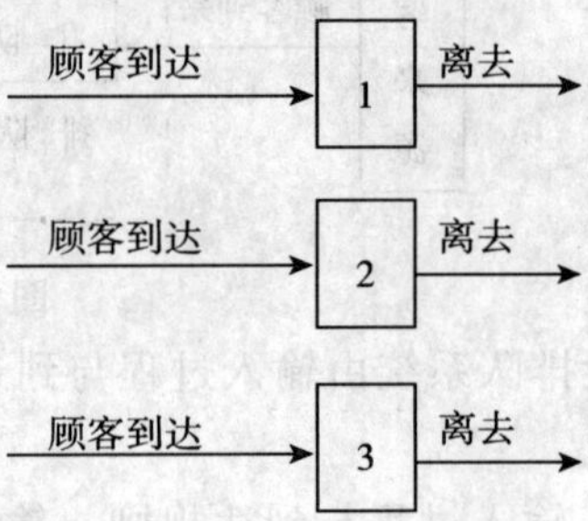

图 7－5　不可互通的多通道系统

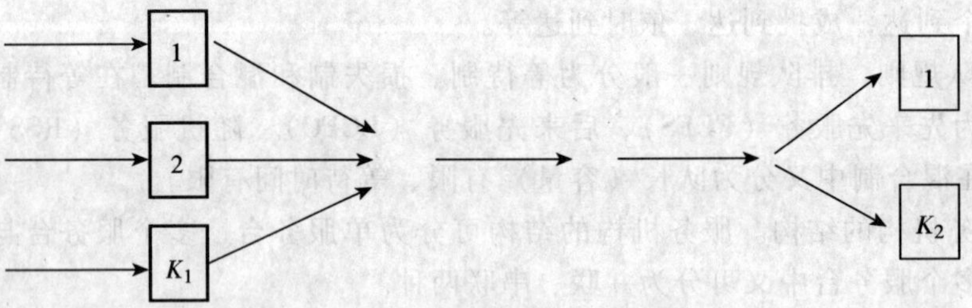

图 7－6　多通道混合服务系统

四、顾客到达分布

影响排队的主要因素是单位时间内要求服务机构给予服务的顾客数和每个顾客所需的服务时间。要想预测在某一时刻将有多少顾客要求服务系统服务，或者预测某一顾客的服务时间将要延误多久这都是不可能的。只能对单位时间内到达系统的顾客数、服务时间这两个随机变量进行概率的描述。

描述顾客到达和服务时间的方法。一般是求出它的概率密度函数或概率的分布函数。

具体地说，就是要求出单位时间内有 k 个顾客到达系统要求服务的概率，以及服务时间不少于某一时间长度的概率。

在排队论中，描述到达分布和服务时间分布的分布形式有最简单（泊松流）、负指数分布、爱尔朗分布、二项分布、正态分布等。

顾客到达分布一般服从最简单流，又称为平稳的泊松流。

$$p_n\ (\Delta t)\ = \frac{(\lambda \Delta t)^n}{n!} e^{\lambda \Delta t} \quad (n = 0,\ 1,\ 2,\ \cdots)$$

即对于最简单流，在长度为 Δt 的时间区间内，顾客到达数 $N(\Delta t)$ 是服务参数为 $\lambda \Delta t$ 的泊松分布。它的数学期望和方差分别为：

$$E[N(\Delta t)] = \lambda \Delta t,\ D[N(\Delta t)] = \lambda \Delta t$$

某铁路与公路相交的平面交叉口，当火车通过交叉口时，横木护栏挡住汽车通行，每次火车通过时，平均封锁公路 3 分钟，公路上平均每分钟有 4 辆汽车到达交叉口。求火车通过交叉口时，汽车排队长度超过 12 辆的概率。

$$p_n(\Delta t) = \frac{(\lambda \Delta t)^n}{n!} e^{\lambda \Delta t},\ \Delta t = 3\ 分钟,\ \lambda = 4\ 辆/分钟$$

排队汽车不超过 12 辆的概率为：

$$p_{\leqslant 12}(\Delta t) = p_0(\Delta t) + p_1(\Delta t) + \cdots + p_{12}(\Delta t)$$

$$= \sum_{n=0}^{12} p_n(\Delta t) = \sum_{n=0}^{12} \frac{(\lambda \Delta t)^n}{n!} e^{\lambda \Delta t}$$

$$= \sum_{n=0}^{12} \frac{(3 \times 4)^n}{12!} e3 \times 4 = 0.576$$

排队汽车超过 12 辆的概率为：

$$p_{\geqslant 12}(\Delta t) = 1 - p_{\leqslant 12}(\Delta t) = 1 - 0.576 = 0.424 = 42\%$$

即有 42% 的情况，汽车排队长度超过 12 辆。

五、服务时间分布

排队系统服务时间分布一般服从负指数分布。

如果顾客服务完毕，从服务机构离去的流也是完全随机的，在时段内 Δt，有 n 个顾客从服务机构离去的概率为：

$$p_n(\Delta t) = \frac{(\mu \Delta t)^n}{n!} e^{-\mu \Delta t} \quad (n = 1, 2, \cdots)$$

式中　$p_n(\Delta t)$——服从参数为 $\mu \Delta t$ 的泊松分布，其中 n 为单位时间内顾客服务完毕而离去的平均数；

μ——平均服务率，$1/\mu$ 为每个顾客的平均服务时间。

当 $n = 0$ 时：　$p_0(\Delta t) = e^{-\mu \Delta t}$

即表示在长度为 Δt 的时段内没有顾客离去的概率为：

$$e^{-\mu \Delta t} = p(在时段\ \Delta t\ 内没有顾客离去)$$

$$= p(每一顾客的服务时间 > \Delta t)$$

$$= p(\text{每一顾客的服务时间} \leqslant t)$$

$$p(T \leqslant \Delta t) = 1 - e^{-\lambda \Delta t}$$

$$E(T) = 1/\mu, D(T) = 1/\mu^2$$

六、排队系统指标

衡量一个排队系统工作状况的主要指标有：

(1) 队长 L_s 为系统中平均顾客数，包括排队的顾客和正在接受服务的顾客；

(2) 排队长 L_q 为系统中排队等待服务的平均顾客数；

(3) 逗留时间 W_s 为顾客的平均逗留时间，包括排队时间和接受服务时间；

(4) 等待时间 W_q 为顾客排队等待的平均时间；

(5) 系统空闲概率 p_0 为系统没有顾客的概率；

(6) 系统中有 n 个顾客的概率 p_n；

(7) 忙期为从顾客到达空闲服务结构起到服务结构再次空闲的概率。

上述指标实际上反映了排队服务系统工作状态的几个侧面，它们之间是互为联系可以互相转换的。设以 λ 表示单位时间内顾客的平均到达数，μ 表示单位时间内被服务完毕离去的平均顾客数，则 $1/\lambda$ 表示相邻两个顾客到达的平均间隔时间，$1/\mu$ 表示每个顾客的平均服务时间。

七、排队系统类型

一般地，对顾客总体数量无限、系统中的队长无限、排队规则为先到先服务，排队系统又可表述为 X/Y/Z。通常用 M 代表泊松输入或负指数分布的服务时间，D 代表定长输入或定长服务时间，E_k 代表 k 阶爱尔朗分布的输入与服务，GI 代表一般独立输入，G 代表一般服务时间分布。则 M/M/n 代表顾客输入为泊松分布，服务时间为负指数分布，有 n 个并联服务站的排队服务系统；D/G/1 代表定长输入，一般服务时间，单个服务站的随机服务系统；GI/E_k/1 代表一般独立输入，爱尔朗服务时间，单个服务站的排队服务系统。最常用的排队系统为 M/M/1 排队系统和 M/M/S 排队系统。

所谓 M/M/1 排队系统是指这样的随机服务系统：

(1) 输入过程是服从参数 λ（单位时间内到达顾客数）的泊松分布；

(2) 顾客的服务时间是服从参数 μ（顾客的平均服务率）的负指数分布；

(3) 单个服务台（即单通道），顾客按到达的先后次序接受服务。

根据顾客源及系统容量的情况，又可分为：M/M/1/∞/∞ 系统；M/M/1/m/∞ 系统；M/M/1/∞/K 系统；M/M/1/m/K 系统。

所谓 M/M/S 排队系统是指这样的一种服务系统：

(1) 顾客的到达是服务参数 λ 的泊松分布；

(2) 顾客的服务时间是服从参数为 μ 的负指数分布；

(3) 有 S 个服务台，顾客按到达的先后次序接受服务。

当顾客到达时，若有空闲的服务台就立即接受服务；若所有的服务台都忙着，则顾客排成一个队列等待服务。

根据顾客源及系统容量的情况，M/M/S 系统又可分为：M/M/S/∞/∞ 系统、M/M/S/m/∞ 系统、M/M/S/∞/K 系统、M/M/S/m/K 系统。

第二节　生灭过程

一、生灭过程的定义

生灭过程是生物界用来研究诸如细菌的繁殖、人口的增长等现象的数学模型。由于在排队服务系统中，顾客的到达相当于“生”，顾客的离去相当于“灭”，顾客在系统中数量的增长正如社会系统中人口的增长一样，因此可以把服务系统用生灭过程来描写。

生灭过程具有随机性，服务系统也具有随机性，顾客到达服务系统的时间和数量是随机的，对每个顾客进行服务所需要的时间长短也是不确定的。这两方面共同作用的结果是，服务系统内的顾客有时要排队，有时不排队，排队的队伍有时长，有时短。如果以服务系统内的顾客数 $N(t)$ 作为系统的状态，那么这个系统状态变化的规律是预先不能确切知道的，或者说系统状态的变化是随机的。

设有某个系统，具有0、1、2，……状态，令 $N(t)$ 表示系统在时刻 t 所处的状态（对排队系统，即顾客的个数）。在任意时刻 t，若系统处于状态 i，且系统状态随时间变化的过程满足以下三个条件，就称之为一个生灭过程。

（1）在 $(t,t+\Delta t)$ 内，系统由状态 i 转移到状态 $i+1(i \geqslant 0)$ 的概率为 $\lambda_i \Delta t + O(\Delta t)$（也就是在 Δt 内有一个顾客到达的概率），其中 $\lambda_i(>0)$ 为固定常数。这就是泊松流平稳性条件。

（2）在 $(t,t+\Delta t)$ 内，系统由状态 i 转移到状态 $i-1$ 的概率为 $\mu_i \Delta t + O(\Delta t)$，其中 $\mu_i(>0)$ 为固定常数。这实际上也是泊松流平稳性条件。

（3）在 $(t,t+\Delta t)$ 内，系统发生两次以上转移的概率为 $O(\Delta t)$，即有2个以上顾客到达或离开的可能性 $\sum_{n=2}^{\infty} p_n(\Delta t) \to 0$。

从生灭过程的定义可知，对于一个排队系统，只要输入过程和服务过程符合最简单流（M/M/C 类排队系统），那么排队过程肯定符合生灭过程。

二、生灭过程的状态转移方程

在处理时间连续、间断状态变化的过程时，状态转移图是一个很有用的工具，在服务系统中，假定用系统中的顾客数 n 表示系统的状态，那么系统状态就是一个 $n=0,1,2,\cdots$ 的间断过程。顾客的到达或离去都将引起系统从一个状态向另一个状态转变，设定系统可以从状态 i 直接转变到状态 j，就用一条线表示这种状态转移的关系。根据上述泊松分布同负指数分布的关系，λ_n 就是系统处于 $N(t)$ 时单位时间内顾客的平均到达率，μ_n 则是单位时间内顾客的平均离去率。依据生灭过程的假设条件，一个服务系统的生灭过程状态转移图如图 7-7 所示。

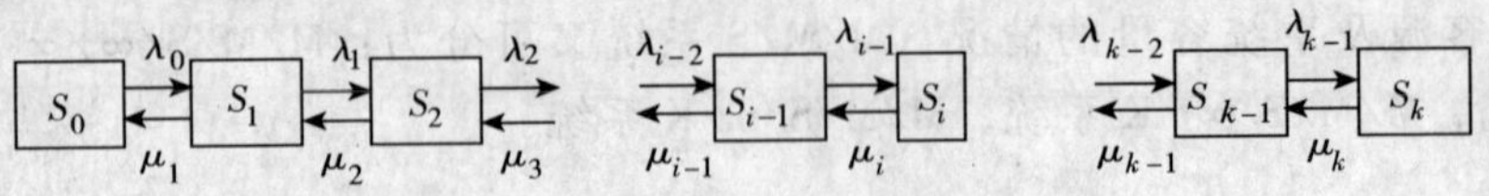

图 7－7　生灭过程的状态转移图

要求出系统的瞬时状态 $N(t)$ 的概率分布是很困难的，所以下面只考虑系统处于稳定状态的情形。先考虑系统处于某一特定状态 $N(t) = n$（$n=0, 1, 2, \cdots$）。若计算过程进入这个状态和离开这个状态的次数，因为在同一时刻这两个事件都只能发生一次，因此进入和离开这个状态的次数或者相等，或者刚好差一次。在稳定状态时，在很长一段时间内，对每个状态而言，进入系统的顾客数保持平衡，即对系统的任何状态 $N(t) = n$（$n=0, 1, 2, \cdots$），进入事件平均率（单位时间平均到达的顾客数）等于离去事件平均率（单位时间平均离开的顾客数），这就是所谓输入率等于输出率的原则。用来表示这个原则的方程称为系统的状态平衡方程。

先考虑 $n=0$ 的状态。状态 0 的输入仅仅来自状态 1。处于状态 1 时系统的稳定状态概率为 p_1，而从状态 1 进入状态 0 的平均转换率为 μ_1，因此从状态 1 进入状态 0 的输入率为 $\mu_1 p_1$，又从其他状态直接进入状态 0 的概率为 0，所以状态 0 的总输入率为 $\mu_1 p_1$。

根据类似上面的理由，状态 0 的总输出率为 $\lambda_0 p_0$。根据输入率等于输出率的原则，对状态 0 有状态平衡方程：

$$\lambda_1 p_1 = \mu_0 p_0$$

对于状态 i 来说，转出率期望值为：$\mu_i p_i + \lambda_i p_i = (\mu_i + \lambda_i) p_i$

转入率的期望值为：$\mu_{i+1} p_{i+1} + \lambda_{i-1} p_{i-1}$

有以下的平衡：$\mu_{i+1} p_{i+1} + \lambda_{i-1} p_{i-1} = (\mu_i + \lambda_i) p_i$

对于状态 $i = k$ 有：$\lambda_{k-1} p_{k-1} = u_k p_{ik}$

则有 $i = 0$ 时：$$p_1 = \frac{\lambda_0}{\mu_1} p_0$$

$i = 1$ 时：$$\mu_2 p_2 + \lambda_0 p_0 = (\mu_1 + \lambda_1)\ p_1$$

$$\mu_2 p_2 = (\mu_1 + \lambda_1) p_1 - \lambda_0 p_0 = (\mu_1 + \lambda_1) p - \mu_1 p_1 = \lambda_1 p_1$$

$$p_2 = \frac{\lambda_1}{\mu_2} p_1 = \frac{\lambda_1 \lambda_0}{\mu_1 \mu_2} p_0$$

以此类推：$$p_i = \frac{\lambda}{\mu} p_{i-1} = \frac{\lambda_{i-1} \lambda_{i-2} \cdots \lambda_0}{\mu_{i-1} \mu_{i-2} \cdots \mu_1} p_0 (1 \leqslant i \leqslant k)$$

根据正则条件得到：

$$\sum_{i=0}^{k} p_i = 1$$

可求 p_0，进而求 p_i。

排队模型为 M/M/1/3/∞/FCFS，$\lambda = 2$，$\mu = 3$。试求该系统的备状态概率 p_i。

该系统的到达过程，服务过程均为泊松流，故其内部状态符合生灭过程。系统具有 4 个状态：S_0、S_1、S_2、S_3，其状态转移图如图 7－8 所示。

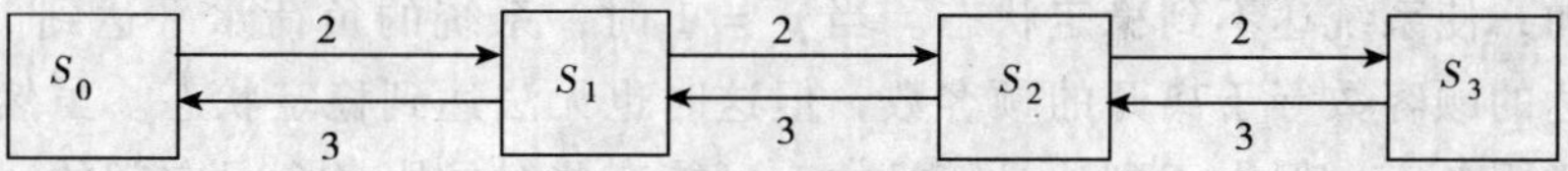

图 7－8　模型的状态转移图

首先，根据每个状态的平衡条件建立状态方程组：

由 S_0 状态：　$2p_0 = 3p_1$，即 $p_1 = \frac{2}{3}p_0$

由 S_1 状态：　$2p_0 + 3p_0 = 2p_1 + 3p_1$，即 $p_2 = \frac{2}{3}p_1 = \frac{4}{9}p_0$

由 S_2 状态：　$2p_1 + 3p_3 = 2p + 3p_2$，即 $p_3 = \frac{2}{3}p_2 = \frac{8}{27}p_0$

根据正则条件 $\sum_{i=0}^{k} p_i = 1$ 可得：

$$p_0 + \frac{2}{3}p_0 + \frac{4}{9}p_0 + \frac{8}{27}p_0 = 1$$

$$p_0 = 0.415,\ p_1 = 0.277,\ p_2 = 0.185,\ p_3 = 0.123$$

第三节　M/M/1 系统

一、M/M/1/∞/∞ 系统

1. M/M/1/∞/∞ 系统特征

M/M/1/∞/∞ 系统是指系统容量，顾客源均为无限，先到先服务的 M/M/1 系统，在排队论中，它有特殊的地位，通常称之为标准的 M/M/1 系统。

由生灭过程的定义可知，该系统的排队过程 $N(t)$（$t>0$）为一生灭过程，该系统的状态转移图如图 7－9 所示。

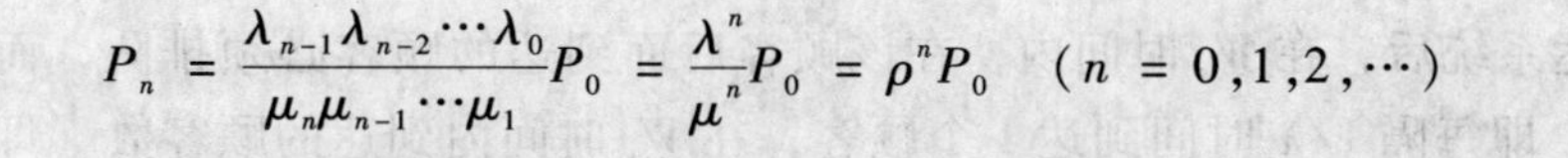

图 7－9　M/M/1/∞/∞ 系统的状态转移图

根据状态转为方程有：

$$P_1 = \frac{\lambda_0}{\mu_1}P_0 = \frac{\lambda}{\mu}P_0 = \rho P_0$$

$$P_n = \frac{\lambda_{n-1}\lambda_{n-2}\cdots\lambda_0}{\mu_n\mu_{n-1}\cdots\mu_1}P_0 = \frac{\lambda^n}{\mu^n}P_0 = \rho^n P_0 \quad (n = 0,1,2,\cdots)$$

式中 $\rho = \lambda/\mu$，通常称之为服务强度，是相同时间间隔内顾客的平均到达数与能被服务的平均数之比；或是对于相同的顾客数，服务时间之和的期望值与到达间隔时间之和的期望值之比，是刻画服务效率和服务机构利用程度的重要指标。

在 M/M/1/∞/∞ 排队系统中，必须有 $p<1$，即服务率大于到达率。如果 $p>1$，即单位时间内到达服务系统的顾客数大于离开服务系统的顾客数，那么当 $t\to\infty$ 时，排队长度将无限增加，使系统达不到稳定状态。当 $p=1$ 时，系统的负荷水平达到 100%，即单位时间内到达的顾客数等于离开的顾客数，但这时也无法达到稳定状态。虽然这时平均到达率等于平均服务率，但由于到达是随机的，可能有些时候服务台是空闲的，因而失去了一些可用于服务的时间，这种时间损失越多，排队积累越快，渐渐地越排越长，而达不到统计平衡。

由正则条件可得：

$$\sum_{i=0}^{\infty} p = p_0 + p_1 + p_2 + \cdots = 1$$

$$p_0 + \rho p_0 + \rho^2 p_0 + \cdots + \rho^n p_0 + \cdots = p_0(1 + \rho + \rho^2 + \cdots + \rho^n + \cdots) = 1$$

$$p_0 = 1 - \rho \qquad \rho < 1$$

$$p_n = (1 - \rho)\rho^n \qquad 1 \leqslant n \leqslant \infty$$

p_0、p_n 称为系统的状态概率，p_0 表示系统中没有顾客（即服务台空闲）的概率，p_n 表示系统有 n 个顾客（其中有 $n-1$ 个顾客排队）的概率。以 p_0、p_n 为基础，可以导出系统的一系列运行指标。

（1）系统中的平均顾客数（队长期望值）L_s。设系统中的顾客数（包括排队的和正在被服务的）为 N，则 N 是个随机变量，令 L_s 是 N 的期望值，则：

$$L_s = E(N) = \sum_{n=0}^{\infty} n p_n = \sum_{n=0}^{\infty} (1-\rho)\rho^n = \sum_{n=1}^{\infty} n\rho_n - \sum_{n=1}^{\infty} n\rho^{n+1}$$

$$= \rho + \rho^2 + \rho^3 + \cdots = \frac{\rho}{1-\rho} \quad (0 < \rho < 1)$$

$$L_s = \frac{\lambda}{\mu - \lambda}$$

（2）系统中排队等候的平均顾客数（排队长期望值）L_q。该系统处于统计平衡状态时排队等候的顾客数为 N_q，$N_q = N - 1$，期望值为 L_q。则：

$$L_q = E(N_q) = E(N-1)$$

$$= \sum_{n=1}^{\infty} (n-1)P_n = \sum_{n=1}^{\infty} nP_n - \sum_{n=1}^{\infty} P_n = L_n - (1 - P_0)$$

$$= \frac{\rho}{1-\rho} - \rho = \frac{\rho^2}{1-\rho} = \frac{\rho\lambda}{\mu - \lambda}$$

（3）顾客在系统中的平均逗留时间 W_s。

顾客在服务系统中停留的时间与统计中的顾客数有关，设顾客花在系统中的时间期望值为 W_s，即顾客从步入系统到离开系统的平均时间为 W_s，由于系统中只有 1 个服务台，当某顾客到达系统后，在 W_s 时间内，在该顾客后面到达的顾客必须排队，而顾客的平均到达率为 λ，即每隔 $1/\lambda$ 时间到达 1 个顾客，在 W_s 时间内到达的顾客数（即排队的顾客个数）为：

$$L_s = W_s/(1/\lambda) = \lambda W_s$$

那么，顾客在系统中停留时间的期望值为：

$$W_s = L_s/\lambda = \frac{1}{\mu - \lambda}$$

这就是著名的李太勒公式，对于任何排队系统，在任何顾客到达流和任何服务时间的情况下，顾客在系统内的平均停留时间等于系统内顾客的平均数除以顾客的平均到达率，因此，公式具有通用性，它适用于任何排队系统。

（4）顾客在系统中的平均排队时间 W_q。

李太勒另一个公式，顾客平均排队时间与排队顾客之间的关系：

$$W_q = L_q/\lambda = \frac{\rho}{\mu - \lambda}$$

将系统运行指标的计算公式归纳如下：

$$L_s = \frac{\lambda}{\mu - \lambda}, L_q = \frac{\rho\lambda}{\mu - \lambda}, W_s = \frac{1}{\mu - \lambda}, W_g = \frac{\rho}{\mu - \lambda}$$

它们之间的相互关系为：

$$L_s = \lambda W_s, L_q = \lambda W_q, W_s = W_q + \frac{1}{\mu}, L_s = L_q + \frac{\lambda}{\mu}$$

2. 公路收费口排队系统

某收费公路入口处设有一收费亭，汽车进入公路必须向收费亭交费，收费亭的收费时间服从负指数分布，平均每辆汽车的交费时间为 7.2s，汽车的到达率为 400 辆/小时，并服从泊松分布。试求：

（1）收费亭空闲的概率；

（2）收费亭前没有车辆排队的概率；

（3）收费亭前排队长度超过 12 辆的概率；

（4）平均排队长度；

（5）车辆通过收费亭所花费时间的平均值；

（6）车辆的平均排队时间。

这是一个 M/M/1/∞/∞ 排队系统，收费亭是服务台，汽车是顾客，汽车向收费亭交费便是接受服务。

$\lambda = 400$ 辆/小时，$\mu = 3600/7.2 = 500$ 辆/小时，$p = \lambda / \mu = 400/500 = 0.8$

（1）收费亭空闲的概率。

收费亭空闲的概率即为系统中没有车辆到达的概率 P_0。

$$P_0 = 1 - \rho = 1 - 0.8 = 0.2$$

（2）没有车辆排队的概率。

当系统中没有车或只有一辆车（这辆车正在被服务）时，便没有车辆排队。所以，没有车辆排队的概率为：

$$p(\leqslant 1) = P_0 + P_1 = P_0 + \rho P_0 = (1 + \rho) P_0 = (1 + 0.8) \times 0.2 = 0.36$$

（3）排队长度超过 12 辆的概率。

排队长度超过 12 辆的概率，也就是系统中车辆超过 13 辆的概率。所以：

$$P(\geqslant 13) = 1 - \sum_{n=0}^{13} P_n = 1 - \sum_{n=0}^{13} \rho^n (1 - \rho) = 1 - (1 - \rho) \sum_{n=0}^{13} P_n = \rho^{14} = 0.8^{14} = 0.044$$

（4）平均排队长度：

$$L_q = \frac{\rho\lambda}{\mu - \lambda} = \frac{0.8 \times 400}{500 - 400} = 3.2 \text{ 辆}$$

（5）车辆通过收费亭所花的平均时间：

$$W_s = \frac{1}{\mu - \lambda} = \frac{1}{500 - 400} = 0.01 \text{ h}$$

（6）车队的平均排队时间：

$$W_q = \frac{\rho}{\mu - \lambda} = \frac{0.8}{500 - 400} = 0.008 \text{ h}$$

3. 道路交叉口规划

某主要道路与次要道路相交的无控制交叉口，主要道路有优先通行权，即主路上的汽车通行不受次路上的汽车影响，次路上的汽车必须等候主路上汽车流中的较大的车头时距横穿通过，两条道路上的车流到达过程符合泊松分布，把车辆通过交叉口看成是车辆接受了服务，那么次要道路上排队车流中的第一辆汽车为正在接受服务的顾客，第一辆汽车从到达停车线到通过交叉口的时间就是服务时间，它与主路车流的车头时距分布有关，当主路车流符合泊松流时，次路车辆的服务时间总是服从负指数分布的，在次路车流中，从第二辆起的汽车即为排队等候服务的顾客，因此，该交叉口系统就是一个标准的 M/M/1 系统，设次路车流的交通量为 350 辆/h，次路车辆从到达停车线到通过交叉口的平均服务时间为 10s，试求该系统的运行指标（见图 7－10）。

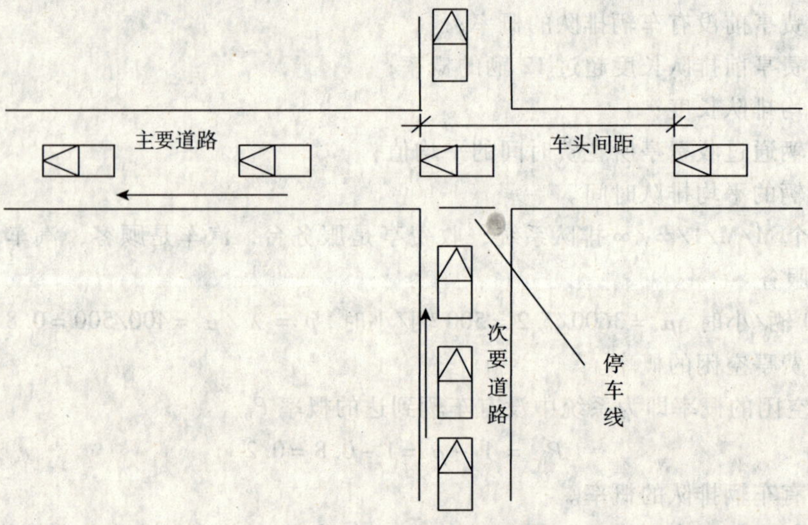

图 7－10　交叉口简化图

该系统中 $\lambda = 350$ 辆/h，$\mu = 3600/10 = 360$ 辆/h，$\rho = \lambda/\mu = 350/360 = 0.972$。

（1）交叉口没有车辆的概率：

$$p_0 = 1 - \rho = 0.028$$

（2）交叉口前排队车辆（包括正待通过的第一辆车）超过 50 辆的概率：

$$P(>50) = 1 - (1-\rho)\sum_{n=0}^{50}\rho^n = 1 - \frac{(1-\rho)(1-\rho^{50-1})}{1-\rho} = \rho^{51} = 0.238$$

（3）交叉口前的平均排队车辆数（包括第一辆）：

$$L_s = \frac{\lambda}{\mu - \lambda} = \frac{350}{360 - 350} = 35 \text{ 辆}$$

（4）车辆从到达到通过交叉口所需的平均时间：

$$W_s = \frac{1}{\mu - \lambda} = \frac{1}{360 - 350} = 0.1 \text{ 小时} = 6\text{min}$$

从上面的这些指标可以看出，该交叉口是相当拥挤的，交叉口前有97%的时间出现排队现象，平均排队长度达35辆，有24%的时间排队长度超过50辆，车辆交叉口前平均需要排队6min，阻塞相当严重，应采取措施予以改善，如拓宽进口，设置两条平行进口车道，或设置交通信号灯等。

4. 常规公交站台容纳线路能力计算模型

在交通高峰时间或者在人流集散点，经常出现公交站台前后公交车排成长队，甚至排队至上游交叉口处，严重影响道路交通流的正常运行和公交车的通行效率。这是由于忽略对站台停靠线路数的考虑，从而出现公交站牌上有20多条线路的现象，公交站台内的拥挤必然使得公共交通的运行速度下降，增加车辆的站点停靠时间。因此，有必要对公交站台的容纳线路能力和停靠线路特征参数进行计算标定。

（1）公交站台排队模型参数分析。

公交站台容纳线路能力即公交站台在一定的几何特征和线路特征参数下可以停靠的最大的线路数。计算公交站台容纳线路能力考虑的特征参数主要是发车频率 N_i、运行速度 v_i 和车辆类型。运行速度和车辆类型可进行标准化，因此可只考虑发车频率 N_i。考察公交站台的公交车流到达和离去的特性，建立排队系统模型对公交站台的容纳线路能力进行计算，排队系统参数分析如下：

1）顾客（即公交车）。由于公交车每条线路在发车点发车间隔均匀，因此可认为公交站台的每条线路公交车到达过程服从到达率 $\lambda_i = 1/N_i$ 的泊松分布。

2）服务台数 S（即公交站台的服务车位数）。公交站台内公交车运行方式主要是排队进出站式。因此，可将站台系统简化成1个服务台、先进先出的 M/M/1/∞/∞ 排队系统。

3）服务时间。由于顾客到达率的随机性，服务时间应服从参数为 μ（公交车平均站内运行时间，包括停靠时间和进出站时间）的负指数分布。

4）其他参数。根据公交线路公交车流的特性，可认为公交车到达数量总体是无限的，排队过程服从等待制原则，排队规则为先到先服务（FCFS）。

（2）公交站台容纳线路能力的排队模型。

在排队理论（M/M/1/∞/∞）系统中，设公交站台有 S 个车位，站台总的服务率为 μ，公交站台的服务强度 $p = \frac{\lambda}{\mu}$，λ 为公交站台的公交车到达率，在实际的计算中 ρ 必须小于1，排队系统才能处于稳定状态；否则，排队系统有可能排成无限的队列。由于站台内各条线路的发车频率之间基本没有相关性，可认为是相互独立的，每条线路车辆的到达过程都服从 λ_i 的泊松分布，则公交站台的公交车的到达过程应服从 $\lambda = \sum_{i=1}^{n} \lambda_i$ 的泊松分布，为了将公交站台的线路数作为公式参数，可作以下简单交换：

$$n\bar{\lambda} = \lambda = \sum_{i=1}^{n} \lambda_i$$

式中　n ——公交站台公交线路数；

$\bar{\lambda}$ ——公交站台线路的平均到达率，则：

$$\rho = \frac{n\bar{\lambda}}{\mu}$$

容纳线路能力是公交站台容纳线路的最大值，平均的排队长度不能反映站台线路排队拥堵的状况。因此，选取排队长度大于公交站台的车位数的概率作为目标值。根据排队理论公式可得：

$$P(>S) = \sum_{i=s+1}^{\infty}(1-\rho)\rho' = (1-\rho)\sum_{i=s+1}^{\infty}\rho' = (1-\rho)\frac{\rho^{s+1}}{1-\rho} = \rho^{s+1} = \left[\frac{n\bar{\lambda}}{\mu}\right]^{s+1} \leqslant a$$

整理得：

$$n \leqslant \frac{\mu}{\bar{\lambda}}(a - e^{s+1})$$

（3）模型求解及结果分析。

从公交站台设计的角度出发，以公交站台通行能力作为站台的服务率，公交站台通行能力为：

$$B_b = N_{el}B_1 = N_{el} \cdot \frac{3600(g/c)}{t_e + t_d(g/c) + Zc_v t_d}$$

式中　B_1 ——单个上车区域的公交车通行能力；

N_{el} ——有效上车区域的个数；

t_e ——消散时间；

g/c ——绿灯时间比率；

t_d ——平均停靠时间；

c_v ——停靠时间变化系数；

Z ——规定失败率的标准化变量。

二、M/M/1/m/∞ 系统

1. M/M/1/m/∞ 系统特征

是指系统容量受限制，顾客源为无限，先到先服务的 M/M/1 系统，设系统容量为 m，即排队容量 $m-1$，当顾客到达时，若服务台不空，则顾客参加排队等候服务，因为系统内只有 $m-1$ 个排队位置，当客满时，后来的顾客立即离去，另求服务，因此，该系统只可能具有 $m+1$ 个状态；S_0、S_1、S_2、$\cdots S_m$（图 7－11）。

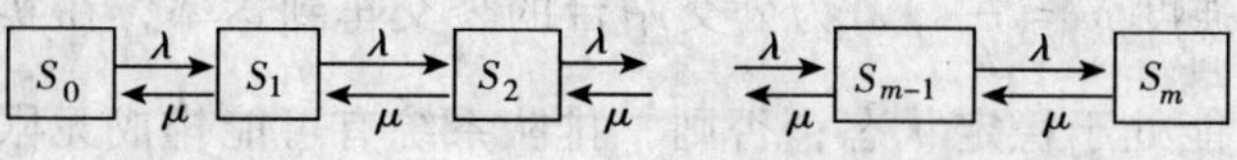

图 7－11　M/M/1/m/∞ 系统状态转移图

$$p_n = \frac{\lambda_{n-1}}{\mu_n}p_{n-1} = \rho p_{n-1} \qquad (1 \leqslant n \leqslant m)$$

$$p_n = \frac{\lambda_{n-1}\lambda_{n-2}\cdots\lambda_0}{\mu_n\mu_{n-1}\cdots\mu_1}p_0 = \frac{\lambda^n}{\mu^n}p_0 = \rho^n p_0 \qquad (1 \leqslant n \leqslant m)$$

正则条件可得：$p_0 + p_1 + p_2 + \cdots p_m = 1$

则：$$p_0 + \rho p_0 + \rho^2 p_0 + \cdots + \rho^m p_0 = 1$$

$$p_0(1 + \rho + \rho^2 + \cdots + \rho^m) = 1$$

$$\begin{cases} p_0 = \dfrac{1-\rho}{1-\rho^{m+1}} & \rho \neq 1 \\ p_n = \dfrac{1-\rho}{1-\rho^{m+1}}p^n & (1 \leqslant n \leqslant m) \end{cases} \begin{cases} p_0 = \dfrac{1}{m+1} & \rho = 1 \\ p_n = \dfrac{1}{m+1} & (0 \leqslant n \leqslant m) \end{cases}$$

（1）系统中的平均顾客数（队长）L_s。

$\rho \neq 1$ 时
$$L_s = E(N) = \sum_{n=0}^{m} np_n = \sum_{n=0}^{m} np_0\rho^n = p_0\rho\sum_{n=0}^{m} n\rho^{n-1}$$

$$= \rho p_0 \sum_{n=1}^{m}\frac{\mathrm{d}}{\mathrm{d}\rho}(\rho^n) = \rho p_0 \frac{\mathrm{d}}{\mathrm{d}\rho}(\sum_{n=1}^{m}\rho^n) = \rho p_0 \frac{\mathrm{d}}{\mathrm{d}\rho}(\frac{\rho - \rho^{m+1}}{1-\rho})$$

$$= \rho p_0 \frac{1-(m+1)\rho^m + m\rho^{m+1}}{(1-\rho)^2}$$

或
$$L_s = \frac{\rho[1-(m+1)\rho^m + mp^{m+1}]}{(1-\rho^{m+1})(1-\rho)} \qquad (\rho \neq 1)$$

$$L_s = \frac{\rho}{(1-\rho)} - \frac{(m+1)\rho^{m+1}}{1-\rho^{m+1}}$$

当 $\rho = 1$ 时
$$L_s = E(N) = \sum_{n=0}^{m} np_n = \frac{1}{m+1}\sum_{n=0}^{m} n = \frac{m}{2}$$

（2）平均排队顾客数（排队长）L_q。

$$L_q = \sum_{n=1}^{m}(n-1)p_n = \sum_{n=1}^{m} np_n - \sum_{n=1}^{m} p_n = L_s - (1-p_0)$$

（3）顾客在系统中的平均逗留时间 W_s。

在系统中，当排队长度未满排队容量时，平均到率为 λ，而一旦排满，到达率为 0，即：

$$\lambda_i = \begin{cases} \lambda & (i = 0,1,2,\cdots,m-1) \\ 0 & (i \geqslant m) \end{cases}$$

整个过程的有效到达率 λ 为到达率的期望值：

$$\lambda_q = \sum_{i=0}^{m}\lambda_i p_i = \lambda\sum_{i=0}^{m-1}p_i = \lambda(1-p_m) = \lambda\left[1 - \frac{(1-\rho)\rho^m}{1-\rho^{m+1}}\right]$$

$$= \lambda\frac{1-\rho^m}{1-\rho^{m+1}} = \mu\frac{\rho - \rho^{m+1}}{1-\rho^{m+1}} = \mu(1 - \frac{1-\rho}{1-\rho^{m+1}})$$

$\lambda_q = \mu(1-p_0)$

由李太勒公式得：

$$W_q = \frac{L_s}{\lambda_0} = \frac{L_q + (1 - p_0)}{\mu(1 - p_0)} = \frac{L_q}{\mu(1 - p_0) + \frac{1}{\mu}}$$

（4）顾客在系统中的平均排队时间 W_q。

$$W_q = \frac{L_q}{\lambda_q} = \frac{L_q}{\mu(1 - p_0)} = W_s - \frac{1}{\mu}$$

2. 加油站排队系统

某市区有一加油站为汽车加油，站上服务台平均 36 秒处理 1 辆汽车，加油时间服从负指数分布，汽车到加油站加油到达率为 80 辆/小时，并服从泊松分布，当等候加油的汽车超过 10 辆（即排队长度超过 80 米，不包括正在加油的汽车）时，将影响加油站附近街道的正常交通，因而规定排队汽车不得超过 10 辆。试求：

（1）加油站空闲的概率；

（2）汽车来加油但因排队已满而被拒绝的概率；

（3）在系统中的平均顾客数；

（4）平均排队长度；

（5）汽车在整个加油过程中所花的时间；

（6）汽车排队等候时间。

该系统为 M/M/1/m /∞ 系统，并且 $m = 11$

$$\lambda = 80 \text{ 辆/小时}, \mu = 3600/36 = 100 \text{ 辆/小时}, \rho = \lambda/\mu = 0.8$$

（1）加油站空闲的概率：

$$p_0 = \frac{1 - \rho}{1 - \rho^{m+1}} = \frac{1 - 0.8}{1 - 0.8^{12}} = 0.215$$

（2）汽车来加油但因排队已满而被拒绝的概率。

汽车被拒绝加油的概率，就是系统饱和时的状态概率：

$$p_m = \frac{1 - \rho}{1 - \rho^{m+1}}\rho^m = \frac{1 - 0.8}{1 - 0.8^{12}} \times 0.8^{11} = 0.018 \approx 2\%$$

即约有 2% 的汽车因排队已满而被拒绝加油。

（3）系统中的平均汽车数：

$$L_S = \frac{\rho}{1 - \rho} - \frac{(m + 1)\rho^{m+1}}{1 - \rho^{m+1}} = \frac{0.8}{1 - 0.8} - \frac{12 \times 0.8^{12}}{1 - 0.8^{12}} = 3.11 \text{ 辆}$$

（4）平均排队长度：

$$L_q = L_s - (1 - p_0) = 3.11 - (1 - 0.215) = 2.33 \text{ 辆/小时}$$

（5）汽车在整个加油过程中所花的时间：

有效到达率：　$\lambda_q = \mu(1 - p_0) = 78.5$ 辆/小时

$$W_S = L_S/\lambda_q = 3.11/78.5 = 0.05 \text{ 小时}$$

（6）汽车排队等候时间：

$$W_q = L_q/\lambda_q = 2.33/78.5 = 0.033 \text{ 小时}$$

第四节　M/M/S 系统

一、M/M/S/∞/∞ 系统

1. M/M/S/∞/∞ 系统特征

M/M/S/∞/∞ 系统是指顾客源、系统容量均为无限的 M/M/S 系统，通常称之为标准的 M/M/S 系统。由于系统中 S 个服务台的服务率均为 μ，于是整个机构的最大服务率为 $S\mu$。与 M/M/1/∞ /∞ 系统类似，只有当 $\lambda/S\mu < 1$ 时，才能使服务系统达到稳态而不排成无限的队列。令 $\rho = \lambda/S\mu$，称它为这个系统的服务强度。

当系统中只有一个顾客时，则有 $S-1$ 个服务台空闲着，仅 1 个服务台服务，这时的服务率为 μ；当系统有 2 个顾客时，就有 2 个服务台工作，其服务率为 2μ；…当系统中有 S 个顾客时，则服务率达到最大值 $S\mu$；当系统中的顾客数超过 S 时，由于 S 个服务台都忙着，其余顾客必须排队，这时的服务率仍为 $S\mu$。

$$\lambda_n = \lambda \quad (n = 0,1,2,\cdots)$$

$$\mu_n = \begin{cases} n\mu & (n = 0,1,2,\cdots S) \\ S\mu & (n = S+1,S+2,\cdots) \end{cases}$$

M/M/S/∞/∞ 系统的状态转移图如图 7－12 所示。

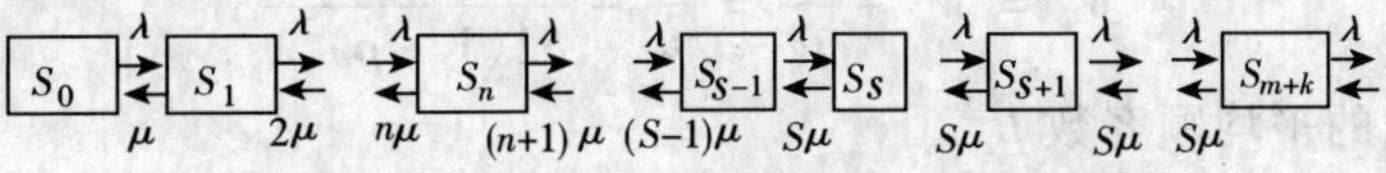

图 7－12　M/M/S/∞/∞ 系统的状态转移图

当 $n \leqslant S$ 时：

$$p_n = \frac{\lambda_{n-1}\lambda_{n-2}\cdots\lambda_n}{\mu_n\mu_{n-1}\cdots\mu_1}p_0 = \frac{\lambda^n}{n\mu \times (n-1)\mu \times \cdots \times \mu}p_0$$

$$= \frac{\lambda^n}{n!\mu^n}p_0 = \frac{1}{n!}(\frac{\lambda}{\mu})^n p_0$$

当 $n \geqslant S$ 时：

$$p_n = \frac{\lambda^n}{S\mu \times S\mu \times \cdots S\mu(S-1)\mu \times (S-2)\mu \cdots \mu}p_0 = \frac{\lambda^n}{S^{n-S}S!\mu^n}p_0 = \frac{1}{S^{n-S}S!}\left(\frac{\lambda}{\mu}\right)^n p_0$$

由于：
$$\sum_{n=0}^{\infty} p_n = \sum_{n=0}^{S-1} p_n + \sum_{n=S}^{\infty} p_n = 1$$

而：
$$\sum_{n=S}^{\infty} p_n = \sum_{n=S}^{\infty} \frac{1}{S^{n-S}S!}(\frac{\lambda}{\mu})^n p_0 = \frac{p_0}{S!}\sum_{n=S}^{\infty} \frac{1}{S^{n-S}}(\frac{\lambda}{\mu})^n$$

$$= \frac{p_0}{S!}(\frac{\lambda}{\mu})^S \sum_{n=S}^{\infty} \frac{1}{S^{n-S}}(\frac{\lambda}{\mu})^{n-S} = \frac{p_0}{S!}(\frac{\lambda}{\mu})^S \sum_{n=S}^{\infty} (\frac{\lambda}{S\mu})^{n-S}$$

$$= \frac{p_0}{S!}(\frac{\lambda}{\mu})^S \sum_{n=0}^{\infty} \rho^n = \frac{p_0}{S!}(\frac{\lambda}{\mu})^S \cdot \frac{1}{1-\rho}$$

所以：
$$p_0 \sum_{n=0}^{S-1} \frac{1}{n!}(\frac{\lambda}{\mu})^n + \frac{p_0}{S!}(\frac{\lambda}{\mu})^S \cdot \frac{1}{1-\rho} = 1$$

即：
$$p_0 = \left[\sum_{n=0}^{S-1}\frac{1}{n!}(\frac{\lambda}{\mu})^n + \frac{1}{S!(1-\rho)}(\frac{\lambda}{\mu})^S\right]^{-1}$$

（1）系统中的平均排队长度 L_q。

$$L_q = \sum_{n=S}^{\infty}(n-S)p_n = \sum_{n=S}^{\infty}\frac{n-S}{S^{n-S}S!}(\frac{\lambda}{u})^n p_0$$
$$= \frac{p_0}{S!}\sum_{n=S}^{\infty}(n-S)(\frac{\lambda}{S\mu})^{n-S}(\frac{\lambda}{\mu})^S = \frac{p_0}{S!}(\frac{\lambda}{\mu})^S\sum_{n=0}^{\infty}n(\frac{\lambda}{S\mu})^n$$
$$= \frac{p_0}{S!}\left(\frac{\lambda}{\mu}\right)^S\left(\frac{\lambda}{S\mu}\right)\sum_{n=1}^{\infty}n\left(\frac{\lambda}{S\mu}\right)^{n-1} = \frac{p_0}{S!}\left(\frac{\lambda}{m}\right)^S\rho\sum_{n=1}^{\infty}n\rho^{n-1}$$
$$= \frac{p_0}{S}(\frac{\lambda}{\mu})^S\rho\sum_{n=1}^{\infty}\frac{d\rho^n}{d\rho} = \frac{\rho p_0}{S!}\cdot\left(\frac{\lambda}{\mu}\right)^S\cdot\left(\frac{1}{1-\rho}\right)$$
$$= \frac{\rho p_0 S^S\rho^S}{S!}\cdot\frac{1}{(1-\rho)^2} = \frac{(S\rho)^S\rho p_0}{S!(1-\rho)^2}$$

（2）顾客在系统中的平均等候时间 W_q。

由李太勒公式得： $$W_q = \frac{L_q}{\lambda} = \frac{(S\rho)^S\rho p_0}{S!(1-\rho)^2\lambda}$$

（3）顾客在系统中的平均逗留时间 W_s。

$$W_s = W_q + \frac{1}{\mu} = \frac{1}{\mu} + \frac{(S\rho)^s\rho p_0}{S!(1-\rho)^2\lambda}$$

（4）系统内的平均顾客数 L_s。

$$L_s = \lambda W_s = \frac{\lambda}{\mu} + \frac{(S\rho)^S\rho p_0}{S!(1-\rho)^2}$$

2. 修理站服务系统

某汽车修理服务站，前来修理的车辆是随机到达的，到达率为4辆/小时，每辆汽车在站上修理的持续时间平均0.5小时，并服从负指数分布。该站有5个修理服务台可供修理。试求该服务站的运行指标。

该服务站的服务系统为M/M/S/∞/∞系统，并且 $S=5$，$\lambda=4$ 辆/h，$\mu=1/0.5=2$ 辆/h，$\lambda/\mu=2$，$\rho=\lambda/S\mu=4/5\times2=0.4$。

（1）无来车修理的概率（既所有服务台均空闲的概率）。

$$p_0 = \left[\sum_{n=0}^{S-1}\frac{1}{n!}(\frac{\lambda}{n})^n + \frac{1}{S!(1-\rho)}(\frac{\lambda}{n})^S\right]^{-1}$$
$$= \left[1+\frac{2}{1!}+\frac{2^2}{2!}+\frac{2^3}{3!}+\frac{2^4}{4!}+\frac{2^5}{5!(1-0.4)}\right]^{-1} = 0.134$$

（2）修理站前不出现汽车排队的概率。

当在修理站修理的汽车不超过5辆时，就不会出现排队现象。

$$p_n = n!(\frac{\lambda}{u})^n p_0 \qquad (n \leqslant 5)$$
$$= \frac{1}{n}\times\frac{\lambda}{\mu}\times\frac{1}{(n-1)!}(\frac{\lambda}{\mu})^{n-1}p_0 = \frac{\lambda}{n\mu}p_{n-1} = \frac{2}{n}p_{n-1}$$

$$p_1 = \frac{2}{1}p_0 = 2 \times 0.134 = 0.268 \qquad p_2 = \frac{2}{2}p_1 = 1 \times 0.268 = 0.268$$

$$p_3 = \frac{2}{3}p_2 = \frac{2}{3} \times 0.268 = 0.179 \qquad p_4 = \frac{2}{4}p_3 = \frac{1}{2} \times 0.179 = 0.089$$

$$p_5 = \frac{2}{5}p_4 = \frac{2}{5} \times 0.089 = 0.036$$

所以，不出现排队现象的概率为：

$$p(n \leqslant 5) = \sum_{n=0}^{5} p_n = 0.973 = 97.3\%$$

即在97.3%的情况下，不会出现排队现象。

（3）出现排队的概率。

$$p(n \geqslant 5) = 1 - p(n \leqslant 5) = 1 - 0.973 = 0.027$$

（4）修理站前的平均排队长度。

$$L_q = \frac{(S\rho)^S \rho p_0}{S!(1-\rho)^2} = \frac{(5 \times 0.4)^5 \times 0.4 \times 0.134}{5! \times (1-0.4)^2} = 0.04 \text{ 辆}$$

（5）整个系统中的车辆平均数。

$$L_s = L_q + \frac{\lambda}{\mu} = 0.04 + 2 = 2.04 \text{ 辆}$$

（6）汽车在修理过程中平均等候时间。

$$W_q = L_q/\lambda = 0.04/4 = 0.01 \text{ h}$$

（7）汽车在整个修理过程中所花的时间。

$$W_s = L_s/\lambda = 2.04/4 = 0.51 \text{ h}$$

3. 收费亭问题

收费公路入口处，并排设有3个收费亭，车辆进入收费公路需在收费亭缴费，因而在收费亭前常出现排队现象，收费亭前的排队引道可考虑采用2种方案（图7　13）。

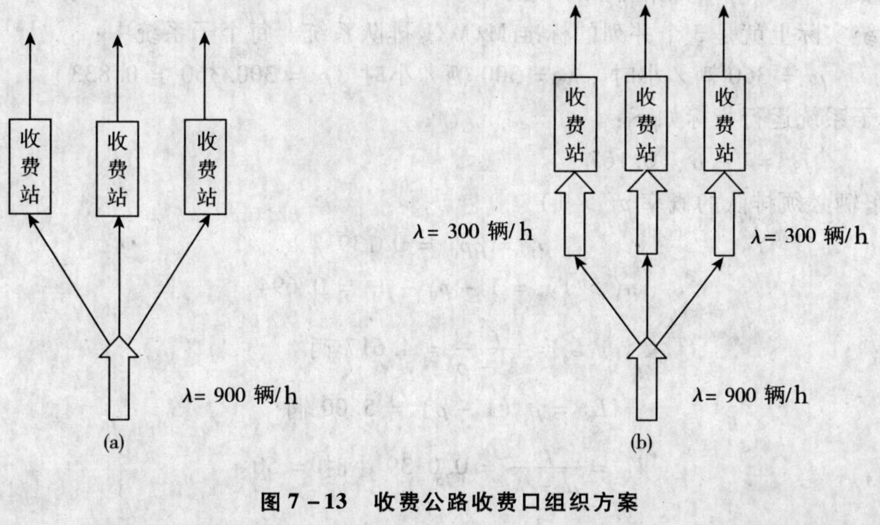

图7－13　收费公路收费口组织方案

图7－13（a）方案为车辆到达后排成1队，依次向任一空闲的收费亭缴费进入公路；

图7－13（b）方案为车辆到达后在3个收费亭前排成3队，3队中间设有分隔带，每队中的车辆只能从相应的收费亭进入公路。设3个收费亭的服务率是相同的，平均10秒处理1辆汽车，车辆的到达率为900辆/小时，试比较两种排队系统的运行指标。

（1）图7－13（a）方案排队系统分析。

该系统为标准的M/M/S排队系统。

$$S = 3, \lambda = 900 \text{ 辆 / 小时}, \mu = 3600/10 = 360 \text{ 辆 / 小时}, \rho = \frac{\lambda}{S\mu} = 0.833$$

1）收费亭空闲概率 p_0。

$$p_0 = \left[1 + \frac{\lambda}{\mu} + \frac{1}{2}\left(\frac{\lambda}{\mu}\right)^2 + \frac{1}{3!(1-\rho)}\left(\frac{\lambda}{\mu}\right)^3\right]^{-1} = 0.045$$

2）车辆必须排队的概率 $p(>3)$。

$$p_1 = \frac{\lambda}{\mu}p_0 = 0.112, p_2 = \frac{1}{2}\left(\frac{\lambda}{\mu}\right)^2 p_0 = 0.140, p_3 = \frac{1}{3!}\left(\frac{\lambda}{\mu}\right)^3 p_0 = 0.117$$

$$p(>3) = 1 - p_0 - p_1 - p_2 = 0.586$$

3）排队的平均车辆数。

$$L_q = \frac{(S\rho)^S \rho p_0}{S!(1-\rho)^2} = 3.512 \text{ 辆}$$

4）整个系统中平均车辆数。

$$L_S = L_q + \frac{\lambda}{\mu} = 3.512 + 2.5 = 6.012 \text{ 辆}$$

5）汽车的平均排队时间。

$$W_q = L_q/\lambda = 3.512/900 = 0.0039 \text{ h}$$

6）汽车通过收费亭所花的总时间。

$$W_S = L_S/\lambda = 24.05 \text{ h}$$

（2）图7－13（b）方案排队系统分析。

该系统实际上就是3个并列的标准M/M/1排队系统。每个子系统中：

$$\mu = 360 \text{ 辆 / 小时}, \lambda = 300 \text{ 辆 / 小时}, \rho = 300/360 = 0.833$$

每个子系统运行指标如下：

1）p_0　　$p_0 = 1 - \rho = 0.167$

2）车辆必须排队的概率 $p(>1)$。

$$p_1 = \rho p_0 = 0.139$$

$$p(>1) = 1 - p_0 - p_1 = 0.694$$

3）L_q　　$$L_q = \frac{\rho^2}{1-\rho} = 4.617 \text{ 辆}$$

4）L_s　　$$L_S = \rho/(1-\rho) = 5.00 \text{ 辆}$$

5）W_q　　$$W_q = \frac{\rho}{\mu - \lambda} = 0.0139 \text{ 小时} = 50 \text{ s}$$

6）W_S　　$$W_S = \frac{1}{\mu - \lambda} = 0.017 \text{ 小时} = 60 \text{ s}$$

(3) 两种方案的主要运行指标比较。

将上面计算的两个系统的主要运行指标列于表 7-1。可见，在相同的到达率及相同的服务率下，M/M/S 排队系统明显优于多个 M/M/1 并联的排队系统。这个结论，骤然看起来似乎出人意料，但仔细分析后也不难理解，原因在于在多个 M/M/1 并联系统中，表面上看起来车流被分散到 3 个服务台，但实际上受着排队车道与服务台一一对应的束缚，当某一服务台空闲时，其他服务台前的排队车辆不能改道来利用这个服务台，造成某些服务台空闲，而有些服务台前还有车辆排队的现象。在 M/M/S 排队系统中，排在第一位的车辆可以到任一空闲的服务台接受服务，比较机动，因此，就整个系统而言，M/M/S 系统疏散排队车流的速度反而比多个 M/M/1 并联系统的疏散速度要快得多。

表 7-1　两方案主要运行指标

	M/M/S	M/M/1 型
服务台空闲的概率 p_0	0.045	0.167（每个子系统）
汽车必须排队的概率	0.586	0.694
排队车辆的平均数 L_q	3.512 辆	4.167 辆（每个子系统）
系统中的平均车辆数 L_S	6.012 辆	5.000 辆（每个子系统）
汽车的平均排队时间 W_S	14.05s	50 秒
汽车在系统中花的总时间 W_S	24.05s	60 秒

4. *考虑收费过程对道路行车延误的影响*

车辆收费过程是一种多路排队、多通道服务的排队系统，相当于 N 个单通道服务系统。设车辆的平均到达率为 λ，则到达的平均时距为 $\frac{1}{\lambda}$，车辆从收费车道交费后出来的平均服务率为 μ，则平均服务时间为 $\frac{1}{\mu}$，排队系统中的平均消耗时间 $d = \frac{1}{\mu - \lambda}$，排队中的平均等待时间 $W = d - \frac{1}{\mu}$。

交费消耗时间 t 与收费车道数目、高峰小时交通量、服务时间等参数有关。设路段高峰小时交通量为 Q（辆/h），收费车道数为 N，则每一年收费车道车辆的平均到达率为：

$$\lambda = \frac{Q}{3600N}(\text{辆}/\text{s})$$

假设车辆办理交费手续的时间为 S，则：

$$\mu = \frac{1}{S}$$

所以车辆从进入收费车道开始排队到交费完毕所消耗的平均时间为：

$$t = \frac{1}{\mu - \lambda} = \frac{1}{\frac{1}{S} - \frac{Q}{3600N}} = \frac{3600NS}{3600N - QS}$$

对于不同的服务时间 S，不同的流量 Q，当 $N=2$ 时，利用上述步骤计算所得的 t 的结果对比见表 7－2。

表 7－2　不同流量 Q 和服务时间 S 时交费消耗时间 t

Q（辆/h）	S（秒）			
	6	8	10	12
500	10.3	18.0	32.8	72.0
600	12.0	24.0	60.0	∞
700	14.4	36.0	360.0	∞

对于不同路段的收费站，小时交通量是波动的，可根据交通量变化情况适当调整收费口的开启个数，以使车辆在收费口不必造成太大延误。

二、M/M/S/m/∞ 系统

1. M/M/S/m/∞ 系统特征

所谓 M/M/S/m/∞ 排队系统是指系统容量受限制、顾客源无限，先到先服务的 M/M/S/系统。该系统共有 $m-s$ 个位置可供顾客排队。当顾客到达时，若系统饱和，即服务台都忙着，排队位置已满，则后到的顾客立即离去，另求服务。因此，该系统中只可能有 $m+1$ 个状态。

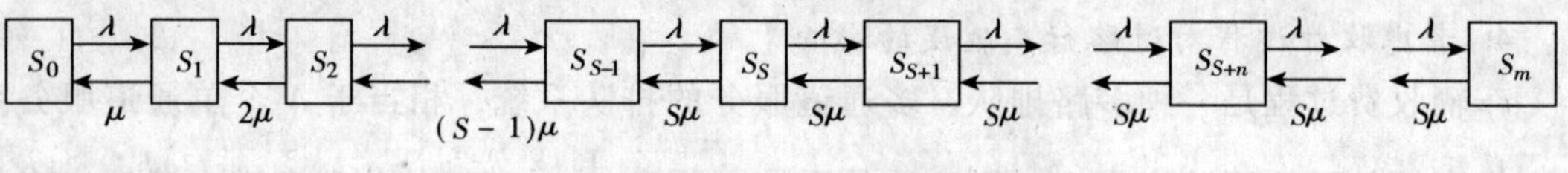

图 7－14　M/M/S/m/∞ 系统的状态转移图

M/M/S/m/∞ 系统的状态指标及运行指标

$$\begin{cases} p_0 = \left[\sum_{k=0}^{S} \frac{(S\rho)^k}{k!} + \frac{S^S}{S!} \times \frac{\rho(\rho^S - \rho^m)}{1-\rho} \right]^{-1} \\ p_S = \begin{cases} \frac{(S\rho)^n}{n!} p_0 & (0 \leqslant n \leqslant S) \\ \frac{S^S}{S!} \rho^n p_0 & (S \leqslant n \leqslant m) \end{cases} \end{cases}$$

其中 $\rho = \lambda / S\mu$，并且 $\rho \neq 1$。

$$\begin{cases} L_q = \frac{(S\rho)^S \rho p_0}{S!(1-\rho)} [1 - \rho^{m-S} - (m-S)\rho^{m-S}(1-\rho)] \\ L_S = L_q + S\rho(1 - p_m) \\ W_q = \frac{L_q}{\lambda(1-p_m)} \\ W_S = W_q + \frac{1}{\mu} \end{cases}$$

特别当 $m=S$ 时，称为通道损失制排队系统，即当 S 个服务台均不空时，顾客来到服务系统不予服务，顾客立即离去，另求服务，这种情况也是常见的。例如，在闹市的停车场，就不允许汽车排队等待空位，这时：

$$\begin{cases} p_0 = \left[\sum_{k=0}^{S} \frac{(S\rho)^k}{k!} \right]^{-1} \\ p_n = \frac{(S\rho)^n}{n!} p_0 \qquad (0 \leqslant n \leqslant S) \end{cases}$$

$$\begin{cases} L_q = 0, L_s = S\rho(1 - p_S) \\ W_q = 0, W_S = \frac{1}{\mu} \end{cases}$$

2. 加油站加油系统

汽车自动加油站上设有 2 条加油管，汽车按最简单流到达，每 2 分钟到达 1 辆，汽车加油时间服从负指数分布，平均加油时间为 2 辆/min。自动加油站上最多只能停 3 辆汽车等候加油。如果汽车到来时，系统已饱和，则汽车另求服务。试求该系统的运行指标。

该加油站服务系统符合 M/M/S/m/∞ 排队模型。并且：

$S=2$，$m=2+3=5$，$\lambda=2$ 辆/min，$\mu=0.5=0.5$ 辆/min，$\rho=2/(2\times0.5)=2$

（1）加油站空闲的概率。

$$p_0 = \left[1 + 2\times2 + \frac{1}{2}(2\times2)^2 + \frac{2^2}{2}\times2\,\frac{(2^2-2^5)}{1-2}\right]^{-1} = 0.008$$

（2）系统损失率。系统损失汽车因系统饱和而被拒绝的概率：

$$p_m = \frac{2^2}{2}\times2^5\times0.008 = 0.512$$

（3）排队汽车的平均数。

$$L_q = \frac{0.008\times2\times(2\times2)^2}{21(1-2)^2}\left[1 - 2\times2 + \frac{1}{2}(2\times2)^2 + \frac{2^2}{2}\times\frac{2(2^2-2^5)}{1\quad2}\right] = 0.008$$

（4）整个加油站的平均车辆数。

$$L_q = 2.176 + 2\times2\times(1-0.512) = 4.128\text{ 辆}$$

（5）汽车平均排队时间。

$$W_q = \frac{L_q}{\lambda(1-p_m)} = \frac{2.176}{2\times(1-0.512)} = 2.23\text{min}$$

（6）汽车平均排队时间。

$$W_S = W_q + \frac{1}{\mu} = 2.23 + \frac{1}{0.5} = 4.23\text{min}$$

3. 停车场规划问题

某闹市区拟新建一小型停车场，根据预测，前来停放的车辆到达为泊松流，到达率为 10 辆/h，停放时间服从负指数分布，平均为 2h，停车场的收费标准为 0.5 元/辆/h，停车场的建造养护费为每个空位 0.1 元/h。试规划最合理的停车场容量。

在停车场系统中，我们把车辆停放在停车场看作是车辆在接受服务，每个停车位置就是 1 个服务台，设停车场的容量为 S，当停车场上停满汽车时，后来的车辆就另求停车

场，不允许排队等候空位，那么系统就是多服务通道损失制排队系统。即 M/M/S/m/∞ 中，$m = S$

$$\lambda = 10 \text{ 辆/h}, \mu = 0.5 \text{ 辆/h}, \lambda/\mu = 20$$

在停车场规划时，其容量一般取 5 的整倍数，故设 $S = 5, 10, 15, \cdots, 40$，不同容量下的系统运行指标 p_0、p_S、L_S 的计算见表 7－3。

在该停车场系统中，若停车场容量过小，则被拒绝的车辆就多，每拒绝 1 辆汽车，就造成 0.5 元/h 的营业损失。相反，若停车场的容量规划得过大，则停车场内出现空位的概率就大，每出现一个空位就浪费 0.1 元/h 的建造养护费，所谓最合理的停车场容量是指使得营业损失费及空位损失费之和最少的容量。单位时间内被拒绝的车辆数为 λp_S；单位 i 时间内出现的空位数为 $(S - L_S)$；总的损失费用为 $Z = 0.5\lambda p_s + 0.1(S - LS)$；现在的目标是使 $Z \to \min Z$。

不同停车场容量时的费用计算值见表 7－3。在该停车场系统中，最合理停车容量为 25 辆，这时汽车被拒绝停放的概率仅为 5%，场上平均有 19 辆汽车停放。

表 7－3　费用 Z 计算表

S	p_0	p_S	L_S	λp_S	$(S - Ls)$	Z
5	2.86×10^{-5}	0.763	4.74	7.63	0.26	3.841
10	1.92×10^{-7}	0.539	9.22	5.39	0.78	2.773
15	1.32×10^{-8}	0.331	13.38	3.31	1.62	1.817
20	3.69×10^{-9}	0.159	16.82	1.59	3.18	1.113
25	2.32×10^{-9}	0.050	19.00	0.50	6.00	0.850
30	2.09×10^{-9}	0.008	19.84	0.08	10.16	1.056
35	2.06×10^{-9}	0.0007	19.99	0.007	15.01	1.505
40	2.06×10^{-9}	0.00003	20.00	0.0003	20.00	2.000

第八章　交通系统评价

第一节　系统评价概述

一、系统评价的概念

系统评价是对系统分析过程和结果的鉴定，判别设计的系统是否达到了预定的各项技术经济指标，为能否投入使用提供决策所需要的信息。系统评价是方案选优和决策的基础，评价的好坏影响着决策的正确性。

在系统分析时，为了实现某一系统的目的或目标，往往可建立多个替代方案，各个替代方案通过模型化、最优化后，分别得相应的最优解。系统评价就是指从技术和经济等多方面对所设计的各个替代方案最优解进行评价，从中选择在技术上先进、在经济上合理方案作为最优系统方案。

在进行两城市之间的运输系统规划时，为实现两城市之间物资运输这一目的，可建立的运输系统方案可以有以下几个：道路运输系统、水路运输系统、铁路运输系统、航空运输系统、管道运输系统、综合运输系统。各方案通过模型化、最优化后，分别得到了相应最优解，如最佳道路运输系统、最佳铁路运输系统、最佳综合运输系统等。系统评价就是要对各方案的最佳结构方式（相应的最优解）进行综合评价，以便选择最佳的运输系统方案。

要对系统进行评价，必须确定评价基准，即确定各方案选用顺序的标准。评价基准一般根据系统的具体情况而定，例如，在评价系统的费用（C）和效益（E）时，评价基准可以从下述三种基准中选用：

（1）以各方案效益相同为基准，选择费用最小的方案为最优方案。即当方案效益 E_1，$E_2,\cdots,E_N$ 相同时，若 $C_i \to C_{\min}$，则方案 i 为最优方案。

（2）以各方案费用相同为基准，选择效益最大的方案为最优方案。即当方案费用 C_1，$C_2,\cdots,C_N$ 相同时，若 $E_i \to E_{\max}$，则方案 i 为最优方案。

（3）以效益费用比为基准，选择效益费用比最大的方案为最优方案，若 $E_i/C_i \to \max$，则方案 i 为最优方案。

二、系统评价的分类

1. 按评价项目分类

（1）目标评价。确定系统目标后，要进行目标评价，确定目标是否合理。

（2）方案评价。确定决策方案后，要进行方案评价，选择最优方案。

（3）设计评价。对设计的评价，确定设计是否理想。

（4）计划评价。对计划的评价，验证计划是否可行。

（5）规划评价。对规划的评价，指出规划是否合适。

2. 按评价的时间顺序分类

（1）事前评价。在系统开发之前进行的评价，是为了提高系统成果而合理决定计划的有效方法。

（2）中间评价。在开发过程中进行的评价，是在系统研制过程中用来判断是否有必要变更目标和为及时采取对策而进行管理的有效手段。

（3）事后评价。在开发完成之后进行的评价，是在定量地掌握已经达到目标成果的同时，确认目标以外成果的良好方法。

（4）跟踪评价。是用来研究真实效果，对整个系统进行评价的一种方法。

3. 按内容分类

（1）技术评价。是围绕系统功能来进行的，评定系统方案能否实现所需的功能及实现程度。

（2）经济评价。是围绕经济效益进行的，内容主要是以成本为代表的经济可行性分析。

（3）社会评价。是针对系统给社会带来的利益或影响而进行的评价。

（4）综合评价。是在上述三个方面评价的基础上，对系统方案价值的大小所做的综合评定。

三、系统评价的步骤

在系统评价过程中，首先要熟悉方案和确定评价指标。熟悉方案是指通过大量调查研究，了解系统的基本目标、功能要求，确切地掌握各种方案的优缺点，以及对系统目标、功能要求的实现程度、方案实施的条件和可能性等。评价指标是指评价条件和要求，是方案期望达到的指标，它包括政策指标、技术指标、经济指标和社会指标等。然后，应用适当的方法，先进行单项评价，再做综合评价，从而做出对方案优先顺序的结论。

单项评价法主要指利用经济理论和技术水平对系统的某个方面做出定量评价的方法。经济评价方法主要有价值分析法、成本效益法、利润评价法等。技术评价方法主要有可行性分析、可靠性评价等。

综合评价法主要有层次分析法、模糊评价法、SWOT 分析法、主成分分析法等。

系统评价的步骤是有效进行评价的保证，一般包括以下几项（图 8－1）。

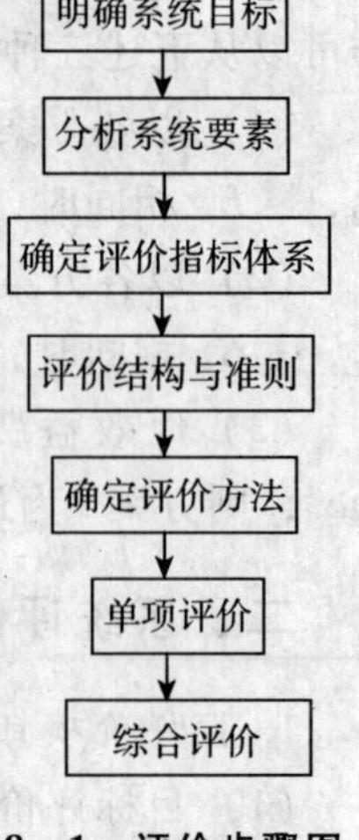

图 8－1 评价步骤图

（1）明确系统目标，熟悉系统方案。为了进行科学定量评价，必须反复调查，了解建立这个系统的目标和为完成系统目标所考虑的具体事项，熟悉系统方案，进一步分析和讨论已经考虑到的各个因素。

（2）分析系统要素。根据评价目标，集中收集有关的资料和数据，对组成系统的各个要素及系统的性能特征进行全面分析，找出评价项目。

（3）确定评价指标体系。评价指标体系必须科学地、客观地、尽可能全面地考虑各种因素，包括组成系统的主要因素及有关系统性能、费用、效果等方面。指标体系的选择要视被评价系统的目标和特点而定。指标体系可以在大量的资料、调查、分析的基础上得到，它是由若干个单项评价指标组成的整体，应反映出所要解决问题的各项目标要求。

（4）制定评价结构和评价准则。对所确定的指标进行定量化处理，有些指标本来就有定量的数字，有些原来只是定性的描述，要进行分析研究，制定和选择评价的定量依据，有时需要借助于模糊理论的概念和方法。每一个具体指标可能是几个指标的综合，在评价时要制定评价结构。由于各指标的评价尺度不同，对于不同的指标，很难在一起比较，因此，必须将指标体系中的指标规范化，制定出评价准则，根据指标所反映要素的状况，确定各指标的结构和权重。

（5）评价方法的确定。评价方法根据对象的具体要求不同而有所不同，要按系统目标与系统分析结果，费用、效果的测定方法，成功可能性的讨论方法，以及评价准则等来确定。

（6）单项评价。单项评价是就系统的某一特殊方面进行详细的评价，以突出系统的特征。单项评价不能解决最优方案的判定问题，只有综合评价才能解决最优方案或方案优选顺序的确定问题。

（7）综合评价。按照评价标准，在单项评价的基础上，从不同的观点和角度，对系统进行全面的评价。综合评价就是利用模型和各种资料，用技术经济的观点，对比各种可行方案，考虑成本与效益的关系，权衡各方案的利弊得失，从系统的整体观点出发，综合分析问题，选择适当而且可能实现的优化方案。

在确定上海新港址过程中所采取的评价步骤如图 8－2 所示。

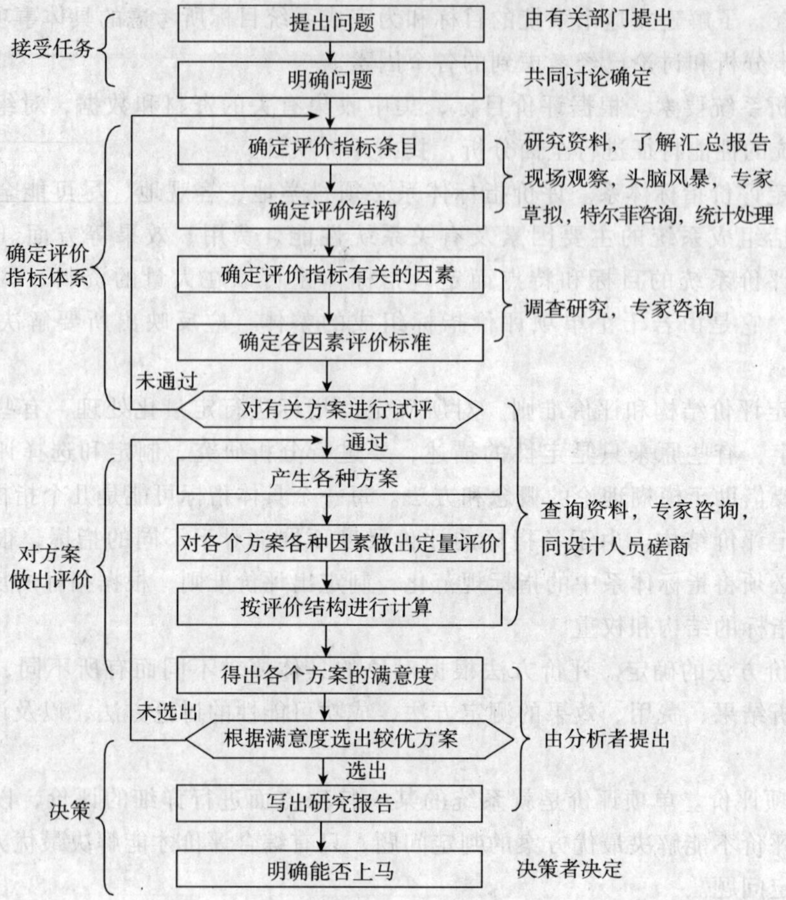

图 8－2　上海新港址评价优选程序图

第二节　评价指标体系

一、评价指标体系

评价指标包括系统目标所涉及的一切方面，评价指标必须与国家的方针、政策、法令的要求一致。

评价指标体系的制订是一个很困难的问题，一般来说，指标范围越宽，指标数量越多，则方案之间的差异越明显，越有利于判断和评价；但确定指标类别和指标重要程度也越困难，处理和建模过程也越复杂，因而歪曲方案本质特性的可能性也越大。评价指标体系要全面地反映出所要评价系统的各项目标要求，尽可能地做到科学、合理，且符合实际情况，能为有关人员和部门所接受。为此，制订评价指标体系需在全面分析的基础上，拟订指标草案，经过广泛征求专家意见，反复交换信息，统计处理和综合归纳等，最后确定系统的评价指标体系。

评价指标体系通常可以考虑如下六个方面：一是政策性指标，包括政府的方针、政策、法令，以及法律约束和发展规划等方面的要求，这对国防或国计民生方面的重大项目或大型系统尤为重要；二是技术性指标，包括产品的性能、寿命、可靠性、安全性等；三是经济性指标，包括方案成本、效益、建设周期、回收期等；四是社会性指标，包括社会福利、社会节约、综合发展、污染、生态环境等；五是资源性指标；六是时间性指标。

以上考虑的是大类指标，每一个指标又可以包括许多小类指标，每一个具体指标可能由几个指标综合反映，这样形成了指标树，由这个指标树就构成了系统评价指标体系。系统评价指标体系实例见图 8－3～图 8－7。

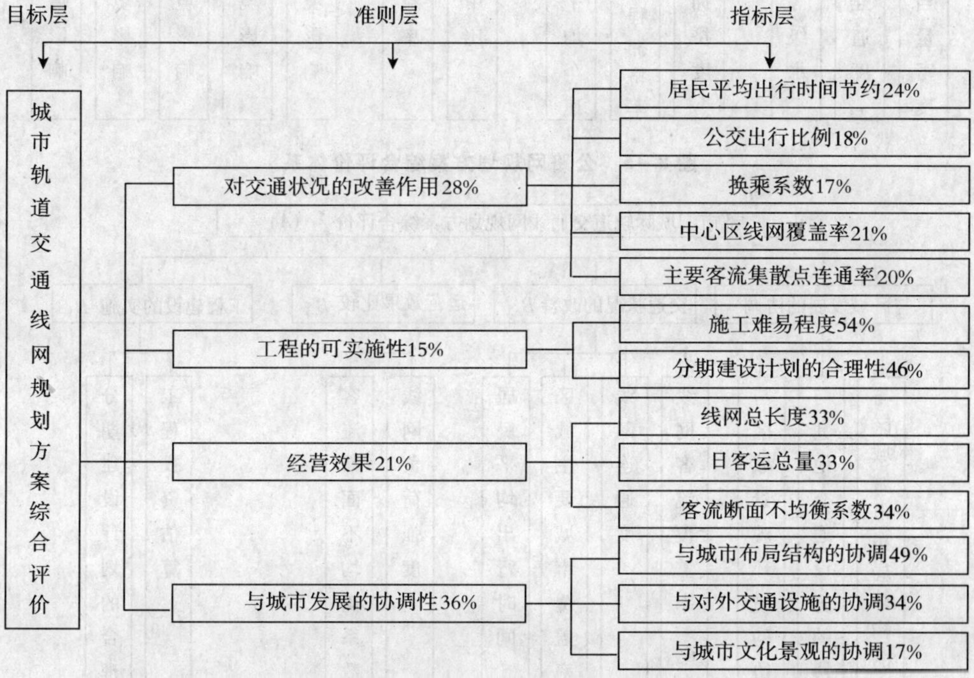

图 8－3　城市轨道交通线网规划方案综合评价指标体系及权重

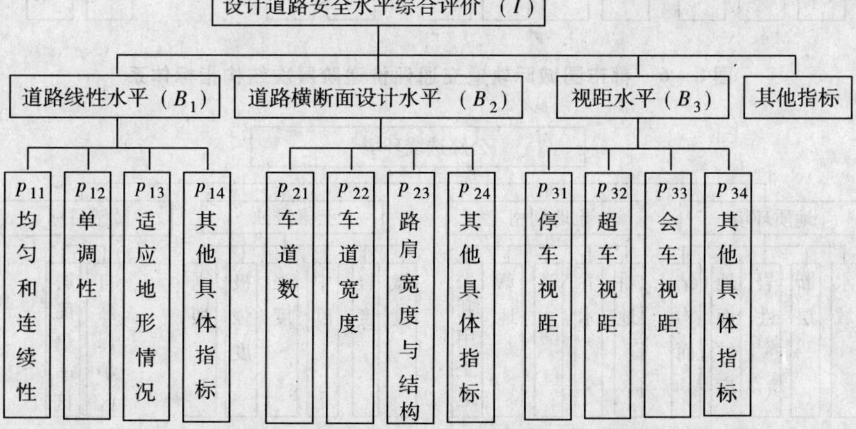

图 8－4　设计道路安全评价指标

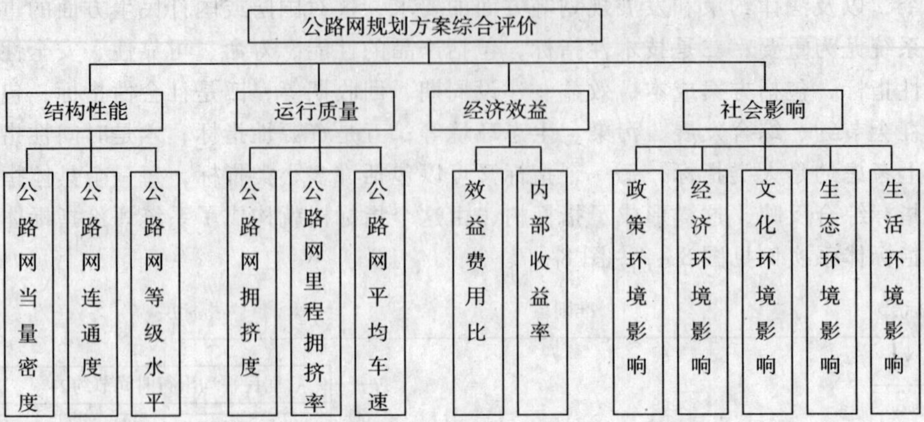

图 8－5 公路网规划方案综合评价体系

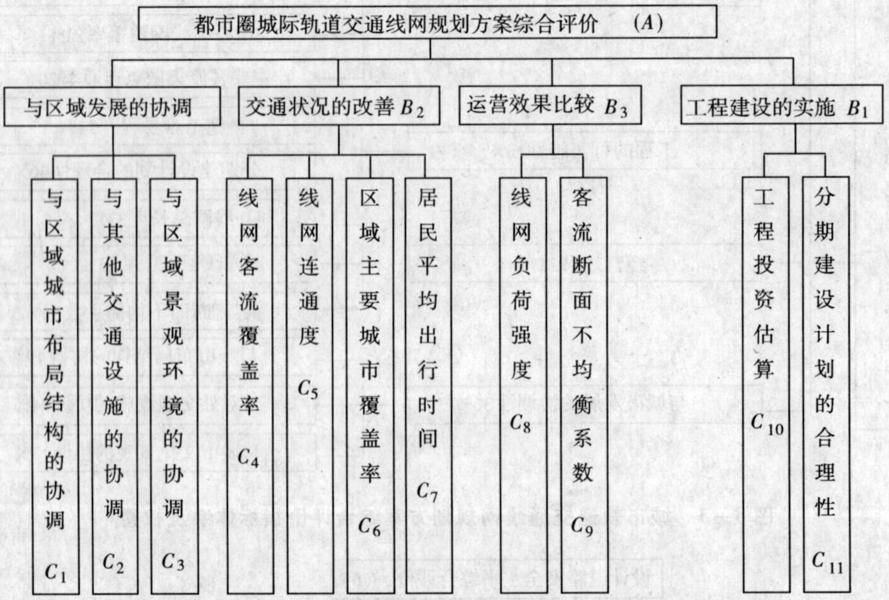

图 8－6 都市圈城际轨道交通评价递阶层次结构指标体系

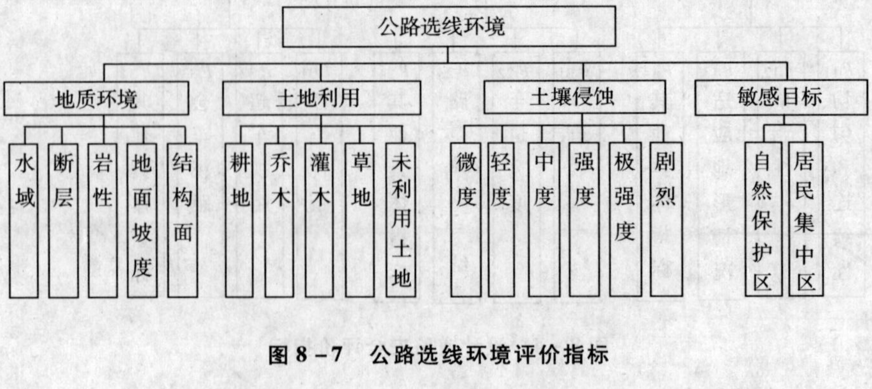

图 8－7 公路选线环境评价指标

二、评价准则体系

在系统研究、系统设计过程中，在确定系统目标的同时，就应该考虑到如何设计一套能够具体反映系统目标的准则，并且还应在系统量化中，能够获得这些准则的测度标准，以便能具体评价系统。

系统评价准则应与系统的目标密切相关，切忌单纯为了评估方便或易于得到资料等原因，设计出与系统目标不密切相关的指标或准则，导致系统分析结果的严重错误。在多目标系统中，不同目标要用不同的准则来衡量。

利润和成本等用货币来衡量，建设周期和资金回收期等用时间来衡量，运输量和载重量等用体积或重量来衡量，路程和占地等用长度和面积来衡量，美观、舒适、方便等较为抽象的目标则用评分法的得分多少或其他间接的准则来衡量。如果要从总体上评价某一备选方案对于全体目标的合意程度，那就将上述用各种度量单位表示的准则规范为统一的数量标度或测度，以便实现各准则数值指标的合并，从而建立起各方案之间的可比数量关系。

在评价与决策中，只要目标、准则体系制订之后，任一备选方案的实施效果便可由它在全体评价准则体系下的所有结果值唯一确定。当存在着多个评价准则时，各个准则下的效用函数值必须要相互协调和照应，某一准则下效用函数值偏大或偏小都是不适宜的，将直接影响在效用值合成中该准则应有的权重。

多目标评价中，由于风险因素或不确定因素而引起的一系列问题，都可以设法局限在各个分目标序列之中来解决，这样，就可以将任一方案在不确定自然状态下的各种可能结果值转化为单个数字（即期望效用值）。对于存在风险因素或不确定因素的每个准则，都采用同样方法处理，那么，任何一个备选方案在任一准则条目下，都只相当于具有一个确定的结果而不具有多种可能的结果，于是多目标评价问题和非确定型评价问题就可化为多目标确定型评价问题。

一个方案在同一准则下，只具有唯一的确定结果；不同方案在同一准则下，则具有不同的确定结果。这样，就同一准则而言，各备选方案同各种确定结果形成一一对应的关系，一个方案对应一个结果值，另一个方案对应着另一个结果值。因此，以结果值为自变量的效用函数就可看作是以备选方案为自变量的复合函数，有多少个准则就有多少个这样的函数。

第三节　单项评价法

一、成本效益法

1. 成本效益法

成本效益法，就是把不同技术方案的成本和效益进行比较分析的方法。成本可以反映主要耗费，效益则反映了经济和社会效果。当有可能找到成本（或效益）与方案的特性参数之间的关系时，就可以建立成本（或效益）模型。

（1）成本模型。

成本模型应能说明方案的特性参数与成本之间的关系。一般的成本模型为：

$$C = F(X)$$

式中 C——方案的成本；

X——特性参数；

F——函数形式。

对成本的另一种分析方法，是分析方案的直接成本和间接成本。

（2）效益模型。

效益可分为直接效益和间接效益。一般效益模型可表示为

$$E = G(X)$$

式中 E——方案的效益；

G——函数形式。

（3）综合模型。

投入不同的成本而得到相应的效益，将其结果绘成的曲线称为成本效益曲线。图8-8表示4种备选方案建立效益模型和成本模型的综合模型图。根据选择的决策准则，以 C_1 或 E_1 为准则，从综合模型图上可以确定各方案优劣的顺序是 A_1、A_4、A_3、A_2 或 A_1、A_4、A_2、A_3。

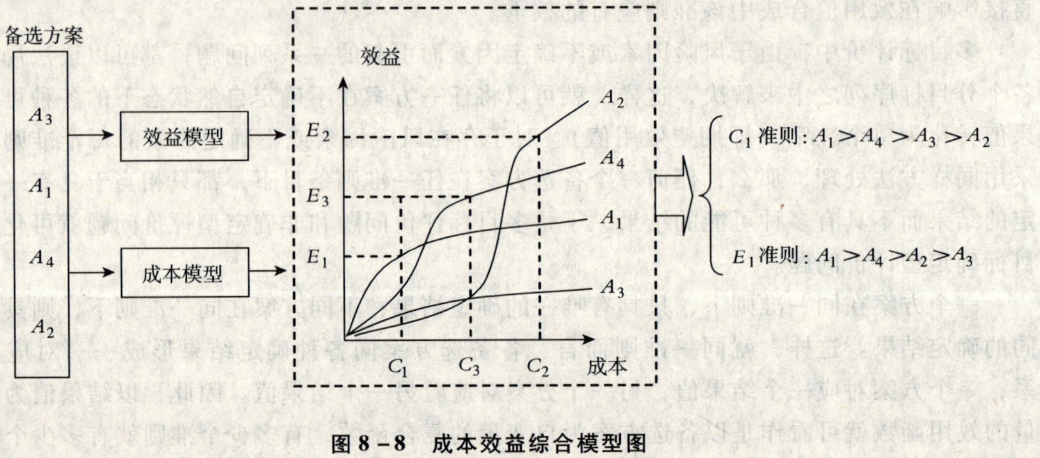

图8-8 成本效益综合模型图

从图8-8可知，在成本为 C_1 时采用方案 A_1，成本为 C_2 时采用方案 A_2，均可使效益最高。在效益为 E_3 时，采用 A_4 可使方案成本最低。

2. 电子收费系统ETC社会效益分析

（1）ETC系统。

电子收费（Electronic Toll Collection，ETC）系统，又称不停车电子收费系统，通过安装在车辆挡风玻璃上的电子标识卡（存储与车辆收费有关的信息，如预缴金额、车辆型号、车牌号码、车主的有关资料等）与安装在收费车道旁的读写收发器，通过微波或红外线进行快速的数据交换，系统按相应的标准计算金额，通过联网的银行或提前预缴的赋值卡进行结算，实现车辆的不停车收费。国外实施ETC实践已证明，采用电子收费系统

可以从根本上解决人工收费造成的交通堵塞和拥挤问题，大大提高道路的通行能力，减少车辆因停车收费造成的能源消耗及尾气排放带来的环境污染。但 ETC 是一个牵涉到交通、通信、金融等多方面的系统，投入大，风险高，实施后可能带来许多影响。

（2）评价指标及方法。

从实施 ETC 系统以后能增加通行能力、提高运行效率、减少能源消耗、减少尾气排放、改善安全性和建设 ETC 所需成本六个方面建立指标体系。效益方面：行程时间节省、增加通过量、速度标准差的降低、减少能耗、减少尾气排放。成本方面：系统设备和维护成本、车载设备和维护成本。

在评价方法上以成本效益分析（CBA）方法为主，即将 ETC 项目的成本和效益都折算成货币进行评价。然而在评价过程中，有一些影响（效益）很难简单地折算成货币定量化，如通过量增加、速度标准差的降低和尾气排放减少等，因此仅仅采用成本效益分析还是不够的。针对成本效益分析方法的不足，结合两种主要多目标决策评价方法——层次分析法（AHP）和数据包络法（DEA）的优点，设计了 AHP 和 DEA 综合集成的评价模型，并与 CBA 方法结合，力求对 ETC 项目的影响进行全面可靠的评价。图 8－9 为 ETC 社会效益分析的结构框架。

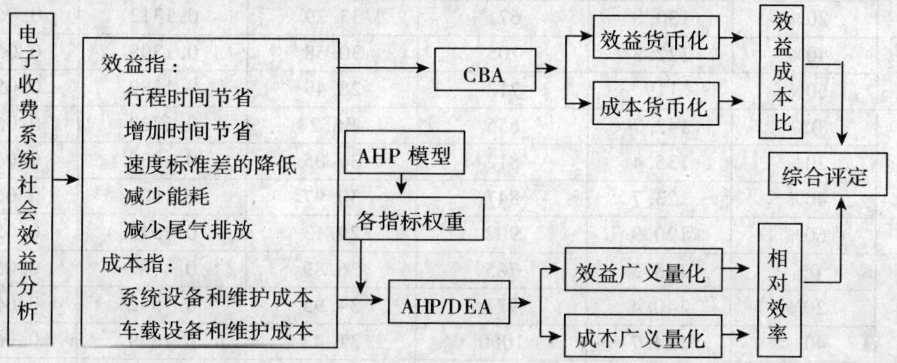

图 8－9　ETC 社会效益分析的结构框架

（3）评价方案设计及计算机模拟。

根据 ETC 原理，以长平高速公路长春收费站为实例进行计算机模拟，设计的评价方案包括交通量分别为 800 辆/h、1000 辆/h、1200 辆/h、1400 辆/h、1600 辆/h、1800 辆/h和 ETC 装备车辆占有率分别为 20%、40% 和 60% 的条件下，建有 1 个或 2 个 ETC 收费车道的情况，具体车型比例及自由流速度见表 8－1。车辆通过人工收费口平均耗时 20s；通过 ETC 车道时速度为 30～40 公里/h，平均耗时 3s。长春收费站结构示意图见图 8－10。

表 8－1　长春收费站车辆类型比例及自由流速度表

类型	小客车	中客车	大客车	小货车	中货车	大货车	拖挂
比例	35.2%	1.6%	5.2%	8.4%	24.8%	15.6%	9.2%
自由速度（公里/h）	120	100	100	100	90	75	75

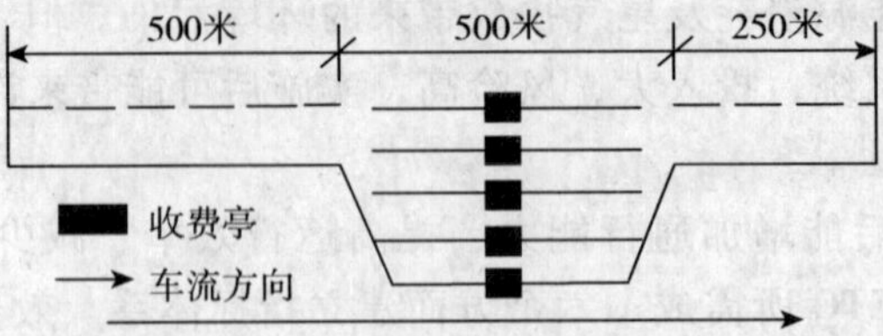

图 8－10 长春收费站简单图

通过模拟得到车辆行程时间、通过量、速度标准差等基础数据，分别计算出车辆行驶整条路段的平均燃油消耗和尾气排放量（含 CO、HC 和 NO_x）的相应数据，见表 8－2。

表 8－2 模拟数据汇总

交通量（辆/h）	ETC 装备车辆占有率	单位车辆平均行程时间（s）	终点交通量（辆/h）	速度标准差（km/h）	单位车辆能耗（升/km）	单位车辆尾气排放量（kg/辆）
800	0%	139.4	537	35.4	0.1543	0.062 265
	20%	130.8	671	33.29	0.1312	0.061 500
	40%	122.3	705	30.58	0.1305	0.060 895
	60%	119	713	28.49	0.1289	0.059 900
1000	0%	142.7	655	36.2	0.1728	0.063 200
	20%	135.4	812	34.05	0.1430	0.061 500
	40%	123.7	847	30.97	0.1402	0.060 240
	60%	120.9	902	29.13	0.1314	0.059 900
1200	0%	148.5	765	36.89	0.1787	0.061 565
	20%	140.4	971	34.95	0.1542	0.060 835
	40%	124.7	1060	31.42	0.1479	0.060 105
	60%	121.3	1169	29.94	0.1401	0.059 900
1400	0%	156.2	825	38.02	0.1823	0.061 710
	20%	149.2	1040	35.14	0.1592	0.060 835
	40%	126.6	1153	31.87	0.1503	0.060 105
	60% *	122.4	1262	31.06	0.1486	0.059 375
1600	0%	165.3	922	38.97	0.1938	0.061 570
	40%	129.3	1341	32.14	0.1614	0.061 089
	60%	123.5	1454	31.87	0.1532	0.060 043
	60%	122.2	1506	30.54	0.1503	0.059 125
1800	0%	193.7	1072	40.21	0.2021	0.061 565
	40%	134.7	1538	33.69	0.1673	0.061 042
	60%	127.4	1648	32.31	0.1607	0.060 105
	60% *	125.9	1703	31.46	0.1591	0.059 375

注：数据基于试验路段 1 小时交通量，* 表示有 2 个 ETC 收费车道。

(4) 可货币化指标的币值测度。

1) 货物节约在途时间效益。

货物节约在途时间效益以货物运输速度提高引起资金周转期缩短而获得效益来考虑，按在途物资所需要资金利息（社会折现率）支出减少来计算：

$$BHS = \sum_{j=4}^{7} Q_{hj} W_j P_{hj} \cdot \frac{TS}{3600} \cdot i$$

式中 BHS——货物在途时间价值（元/h）；

Q_{hj}——第 j 种货车的小时交通量（辆/h）；

W_j——第 j 种车平均载货吨位（t/辆），见表 8－3［考虑额定载重（客）量和实载率情况］；

P_{hj}——第 j 种车在途货物的平均价格（元/t）（小货车为 340 元/t、中货车为 280 元/t、大货车为 220 元/t、拖挂为 180 元/t）；

TS——实施 ETC 所节省的时间（s）；

i——社会折现率（10%）。

表 8－3 各车型的当量吨位标准

车型	小客 1	中客 2	大客 3	小货 4	中货 5	大货 6	拖挂 7
w_j［吨（人）/辆］	2.69	10.27	21.38	1.39	4.20	9.10	21.27

2) 旅客节约时间效益。

旅客节约时间效益计算模型如下：

$$BKS = \sum_{j=1}^{3} Q_{hj} W_j I_c \cdot \frac{TS}{3600} \times 0.5$$

式中 BKS——旅客节约在途时间效益（元/h）；

Q_{kj}——第 j 种客车的小时交通量（辆/h）；

I_c——计算每一旅客的国民收入份额（人均年国民收入总额/（365×8））；

0.5——考虑有 50% 的在途旅客创造价值；

其他同上。

3) 燃油消耗节省效益。

燃油消耗节省效益计算模型如下：

$$BRY = QFP_{ry} \times 1.25$$

式中 BRY——燃油消耗节省的效益（元/h）；

Q——交通量（辆/h）；

F——兴建 ETC 车道以后车辆平均燃油节省（L/km）；

P_{ry}——燃油平均价格（元/升），在此为 2.99 元/L；

1.25——收费站总长为 1.25km。

计算可货币化指标的币值测度结果见表 8－4。

表 8－4 货币测度的增量效益（单位：元）

占有率 交通量（辆/t）	20%	40%	60%	60% *
800	193.79	305.91	354.21	
1000	251.33	452.49	537.09	
1200	288.54	533.30	733.90	
1400	303.02	868.94	974.40	
1600		1161.01	1369.44	1423.78
1800		1992.87	2257.97	2314.41

（5）成本效益分析。

ETC 系统经济评价中，经济效益主要由三部分构成，即：货物节约在途时间效益、旅客节约时间效益和燃油消耗节省的效益。评价 ETC 系统预期寿命为 10 年，期末残值为 0，年折现率为 10%。

汇总效益可计算 ETC 系统效益现值：

$$PVB = (BHS + BKS + BRY) \times \frac{1}{0.1} \times 365 \times \frac{1.1^{10} - 1}{0.1 \times 1.1^{10}} / 10\,000$$

式中 PVB——以 10 年为一个周期的效益现值，高峰小时系数 0.1，贴现率为 10%。

实施 ETC 的成本应该包括网络建设成本、车道建设成本、中心及收费站软件成本、摄像仪成本、读写器成本、车载电子标签成本和它们的维护费用。实施单 ETC 车道网络建设费用为 300 万元左右，建设双 ETC 车道应加上 50 万元的网络建设费用，具体费用见表 8－5。

表 8－5 ETC 系统成本

ETC 设备 成本	网络建设		车道建设		ETC 软件		摄像仪		读写器		电子标签	
	费用	维护	费用	维护	费用	维护	费用	维护	费用	维护	费用	维护
单 ETC 车道成本（万元）	300	30	13.5	1.35	54	5.4	9	0.9	4.5	0.45	0.027	0.003
双 ETC 车道增加成本（万元）	50	5	13.5	1.35	9	0.9	9	0.9	4.5	0.45		

单 ETC 车道成本现值为：

$$PVC = (300 + 13.5 + 54 + 9 + 4.5 + 0.027 \times Demand \times POC)$$
$$+ (30 + 1.35 + 5.4 + 0.9 + 0.45 + 0.003 \times Demand \times POC) \times \frac{1.1^{10} - 1}{0.1 \times 1.1^{10}}$$

双 ETC 车道成本现值为：

$$PVC = (350 + 27 + 63 + 18 + 9 + 0.027 \times Demand \times POC) + (35 + 2.7 + 6.3 + 1.8 + 0.9 + 0.003 \times Demand \times POC) \times \frac{1.1^{10} - 1}{0.1 \times 1.1^{10}}$$

式中　*PVC* ——以 10 年为一个周期的成本现值；

Demand ——交通量；

POC ——ETC 装备车辆比例。

相应的净现值 *NPV* 与成本效益比 *BCR* 分别为：

$$NPV = PVB - PVC$$

$$BCR = \frac{PVB}{PVC}$$

以上各值的计算结果见表 8－6。

表 8－6　成本效益（单位：万元）

交通量（辆/h）		800	1000	1200	1400	1600	1800
20%	*PVB*	434.63	563.67	647.13	679.60		
	PVC	622.38	624.19	626.01	627.83		
	NPV	－187.75	－60.52	21.12	51.77		
	BCR	0.70	0.90	1.03	1.08		
40%	*PVB*	686.08	1014.83	1196.07	1948.83	2603.88	4469.54
	PVC	629.64	633.28	636.92	640.55	644.19	647.82
	NPV	56.44	381.55	559.15	1308.28	1959.69	3821.72
	BCR	1.09	1.60	1.88	3.04	4.04	6.90
60%	*PVB*	794.41	1204.57	1645.97	2185.35	3071.34	5064.10
	PVC	636.92	642.37	647.82	653.27	658.72	664.18
	NPV	157.49	562.20	998.15	1532.08	2412.62	4399.92
	BCR	1.25	1.88	2.54	3.35	4.66	7.62
60% *	*PVB*					3193.21	5190.68
	PVC					797.57	803.02
	NPV					2395.64	4387.66
	BCR					4.00	6.46

二、可行性分析

1. 可行性分析

可行性分析是对项目的事先研究、事先评价方法。这种事先评价，设想所研究项目建成后会处于怎样一种环境之中、将来如何运行、将可获得什么经济效果、将会产生什么社会影响等。这种设想越符合将来的实际，就越能为做出正确的评价提供可靠的依据，就越能为做出正确的决策奠定坚实的基础。

可行性分析必须说明关键要素以及达到目标的不同方案。为达到这个目的，必须有一个相互影响的、带有因果关系的以及互相连锁循环的过程，提出各种可能的方案，阐明并选择较优或更优的方案，论述可能实现的程度和令人满意的程度，做出肯定和否定的结论性建议。可行性分析的一般程序如图 8 -11 所示。

这个程序说明：当初步分析结果认为不可行时，则没有必要进行下一步工作，需马上返回去修改目标，重新寻找恰当的投资时机，重新确定方向，补充必要的资料，再进行预测。经过分析后，确定出初步的方案，对方案做初步评价和审核，当发现不可行时，再重新进行初步分析，并修改影响初步分析结果的各个因素。

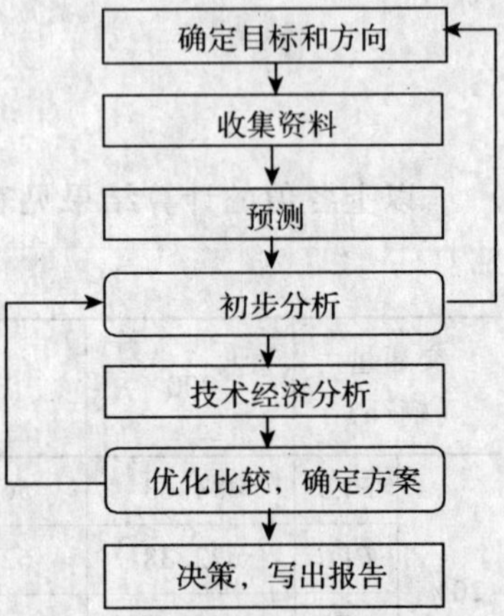

图 8 -11　可行性分析流程图

可行性分析的最后阶段，还应通过一组完整的指标，衡量所确定方案的经济效果，不仅要看工程自身的经济效果，还应考核其社会的经济效果。同时要分析项目投产运行后技术的先进与运用程度、经济上的合理程度、管理上的科学程度、质量上的可靠程度和产品的竞销能力等一系列问题。

2. *石家庄市建设 BRT 的可行性分析*

快速公交系统具有运量大、速度快、安全可靠、准点舒适和绿色环保等特点，已成为国际公认的解决城市公共交通问题的革命性方案。石家庄市修建快速公交系统体现公交优先理念，为石家庄市构建可持续发展交通体系作出示范。建设必要性主要体现在：缓解石家庄市中心区交通拥堵现状；发展绿色交通，提升石家庄形象；优先发展公共交通的政策依据；促进城市布局调整，合理引导土地利用；优化出行结构，缓解交通拥堵。

石家庄快速公交建设的可行性分析如下。

（1）具备建设快速公交线路的客流条件。2005 年，石家庄市公共汽车客运总量为 1.7 亿人 · 次，人均公交年乘次为 108 次。石家庄市的公交车早高峰较为明显，早高峰小时为 8 时至 9 时，公交晚高峰不是很明显，晚高峰小时为 16 时至 17 时，早晚高峰时段的客运量占全日的 17.99% 。石家庄市公交客流路段分布特征是，路段上公交线路越密集，客流量越大。中山路（中华大街至建设大街）客流密集，中华大街（和平路至中山路）客流也比较大；其次是建设大街（胜利大街至东岗路）、裕华路（车站街至休门街）、和平路（中华大街至育才街、石岗大街至柏林庄路）、平安大街（和平路至中山路）等路段相对较大；而其他路段基本上是由中心区向外围区逐步减少。

（2）石家庄公共交通现状利于快速公交的建设。石家庄市现有的公交线路 78 条，石家庄市市区万人拥有公交车辆为 7 标台，公交线路总运营里程为 1005km，线网密度为 $2.64km/km^2$。目前石家庄公共交通已经基本实行了智能化收费系统，这为 BRT 系统建设提供了先进的收费技术基本条件。

（3）建设成本低，周期短。通常情况下建设 1 公里快速公交的投资在 2000 万 ~7000 万元之间，与轻轨交通相比，快速公交的投资一般可减少 60% ~80%，建设周期可缩短 50% ~75%，运营维护成本可降低 80% ~90%。单条线路从立项到完工的时间，快速公交可在 1 ~2 年完成，轻轨系统需要 4 ~6 年，地铁系统则需要 8 ~10 年。石家庄 2005 年国民生产总值为 1562.2 亿元，按照过去几年投资规模，道路基础设施建设投资占当年国民生产总值的 1.6%，每年平均道路基础设施建设投资可以达到 25 亿元。10 亿 ~25 亿元的道路投资进行石家庄市的 BRT 公交的规划，建设完善的 BRT 网络还是足够的，在石家庄财政可承受的限度内。

（4）国内外运营管理经验的成熟。自从 1974 年巴西的库里提巴市修建第 1 条 BRT 线路以来，北美洲、大洋洲、欧洲和亚洲的发达国家都先后在近几十年规划和实施了快速公交系统。国内的北京、昆明、杭州等城市也都规划并修建了快速公交系统。虽然快速公交系统的运营管理方式与传统的公交略有不同，但是诸如线路的运营管理、司售人员的管理体制、运营调度和车辆维修方式等均与普通公交管理方式大致相同。因此，公交运营部门可以充分利用现有公交运营管理经验对快速公交系统运营人员进行培训。

第四节　综合评价法

一、层次分析法

1. 层次分析法

层次分析法（Analytical Hierarchy Process，AHP）是一种定性分析与定量分析相结合的决策分析方法。这种分析方法的特点是将决策者对复杂对象的决策思维过程系统化、层次化和模型化。可用于多目标、多准则的决策问题分析。

层次分析法通过分析复杂问题所包含的因素及相互关系，将问题分解为不同的要素，并将这些要素归并为不同层次，从而形成多层次结构。在每一层次，可按某一规定准则，对该层要素进行两两比较，建立判断矩阵。通过计算判断矩阵的最大特征值以及对应的正交化特征向量，得出该层要素对于该层准则的权重。在这个基础上，计算出各层要素对于总体目标的组合权重，从而得出不同方案的权值，为选择满意方案提供依据。严格地说，层次分析法仍然是以主观方法确定权系数，与其他方法不同的是，这种方法可以降低主观程度，增加客观性。

层次分析法具体步骤如下：

（1）明确问题。明确问题的范围、具体要求、所包含的要素（目标、准则、可能方案等）以及各要素之间的关系。

（2）建立层次结构。根据对问题的了解和初步分析，把问题中涉及的要素按性质分层排列，形成目标层次结构。最简单的层次结构如图 8 -12 所示。

最上层是目标层，是决策所要实现的目标。中间层是准则层，是衡量达到目标的各项准则或指标。第三层是方案层，排列了各种可能采取的方案和措施。准则层与目标层之间，方案层与准则层之间的连线表示各层要素之间的相互关系。

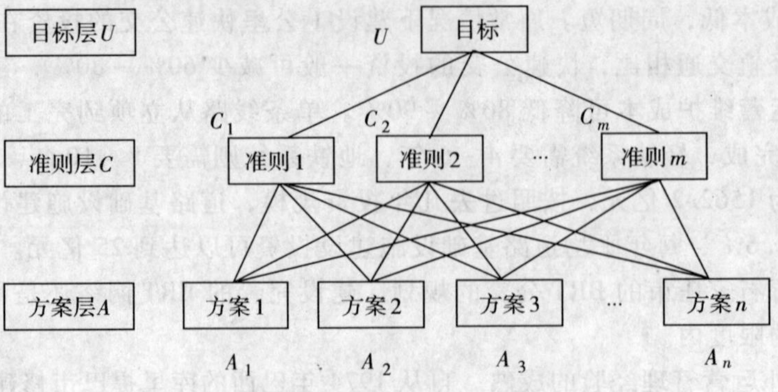

图 8-12 层次结构示意图

(3) 建立判断矩阵。建立层次结构后，就可以逐层按上一层次某一准则将该层要素进行两两比较，比较按表 8-7 所示的标度及其描述进行，比较结果用判断矩阵表示，见表 8-8。表中 $A_1 \cdots A_n$ 为同一层次要素，C_k 为上一层次第 k 个准则。判断矩阵元素 a_{ij} 表示要素 A_i 与 A_j 对于准则 C_k 的相对重要性（标度值）。

表 8-7 要素比较标度及其描述

标度值（c_{ij} 或 a_{ij}）	两准则关系（C_i 与 C_j）	两方案关系（单准则下）（A_i 与 A_j）
1	C_i 与 C_j 同样重要	A_i 与 A_j 同样优
3	C_i 与 C_j 稍微重要	A_i 与 A_j 稍微优
5	C_i 与 C_j 明显重要	A_i 与 A_j 明显优
7	C_i 与 C_j 非常重要	A_i 与 A_j 非常优
9	C_i 与 C_j 极为重要	A_i 与 A_j 极为优
2，4，6，8	两相邻判断的中值	

表 8-8 判断矩阵 A

C_k	A_1	A_2	…	A_n
A_1	a_{11}	a_{12}	…	a_{1n}
A_2	a_{21}	a_{22}	…	a_{2n}
…	…	…	…	…
A_n	a_{n1}	a_{n2}	…	a_{nn}

对于判断矩阵各元素来说，显然有：

$$a_{ii} = 1, a_{ij} = 1/a_{ji} (i = 1,2,\cdots,n; j = 1,2,\cdots,n)$$

因此，n 阶判断矩阵原有 n^2 个元素，但实际上只要知道 $n(n-1)/2$ 个元素即可。a_{ij} 可根据资料与条件，由专家和决策者共同研究确定，对于单一准则进行两要素的比较，一般不难给出标度值。

(4) 层次单排序及其一致性检验。层次单排序是根据判断矩阵计算本层次与上层次某要素相对重要性的权重。层次单排序是计算判断矩阵 A 的特征根和特征向量。

1）计算单一准则下各要素的相对权重。有了单一准则下各要素两两比较的判断矩阵，就可以计算与判断矩阵最大特征值对应的正交特征向量，即单一准则下各要素的相对权重。实际中最常采用的有求和法和方根法。求和法的计算步骤分为两步：

第一步，计算判断矩阵每一行元素的和 V_i；

$$V_i = \sum_{j=1}^{n} a_{ij} \quad (i = 1,2,\cdots,n)$$

第二步，将 V_i 归一化即可得各要素在单一准则下的相对权重 W_i；

$$W_i = V_i / \sum_{i=1}^{n} V_i \quad (i = 1,2,\cdots,n)$$

求和法的计算过程见表 8-9。

表 8-9　求和法计算过程

C_k	A_1	A_2	…	A_n	V_i	W_i
A_1	a_{11}	a_{12}	…	a_{1n}	$V_1 = \sum_{j=1}^{n} a_{1j}$	$W_1 = V_1 / \sum_{j=1}^{n} V_j$
A_2	a_{21}	a_{22}	…	a_{2n}	$V_2 = \sum_{j=1}^{n} a_{2j}$	$W_2 = V_2 / \sum_{j=1}^{n} V_j$
…	…	…	…	…	…	…
A_n	a_{n1}	a_{n2}	…	a_{nn}	$V_n = \sum_{j=1}^{n} a_{nj}$	$W_n = V_n / \sum_{j=1}^{n} V_j$

2）一致性检验。由于客观事物的复杂性及人的认识的多样性，在构造判断矩阵时，往往出现判断不一致的情况，这就必然导致权重计算的偏差，因此，需要对判断矩阵进行一致性检验，以便将偏差控制在允许的范围内。步骤如下：

第一步，计算判断矩阵最大特征根：

$$\lambda_{\max} = \sum_{i=1}^{n} (AW)_i / nW_i \qquad W = (W_1, W_2, \cdots, W_n)^T$$

第二步，计算一致性指标：

$$C.I = (\lambda_{\max} - n)/(n - 1)$$

式中　n——判断矩阵的阶数。

第三步，计算一致性比例：

$$C.R = C.I / R.I$$

式中　$R.I$——平均随机一致性指标，见表 8-10。

表 8-10　平均随机一致性指标

阶数 n	1	2	3	4	5	6	7	8	9	10	11	12
$R.I$	0.00	0.00	0.58	0.90	1.12	1.24	1.32	1.41	1.45	1.49	1.52	1.54

当 $C.R < 0.1$ 时，一般认为判断矩阵的一致性是可以接受的。

(5) 层次总排序。有了各层要素对上一层单一准则（或目标）的权重，就可以计算各层要素对更上一层准则（或目标）组合权重。计算出方案层对目标 U 的组合权重，方案的优劣顺序即可按各方案组合权重大小排列，权重最大的方案为满意方案，见表 8－11。

表 8－11 组合权重计算

准则层 C / 方案层 A	C_1	C_2	…	C_m	组合权重
	b_1	b_2	…	b_m	
A_1	W_{11}	W_{12}	…	W_{1m}	$W_1 = \sum_{j=1}^{m} b_j W_{1j}$
A_2	W_{21}	W_{22}	…	W_{2m}	$W_2 = \sum_{j=1}^{m} b_j W_{2j}$
…	…	…	…	…	…
A_n	W_{n1}	W_{n2}	…	W_{nm}	$W_n = \sum_{j=1}^{m} b_j W_{nj}$

(6) 层次总排序一致性检验。为了检验层次总排序计算结果的一致性，需要计算检验指标 $C.I$ 和 $R.I$。计算公式如下。当 $C.R < 0.10$，认为层次总排序的结果具有满意的一致性。

$$C.I = \sum_{j=1}^{n} b_j C.I_j$$

$$R.I = \sum_{j=1}^{n} b_j R.I_j$$

$$C.R = \frac{C.I}{R.I}$$

2. 人行天桥与人行地道的对比分析

人行天桥与人行地道都是跨越城市干道供行人过街的通道，在城市交通日趋繁忙、人车矛盾十分突出的干道交叉口和人流集中的商业中心地段应用可以有效解决行人过街问题，使之与穿梭来往的车流互不干扰。正确选择修建人行天桥或人行地道，是改善城市交通及市政建设的重要保证。人行天桥和人行地道两种型式各有其适用性和优缺点，如何选用应综合考虑。

(1) 使用者心理。行人对使用地道的思想阻力要比天桥小得多，天桥高差大，行人上下费力，尤其年高或体胖者更困难；行人过天桥时，先上后下，在上天桥前有恐高心理，容易使人避桥而过，上升攀登引起的心理感觉，总使登天桥具有劳累感；一般人行天桥的长度大，行走时间长。地道高差小，行人毫不费力；人们行走地道能够遮挡夏天炎热的太阳，行走时有清凉、舒适的感觉，亦能躲避雷雨，且先下后上，行人无畏难情绪，容易引导行人穿行人行地道，由于下降引起的心理感觉，使下地道多具轻松感，且节省时间。

（2）气候原因。天桥一般无遮无盖，夏日曝晒，冬季寒袭，尤其在北方的冬天，天桥的阶梯上经常冻结着冰雪，很容易滑倒。地道中则夏无烈日，冬无冰雪，无论老幼都安然无恙。

（3）社会效益。修建过街人行天桥可将人行天桥与商场的二、三楼连接，增加商场的人流量，从而增加商场的营业额。起到促进消费和繁荣市场的作用，同时还可以吸引该处商家对天桥进行投资，以减轻政府市政工程投资的负担；修建人行地道能起到人防工程的作用。人们行走在人行天桥时，能够环顾周边环境，心情宽松，对外地旅游人来说过街的标志较为明显，不易迷失方向；地道在夜间容易为坏人所乘，发生袭击抢劫事件。

（4）经济条件。一般来讲，人行地道比人行天桥造价高20%～40%，在使用地道时，排水、照明要消耗较多的能源；平时在养护、卫生和维修等方面也存在许多问题。所以，在一般情况下，受经济因素的影响，人行立交多选择天桥形式。

（5）景观条件。在地形较为开阔，建筑稀少的地方修建人行天桥，若天桥造型及色彩与环境协调，能起到点缀和美化环境的作用；而在街道较为狭窄，两旁建筑密集的地方修建天桥，会遮挡视野，使街道建筑显得更加拥挤。在交叉路口，修建人行地道，地道内四通八达，使行人过街较为方便，且街面显得清爽开阔；而在街道较为狭窄，两旁建筑密集的地方修建人行地道，则不会影响市容市貌。

城市主干道构成城市的基本骨架，应当从视觉上保持平坦和通畅。人行天桥人为地在平坦的地形上制造立体交通流和视觉中断，往往产生不良的景观效果。某些特殊地段，如纪念性广场、历史纪念胜地等，修建人行天桥很难与周围景观协调一致，因此，在这些地方，首先考虑采用人行地道的形式。城市人行立交所处的地区，大多数为城市的中心商业区，这些地区有着丰富的建筑形式和文化环境，它折射了一个城市的发展历史并具有独特风格，使之积淀成为人们心目中久存的城市意向，天桥的建造无疑会对环境产生影响，这在人们的心理上难于适应；而建造人行地道，城市环境和风貌得以保存，人们在心理上易于接受。

（6）施工影响。人行地道采用明挖开槽法或沉壁法施工，造成地面交通中断，对交通的影响相对较大；且由于地下管线、地质水文状况复杂等造成施工困难；但人行地道能避免对空中线缆的干扰。人行天桥施工一般采用预制吊装，吊装一般在夜间进行，时间仅用2～4小时，对交通的影响较小；修建人行天桥对地下管网影响较小；对空中线缆有一定的影响，有时需迁移电杆或升高电线。

从使用者心理、气候原因、社会效益、经济条件、景观条件、施工影响等方面的分析可以看出，人行天桥与人行地道各有优缺点，合理的选择可以更好地为行人过街提供服务。在不同的准则下，选择的结果不同，如果在各种准则下都是两者皆可选择时，可用层次分析法综合分析选择最优方案。下面以哈尔滨市某路段人行天桥与人行地道的比选设置为例，来说明应用层次分析法对人行天桥和人行地道进行比选设置的步骤。

1）建立层次结构。根据对比分析研究建立层次结构，见图8－13。

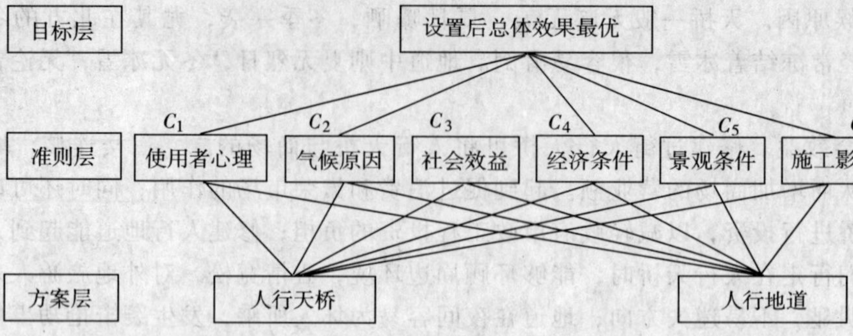

图 8－13 人行立交方案层次分析结构

2）建立判断矩阵。根据分析结果，建立各要素判断矩阵，运用求和法，计算各层要素单一准则下的相对权重，最后进行一致性检验，见表 8－12、表 8－13。

表 8－12 单一准则下的方案相对权重

指标		天桥	地道	和	C_i	λ_{max}	$C.I$	$C.R$
心理	天桥	1	1/3	1.33	0.25	2	0	0
	地道	3	1	4	0.75			
气候	天桥	1	1/2	1.2	0.17	2	0	0
	地道	5	1	6	0.83			
社会	天桥	1	3	4	0.75	2	0	0
	地道	1/3	1	1.33	0.25			
经济	天桥	1	3	4	0.75	2	0	0
	地道	1/3	1	1.33	0.25			
景观	天桥	1	1/2	1.5	0.33	2	0	0
	地道	2	1	3	0.67			
施工	天桥	1	5	6	0.83	2	0	0
	地道	1/5	1	1.2	0.17			

表 8－13 目标下各准则的相对权重

	心理	气候	社会	经济	景观	施工	和	U_i	λ_{max}	$C.I$	$C.R$
心理	1.00	0.33	3.00	0.50	2.00	0.25	7.08	0.12	6.33	0.07	0.05
气候	3.00	1.00	4.00	3.00	2.00	0.33	13.33	0.22			
社会	0.33	0.25	1.00	0.33	0.50	0.14	2.56	0.04			
经济	2.00	0.33	3.00	1.00	3.00	0.33	9.67	0.16			
景观	0.50	0.50	2.00	0.33	1.00	0.20	4.53	0.08			
施工	4.00	3.00	7.00	3.00	5.00	1.00	23.00	0.38			

3）计算人行天桥和人行地道方案的组合权重。采用加权求和的方法得到人行天桥和人行地道的相对权重，见表 8－14。

表 8-14　人行天桥与人行地道的相对权重计算表

准则层 \ 方案层	心理	气候	社会	经济	景观	施工	组合权重	C.I	C.R
	0.12	0.22	0.04	0.16	0.08	0.38			
天桥	0.25	0.17	0.75	0.75	0.33	0.83	0.56	0	0
地道	0.75	0.83	0.25	0.25	0.67	0.17	0.44		

计算结果通过一致性检验，在该路段选择修建人行天桥为最优方案。

3. 吉林公路主枢纽总体布局选址评价

(1) 评价指标体系。

根据吉林省区域内各城市社会经济、公路运量及地理位置 3 个方面选择出 12 项评价指标，并以此构造出递阶层次结构，如图 8-14 所示。

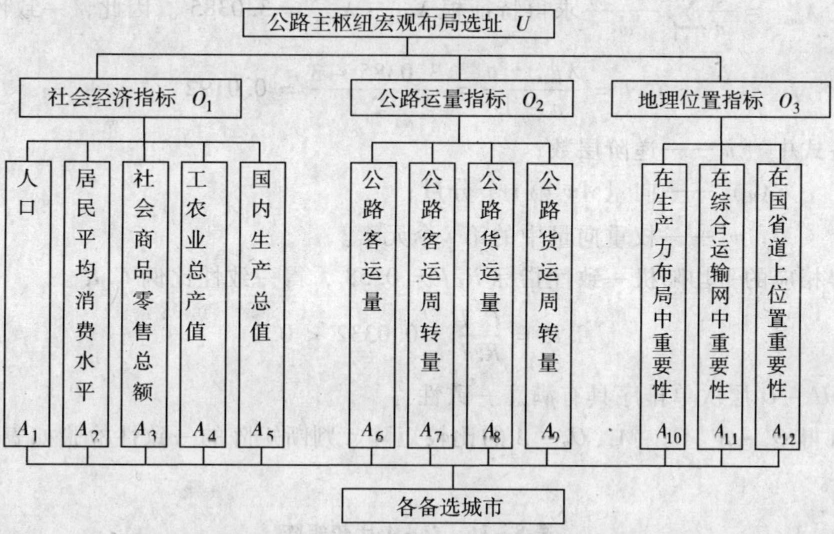

图 8-14　宏观布局选址递阶层次结构

(2) 构造 $U-O$ 判断矩阵并进行一致性检验。

对公路主枢纽宏观布局来说，先定性地给出 O_1、O_2、O_3 的重要性排序 $O_2 > O_1 > O_3$。比较矩阵及判断矩阵的建立采用的是专家调查法，根据专家所给出的判断矩阵表，通过加权算术平均综合向量法得到。表 8-15 为 $U-O$ 比较矩阵。

表 8-15　$U-O$ 比较矩阵

	O_1	O_2	O_3
O_1	1	0	2
O_2	2	1	2
O_3	0	0	1

$$C = \begin{bmatrix} 1 & 0 & 2 \\ 2 & 1 & 2 \\ 0 & 0 & 1 \end{bmatrix};\ r = \begin{bmatrix} 3 \\ 5 \\ 1 \end{bmatrix}$$

得 $U-O$ 判断矩阵 $A = \begin{bmatrix} 1 & 1/3 & 3 \\ 3 & 1 & 5 \\ 1/3 & 1/5 & 1 \end{bmatrix}$

对判断矩阵按行元素求积得向量 $w = \begin{bmatrix} 1 \\ 15 \\ 1/15 \end{bmatrix}$，由 $\bar{w}_i = \sqrt[n]{\prod_{j=1}^{n} a_{ij}}$ 取 $n=3$，得 $\bar{w}_i = \begin{bmatrix} 1.0000 \\ 2.4662 \\ 0.4055 \end{bmatrix}$，由公式 $w_i = \dfrac{w_i}{\sum_{i=1}^{n} \bar{w}_i}$ 归一化后，得权重系数 $w_i = \begin{bmatrix} 0.2583 \\ 0.6370 \\ 0.1047 \end{bmatrix}$。

由公式 $\lambda_{\max} = \dfrac{1}{n}\sum_{i=1}^{n} \dfrac{(Aw)_i}{w_i}$ 求得特征根 $\lambda_{\max}$：$\lambda_{\max} = 3.0385$。因此，一致性检验指标

$$C.I = \frac{\lambda_{\max} - n}{n-1} = \frac{3.0385 - 3}{2} = 0.0192$$

上述各式中 n——递阶层数；

$(Aw)_i$——向量 Aw 第 i 个分量；

w_i——权重向量中的第 i 个元素。

查表得相应的平均随机一致性指标 $R.I = 0.58$，得一致性比例 $C.R$。

$$C.R = \frac{C.I}{R.I} = 0.0332 < 0.1$$

所以，$U-O$ 层次单排序具有满意一致性。

同理可得 O_1-A、O_2-A、O_3-A 的比较矩阵、判断矩阵的一致性检验如表 8－16、表 8－17 所示。

表 8－16　$O-A$ 比较矩阵

O_1	A_1	A_2	A_3	A_4	A_5	r_i	O_2	A_6	A_7	A_8	A_9	r_i	O_3	A_{10}	A_{11}	A_{12}	r_i
A_1	1	0	0	0	0	1	A_6	1	2	2	2	7	A_{10}	1	2	2	5
A_2	2	1	0	0	0	3	A_7	0	1	2	2	5	A_{11}	0	1	2	3
A_3	2	2	1	0	0	5	A_8	0	0	1	2	3	A_{12}	0	0	1	1
A_4	2	2	2	1	0	7	A_9	0	0	0	1	1					
A_5	2	2	2	2	1	9											

表 8-17　$O-A$ 判断矩阵及一致性检验

	判断矩阵					权重	一致性检验
O_1	A_1	A_2	A_3	A_4	A_5	w_i	
A_1	1	1/3	1/5	1/7	1/9	0.3290	$\lambda_{max}=5.2373$ $C.I=0.0593$ $R.I=1.12$ $C.R=0.0529<0.1$
A_2	3	1	1/3	1/5	1/7	0.6360	
A_3	5	3	1	1/3	1/5	0.1296	
A_4	7	5	3	1	1/3	0.2638	
A_5	9	7	5	3	1	0.5100	
O_2	A_6	A_7	A_8	A_9		w_i	
A_6	1	1/3	5	7		0.5638	$\lambda_{max}=4.1291$ $C.I=0.0430$ $R.I=0.90$ $C.R=0.0478<0.1$
A_7	1/3	1	3	5		0.2634	
A_8	1/5	1/3	1	3		0.1178	
A_9	1/7	1/5	1/3	1		0.0550	
O_3	A_{10}	A_{11}	A_{12}			w_i	
A_{10}	1	3	5			0.6370	$\lambda_{max}=3.0385$ $C.I=0.0193$; $R.I=0.58$ $C.R=0.0478<0.1$
A_{11}	1/3	1	3			0.2583	
A_{12}	1/5	1/3	1			0.1047	

经一致性检验，O_1-A、O_2-A、O_3-A 均有满意的一致性。

（3）层次总排序及一致性检验。

计算 A_1-A_{12} 各元素相对于 U 目标的重要性。文中 A 层以上为树型递阶层次结构，按各层元素的隶属关系进行单排序权值的简单相乘。层次总排序结果如表 8-18 所示。

表 8-18　12 项指标权重排序结果

层次 A	层次 O			层次总排序权值 N_i	排序
	O_1	O_2	O_3		
	0.2583	0.6370	0.1047		
W_{11}	0.0329			0.0085	Ⅻ
W_{12}	0.0636			0.0164	Ⅹ
W_{13}	0.2960			0.0335	Ⅷ
W_{14}	0.2638			0.0681	Ⅴ
W_{15}	0.5100			0.1317	Ⅲ
W_{16}		0.5638		0.3591	Ⅰ
W_{27}		0.2634		0.1678	Ⅱ
W_{28}		0.1178		0.0750	Ⅳ

续表

层次 A	层次 O			层次总排序权值 N_i	排序
	O_1	O_2	O_3		
	0.2583	0.6370	0.1047		
W_{29}		0.0550		0.0350	Ⅶ
W_{310}			0.6370	0.0667	Ⅵ
W_{311}			0.2583	0.0270	Ⅸ
W_{312}			0.1047	0.0110	Ⅺ

层次总排序一致性检验：

$$C.R=\frac{\sum_{j=1}^{m}a_jC.I_j}{\sum_{j=1}^{m}a_jR.I_j}=0.019<0.1$$

层次总排序具有满意的一致性。

由此得各评价指标权重分配见表 8－19。

表 8－19 各评价指标的权重分配

社会经济指标 O_1					公路运量指标 O_2				地理位置指标 O_3		
0.2583					0.6370				0.1047		
人口	居民平均消费水平	社会商品零售总额	工农业总产值	国内生产总值	公路客运量	公路客运周转量	公路货运量	公路货运周转量	在生产力布局中的重要性	在综合运输网中的重要性	在国省道上的位置重要性
A_1	A_2	A_3	A_4	A_5	A_6	A_7	A_8	A_9	A_{10}	A_{11}	A_{12}
0.0085	0.0164	0.0335	0.0681	0.1317	0.3591	0.1678	0.0750	0.0350	0.0667	0.0270	0.0110

（4）各城市综合得分排序。

$$H_j=\sum_{i=1}^{12}N_iA_i(j=1,2,\cdots,20)$$

式中 N_i ——各评价指标的总排序权重值；

A_i ——各备选城市评价指标值。

由此得 20 个城市综合排序结果，见表 8－20。

表 8－20　各备选城市相对得分排序

城市名	得分	序号	城市名	得分	序号
长春	100	1	图们	30.057	11
吉林	63.937	2	白城	27.415	12
延吉	55.492	3	白山	26.847	13
四平	51.529	4	辽源	24.476	14
松原	50.723	5	大安	24.465	15
公主岭	48.719	6	集安	23.123	16
珲春	46.248	7	磐石	21.927	17
通化	42.536	8	蛟河	20.114	18
敦化	37.637	9	龙井	18.035	19
梅河口	35.189	10	洮南	11.859	20

（5）排序结果分析及选址方案的确定。

依据以上排序结果经讨论确定长春、吉林、四平（含公主岭）、延吉（含珲春）、通化（含白山）、松原（含白城）6 个城市作为主枢纽系统的布点城市。确定的原则是：在排序靠前的城市里，根据投资情况，兼顾全省，各地区选择一个排序居前的城市。白山市和白城市各代表一个地区的中心城市，但排序在后，没有被确定为主要枢纽点而将其分别含在相邻的通化市和松原市里；公主岭市和珲春市虽然排序较靠前，但是居于同地区的四平市和延吉市之后，又因为公主岭与四平市、珲春市与延吉市相距甚近，因此将二者分别含在四平市和延吉市内。

4. 盐城公路网规划项目建设排序

（1）指标体系及其层次结构。

公路网规划中的建设实施方案设计是将在公路网布局规划方案中确定的各个建设项目按不同的 5 年（或 10 年）规划期安排实施顺序，贯彻近期宜细，中期有准备，远期可粗、有设想的要求，以使得规划期内的总建设效益最大。

公路网规划建设项目投资优化的决策评价指标体系主要有三个方面：经济评价、技术评价和环境评价，这三个方面评价的子系统构成了公路网的评价系统。公路网规划项目的建设序列应以项目的重要度（即项目的综合效益）为依据，而规划项目的重要度应从技术、经济和环境方面进行综合评价，并且通过对所规划项目各项评价指标的对比分析，科学、合理地进行优劣排序。在盐城市域公路网规划建设序列论证中所确定的指标体系及其层次结构如表 8－21 所示。

（2）指标权值的确定。

经过专家的讨论、修订与综合，最后将经济、技术、环境三效益指标的权重比例确定为0.50∶0.25∶0.25，环境效益与技术效益达到同等重要水平，技术和环境共同效益达到与经济同等重要的水平。同时得出各项指标 I_{pi} 相对于 I_{Bi} 和 I_{CB} 的权重值，如表8－21所示。

表8－21 公路网规划建设序列论证及其层次结构

Ⅰ. 目标层	Ⅱ. 指标层	Ⅲ. 分项指标层	相对于 I_{Bi} 层权重系数 W'_i	相对于 I_{CB} 层权重系数 W_i
I_{CB} 公路网规划建设序列指标	I_{B1}：经济效益指标（0.50）	I_{P1}：效益费用比	0.50	0.25
		I_{P2}：净现值	0.30	0.15
		I_{P3}：投资回收期	0.20	0.10
	I_{B2}：技术效益指标（0.25）	I_{P4}：网络结构性能	0.50	0.125
		I_{P5}：交通质量	0.50	0.125
	I_{B3}：环境效益指标（0.25）	I_{P6}：道路噪声	0.45	0.1125
		I_{P7}：汽车排放	0.55	0.1375

（3）评价分值计算方法。

盐城市公路网规划建设项目有市级骨干公路“三纵七横”，对10个重点建设项目进行排序，以科学、合理地决策交通建设资金流向。首先统计、计算出“三纵七横”各评价指标（I_{p1} ~ I_{p7} 共7项）的原始值，从而得到一个 7×10 阶的原始数据矩阵 $p_{7\times10}$。

将 $p_{7\times10}$ 中每行最大值评分为1.00，而将同一行的其他原始值与最大值的比值作为相对得分值，该分值表示了某项目具体值与路网最佳值的接近程度。假设 P_{ij} 表示第 i 个指标在第 j 个建设项目的原始值，$P_{i,max}$ 表示第 i 个指标的路网最佳值，那么建设项目相应的评价得分值 $p'_{ij}=p_{ij}/p_{i,max}$。这样，就将原始数据矩阵 $p_{7\times10}$ 转换成评价分值组成的矩阵 $p'_{7\times10}$，并同时消除了各指标间量级和量纲的差异。$p'_{7\times10}$ 将作为项目排序的计算依据。

（4）项目重要度的计算及项目排序。

指标层效益指数 I_{B1}、I_{B2}、I_{B3} 可以用通常的“线性加权法”求出，即：

$$I_{B1}=\sum_{i=1}^{3}W'_iI_{p'i}；I_{B2}=\sum_{i=4}^{5}W'_iI_{p'i}；I_{B3}=\sum_{i=6}^{7}W'_iI_{p'i}$$

式中 W'_i——指标 I_{pi} 相对于Ⅱ层（I_{Bi} 层）的权重系数；

$I_{p'i}$——I_{pi} 指标相对于最佳的得分。

用此公式可将每个规划项目的经济效益指数、技术效益指数和环境效益指数分别求出。因为计算中所采用的权重系数是各指标相对于中间层Ⅱ的权重，而不是相对于最高层Ⅰ（I_{CB} 层）的权重，所以 I_{B1}、I_{B2}、I_{B3} 三者的最大可能得分（满分）都是1.00分。如果某规划项目所有的指标值都是最佳的，那么该项目便可获得经济效益 I_{B1}、技术效益 I_{B2}、环境效益 I_{B3} 三个满分。用此方法计算，就使 I_{B1}、I_{B2}、I_{B3} 三者的计算值之间可以进行相互比较。

对于总目标 I_{CB}，则不适于采用线性加权和法求算。因为加权和法具有一种“补偿性”（或称为“替代性”）特点。一个指标值的下降可以通过其他指标值的上升得以补偿，而连加和依然不变。这种方法只比较适合于计算同一类型指标的综合值，因为同一类型指标之间允许相互替代补偿。

评价项目重要度的三个分效益之间是不能相互替代的，它们都是公路网规划建设实施所必须考虑的因素，不可偏废其中任何一个，因而这里采用“加权连乘法”求算项目的重要性程度。

$$I_{CB} = \prod_{i=1}^{3} I_{Bi}^{\lambda_i}$$

式中　λ_i——I_{B1}、I_{B2}、I_{B3} 相对于 I_{CB} 层的权重系数。

公式计算项目的重要度克服了指标之间的相互补偿作用，只要 I_{B1}、I_{B2}、I_{B3} 中任一个很小时，都会使连乘的乘积很小，该项目就不可能有较高的综合得分。只有当三个分效益同时达到较高水平时才有可能得到较高的综合分值，这样得出的评价结果才更符合项目重要度的内涵要求。

表 8－22 列出了盐城市域公路网规划市级骨干公路的重要度，路线重要度的确定，为公路建设资金的流向提供了决策依据。

表 8－22　盐城市域公路网规划市级骨干公路各项效益指数值

项目名称	I_{B1}	I_{B2}	I_{B3}	I_{CB}	建设序列论证
204 国道	0.785	0.926	0.418	0.671	3
陈李公路	0.529	0.787	0.556	0.633	5
沿海高速公路	0.657	0.787	0.685	0.695	1
徐淮盐高速公路	0.612	0.796	0.725	0.682	2
疏港 1 号线	0.501	0.659	0.797	0.629	7
疏港 2 号线	0.606	0.730	0.711	0.661	4
疏港 3 号线	0.475	0.703	0.455	0.518	8
疏港 4 号线	0.339	0.662	0.579	0.462	9
疏港 5 号线	0.656	0.716	0.519	0.632	6
盐淮公路	0.292	0.651	0.652	0.436	10
最大－最小差距值	0.493	0.275	0.379	0.259	

注：I_{B1}——经济效益；I_{B2}——技术效益；I_{B3}——环境效益；I_{CB}——项目重要度。

盐城市域公路网规划骨干公路建设项目投资优化序列如表 8－22 所示（以建设项目的重要度为决策依据）。公路网络规划设计的过程，是研究为决策人员提供备选方案的过程，在项目优先排序的基础上，适当考虑政治影响及资金筹措情况，制订详细的项目建设实施计划。

二、模糊综合评价法

1. 模糊综合评价法

在生产管理、科学研究、领导决策中，经常遇到对各种事物或生产、科研项目进行评价的情况。这时需评出优劣，以便做出相应的处理，例如，评价运动员的素质、评价商品的好坏、评审几个方案的优劣等。在评价中，由于事物不一定只受一种因素的影响，可能会受到多种因素的影响，因此必须兼顾各个方面，同时还要考虑各因素的影响大小与轻重，这样的评价就是综合评价。如果所考虑的因素具有模糊性，评价的结果也带有模糊性，那么这样的综合评价就构成模糊综合评价。例如，对一种布料做出评价，首先，影响评价的因素有花样、颜色、价格、耐用度等，其次，评价结果有很受欢迎、较受欢迎、不太受欢迎、不受欢迎等，这些因素和结果都是带有模糊性的，这时，评价就属于模糊综合评价。

某厂生产一种机器设备。为了掌握市场对这种机器的欢迎程度，首先考虑5种指标：易维修、功能、自动化程度、价格和燃料耗费程度。这些指标就构成因素集 u，记作 u = ｛易维修，功能，自动化程度，价格，燃料耗费度｝。

其次是确定评价结果，这里给出的是自然语言的评价，这些评价语言构成评语集。例如，给出评语集为 v，即 v = ｛很欢迎，欢迎，一般，不欢迎｝。

最后要给出对各个因素的权重，也就是说不同的需要对象对各因素重要程度的看法不一样。例如，对大公司来说，比较重视易维修和功能，给出的权重设为 x = ｛0.35，0.35，0.10，0.10，0.05｝。而对于小公司，给出的权重集为 y = ｛0.10，0.10，0.15，0.30，0.35｝。

这两个权重集（模糊子集）又构成一个模糊矩阵 A，即：

$$A=\begin{bmatrix}0.35 & 0.35 & 0.10 & 0.10 & 0.05\\ 0.10 & 0.10 & 0.15 & 0.30 & 0.35\end{bmatrix}$$

在此基础上进行单因素评价。如请若干专家评价“易维修”因素，设有20%的人很欢迎，有50%的人欢迎，有30%人认为一般，没有人不欢迎，于是：

$$u_1(\text{易维修})\rightarrow\{0.2,0.5,0.3,0\}$$

同样的方法有

$$u_2=(\text{功能})\rightarrow\{0.1,0.3,0.5,0.1\}$$

$$u_3(\text{自动化程度})\rightarrow\{0.1,0.3,0.5,0.1\}$$

$$u_4(\text{价格})\rightarrow\{0,0.4,0.5,0.1\}$$

$$u_5(\text{功能})\rightarrow\{0.1,0.3,0.5,0.1\}$$

联合以上单因素评价可得矩阵 R，这是一个模糊关系矩阵，即：

$$R=\begin{bmatrix}0.2 & 0.5 & 0.3 & 0\\ 0.1 & 0.3 & 0.5 & 0.1\\ 0 & 0.1 & 0.6 & 0.3\\ 0 & 0.4 & 0.5 & 0.1\\ 0.5 & 0.3 & 0.2 & 0\end{bmatrix}$$

最后，进行模糊综合评价为 B，其中

$$B = AR = \begin{bmatrix} 0.35 & 0.35 & 0.10 & 0.10 & 0.05 \\ 0.10 & 0.10 & 0.15 & 0.30 & 0.35 \end{bmatrix} \begin{bmatrix} 0.2 & 0.5 & 0.3 & 0 \\ 0.1 & 0.3 & 0.5 & 0.1 \\ 0 & 0.1 & 0.6 & 0.3 \\ 0 & 0.4 & 0.5 & 0.1 \\ 0.5 & 0.3 & 0.2 & 0 \end{bmatrix}$$

$$= \begin{bmatrix} 0.14 & 0.345 & 0.4 & 0.075 \\ 0.187 & 0.32 & 0.39 & 0.085 \end{bmatrix}$$

再将 B 归一化，有 $B = \begin{bmatrix} 0.15 & 0.35 & 0.42 & 0.08 \\ 0.19 & 0.32 & 0.40 & 0.09 \end{bmatrix}$

这表明，这种机器在小公司中，有19% 很受欢迎，有32% 受欢迎，有 40% 不太受欢迎，有9% 不受欢迎。

通过这个例题，可以归纳出用模糊综合评价方法解决问题的步骤。

（1）建立因素集。因素集是以影响评价对象的各种因素为元素所组成的一个普通集合，通常用大写字母 U 表示，即

$$U = \{u_1, u_2, \cdots, u_m\}$$

其中 $u_j(j = 1,2,\cdots,m)$ 代表各影响因素，通常具有不同程度的模糊性。

（2）建立评价集。评价集是评判者对评价对象做出的各种评价结果组成的集合，通常用大写字母 V 表示，即 $V = \{v_1, v_2, \cdots, v_n\}$。其中 $v_j(j = 1,2,\cdots,n)$ 可以是语言形式，如{很欢迎，欢迎，一般，不欢迎}，又如{优，良，中，劣}也是一个评价集，这里的评价结果是非数量性的。评价集的元素可以是数量性的，如一个部件的安全系数{1.5，2.0，2.5，2.1}也构成一个评价集。

（3）建立权重集。为了反映各因素的重要程度，对各个因素赋予一个相应“权数” $a_i(i = 1,2,\cdots,m)$。由各权数所组成的集合 $A = \{a_1, a_2, \cdots, m\}$ 称为因素权重集，简称权重集。这里，各权数 $a_i(i = 1,2,\cdots,m)$ 应满足归一性和非负性条件，即：

$$\sum_{i=1}^{m} a_i = 1, a_i \geqslant 0(i = 1,2,\cdots,m)$$

权数 a_i 表示各因素 u_i 对“重要性”的隶属度，因此权重是因素集上的模糊子集，并可表示为 $A = a_1/u_1 + a_2/u_2 + \cdots + a_m/u_m$。

（4）建立评价矩阵。单独从因素集中一个因素出发，对于评价对象进行评价，可以得单因素评价集。例中，对 u_1（易维修）来说，$R_1 = (0.2, 0.5, 0.3, 0)$；同样可得 R_2、R_3、R_4、R_5。最后可得单因素的评价矩阵为 $R = [R_1 \quad R_2 \quad R_3 \quad R_4 \quad R_5]^T$。

（5）综合评判。单因素模糊评判，仅反映一个因素对评判对象的影响。为综合考虑所有因素的影响，必须考虑各因素的重要程度，就是将权重矩阵 A 与单因素评判矩阵 R 合成为模糊综合评判矩阵 B，即 $B = AR$。

某种机器的一种构件的安全系数应在 1.5～3.0 之间，并知道此构件相应的设计水平较高，制造水平一般，构件的材料较好，构件非常重要。试用模糊综合评价方法，确定构件的安全系数具体取何值为好。

（1）建立因素集

u = {设计水平较高，制造水平一般，材料较好，构件非常重要}

（2）建立评价集。将安全系数取值范围［1.5，3.0］，按照间隔 $h=0.3$，分为6个离散点，即得评价集为 $k=\{1,5,1.8,2.1,2.4,2.7,3.0\}$。间隔 h 的大小根据实际需要来确定。

（3）建立权重集。在上述因素中，如果比较侧重于构件的重要程度，其次是设计水平、材料好坏等，则权重集定为 $A=\{0.26,0.20,0.24,0.30\}$。

（4）给出单因素评价矩阵：

$$R=\begin{bmatrix}0.5 & 1.0 & 0.8 & 0.2 & 0.1 & 0\\ 0 & 0.5 & 0.8 & 1.0 & 0.5 & 0\\ 0.5 & 1.0 & 0.8 & 0.2 & 0.1 & 0\\ 0 & 0.1 & 0.4 & 0.6 & 0.9 & 1.0\end{bmatrix}$$

（5）进行模糊综合评价 $B=AR=\{0.26,0.26,0.30,0.30,0.30,0.30\}$

最后按加权平均法（即按公式）$k=\sum_{i=1}^{6} b_i k_i / \sum_{i=1}^{6} b_i$ 求出安全系数 k 的值，即：

$$k=\frac{\{0.26\times1.5+0.26\times1.8+0.30\times(2.1+2.4+3.0)\}}{\{0.26+0.26+0.30+0.30+0.30+0.30\}}=\frac{3.938}{1.72}=2.263$$

2. 城市交通可持续发展评价

（1）城市交通可持续发展指标体系的建立。

城市交通可持续发展的内涵是指在可持续发展思想的基础上建立起来的一种合理优化的交通模式。它既能够提供快捷、舒适的交通条件，最大化地满足城市经济发展和出行者的交通需求；同时对城市环境产生的负面和消极作用达到最小化，为居民提供良好的生活质量；而且最小化地消耗城市交通资源，达到社会经济、城市交通、资源环境相互协调发展的良性循环。城市交通的可持续发展就是要实现经济可持续性、社会可持续性和生态环境可持续性。

城市交通可持续发展指标体系是为了反映城市交通可持续发展的状况，由一系列相互联系、相互制约的指标所构成的一个有机整体，从实践意义上讲，城市交通可持续发展指标体系是制定城市交通可持续发展战略的重要前提，也是检测城市社会、经济、资源与环境协调发展的监视器，更是政府对城市交通发展进行宏观调控与管理的重要依据。

根据对城市交通可持续发展的理解认识和其指标体系设计的原则、方法，提出城市交通可持续发展指标体系。由目标层、准则层、指标层、分指标层4层结构共28个指标组成，目标层由准则层加以反映，准则层由具体评价指标层加以反映，评价指标体系见表8－23。

表 8 – 23　城市交通可持续发展指标体系

<table>
<tr><th>目标层 A</th><th>准则层 B</th><th>指标层 C</th><th>分指标层 D</th></tr>
<tr><td rowspan="28">城市交通可持续发展 A</td><td rowspan="13">可持续发展水平 B_1</td><td rowspan="5">交通基础设施水平 C_1</td><td>D_1 城市道路网密度</td></tr>
<tr><td>D_2 公共交通线网密度</td></tr>
<tr><td>D_3 人均道路用地面积</td></tr>
<tr><td>D_4 人均停车场地面积</td></tr>
<tr><td>D_5 轨道交通长度</td></tr>
<tr><td rowspan="3">社会经济发展水平 C_2</td><td>D_6 人均 GDP</td></tr>
<tr><td>D_7 年度客、货运量</td></tr>
<tr><td>D_8 城市交通历年事故率</td></tr>
<tr><td rowspan="5">生态环境水平 C_3</td><td>D_9 空气污染指数年日均值</td></tr>
<tr><td>D_{10} 交通干线噪声平均值</td></tr>
<tr><td>D_{11} 人均道路用地面积</td></tr>
<tr><td>D_{12} 人均停车场地面积</td></tr>
<tr><td>D_{13} 轨道交通长度</td></tr>
<tr><td rowspan="9">可持续发展水平 B_2</td><td rowspan="3">交通基础设施潜力 C_4</td><td>D_{14} 城市道路长度年增长率</td></tr>
<tr><td>D_{15} 交通投资年增长率</td></tr>
<tr><td>D_{16} 机动车保有量年增长率</td></tr>
<tr><td rowspan="2">社会经济发展潜力 C_5</td><td>D_{17} GDP 年增长率</td></tr>
<tr><td>D_{18} 城市维护建设资金年增长率</td></tr>
<tr><td rowspan="4">生态环境潜力 C_6</td><td>D_{19} 城市环保投资年增长率</td></tr>
<tr><td>D_{20} 环境噪声达标区覆盖率</td></tr>
<tr><td>D_{21} 人均耕地面积</td></tr>
<tr><td>D_{22} 汽车尾声达标率</td></tr>
<tr><td rowspan="6">可持续发展水平 B_3</td><td rowspan="4">社会经济协调能力 C_7</td><td>D_{23} 三次产业结构比</td></tr>
<tr><td>D_{24} 人口自然增长率</td></tr>
<tr><td>D_{25} 建成区人口密度</td></tr>
<tr><td>D_{26} 交通投资占 GDP 比重</td></tr>
<tr><td>社会经济协调能力 C_7</td><td>D_{27} 城市环保投资指数</td></tr>
<tr><td>政府协调能力 C_9</td><td>D_{28} 交通管理与控制能力</td></tr>
</table>

（2）应用实例。

运用模糊综合评判方法对长沙城市交通可持续发展程度进行综合评价。采用层次分析法确定的各指标权重结果如表 8 – 24 所示。

表 8-24 权重系数表

目标层 B	权重	指标层 C	权重	分指标层 D	权重
B_1	0.400	C_1	0.258	D_1	0.333
				D_2	0.166
				D_3	0.167
				D_4	0.167
				D_5	0.167
		C_2	0.105	D_6	0.666
				D_7	0.167
				D_8	0.167
		C_3	0.637	D_9	0.184
				D_{10}	0.184
				D_{11}	0.184
				D_{12}	0.098
				D_{13}	0.350
B_2	0.400	C_4	0.258	D_{14}	0.250
				D_{15}	0.500
				D_{16}	0.250
		C_5	0.105	D_{17}	0.750
				D_{18}	0.250
		C_6	0.637	D_{19}	0.283
				D_{20}	0.141
				D_{21}	0.455
				D_{22}	0.141
B_3	0.200	C_7	0.334	D_{23}	0.250
				D_{24}	0.250
				D_{25}	0.250
				D_{26}	0.250
B_3	0.200	C_8	0.333	D_{27}	1.000
		C_9	0.333	D_{28}	1.000

模糊综合评判过程如下：

1）根据城市交通可持续发展指标体系，设因素集为 $U=(C_1,\cdots,C_9)$。

2）评价集 $V=\{$不可持续，弱可持续，基本可持续，强可持续$\}$。

3）确定权重集，可知 C 层对 B 层的权重和 B 层对 A 层的权重，于是，可以得到 C 层对于 A 层的组合权重值为：

$$W'(C_{11}) = W(B_1)W(C_1) - 0.400 \times 0.258 = 0.1032$$
$$W'(C_{12}) = 0.400 \times 0.105 = 0.042$$
$$W'(C_{13}) = 0.400 \times 0.637 = 0.2548$$

同理：$W'(C_{21}) = 0.1032$　　$W'(C_{31}) = 0.0668$

$W'(C_{22}) = 0.042$　　$W'(C_{32}) = 0.0666$

$W'(C_{23}) = 0.2548$　　$W'(C_{33}) = 0.0666$

因此，得出权重集：

$$A = \{0.103, 0.042, 0.2548, 0.1032, 0.042, 0.2548, 0.0668, 0.0666, 0.0666\}$$

4）专家评价。城市交通可持续发展指标体系同时包含定性指标和定量指标，对定量指标宜采用隶属函数法或频率法。对长沙城市交通可持续发展指标层 $C_1 \sim C_9$ 作定量评价。$C_1 \sim C_9$ 指标专家评价的模糊统计结果见表 8－25。

表 8－25 模糊统计结果

评价因素	评价等级			
	不可持续 V_1	弱可持续 V_2	基本可持续 V_3	强可持续 V_4
交通基础设施水平	0.25	0.50	0.25	0
社会经济发展水平	0.08	0.42	0.42	0.08
生态环境水平	0.42	0.42	0.16	0
交通基础设施潜力	0	0.50	0.33	0.17
社会经济发展潜力	0.17	0.42	0.33	0.08
生态环境潜力	0.08	0.25	0.50	0.17
社会经济协调能力	0.08	0.50	0.42	0
生态环境协调能力	0.17	0.58	0.25	0
政府协调能力	0.33	0.42	0.25	0

建立评价矩阵

$$R = \begin{cases} 0.25 & 0.50 & 0.25 & 0 \\ 0.08 & 0.42 & 0.42 & 0.08 \\ 0.42 & 0.42 & 0.16 & 0 \\ 0 & 0.50 & 0.33 & 0.17 \\ 0.17 & 0.42 & 0.33 & 0.08 \\ 0.08 & 0.25 & 0.50 & 0.17 \\ 0.08 & 0.50 & 0.42 & 0 \\ 0.17 & 0.58 & 0.25 & 0 \\ 0.33 & 0.42 & 0.25 & 0 \end{cases}$$

5）综合评价。可得到长沙城市交通可持续发展的综合评价结果为：

$$B = AR = (0.202, 0.409, 0.321, 0.068)$$

长沙城市交通目前正处于弱可持续发展阶段。通过分析，长沙现阶段对城市交通基础设施水平的投资有待于进一步增强，同时应加强政府对交通的管理力度，以便创造一个良好的交通条件和城市生态环境。

3. 公路客运线路规划评价

（1）评价指标体系。

公路客运线路规划方案的评价是涉及众多因素的复杂问题。在这些因素中有些因素是可以量化的，有些因素则难以量化，而且各种影响因素对方案优劣的影响程度是不同的。公路客运线路规划方案评价的基本指标包括：客运班线与经济发展的适应性、客运班线与人口分布的适应性、客运班线的覆盖率、客运班线与其他运输方式衔接的紧密度、客运线路品质指标，评价基本指标见图 8－15 所示。基本指标反映了规划方案的主要特征，但各规划方案中有些细节或难以量化的特征并没有反映出来，诸如运输车辆在城区进站问题和在城区内线路走向问题以及沿途补客点设置合理性等。评议指标及其评分可由资深专家组确定。

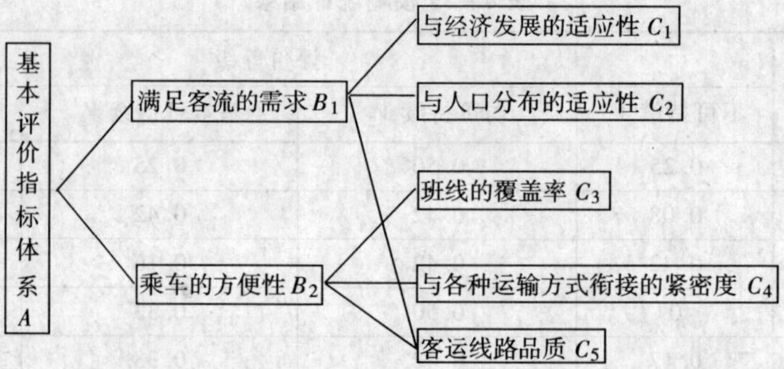

图 8－15　客运班线方案评价基本评价指标层次图

（2）权重的分配。

采用层次分析法确定各指标的权重。基本指标和评议指标的权重之和为 1，其中基本指标占主要比重，基本指标为 0.8，评议指标 0.2，基本指标的两两判断矩阵和单准则排序见表 8－26。

表 8－26　基本指标的权重分析

计算内容	$A(B_1, B_2)$	$B_1(C_1, C_2, C_5)$	$B_2(C_3, C_4, C_5)$
判断矩阵 $W = (a_{ij})n \times n$	$\begin{bmatrix} 1 & 1/2 \\ 2 & 1 \end{bmatrix}$	$\begin{bmatrix} 1 & 3 & 5 \\ 1/3 & 1 & 2 \\ 1/5 & 1/2 & 1 \end{bmatrix}$	$\begin{bmatrix} 1 & 1/2 & 3 \\ 2 & 1 & 3 \\ 1/3 & 1/3 & 1 \end{bmatrix}$
W 各行元素的几何平均值 $\bar{w}_i = \sqrt[n]{\prod_{i=1}^{n} a_{ij}}$	$\begin{bmatrix} 0.707 \\ 0.414 \end{bmatrix}$	$\begin{bmatrix} 2.466 \\ 0.874 \\ 0.464 \end{bmatrix}$	$\begin{bmatrix} 1.145 \\ 1.817 \\ 0.481 \end{bmatrix}$

续表

计算内容	$A(B_1,B_2)$	$B_1(C_1,C_2,C_5)$	$B_2(C_3,C_4,C_5)$
$\bar{w}_i$ 归一化 $\bar{w}_i=\frac{\bar{w}_i}{\sum_{j=1}^{n}\bar{w}_i}$	$\begin{bmatrix}0.333\\0.667\end{bmatrix}$	$\begin{bmatrix}0.648\\0.230\\0.122\end{bmatrix}$	$\begin{bmatrix}1.332\\0.528\\0.140\end{bmatrix}$
W 的最大特征值 $\lambda_{\max}=\sum_{i=1}^{n}\frac{(w_{\bar{w}})_i}{n\bar{w}_i}$	2.001	3.005	3.054
一致性指标 $CI=\frac{\lambda_{\max}-n}{n-1}$	0.001	0.0025	0.027
相对一致性指标	0	0.043<0.1	0.047<0.1

则层次总排序：由 $W_A=W_BW_C$，计算各评价指标的权重向量为：

$$A=(Wc_1,\ Wc_2,\ Wc_3,\ Wc_4,\ Wc_5)=W_{A-B}W_{B-C}$$

$$=(0.333,0.667)\begin{bmatrix}0.648 & 0.230 & 0 & 0 & 0.122\\0 & 0 & 0.332 & 0.528 & 0.140\end{bmatrix}$$

$$=(0.216,\ 0.077,\ 0.221,\ 0.352,\ 0.134)$$

（3）实例分析。

对某市客运公路线路近期规划的 3 个方案 v_1、v_2、v_3 分别进行评价。

1）计算基本指标的评判矩阵。

确定基本指标中同一评判因素相对 3 个评判方案的指标值，并归一化处理得如下综合评判矩阵：

$$R=\begin{cases}0.320 & 0.360 & 0.320\\0.300 & 0.300 & 0.400\\0.375 & 0.333 & 0.292\\0.370 & 0.330 & 0.300\\0.305 & 0.350 & 0.345\end{cases}$$

权重矩阵 $A=(0.216,0.077,0.221,0.352,0.134)$

计算得 $B=AR=(0.346,0.338,0.378)$，归一化处理得（0.326，0.318，0.356）。

2）计算评议指标得分。

通过专家组对 3 个备选方案逐项打分并求平均值得（8.4，7.8，9.0），归一化处理得（0.33，0.31，0.36）。

3）计算评判值。

基本指标和评议指标组成的向量矩阵为（0.8，0.2）；最终评判值为

$$(0.8,0.2)\begin{bmatrix}0.326 & 0.318 & 0.356\\0.330 & 0.310 & 0.360\end{bmatrix}=(0.327,0.316,0.357)$$

故 v_3(0.357) 方案相对最优，v_1 方案次之。

4. 危险货物运输路线模糊综合评判模型

（1）建立评价指标体系。

对于道路危险货物运输行车路线的优化方案与普通运输的线路优化不同，主要应考虑影响运输安全的因素。然而涉及影响运输安全及保障运输安全的因素较多，由于各个因素往往存在交互影响，且多个目标同时存在，难以直接判断而获得结果，使得科学量化选择危险货物线路成为一个棘手的问题。

由于危险货物运输的特殊性，评判指标的提出和优化，是以大量的实际调查资料为基础，并广泛吸收有关专家学者的研究成果，经综合归纳、分析、对比研究后确定。在我国现行基础条件下，按照相关方针、政策，充分考虑以人为本，遵守道路危险货物运输的有关法规和原则，将影响危险货物运输安全的主要因素分类，形成图 8－16 的指标体系。

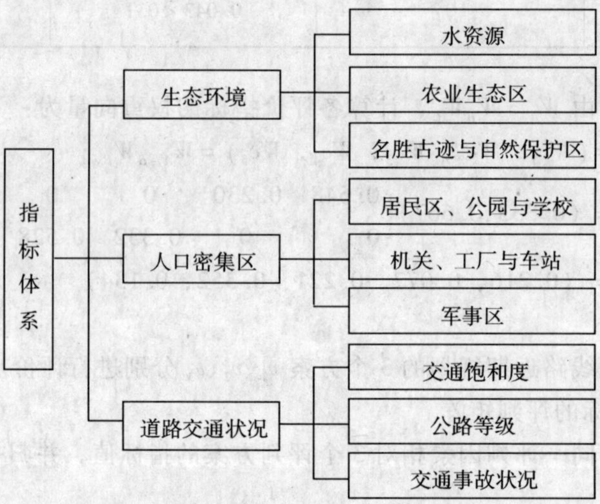

图 8－16　危险货物运输安全指标体系

（2）运输路线优化模糊综合计算。

选择途经陕西省关中地区向陕南运输剧毒化学品为例，此路线需穿越秦岭山脉。首先由 10 位专家评委对剧毒化学品货物运输路线环境影响指标进行打分，根据这些专家打分情况，G108、G210、G316 三条国道是陕西关中地区翻越秦岭山脉进入陕西南部地区的主要干线公路，结合运输区域内国道 G108、G210、G316 的具体情况进行综合分析、比较、计算，专家评审意见见图 8－17。

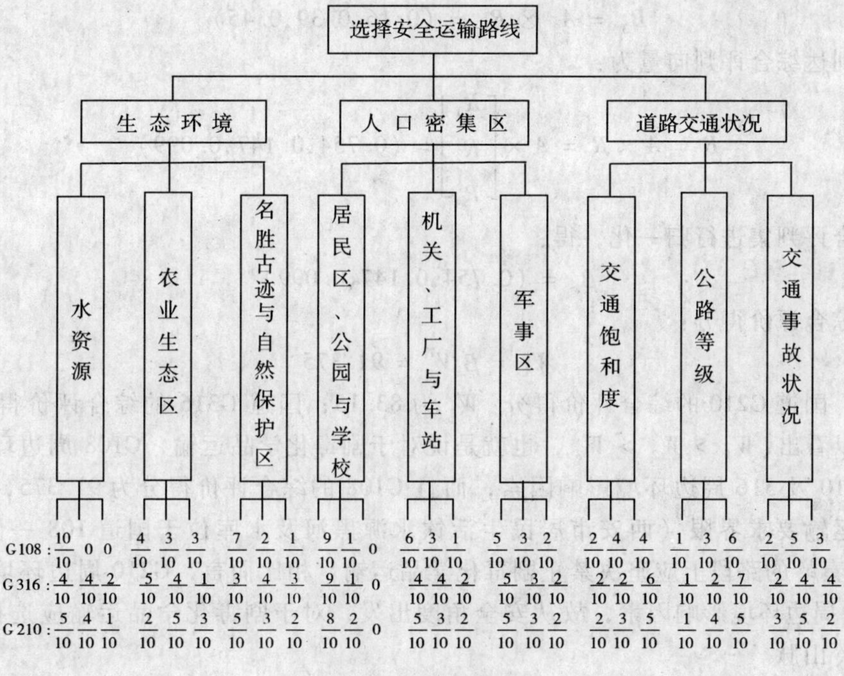

图 8 - 17　专家评审意见

1）确定评价指标值。

确定生态环境、人口密集区与道路交通状况三项影响指标相对重要性排序权值为：

$$A=(0.6,0.3,0.1)$$

建立评价尺度备择向量为：

$$V=(100,75,50)$$

每个因素中子因素相对重要性权值大小为：

$$A_1=(0.7,0.1,0.2)$$

$$A_2=(0.4,0.4,0.2)$$

$$A_3=(0.3,0.4,0.3)$$

G108 模糊评价矩阵为：

$$R_1=\begin{bmatrix}\frac{10}{10} & 0 & 0\\ \frac{4}{10} & \frac{3}{10} & \frac{3}{10}\\ \frac{7}{10} & \frac{2}{10} & \frac{1}{10}\end{bmatrix},R_2=\begin{bmatrix}\frac{9}{10} & \frac{1}{10} & 0\\ \frac{6}{10} & \frac{3}{10} & \frac{1}{10}\\ \frac{5}{10} & \frac{3}{10} & \frac{2}{10}\end{bmatrix},R_3=\begin{bmatrix}\frac{2}{10} & \frac{4}{10} & \frac{4}{10}\\ \frac{1}{10} & \frac{3}{10} & \frac{6}{10}\\ \frac{2}{10} & \frac{5}{10} & \frac{3}{10}\end{bmatrix}$$

同理可得 G210 与 G316 模糊评价矩阵。

2）国道 G108 运输路线综合评价。

一级模糊综合评判向量为：

$$B_1=A_1\otimes R_1=(0.88,0.07,0.05)$$

$$B_2=A_2\otimes R_2=(0.70,0.22,0.08)$$

$$B_3 = A_3 \otimes R_3 = (0.16, 0.39, 0.45)$$

二级到达综合评判向量为：

$$B = A \times R = A \times \begin{bmatrix} R_1 \\ R_2 \\ R_3 \end{bmatrix} = (0.754, 0.147, 0.099)$$

对综合评判集进行归一化，得：

$$\beta_k = (0.754, 0.147, 0.099)$$

计算综合评价得分：

$$W_1 = \beta_k V^T = 91.375$$

同理，国道G210的综合评价得分：W_2 为83.15；国道G316的综合评价得分：W_3 为79.6。可以看出，$W_1 > W_2 > W_3$，也就是说对于剧毒化学品运输，G108周边环境影响因素大于G210及316周边环境影响因素，而且G108的综合评价得分为91.375，超过危险货物安全运输要求界限（西安市居民生活饮水源黑河及水库位于国道108一侧），故在G108穿越秦岭的路段上应坚决禁止剧毒化学品运输。相比而言，G210周边环境影响因素大于G316周边环境影响因素，故从安全角度出发，对于剧毒化学品运输应选择G316线路翻越秦岭山脉。

三、SWOT分析

1. SWOT分析的具体方法

所谓SWOT分析，就是将与研究对象密切相关的各种主要内部优势因素（Strengths）、弱点因素（Weaknesses）、机会因素（Opportunities）和威胁因素（Threats），通过调查罗列出来，并依照一定的次序按矩阵形式排列起来，运用系统分析的思想，把各种因素相互匹配起来加以分析，从中得出一系列相应的对策等。

图8-18为内部因素与外部环境关系图。

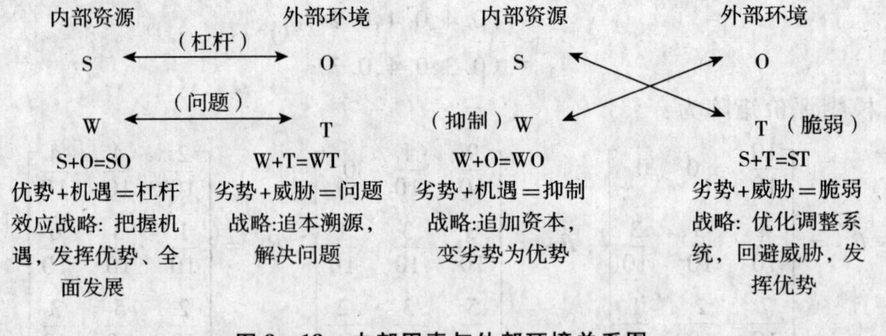

图8-18 内部因素与外部环境关系图

四种因素交叉结合生成了四种关系概念，即杠杆效应、抑制性、脆弱性和问题性。杠杆效应只有在优势与机遇相互一致和适应时才会产生，系统利用自身的优势开启了外部机遇，使得机会与优势充分发挥和结合。当内部劣势与外部威胁同时存在时，系统就会面临重大问题。当机遇与系统内部的优势不相适应，而与劣势相遇时，劣势会影响机遇的利用和发挥，使机遇受到抑制。当环境状况对系统构成威胁时，优势得不到充分发挥，出现优势不优的脆弱局面。

SWOT 分析的步骤如下：

(1) 分析环境因素。

运用各种调查研究方法，分析出系统所处的各种环境因素，即外部环境因素和内部环境因素。外部环境因素包括机会因素和威胁因素，它们是外部环境对组织的发展直接有影响的有利和不利因素，属于客观因素，一般归属为经济的、政治的、社会的、人口的、产品和服务的、技术的、市场的、竞争的等不同范畴；内部环境因素包括优势因素和弱点因素，它们是组织在其发展中自身存在的积极和消极因素，属主动因素，一般归类为管理的、组织的、经营的、财务的、销售的、人力资源的等不同范畴。在调查分析这些因素时，不仅要考虑到组织的历史与现状，而且更要考虑组织的未来发展。

(2) 构造 SWOT 矩阵。

将调查得出的各种因素根据轻重缓急或影响程度等排序方式，构造 SWOT 矩阵，如表 8－27 所示。在此过程中，将那些对组织发展有直接的、重要的、大量的、迫切的、久远的影响因素优先排列出来，而将那些间接的、次要的、少许的、不急的、短暂的影响因素排列在后面。

表 8－27　SWOT 分析矩阵

S、W　战略　O、T	内部优势（S）	内部劣势（W）
	1：……	1：……
	2：……	2：……
	3：……	3：……
外部机会（O）	SO 战略	WO 战略
1：…… 2：…… 3：……	依靠外部强项 利用外部机会	利用外部机会 克服内部弱点
外部威胁（T）	ST 战略	WT 战略
1：…… 2：…… 3：……	依靠内部强项 回避外部威胁	减少内部弱点 回避外部威胁

(3) 制订行动计划。

在完成环境因素分析和 SWOT 矩阵的构造后，便可以制订出相应的行动计划。制订计划的基本思路是：发挥优势因素，克服弱点因素，利用机会因素，化解威胁因素；考虑过去，立足当前，着眼未来。运用系统分析的综合分析方法，将排列与考虑的各种环境因素相互匹配起来加以组合，得出一系列组织未来发展的可选择对策。这些对策包括：SO 战略，就是利用组织内部的长处去抓住外部机会的策略；WO 战略，是利用外部机会来改进内部弱点的战略；ST 战略，是利用组织的长处去避免或减轻外在威胁的打击；WT 战略，是指直接克服内部弱点和避免外部威胁的战略。

2. 城市公共交通建设策略

城市公交系统处在极为复杂的环境中，可能面临不同的劣势与威胁，但同时也有自身的优势与机会，关键问题在于如何扬长避短，以便更好地生存与发展。

针对城市公共交通系统外部的机会与威胁，并配合自身的优势与劣势，拟定城市公共交通建设可行策略，并进一步加以评估，选定最适合的策略。城市公共交通建设策略制定的步骤：

（1）构造 SWOT 矩阵。根据轻重缓急或影响程度，将策略因素依次排列于 SWOT 矩阵中。在此过程中，要把那些对系统的发展有直接、重要影响的因素优先排列出来，再把那些间接的、次要的影响因素接排或省略。

（2）得出行动对策，制订行动计划。外部因素是城市公共交通系统无法改变的，只能扬长避短利用这些因素；内部因素可以通过人的主观能动性向有利于公交系统发展的方向改变。运用系统分析的综合分析方法，将矩阵中的各种因素相互匹配，加以分析，得出一系列城市公共交通建设可选对策（表 8－28）。

表 8－28　城市公共交通建设策略的拟定

外部因素	内部因素	
	优势（S）	劣势（W）
机会 O	依托内部优势（SO 策略），利用外部机会	克服内部劣势（WO 策略），利用外部机会
威胁 T	依托内部优势（ST 策略），避免外部威胁	克服内部劣势（WT 策略），避免外部威胁

城市公共交通系统建设可选对策：

1）SO 对策。着重考虑优势因素和机会因素，力求这两者的有利因素都趋于最大，所以又称为“最大与最大对策”。

2）ST 对策。着重考虑优势因素和威胁因素，力求前者的有利影响趋于最大而后者的不利影响趋于最小，所以又称为“最大与最小对策”。

3）WO 对策。着重考虑弱势因素和机会因素，力求前者的不利影响趋于最小而后者的有利影响趋于最大，所以又称为“最小与最大对策”。

4）WT 对策。着重考虑弱势因素和威胁因素，力求两者的不利影响趋于最小，所以又称为“最小与最小对策”。

对城市公共交通系统最有利的组合是良好机会与内部优势组合，该组合称为杠杆型，此时公共交通系统可采用增长型建设策略；良好机会与内部劣势组合，该组合称为约束型，此时系统在利用良好机会时受到自身劣势的约束，因此公共交通系统必须克服弱点，变劣势为优势；公共交通系统遇到的是较强的竞争优势，面临的却是很差的机会，该组合属于脆弱型，此时公共交通系统必须进行深入分析，采取多种公共交通方式的经营策略，利用自己的优势，寻找长期发展的机会；最后一种情况是公共交通系统不具备建设的优势，又没有良好的机会，此种组合称为问题型，应根据公共交通的实际需求，逐步发展。

通过对西安市外部环境与内部状况的分析和评价得到：西安市公共交通系统外部环境因素的综合评价值还未达到较好；西安市公共交通系统内部状况的综合评价值较差，处于劣势状态。这说明西安市公共交通系统目前面临的是机会与内部劣势的组合，该组合为约束型。西安市公共交通系统在利用发展机会时会受到自身劣势的约束。因此，必须克服弱点，变劣势为优势，采取扭转型策略，即 WO 策略，以 WO 策略为重点策略，指导西安市公共交通系统的建设。

3. 北京市出租汽车的 SWOT 分析

对于北京市出租汽车行业来说，自身的长处是：由于北京城市公共交通系统目前尚不完备，公共电汽车和地铁的供应能力相对滞后，经济发展和城市建设带来的居民出行的需求和个人化倾向，使出租汽车具有有利的竞争态势：由于出租汽车相对于其他行业来说，资金回报较高，因而可以吸引较多社会资金和个人手中的闲散资金；从行业总量上来说具有相当规模，因而可以通过商业运作的方式达到为行业获取规模经济效益的优势，由于目前尚未进行经营权有偿使用，经营成本相对较低。

行业存在的弱点是：行业整体车辆状况老旧残破，且档次较低，由于人员素质低及经营机制落后，造成企业管理混乱，进而使行业整体局面错综复杂。由于现代管理环节薄弱，行业尚没有建立现代化管理技术手段，对现代化管理手段的研究与开发意识薄弱，对服务领域的拓展意识不强。

在外部机遇上，可以对伴随着生活水平提高和城市发展所衍生出来的需求进行服务拓展（小学生上下学接送服务就是一个例子），以及城区的扩大，居民区、商业区的兴起，还有随着城市环境的治理，出租汽车再次受到政府主管领导和市场供应商的重视等，都为出租汽车的市场范围的迅速增长创造了条件。

外在威胁有：目前大量存在的基本没有“营运成本”的“黑车”对出租汽车市场的冲击，空调巴士车的兴起，租赁汽车的蓬勃发展，公交专用线的开通及对公交车辆运行的优先政策，都会争夺走一部分出租车市场客源。

4. 停车产业 SWOT 分析

将 SWOT 应用于停车产业发展环境分析中，是因为停车产业化与社会经济发展之间存在着极强的相关关系。尽管其发展环境不像企业的发展环境（市场）变化那么频繁、竞争那么激烈，但其发展环境涉及因素众多，同样存在较大的变化和竞争，面临着发展的机遇与挑战。

根据表 8－29 中所分析的停车产业发展内、外部环境，确定影响停车产业的机会、威胁，停车产业自身的优势、劣势。

表 8－29　停车产业 SWOT 分析表

优　势	劣　势
停车供应需求大、增长速度快 停车设备行业发展迅速	国有停车企业管理效率低 物管企业专业性差 民营停车企业小、散、弱 停车设备行业起步晚

续表

机　会	威　胁
政府重视提供公共服务、履行社会职能 政企分开 时间价值受重视 服务需求提高 信息技术的应用 自动化技术的应用 内生性民间投资增长 汽车产业发展 公交 P+R 模式的发展	建设资金来源的窘境 政策风险 土地资源的紧张 公交发展对小汽车的冲击

根据 SWOT 分析，停车产业发展具有大量的外部机会，同时，也具有一定的内部优势，发展态势良好。其外部威胁集中于资金与政策的缺乏，内部劣势则重点在于停车企业的不足。从国外停车产业发展来看，美国、日本停车产业一直是一个利润较高的行业；泰国的房地产市场萧条，有的投资者就把过剩的公寓改建成停车楼，很快收回了投资；在香港，一个停车位的售价比一辆高级轿车还要贵。停车产业具有相当的收益，资金缺乏问题未来是可以有效解决的，政策保障需要政府的有力支持，在最新的汽车产业发展政策中，已经明确提出“制定停车场所用地政策和投资鼓励政策，鼓励个人、集体、外资投资建设停车设施”，体现出政府对停车产业发展的支持，未来的政策风险也会越来越小。至于停车企业问题，随着停车产业化的展开，将得到有效改善。停车产业化优势多，机遇大，存在的劣势与威胁，在政府的有效扶植下，随着产业化的开展也会得到妥善处理，因此，停车产业化的发展具有广阔的前景。

四、主成分分析法

1. *主成分分析法*

主成分分析法是把系统中的多个变量（或指标）转化为较少的几个综合指标的一种统计分析方法，可将多变量高维空间问题化简成低维综合指标问题。能反映系统信息里最大的综合指标为第一主成分，其次为第二主成分，主成分的个数一般按所需反映全部信息量的百分比来决定，几个主成分之间是互不相关的。

主成分分析是将分量相关的原随机向量，借助于一个正交变换，转化成其分量不相关的新随机向量，并以方差作为信息量的测度，对新随机向量进行降维处理，再通过构造适当的价值函数，进一步把低维系统转化为一维系统。

主成分分析就是设法将原来众多的具有一定相关性的指标（比如 p 个指标），重新组合成一组新的相互无关的综合指标来代替原来的指标。这是一种降维的思想，这些变换后较少的综合指标能够反映原始数据的大部分信息。

有 n 个样本 p 个变量，观测数据 $X_{ij}(i = 1,2,\cdots n;\ j = 1,2,\cdots,p)$，建立矩阵如下：

$$X = \begin{bmatrix} X_{11} & X_{12} & \cdots & X_{1p} \\ X_{21} & X_{22} & \cdots & X_{2p} \\ \cdots & \cdots & \cdots & \cdots \\ X_{n1} & X_{n2} & \cdots & X_{np} \end{bmatrix}$$

（1）数据标准化，对数据进行标准化处理，计算公式如下：

$$Z_{ij} = (X_{ij} - \bar{X}_j)/(S_j^2)$$

其中 $\bar{X}_j = \sum_{i=1}^{n} X_{ij}/n$，$S_j^2 = \sum_{i=1}^{n}(X_{ij} - \bar{X}_j)^2/(n-1)$，$(i = 1,2,\cdots,n; j = 1,2,\cdots,p)$。

（2）求指标数据的相关系数矩阵：

$$R = (r_{jk})_{P\times P}$$

其中 $r_{jk} = \frac{1}{n-1}\sum_{t=i}^{n} Z_{tj}Z_{tk}(j = 1,2,\cdots,p;\ k = 1,2,\cdots,p)$。

（3）求相关系数矩阵 R 的特征根与特征向量。特征根记为 $\lambda_1 \geqslant \lambda_2 \geqslant \lambda_3 \geqslant \cdots \geqslant \lambda_p \geqslant 0$，相应的单位特征向量为：$l_i = (l_{1i}, l_{2i}, l_{3i}, \cdots, l_{pi}), i = 1,2,\cdots,p$。将标准化后的指标变量转化为主成分：

$$F_i = l_{1i}Z_1 + l_{2i}Z_2 + \cdots + l_{pi}Z_p$$

式中　$i = 1,2,\cdots,p$；

F_1 ——第一个主成分；

F_2 ——第二个主成分；

F_p ——第 p 个主成分。

（4）计算主成分的累计贡献率：

$$G(r) = \sum_{i=1}^{r}\lambda_i / \sum_{i=1}^{p}\lambda_i$$

贡献率越大，则对应的主成分反映 X 的能力越强，反之越弱。在实际的运用中就省略那些贡献率很小的主成分，通常情况下，根据经验只要前面的 r 个主成分的累计贡献率大于 85% 就足够了，也就是用较少的不相关的综合指标反映 X 的特征，得出主成分方程组。

（5）构造综合评价函数，计算综合得分。

先求每个主成分的线性加权值 Y_i，再以每个主成分 Y_i 的方差贡献率 a_i 作为权数，构造综合评价函数为：

$$Y = \sum_{i=1}^{m} a_i Y_i = a_1Y_1 + a_2Y_2 + \cdots + a_mY_m$$

从而得到最终评价值 Y，Y 值越高，说明该方案越好，反之则越差。

2. 城市道路安全状况分析

对道路安全状况进行评价，往往需要大量的数据及众多的指标，这些指标之间存在着一定的相关性。主成分分析就是设法将原来的指标重新组合成一组新的相互无关的综合指标，同时根据实际需要从中可选取较少的几个综合指标，尽可能反映原来指标的信息。主成分分析法利用降维的思想，以较少的主成分来综合代替原来较多的评价指标。主成分分析法在城市道路综合评价中的应用，实际上作了两个层次的线性合成，第一层次将原始指标通过恰当的线性组合而成为主成分，按累计方差贡献率不低于某个值（比如0.85）的原则确定前几个主成分，这反映了原始指标的信息；第二层次是各主成分以各自的方差贡献率为权重，通过线性加权求和得到综合评价指标来分析道路的优劣，这反映了各主成分的信息。

道路安全状况评价体系主要由道路主体工程、交通运行状况、交通安全设施、交通安全环境、道路管理养护5个分指标组成。5位专家为各项道路安全指标评分赋值，评分标准见表8-30。

表8-30 道路指标的评分标准

指标在道路安全中的重要程度	不重要	较不重要	重要性一般	重要	较重要
分　值	0~20	20~40	40~60	60~80	80~100

表8-31 五项道路安全评价指标的分值

道路主体工程	交通运行状况	交通安全设施	交通安全环境	道路交通管理
71.25	90.00	68.75	65.00	66.67
71.25	72.25	70.00	67.50	73.33
60.63	82.50	75.00	70.00	66.67
76.25	82.25	80.00	72.50	73.33
81.25	82.25	82.50	67.50	80.00

对表8-31数据进行主成分分析，得到表8-32、表8-33、表8-34和表8-35。

表8-32 各项指标平均值和标准差

	X_1	X_2	X_3	X_4	X_5
平均值	72.125	82.000	75.250	68.500	72.000
标准差	7.6496	6.2249	6.0208	2.8504	5.5757

表8-33 各项指标相关矩阵

	X_1	X_2	X_3	X_4	X_5
X_1	1.0000	0.0115	0.5369	-0.0681	0.8398
X_2	0.0115	1.0000	0.0250	-0.2290	0.3837
X_3	0.5369	0.0250	1.0000	0.5736	0.6949
X_4	-0.0681	-0.2290	0.5736	1.0000	0.1046
X_5	0.8398	-0.3837	0.6949	0.1046	1.0000

表 8-34　相关矩阵特征值情况

	特征值	贡献率（%）	累积贡献率（%）
1	2.5155	0.5031	0.5031
2	1.2616	0.2523	0.7554
3	1.0448	0.2090	0.9644
4	0.1781	0.0365	1.0000
5	0.0001	0.0000	1.0000

表 8-35　各项指标的特征值对应特征向量

	X_1	X_2	X_3	X_4	X_5
X_1	0.5088	0.0011	0.4669	0.6434	-0.3304
X_2	-0.1752	0.3930	0.8346	0.0279	0.3427
X_3	0.5441	-0.1646	0.4003	-0.5494	-0.4634
X_4	0.2505	-0.7526	0.2892	0.4751	0.2480
X_5	0.5931	0.1843	-0.2438	-0.2403	0.7051

一般取前面几个主成分累计贡献率，贡献率达到85%即可，但是由于考虑到道路安全与人民的生命息息相关，因此以谨慎的态度采用贡献率达到95%的前三个主成分来进行分析。

由 λ_1、λ_2、λ_3 对应的标准化向量值可以得到前三个主成分关系式：

$$y_1 = 0.5088x_1 - 0.1752x_2 + 0.5441x_3 + 0.2505x_4 + 0.5931x_5$$

$$y_2 = 0.0011x_1 + 0.3930x_2 - 0.1646x_3 - 0.7526x_4 + 0.1843x_5$$

$$y_3 = 0.4669x_1 + 0.8346x_2 + 0.4003x_3 + 0.2892x_4 - 0.2438x_5$$

其中，第一主成分着重体现了道路主体工程、交通安全设施、道路管理养护3个指标，第二主成分着重体现了交通运行状况、交通安全设施2个指标，第三主成分着重体现了道路主体工程、交通运行状况、交通安全设施3个指标。从 y_1、y_2、y_3 的计算结果可以得到各个路段在不同指标情况下的优劣关系。

以方差贡献率为权数求和计算每个待查路段的综合评价指数值：

$$s = \sum_{i=1}^{3}\left[\lambda_i / \sum_{j=1}^{3}\lambda_j\right]y_i$$

$$s = 0.5031y_1 + 0.2523y_2 + 0.2090y_3$$

s 的大小顺序即为待评价路段的综合评价优劣顺序。

3. 基于主成分分析理论的交通事故成因研究

交通事故成因分析是交通事故研究的主要内容之一，是采取预防交通事故对策的根据。交通事故是随机事件，原因错综复杂，即交通事故是多因素互相作用影响的结果，很难用一个固定的模式或数学公式来精确地描述交通事故的原因。

按传统的交通事故分析，交通事故的原因一般有三点：人的因素、车辆因素、道路环境因素。如果继续往下分，则有：超速行驶、措施不当、违章超车、疏忽大意、疲劳驾车、违章会车、违章停车、转向性能不佳、转向失效、制动失效、灯光失效、轮胎爆裂、路面湿滑、线形不合理、路面病害等。

引用浙江省宁波市某公路2003年1~6月份交通事故数据，数据选取超速行驶（x_1）、疲劳驾驶（x_2）、措施不当（x_3）、间距不够（x_4）、违章变道（x_5）、轮胎爆裂（x_6）、制动不良（x_7）、路面湿滑（x_8）、雾雪天气（x_9）等成因，运用主成分分析理论进行分析处理，数据见表8-36。

表8-36 浙江省宁波市某公路交通事故成因表

月份	x_1	x_2	x_3	x_4	x_5	x_6	x_7	x_8	x_9
1	143	56	55	60	15	15	22	15	9
2	182	71	44	52	20	16	16	12	10
3	156	84	35	21	19	20	14	10	15
4	204	76	50	43	26	23	9	4	6
5	194	55	45	44	20	29	10	5	6
6	184	63	46	56	31	27	15	7	3

利用主成分分析法得到结果见表8-37。

表8-37 主成分结构分析表

特征向量	T_1	T_2	T_3
x_1：超速行驶	0.972	0.048	0.104
x_2：疲劳驾驶	0.868	-0.853	0.137
x_3：措施不当	0.664	0.875	0.0837
x_4：间距不够	-0.783	0.961	0.186
x_5：违章变道	-0.882	0.117	-0.351
x_6：轮胎爆裂	0.1	0.0413	0.506
x_7：制动不良	-0.906	0.338	0.500
x_8：路面湿滑	-0.0012	0.136	0.0967
x_9：雾雪天气	0.0972	-0.737	-0.0802
特征值	4.371	3.146	0.717
贡献率	0.486	0.350	0.080

运用主成分分析理论对交通事故数据进行处理，可以有效地揭露交通事故的本质与主要原因，从表中可以看出超速行驶、疲劳驾驶、措施不当、间距不够是宁波市某公路交通

事故的主要成因，也是以后宁波市交通工作的重点。通过进行有的放矢的整治，可以从源头上控制交通事故的数量，使人、车、路、环境达到充分的和谐统一。在经济上，可以尽量降低交通事故对人民生命和国家财产的危害。

4. 基于主成分分析的公路货运站场布局评价

为了科学、全面、客观地对公路货运站场布局方案作出评价，可以从经济、技术、环境三个方面来进行。建立图 8-19 的公路货运枢纽站布局方案评价指标体系。

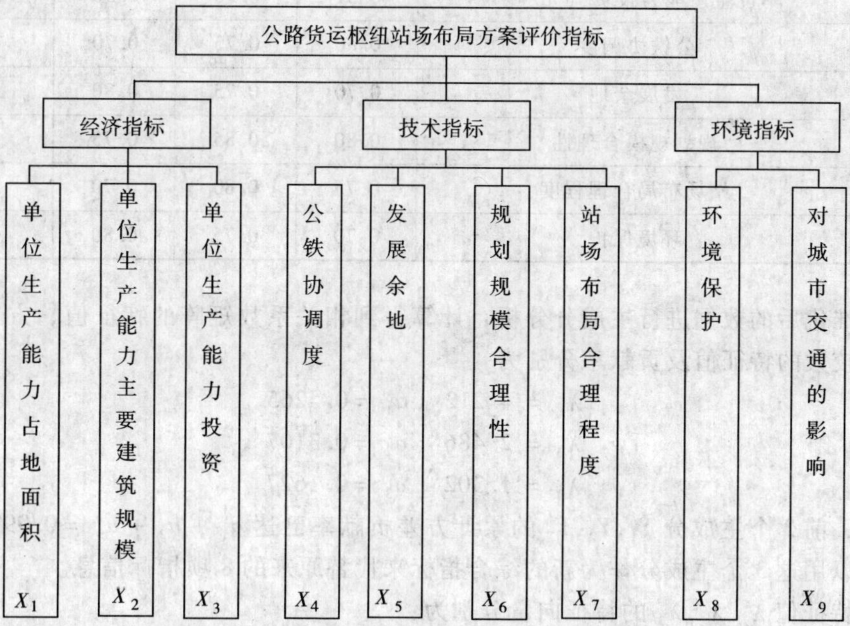

图 8-19 公路货运枢纽站场布局方案评价指标体系

对某城市公路货运枢纽站布局规划进行评价。备选方案分为分散型（A 方案）、功能对口型（B 方案）、辐射型（C 方案）、区域服务型（D 方案）4 种。已知各方案在 8 个选定指标下的指标值如表 8-38 所示。

表 8-38 某城市公路货运枢纽站布局方案评价初始指标值

序号	指标名称	A 方案	B 方案	C 方案	D 方案
X_1	单位生产能力占地面积（m^2/t）	44.18	44.97	45.79	45.64
X_2	单位生产能力主要建筑规模（m^2/t）	14.73	13.95	14.97	15.68
X_3	单位生产能力投资（元/t）	140	143	145	148
X_4	公铁协调度	8.0	7.5	7.0	7.2
X_5	发展余地	7.0	7.5	8.0	7.1
X_6	规划规模合理性	8.0	8.5	7.5	8.2
X_7	站场布局合理程度	7.5	8.0	7.0	7.2
X_8	环境保护	7.0	7.5	8.0	7.2

对上述4个方案的评价指标值进行标准化处理，结果如表8－39所示。

表8－39 某城市公路货运枢纽站布局方案评价初始指标值

序号	指标名称	A方案	B方案	C方案	D方案
X_1	单位生产能力占地面积（米^2/吨）	0.51	0.50	0.50	0.49
X_2	单位生产能力主要建筑规模（米^2/吨）	0.50	0.53	0.51	0.47
X_3	单位生产能力投资（元/吨）	0.51	0.50	0.50	0.49
X_4	公铁协调度	0.80	0.75	0.70	0.72
X_5	发展余地	0.70	0.75	0.80	0.72
X_6	规划规模合理性	0.80	0.85	0.75	0.82
X_7	站场布局合理程度	0.75	0.80	0.70	0.72
X_8	环境保护	0.70	0.75	0.80	0.71

对标准化后的数据进行主成分分析，计算得到相关系数矩阵的特征值、方差贡献率。前面3个较大的特征值及贡献率分别为

$$\lambda_1 = 4.212 \quad a_1 = 0.5265$$
$$\lambda_2 = 2.486 \quad a_2 = 0.3107$$
$$\lambda_3 = 1.302 \quad a_3 = 0.1627$$

可知，前3个主成分 Y_1, Y_2, Y_3 的累计方差贡献率已达 $a_1 + a_2 + a_3 = 0.9999$，因此，我们就可以用这3个主成分作为新的综合指标来代替原来的8项指标信息。

对应特征值 λ_1、λ_2、λ_3 的特征向量分别为：

$l_1 = (0.8314 \quad 0.3050 \quad 0.7995 \quad 0.9582 \quad -0.7153 \quad 0.5890 \quad 0.7116 \quad -0.6457)$

$l_2 = (0.4710 \quad 0.9192 \quad 0.4759 \quad -0.0559 \quad 0.6853 \quad 0.4710 \quad 0.2164 \quad 0.756)$

$l_3 = (-0.2948 \quad 0.2491 \quad -0.3664 \quad -0.2806 \quad 0.1371 \quad -0.2948 \quad 0.5981 \quad 0.1083)$

得到前3个主成分 Y_1、Y_2、Y_3 和各指标之间的线性关系式，以及最终评价值 Y、Y_1、Y_2、Y_3 的线性关系式。

$Y_1 = 0.8314X_1 + 0.3050X_2 + 0.7995X_3 + 0.9582X_4 - 0.7153X_5 + 0.5890X_6 + 0.7716X_7 - 0.6457X_8$

$Y_2 = 0.4710X_1 + 0.9192X_2 + 0.4759X_3 - 0.0559X_4 + 0.6853X_5 + 0.4710X_6 + 0.2164X_7 + 0.7560X_8$

$Y_3 = -0.2948X_1 + 0.2491X_2 - 0.3664X_3 - 0.2806X_4 + 0.1371X_5 - 0.2948X_6 + 0.5981X_7 + 0.1083X_8$

$$Y = 0.5265Y_1 + 0.310Y_2 + 0.1627Y_3$$

求得各个方案的最终评价值，按大小排序从而选出最优方案见表8－40。

表 8-40　各方案前 3 个主成分值以及综合评价值

方案	A 方案	B 方案	C 方案	D 方案
Y_1	1.86	1.80	1.53	1.69
Y_2	2.45	2.57	2.56	2.43
Y_3	-0.05	-7.25 E-07	-3.19 E-03	-0.05
Y	1.73	1.75	1.60	1.64

由表 8-40 评价结果，根据最终评价值 Y，可得出各方案的优劣顺序为 B、A、D、C。鉴于 B 方案的最终评价值最大，因此选择 B 方案（功能对口型方案）。

五、聚类分析法

1. 聚类分析法

在社会经济现象中，有大量的问题分类和构造模式分类的研究，过去人们主要靠经验和定性分析，较少用数理统计的方法，因而不能揭示事物的本质联系和差异。聚类分析是一种分类方法，可将样本或变量按亲疏程度进行分类，研究的目的是将相似的对象归并成类，其主要研究内容是如何度量相似性及怎样构造聚类方法。描述亲疏程度通常有两种方法：一是把样本或变量看成 p 维向量，样本点看成是 p 维空间的 1 个点，定义点与点之间的距离。另一种是用样本间的相似系数来描述其亲疏程度。有了距离和相似系数就可定量地对样本分组，根据分类函数将差异最小的两类归成一组，组和组之间再按分类函数进一步归类，直到所有样本归成一类为止。

在聚类分析过程中，首先应对原始数据进行处理，样本的不同指标一般有不同量纲和数量级。因此，在比较时，先要对数据进行变换处理。

设样本数为 n、变量数为 m，则原始观测数据表示 x_{ij} 第 i 个样品的第 j 个指标变量，用矩阵 x 表示样本矩阵，则有：

$$x = \begin{bmatrix} x_{11} & x_{12} & \cdots & x_{1m} \\ x_{21} & x_{22} & \cdots & x_{2m} \\ \vdots & \vdots & \vdots & \vdots \\ x_{n1} & x_{n2} & \cdots & x_{nm} \end{bmatrix}$$

对原始数据进行标准化变换，即取：

$$x'_{ij} = \frac{x_{ij} - \bar{x}_j}{s_j} \quad (j = 1,2,\cdots,m; i = 1,2,\cdots,n)$$

其中 $\bar{x}_j = \frac{1}{n}\sum_{i=1}^{n} x_{ij}$；$s_j = [\frac{1}{n-1}\sum_{i=1}^{n}(x_{ij} - \bar{x}_j)^2]^{1/2}$　$(j = 1,2,\cdots,m)$

如用 d_{ij} 表示第 i 个样本和第 j 个样本间的距离，则 d_{ij} 有多种表示方式，常用的有明科夫斯基距离：

$$d_{ij}(q) = \sum_{i=1}^{n}[(x_{ik} - x_{jk})^q]^{1/q} \quad (i,j = 1,2,\cdots,n)$$

当 $q=2$ 时，得欧氏距离：

$$d_{ij}(2)=\sum_{i=1}^{n}[(x_{ik}-x_{jk})^2]^{1/2}\quad(i,j=1,2,\cdots,n)$$

欧氏距离在聚类分析中有广泛应用。

2. 聚类分析在公路运输枢纽宏观布局规划中的应用

系统聚类法运用于公路运输枢纽规划的基本思路是：先将规划区域内各备选枢纽城市各自看成一类，分别记为第1、第2、…、第 n 类，每类研究对象均用一组指标 $\{x_k\}$ 表示其特征（$k=1,2,\cdots,m$）；然后根据各城市间的相似度，将这 n 类中最相似的两个类合并成一个新类，这样得到 $n-1$ 类；再在这 $n-1$ 类中找出最相似的两类合并，得到 $n-2$ 类，依此类推，直至将所有的备选枢纽城市对象归并成一个大类为止。

两类之间的相似度可定义如下：设 G_r 与 G_S 为两个备选枢纽城市类，以 d_{ij} 表示 G_r 类中的第 i 个枢纽城市与 G_S 类中第 j 个枢纽城市间的相似度（亦称距离），则 $D_1(r,s)=\min\{d_{ij}\mid i\in G_r,j\in G_s\}$（$i,j=1,2,\cdots,n$）称为 G_r 与 G_S 之间的最短距离。计算 d_{ij} 是采用欧氏距离，其公式为：

$$d_{ij}=\sqrt{\sum_{k=1}^{m}(x_{ik}-x_{jk})^2}$$

在计算欧氏距离时应把各备选枢纽城市的评价指标单位进行归一化处理。另外，在实际中未必将所有研究对象合并为一个大类，或者说聚类到某个程度即可停止。这就要求聚类前事先应给一个分类临界值，当类之间的距离大于给定的临界值时聚类过程停止，由此可得若干较少的分类。

以某省区域内公路客运枢纽布局规划为例，备选枢纽城市为10个。为简化起见，特选择4项指标作为每个备选枢纽城市的评价指标，其分别是：人口数、国内生产总值、公路客运量比重、公路客运总量，如表8-41所示。

表8-41 备选枢纽城市评价指标表

地区	人口(万人)	指标		
		国内生产总值 x_2（万元）	客运量比重 x_3（%）	客运量比重 x_4（万人）
u_1	668.2	5 571 501	76.7	10 311
u_2	82.3	370 748	92.6	305
u_3	354.6	1 683 080	88.4	4247
u_4	464.2	1 998 952	92.2	2098
u_5	519.4	1 517 990	89.1	3551
u_6	364	1 289 000	93.5	2320
u_7	291.3	708 947	95.0	2338
u_8	236.3	44.479	100	469
u_9	192.6	768 192	97.6	629
u_{10}	316.2	651 137	100	721

（1）将每个备选枢纽城市各看作一个类，即$\{u_1\},\{u_2\},\cdots,\{u_{10}\}$。

（2）对各备选枢纽城市指标进行归一化处理，以便于计算其距离。

$$G_1=\frac{u_1}{u_1}=\left[\frac{x_{11}}{x_{11}},\frac{x_{12}}{x_{12}},\frac{x_{13}}{x_{13}},\frac{x_{14}}{x_{14}}\right]$$

$$G_2=\frac{u_2}{u_1}=\left[\frac{x_{21}}{x_{11}},\frac{x_{22}}{x_{12}},\frac{x_{23}}{x_{13}},\frac{x_{24}}{x_{14}}\right]$$

……

$$G_{10}=\frac{u_{10}}{u_1}=\left[\frac{x_{10\,1}}{x_{11}},\frac{x_{10\,2}}{x_{12}},\frac{x_{10\,3}}{x_{13}},\frac{x_{10\,4}}{x_{14}}\right]$$

$$G=\begin{bmatrix} & x_1 & x_2 & x_3 & x_4\\ G_1 & 1 & 1 & 1 & 1\\ G_2 & 0.123 & 0.067 & 1.207 & 0.030\\ G_3 & 0.531 & 0.302 & 1.153 & 0.412\\ G_4 & 0.695 & 0.359 & 1.202 & 0.203\\ G_5 & 0.777 & 0.272 & 1.162 & 0.344\\ G_6 & 0.545 & 0.231 & 1.219 & 0.225\\ G_7 & 0.436 & 0.127 & 1.239 & 0.227\\ G_8 & 0.354 & 0.079 & 1.304 & 0.045\\ G_9 & 0.288 & 0.138 & 1.272 & 0.061\\ G_{10} & 0.473 & 0.117 & 1.304 & 0.07\end{bmatrix}$$

由此矩阵和前述的欧氏距离公式d_{ij}可得到距离矩阵的下三角矩阵$D^{(0)}$，即：

$$D^{(0)}=\begin{bmatrix} & G_1 & G_2 & G_3 & G_4 & G_5 & G_6 & G_7 & G_8 & G_9 & G_{10}\\ G_1 & 0 \\ G_2 & 1.620 & 0 \\ G_3 & 1.037 & 0.69 & 0 \\ G_4 & 1.086 & 0.665 & 0.276 & 0 \\ G_5 & 1.017 & 0.755 & 0.257 & 0.189 & 0 \\ G_6 & 1.203 & 0.493 & 0.211 & 0.199 & 0.270 & 0 \\ G_7 & 1.317 & 0.376 & 0.285 & 0.350 & 0.396 & 0.152 & 0 \\ G_8 & 1.507 & 0.251 & 0.488 & 0.480 & 0.571 & 0.315 & 0.215 & 0 \\ G_9 & 1.485 & 0.194 & 0.473 & 0.489 & 0.591 & 0.323 & 0.225 & 0.095 & 0 \\ G_{10} & 1.419 & 0.369 & 0.421 & 0.369 & 0.460 & 0.222 & 0.174 & 0.127 & 0.189 & 0\end{bmatrix}$$

（3）合并距离最小的两类为新类。在$D^{(0)}$中距离最小的为$d_{8,9}=0.095$，合并G_8与G_9组成新类$G_{11}=\{G_8,G_9\}$，原类G_8与G_9取消。

（4）采用最短距离$d_{1\,11}=\min\{d_{1\,8},\ d_{1\,9}\}=\min\{1.507,1.485\}=1.485$。依次算出新

类 G_{11} 与原剩余各类之间的距离以组成降一阶的距离矩阵 $D^{(1)}$。

（5）重复步骤（3）和（4），直到所有的城市合并到一个大类为止；画聚类结果图（图8－20）以反映聚类过程。

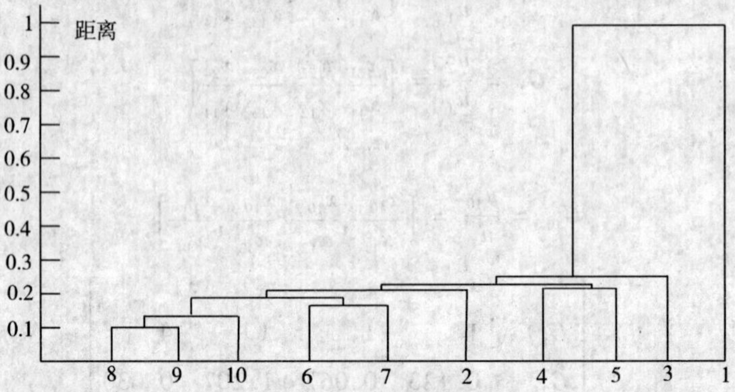

图 8－20 系统聚类结果图

（6）分析确定最终分类。由以上聚类结果图可以看出，若该省的 10 个备选枢纽城市分成 4 类，即为$\{G_1\}$，$\{G_3\}$，$\{G_4, G_5\}$，$\{G_2, G_3, G_4, G_5, G_6, G_7, G_8, G_9, G_{10}\}$，实际中应以枢纽层次和功能特点等来确定其最终分类。

第九章　交通系统决策

第一节　系统决策

一、决策的特征

1. 决策

决策是人们生活和工作中普遍存在的一种活动，是为解决当前或未来可能发生的问题选择最佳方案的一种过程。比如，某人要出去办事，由于天阴，考虑是否带雨具这样一个问题，就是一个决策问题。若不带雨具可能会因下雨而受到损失，如果带上雨具，而天不下雨则成为一种累赘（这也算是某种损失）。因此，需要通过对天下雨、天不下雨两种自然状态在带雨具、不带雨具这两种方案中选择，做出决定。又如，一个企业，对某种新产品市场需求状况并不十分清楚，有好、中、差三种自然状况，情况好就盈利，差就亏本，新产品投产或不投产两个方案，需要企业有关人员做出决策。正确的决策产生正确的行动，能得到良好的结果；反之，错误的决策产生错误的行动，将会得到不良的结果。

实际生活和生产中，凡是对于同一问题，面临几种情况，而又有多种方案可供选择时，就形成一个决策。所谓决策，就是指在现代社会、经济发展进程中，针对某些宏观或微观的问题，按预期目标，采用一定科学理论、方法和手段，制订两个以上的可行方案，并从中选择一个最优或最满意的方案，实施方案直到目标实现的过程。简单地说，决策就是寻找解决问题的方法，在采取行动之前做出的决定称为决策。

系统决策分析就是根据系统评价的结果，对多个方案进行抉择。确定条件下的决策，是容易做出直接判断并进行决策的，但对含随机性条件不确定的情况，进行决策就比较困难了，这时，必须借助于决策理论。决策理论是根据系统状态、可选取策略以及选取这些策略对系统所产生的后果等对系统进行综合研究，以便选取最优决策的一种方法。

在系统分析和系统综合基础上，人们可根据主观偏好、主观效用和主观概率做决策，决策的本质反映了人的主观认识能力，因此，就必然受到人的主观认识能力限制。近年来，决策支持系统受到人们的重视，系统分析者将各种数据、条件、模型和算法放在决策支持系统中，该系统甚至包含了有推理演绎功能的知识库，使决策者在做出主观决策后，力图从决策支持系统中尽快得到效果反应，以求得到主观判断和客观效果的一致。决策支持系统在一定条件下起到决策科学化和合理化的作用。但是，在真实决策中，被决策对象往往包含许多不确定因素和难以描述的现象，例如，社会环境和人的行为不可能都抽象成数学模型，即使使用了专家系统，也不可能将逻辑推演、综合和论证的过程做到像人的大脑那样有创造性的思维，也无法判别许多随机因素。

2. 几个基本概念

（1）自然状态。自然状态简称状态或条件，是不依决策者主观意志为转移的客观环境条件。它的特点：①不以决策者主观意志为转移，而是在决策过程中的客观存在；②同一决策问题，几种自然状态不能并存，只能出现其中一种；③在决策过程中，可以对它们进行数学表述或预测它们出现的概率。例如，天阴带不带雨具的问题，{天下雨，天不下雨} 构成了自然状态集；新产品是否投产问题，{产品销路好，产品销路一般，产品销路差} 构成了自然状态集。

（2）备选方案。备选方案或称行动方案、策略，是可供决策者选择的方案。备选方案必须在 2 个或 2 个以上，如果只有 1 个方案，那么只要照此采取行动就可以了，而不需要进行选择。例如，天阴是否带雨具的问题，备选方案集合是 {带雨具，不带雨具}；又如，要到某地，出行备选方案集合为 {骑自行车，步行，乘公共汽车，乘出租车}，需要根据目标值采取相应的方案。

（3）损益值。损益值是在不同自然状态下相应方案所产生的损失和效益状态。例如，针对新产品投产问题，对于 {产品销路好，产品销路一般，产品销路差} 这三种自然状态，如果采取 {不生产，小批量生产，大批量生产} 三种方案，就有 $3\times3=9$ 种不同的经济效益状况，这就是损益值，它们构成一个矩阵，称为损益矩阵或风险矩阵。

3. 决策的本质

科学的决策过程，是从决策目标出发，根据对自然状态的科学分析，合理选择所采取的策略。它包括确定决策目标、对状态进行科学分析、提出拟采用策略、评价策略效果、选择最优策略或满意策略、做出最终决策等步骤，并有反馈过程（图 9-1）。一个正确的决策，特别是在复杂情况下的决策，往往需要经过多次反馈和调整才能得出，这反映了人们实践—认识—再实践—再认识的过程。

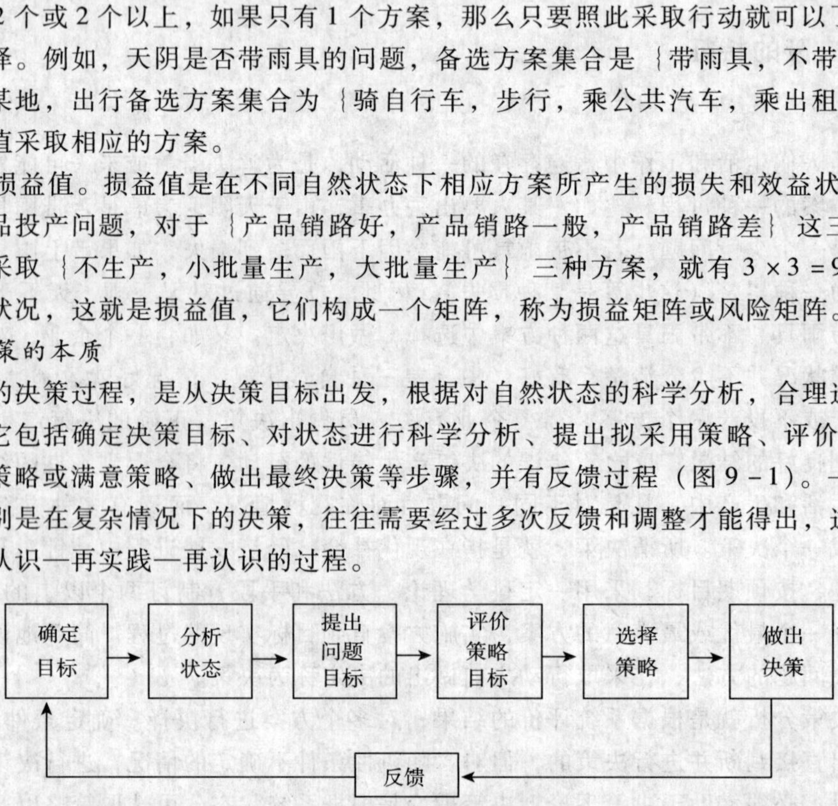

图 9-1 决策过程示意图

决策的本质是一个优化过程，是一个反复分析、比较、综合并做出选择的过程。不是一次认识、一次分析、一次判断就可以完成的，实际中的决策往往是一个多次循环的过程。

4. 决策的特点

（1）多目标。在复杂的问题中，决策者关心的目标很多，而且这些目标往往是互相冲突或矛盾的，决策者必须善于在这些目标中进行分析和处理，包括必要的折中和调整。

（2）时间延续性。决策的结果不可能仅局限在某一时限内出现，一些重要问题的决策，其影响往往要延续若干年。

（3）模糊性。决策中常常有一些模糊的因素，如某种设计外形是否美观、颜色是否令人满意等，要用“很好、一般、较差”等一些含糊不清的概念。

（4）不确定性。决策者在某个时刻应该选择一个方案，每个方案又会出现不同的结果，各种结果的出现具有随机性。

（5）信息样本的必要性。通常，要设法收集信息样本来帮助选定方案，否则，选出的方案往往是不可靠的。如市场预测信息，是制订生产计划的依据。

（6）决策的动态性。一个方案在实施当中，常常会有变化，往往再经过一段时间，又需要做出新的决策，强调另外几个目标。

（7）相关的影响。经过决策选定方案，往往会影响到许多方面，因此在决策方案实施以后，应随时注意从各个方面收集情报，以便使决策者更全面地了解决策带来的各种结果。

二、决策的过程和步骤

1. 决策问题的构成

（1）决策主体或决策者。决策主体或决策者可以是个人，也可以是一个集体。决策的正确与否受决策者所处的社会、政治、经济环境及决策者个人素质的影响。

（2）决策目标。决策目标是决策者希望取得的成果。

（3）方案。方案是决策者根据决策要求可能采取的一系列活动或措施。一个决策问题中方案数应多于1个。

（4）结果。结果是方案实施后产生的效果。确定的情况下，一个方案只有一个结果；不确定的情况下，一个方案有多个可能的结果。

（5）决策准则。决策准则是评价与选择方案的价值依据。决策准则不但受决策目标决定，而且受决策者价值观影响。

2. 决策过程

（1）准备阶段。明确决策问题的性质、背景、特征、条件，收集与决策问题相关的政治、经济、社会、技术等方面的信息资料，并按照一定的要求将收集到的信息进行分析、加工和处理。

（2）计划阶段。在对所掌握信息进行分析研究的基础上，确定预测目标，并对影响预测结果的重要因素进行预测。再提出可行方案，并对方案进行研究和论证。

（3）选择阶段。对各种可行方案进行分析评价，按照一定的价值准则选择满意方案。

（4）实施控制阶段。在决策方案实施过程中，常会出现偏差或出现未预料的新情况。需要在实施过程中根据实际情况不断调整和补充。

图9－2为决策过程示意图。

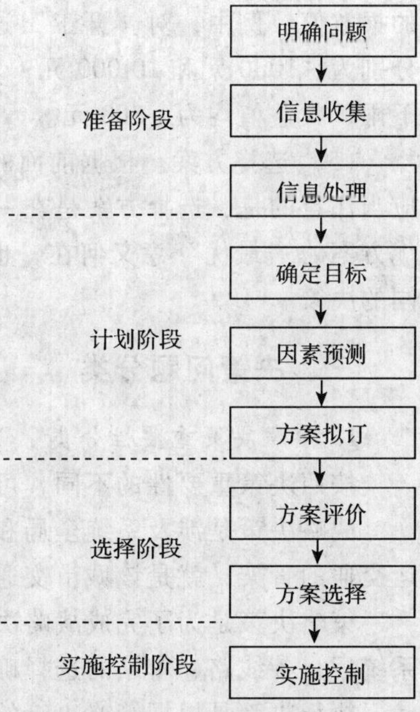

图9－2　决策过程图

3. 决策步骤

某工程队需要决定第二天是否施工。若施工，当天下雨时将损失1000元，当天不下雨时将获得收益10000元；若不施工，无论是否下雨，由于窝工将损失300元。根据天气预报，决策者估计下雨的可能性为0.3，不下雨的可能性为0.7。

在这个问题中，需要决策者在面对第二天是否下雨这样具有随机因素的问题时，对是否施工这两个方案做出决策，使工程队收益最大。

（1）确定目标。在调查研究的基础上，决策者根据实际需要和可能性制定目标。一般来说，决策者的目的总是设法使其所控制的系统或实体，能按所要求的方式进行活动，以达到预期的结局，如利润最大、成本最小、在最短时间内完成任务等。在本例中，工程队是以效益最大为目标的。如出行要到达某地，如果目标是最省时间，就要考虑｛道路拥堵，道路通畅｝两种自然状态下，｛骑自行车，步行，乘公共汽车，乘出租车｝4种方案的时间性能，再进行决策；如果是以经济性能为目标，或以锻炼身体为目标，那么相应的决策方案将不同。

（2）判定自然状态及其概率。分析可能出现的自然状态，对各自然状态出现的可能性大小进行估计。例中自然状态分别为天下雨和天不下雨两种，并对两者做出相应的概率判断，分别为0.3和0.7。

对不确定自然状态出现概率的估计，需要决策者根据试验或调查收集到的信息情报和决策者的经验进行分析综合处理，对各自然状态出现的可能性定出具体数值，也就是将可能性判断量化。上述量化过程，是决策者对未来的主观估计，称之为主观概率。

（3）拟订备选方案。根据目标和客观条件的限制，拟订多个可行备选方案供比较选择。例中共有两个备选方案｛开工，不开工｝。

（4）评价方案。对各备选方案进行评价，分析计算出的各备选方案在各自然状态下的损益值。例中，对"开工"这一方案，在自然状态分别为天下雨和天不下雨，收益值分别为-1000元和10 000元；对"不开工"这一方案，无论自然状态是天下雨还是天不下雨，收益值均为-300元。

（5）选择方案。根据前面的工作，决策者选择出最优（或满意）方案，即做出决策。应当注意的是，选择方案是在一定的决策准则下进行的。决策准则反映了在决策者心中最优方案的"最优"意义何在，也反映了为什么同一问题，对于不同的决策者而能做出不同的决策。

三、决策问题分类

1. 按照决策重要性分类

按照决策重要性的不同，可将决策分为战略决策、策略决策和执行决策。

战略决策是涉及系统全局和长远问题的决策。如某大城市是否采用地铁系统作为其客运交通的骨架，就是该城市交通发展的战略决策。

策略决策是为了完成战略决策所规定的目标而进行的决策。如某大城市决定采用地铁系统后，各线路、车站的选择确定即为策略决策。

执行决策是根据策略决策的要求，对行动方案选择的决策。如对地铁系统各线路、车站设计方案的确定属于执行决策。

2. 按照决策结构分类

按照决策结构，可将决策分为程序化决策和非程序化决策。

程序化决策是指目标明确，具备可供选择的方案，用一般程序化的方法就可以找到最优方案的决策，这类决策可以建立固定的模式，有一套通用的决策方法，一般是可重复的、有章可循的决策。如材料的订购、常规生产作业计划的制订等方面的决策。

非程序化决策是指复杂的、用一般程序化方法无法解决的决策问题。这种决策是一种非例行决策，受许多因素影响，没有规律可循，不可能建立一套通用的决策模式，这类决策一般是一次性的，只能依靠决策者的知识、经验和判断力。如新技术开发等方面的决策。

3. 按照决策可靠度分类

按决策可靠度可分为确定型决策、风险型决策和不确定型决策三种。

确定型决策实际上是知道某种自然状态，这种自然状态一定会发生，即该自然状态出现的概率为1。

风险型决策是知道有 n 种可能的自然状态，虽然不知道哪一种自然状态将会出现，但是知道每种自然状态发生的概率。

不确定型决策是知道有 n 种可能的自然状态，但既不知道 n 种状态中会发生哪一种情况，也不知道每种状态发生的概率有多大。

4. 按照决策目标数量分类

按照决策目标数量，可分为单目标决策和多目标决策。

单目标决策问题仅有一个决策目标，如决策目标是提高经济效益。

多目标决策问题存在多个决策目标，如既要提高经济效益，又要降低成本。

四、确定型决策

确定型决策是指能够确定计算各方案的损益值，从中选出最优决策。确定型决策的主要特征是：

（1）存在决策者希望达到的一个明确目标（收益最大或损失最小）；

（2）存在一个确定的自然状态；

（3）存在着可供决策者选择的两个或两个以上行动方案；

（4）不同行动方案确定状态下的收益值（或损失值）可以计算出来。

在确定型决策问题中，供决策者选择的可行方案有2种以上，同时自然状态是确定的，不含随机因素。由于每一种方案都有一个确定的结果，因此只要直接比较各方案的损益值就可以判别方案的优劣，从而完成决策。

某建设项目，有3种投资方案 A_1 、A_2 、A_3 ，3种方案投资所获年利润不同：A_1 方案年获利50万元，A_2 方案年获利60万元，A_3 方案年获利55万元。问应选择哪个方案？

该问题不涉及具体自然状态，每个方案的结果是确定的。所以，该问题属于确定型决策问题。方案 A_2 年获利最高，A_2 为最优方案。

确定型决策问题看起来似乎简单，但是实际工作中往往是很复杂的，可供选择的方案是很多的，仅仅通过直观的比较难以确定出最优方案。例如：对于 m 个产地、n 个销售地的运输问题，当 m 、n 较大时运输方案就相当多，要确定运输费最低的合理运输方案，必须用线性规划方法才能解决。对于确定型决策问题。常用的决策方法有：线性规划、非线性规划、动态规划、目标规划、整数规划等。

第二节　风险型决策

一、问题概述

未来情况未知，但各种自然状态出现的概率已知，这种条件下的决策称为风险型决策，它是以概率或概率密度为基础的，具有随机性。例如，一个厂家不知道新型组合家具投产后的实际购买率如何，但是可以根据历史资料，得到几种可能购买率及其相应的概率，这对于生产厂家进行决策是有帮助的。这种决策由于各种自然状态的发生与否是与概率相关联的，而决策又是根据概率做出的选择，因而具有一定的风险，所以称为风险型决策，也称为随机型决策或统计型决策。它具备如下 5 个条件：

（1）存在决策人希望达到的目标（收益最大或损失最小）；

（2）存在 2 个或 2 个以上的备选方案可供决策人选择，最后只选定 1 个方案；

（3）存在 2 个或 2 个以上的自然状态；

（4）不同的备选方案在不同自然状态下的损益值可以计算出来；

（5）相对应于各种自然状态发生的概率可以预先估计或计算出来。

风险型问题是介于确定型与不确定型之间的。在不确定决策中，自然状态是不确定的，每一个可行方案所得到的结果也是不确定的。在风险型决策中，决策者不能确切知道未来将出现何种自然状态，但决策者通过调查，经验或主观估计等途径可以知道未来各种自然状态出现的概率，也就可以知道每一可行方案取得某一结果的概率。风险型决策问题常用的决策方法有：最大可能准则、期望值准则、决策树法。

风险型决策中，各种情况出现的概率，可以用统计资料、试验结果得出，但大多数情况下要凭经验、知识甚至是预感，对未来情况进行估计。对同一事件，不同人做出概率估计值是不同的，所得到的决策结果也是不同的，但也不完全是主观臆断，还是有一定的客观依据的。

在风险型决策中，所有的决策结果都是建立在“概率”基础上的。概率只能说明未来出现某种自然状态可能性的大小，而不能说明一定出现某状态或一定不出现某状态，风险型决策方法带有一定的风险。

二、最大可能准则

最大可能准则的基本思想是将风险型决策问题转化为确定型决策问题。风险型决策问题中，每种自然状态的发生都有一个概率值，某种状态的发生概率越大，说明该状态发生的可能性越大。基于这种想法，在风险决策中，若某种状态出现的概率远比其他状态大得多的时候，就可以忽略其他状态，而只考虑概率特别大的这一状态。这样，风险型决策问题就转变成确定型决策问题。

决策步骤：从各自然状态的概率值中，选出最大者，其对应状态是各状态中最有可能出现的状态；由于仅在最大可能状态下决策，而不考虑其他状态，故决策问题可以看成是确定型决策问题，可根据此状态下各方案的损益值进行决策。

某工程队正在施工，可供选择的施工方案有4种：P_1、P_2、P_3、P_4。不同施工方案在不同天气状况下的收益是不同的。施工期间可能遇到的天气状态有4种：W_1（施工期间下雨天数 $D<10$）、W_2（$10 \leqslant D<20$）、W_3（$20 \leqslant D<30$）、W_4（$D \geqslant 30$），4种天气出现的概率分别为0.2、0.5、0.2、0.1，不同施工方案在不同天气状况下的收益见表9-1。选择合适的施工方案，使工程队的收益最大。

表9-1　施工决策表

施工方案	W_1	W_2	W_3	W_4
	$P(1)=0.2$	$P(2)=0.5$	$P(3)=0.2$	$P(4)=0.1$
P_1	40	70	30	35
P_2	95	75	65	40
P_3	80	45	90	35
P_4	60	50	65	45

出现第二种天气状况 W_2 的概率最大，认为在施工期间肯定出现天气状态 W_2（下雨天数多于10天，少于20天），其他天气状态不会出现。原来的风险型决策问题转化为确定型决策问题。在确定的天气状态 W_2 下，在4个方案中进行决策，方案 P_2 的收益最大，方案 P_2 为最优方案。

确定型决策是风险决策的特例，用最大可能准则对风险型问题进行决策比较方便，但该方法的使用范围是有限制的。一般来说，在一组自然状态中，当其中某一个自然状态出现概率比其他状态出现概率大得多，而它们相应的损益值相差不是很大时，用这种方法进行决策能得到较好的效果。相反，如果一组自然状态出现的概率都很小，并且互相接近，采用这种方法进行决策效果不会好，甚至导致严重后果。

三、期望值准则

在风险型决策问题中，未来出现哪种状态是不确定的，是一个随机事件，每一可行方案获得收益也是个随机事件，但获得某个收益的概率是知道的。每一可行方案所能获得收益的数学期望值为：

$$E(A_i)=\sum_{j=1}^{n}P(j)C_{ij}$$

式中　$E(A_i)$——第 i 个可行方案的收益期望；

A_i——第 i 个可行方案；

$P(j)$——出现自然状态的概率；

C_{ij}——可行方案 i 在自然状态 j 下的损益值。

期望值准则是把每个备选方案的期望值求出来，加以比较。如果决策目标是效益最大，则采取期望值最大的备选方案；决策目标是使损失最小，则应选定期望值最小的备选方案。

施工方案的收益期望值为：

$$E(P_1)=\sum_{j=1}^{4}P(j)C_{1j}=0.2\times 40+0.5\times 70+0.2\times 30+0.1\times 35=52.5$$

$$E(P_2) = \sum_{j=1}^{4} P(j) C_{2j} = 0.2 \times 95 + 0.5 \times 75 + 0.2 \times 65 + 0.1 \times 40 = 73.5$$

$$E(P_3) = \sum_{j=1}^{4} P(j) C_{3j} = 0.2 \times 80 + 0.5 \times 45 + 0.2 \times 90 + 0.1 \times 35 = 60$$

$$E(P_4) = \sum_{j=1}^{4} P(j) C_{4j} = 0.2 \times 60 + 0.5 \times 50 + 0.2 \times 65 + 0.1 \times 45 = 54.5$$

方案 P_2 的收益期望值最大，方案 P_2 为最优方案。

四、决策树法

决策树法是一种比较简便、直观、常用的方法，实际上仍是期望值准则，只不过将期望值准则的决策过程用树状图加以表示。

所谓决策树，就是对一个决策问题画一张图，用更容易了解的形式来表示有关信息。决策树是决策局面的一种图解表示，它为决策者构造出决策过程，提供对整个过程的一种见解，并帮助决策者检验全部可能的结果。更重要的是，它可帮助决策者针对决策局面，采用一个有秩序的合理分析过程。

决策树法是利用树形结构图辅助进行决策的一种方法，是把各种备选方案，可能出现的状态以及决策产生的结果，按照逻辑关系以方块和圆圈为结点，并由直线连接而成一种树形图，在树形图上完成对各种方案的计算、分析和选择。

1. 决策树结构

（1）决策结点。在决策树中用□代表，表示决策者要在此处进行决策。从它引出的每一个分枝都代表决策者可能选取的一个方案。

（2）状态结点。在决策树中用○代表，从它引出的分枝代表其后续状态，分枝上的数字表示该状态发生的概率。

（3）结果结点。在决策树中用△代表，表示决策问题在某种可能情况下的结果，旁边数字是这种情况下的损益值。

（4）分枝。在决策树中用连接两个结点的线段表示。根据分枝所处的位置不同，又可以分成方案枝和概率枝。连接决策结点和状态结点的分枝称为方案枝；连接状态结点和结果结点的分枝称为概率枝。

2. 决策树法过程

（1）画决策树。提出各种可行方案，画出方案枝；预计可能发生的自然状态及其发生的概率，画出相应的概率枝，把状态概率标在概率枝上；计算各方案在各自然状态下的损益值，标在相应的结果结点上（图 9－3）。

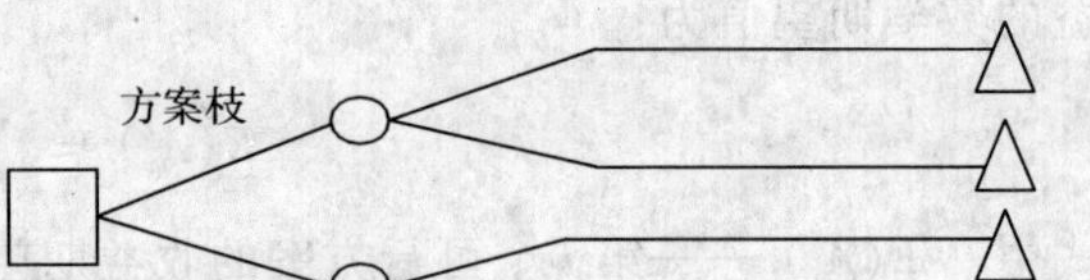

图 9－3　决策树结构图

（2）计算期望损益值。在决策树中，由结果结点开始，按照自右向左的方向，逐列计算每个状态点和决策点的期望损益值，并标在相应的结点上。

（3）比较、剪枝、决策。在决策树中，比较状态点的期望损益值，进行方案的选择。将收益最大（或损失最小）的期望值标在相应的决策结点上，表示该方案即为决策选择的方案，其他的方案删除，成为剪枝。

一旦完成了决策树图，就可以进行决策的分析过程。由于最终结果是在一定条件下实现的，因此，对决策树图的分析往往采用逆向归纳法。逆向归纳法，就是对决策树图由右向左逐段进行简化。对于各种可能的状态点，均需计算所对应的期望效益值，并将此点用期望效益值代替。对于各决策点，则按评价准则选择期望值大的方案。而对于被抛弃的方案，在决策树所对应的方案分枝上画杠来表示，称为“修枝”（或“剪枝”）。这样，此决策点的决策已定，就把已选取方案的期望效益值标在此决策点上，表示这种决策的结果。当简化到初始决策点时，就只面临着最后的选择。最后，便可顺向找出各段的相应决策，从而形成整个决策过程的决策序列。

3. 用决策树法决策施工方案

画出施工方案的决策树如图 9－4 所示。

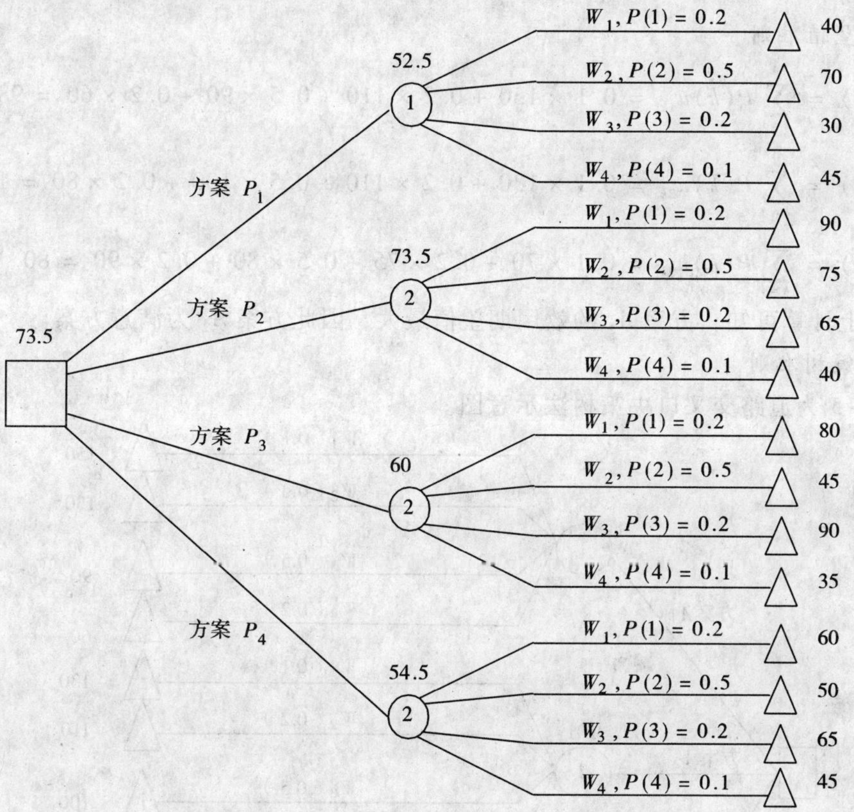

图 9－4　施工方案决策树法选择

比较各方案的收益期望值，方案 P_2 为最优方案。

五、道路交叉口改造决策分析

某道路交叉口需要改造，可以采用的方案有 3 种：A_1（修建互通式立交桥）、A_2（修建普通立交桥）、A_3（改建原有交叉口交通设施，调整车流运行方式）。预测未来该交叉口交通量的增长有 4 种可能 W_1（年增长率 >20%）、W_2（年增长率在 15% ~20% 之间）、W_3（年增长率在 10% ~15% 之间）、W_4（年增长率 <10%）。交通量增长各种情况出现的概

率分别为0.1、0.2、0.5、0.2。各方案在不同交通量情况下获得的经济效益见表9－2。

表9－2 交叉口风险决策表

自然状态 / 方案	W_1	W_2	W_3	W_4
	$P(1)=0.1$	$P(2)=0.2$	$P(3)=0.5$	$P(4)=0.2$
A_1	150	130	90	60
A_2	130	110	100	80
A_3	70	75	80	90

1. 最大可能性准则

W_3 发生的概率最大，认为必然发生，W_3 下 A_2 收益最大，A_2 为满意方案。

2. 期望值准则

$$E(A_1)=\sum_{k=1}^{4}P(k)u_{1k}=0.1\times150+0.2\times110+0.5\times90+0.2\times60=98$$

$$E(A_2)=\sum_{k=1}^{4}P(k)u_{2k}=0.1\times130+0.2\times110+0.5\times100+0.2\times80=101$$

$$E(A_3)=\sum_{k=1}^{4}P(k)u_{3k}=0.1\times70+0.2\times75+0.5\times80+0.2\times90=80$$

由以上计算可知，方案 A_2 的效用期望值最大，因此方案 A_2 为满意方案。

3. 决策树准则

图9－5为道路交叉口决策树法示意图。

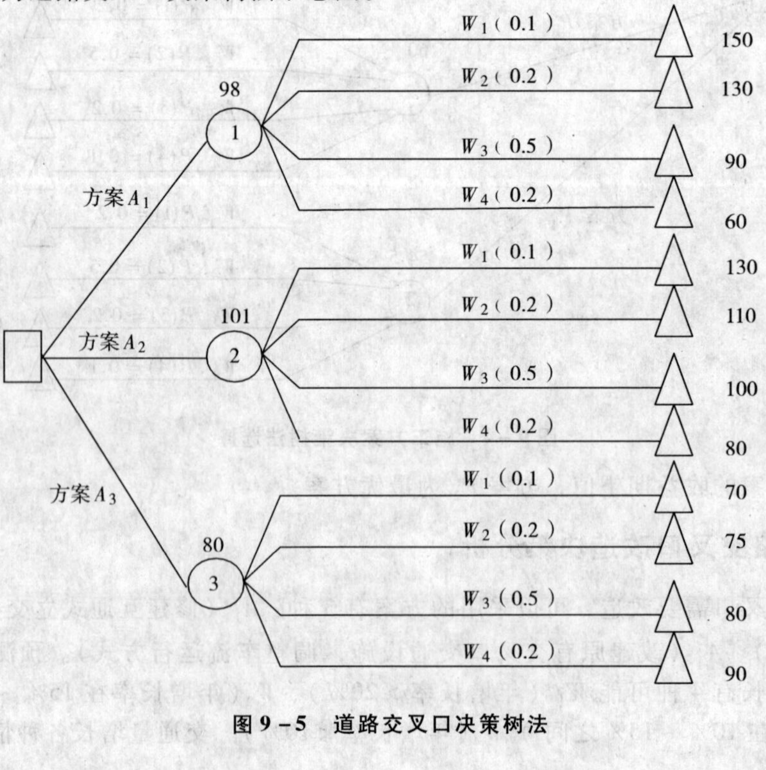

图9－5 道路交叉口决策树法

剪枝后，剩下方案 A_2，因此方案 A_2 为满意方案。

第三节　不确定型决策

一、问题概述

确定型决策问题，是指已经知道某种自然状态必然发生。风险型决策问题，虽然不知道哪一种自然状态必然发生，但是每种自然状态发生的可能性（概率）是可以预先估计或利用历史资料得到的。而不确定型决策是既不知道哪一种自然状态发生，也不知道自然状态发生的概率。

在不确定型决策问题中，供决策者选择的行动方案有 2 种或 2 种以上，并存在 2 个或 2 个以上的自然状态。这时决策者主要根据自己的主观倾向进行决策，常用的决策方法有：悲观准则、乐观准则、折中准则、等可能性准则、遗憾准则。

二、悲观准则

也称为最大最小（max&min）准则。该方法的思想是对客观情况总是抱悲观态度，总是小心谨慎，从最坏结果着想。悲观准则实际上是从最坏处考虑，在最坏情况下选择一个相对好的，因而是一种保守的、稳妥的决策过程。当决策者考虑损失值时，应采用此法。

悲观准则的求解过程是先找出每种方案在最不利情况下的最小利益，即找出每种方案在最不利情况下的最小利益，即找出：

$$\min_j \left[C_{ij} \right] \quad (i=1, 2, \cdots)$$

式中　C_{ij} ——i 方案在 j 自然状态下的损益值，（当损益值为收益时，C_{ij} 为正值；损益值为损失时，C_{ij} 为负值）。

然后在各方案的最小收益中找到相应的最大值，即：

$$\max\left[\min_j (C_{ij}) \right]$$

该值所对应的方案就是用该方法确定的最优方案。

某工程队正在施工，可供选择的施工方案有 4 种：P_1、P_2、P_3、P_4。不同的施工方案在不同天气状况下的收益是不同的。施工期间可能遇到的天气状态有 4 种：W_1（$D<10$）、W_2（$10 \leqslant D<20$）、W_3（$20 \leqslant D<30$）、W_4（$D \geqslant 30$），D 为施工期下雨天数。不同施工方案在不同天气状况下的收益和用悲观准则进行决策见表 9－3。试选择一种合适的施工方案，使工程队的收益最大。

表 9－3 用悲观准则决策（单位：千元）

施工方案	天气状况				$\min[C_{ij}]$
	W_1	W_2	W_3	W_4	
P_1	40	70	30	35	30
P_2	95	75	65	40	40
P_3	80	45	90	35	35
P_4	60	50	65	45	45

注：$\max[\min(C_{ij})] = 45$，相应的施工方案为 P_4。即方案 P_4 为采用悲观准则得到的最优方案。

三、乐观准则

也称为最大（max&max）准则。与悲观准则相反，该方法的思想是对客观情况总是抱乐观态度，考虑的是最有利的情况。选择该准则的决策者对客观情况比较乐观，愿意争取一切获得最好结果的机会。

乐观准则的求解方法是先找出每种方案在最有利情况下的最大收益，即找出：

$$\max_j[C_{ij}](i = 1,2,\cdots)$$

然后再在各个方案的最大收益中找出相应的最大值，即：

$$\max[\max_j(C_{ij})]$$

该值所对应的方案就是该方法确定的最优方案。

用乐观准则决策见表 9－4。

表 9－4 用乐观准则决策（单位：千元）

施工方案	天气状况				$\max[C_{ij}]$
	W_1	W_2	W_3	W_4	
P_1	40	70	30	35	70
P_2	95	40	65	40	95
P_3	80	35	90	35	90
P_4	60	45	65	45	65

注：$\max[\max(C_{ij})] = 95$，相应的施工方案为 P_2。即方案 P_2 为采用乐观准则得到的最优方案。

四、折中准则

悲观准则和乐观准则的倾向性较大。往往决策人对客观条件的估计既不那么悲观，也不那么乐观，主张从中平衡一下，用一个系数表示乐观程度，称为乐观系数，记为 a。因此，该准则又称乐观系数准则。决策者根据自己的愿望、经验和过去的数据，给出乐观系数 a，对每一种方案计算折中收益值。

这种方法首先选定 $a(0 \leqslant a \leqslant 1)$，然后根据每一方案的最大收益 A_i 和最小收益 B_i 计算相应的折中值：

$$H_i = aA_i + (1 - a)B_i(i = 1,2,\cdots)$$

折中值最大的方案就是最优方案。

用折中准则决策施工方案，$A_1 = 70$，$B_1 = 30$；$A_2 = 95$，$B_2 = 40$；$A_3 = 90$，$B_3 = 35$；$A_4 = 65$，$B_4 = 45$。取 $a = 0.5$，则 $H_1 = 50$，$H_2 = 67.5$，$H_3 = 62.5$，$H_4 = 55$。方案 P_2 为最优施工方案。

乐观系数 a 的取值根据问题的性质而定，a 越大越乐观，a 越小越悲观。a 取 1 时为乐观准则，a 取 0 时为悲观准则。

五、等可能准则

也称平均值准则。当决策者在决策过程中，不能肯定哪种状态容易出现，哪种状态不容易出现时，即认为这些状态出现的可能性（概率）是相同的。将每个方案在各种可能情况下的收益加以平均，收益值最大的方案就是最优方案。

各施工方案的收益平均值为：

$M_1 = (40 + 70 + 30 + 35)/4 = 43.75$

$M_2 = (95 + 75 + 65 + 40)/4 = 68.75$

$M_3 = (80 + 45 + 90 + 55)/4 = 62.5$

$M_4 = (60 + 50 + 65 + 45)/4 = 55$

M_2 最大，对应的 P_2 为最优方案。

六、遗憾准则

也称"后悔值"准则。决策者制定决策后，若情况未能符合理想，必将有后悔的感觉，或者有遗憾。该方法的思路是，每一种自然状况下总有一种方案可以达到最好的情况或取得最优值，如果选择其他方案，其结果将达不到最优值，相应的差值称为后悔值。一般将一种方案中各自然状态下的最大后悔值作为该方案的后悔值，然后从各方案中，将具有最小后悔值的方案选作最优方案。将每种自然状态的最高值定为该状态的理想目标，将该状态中的其他值与最高值相减所得之差称为"未达到理想之后悔值"，将后悔值构成的矩阵称为"后悔值矩阵"。遗憾准则就是在决策中，要使未来的后悔值达到最小。

遗憾准则的求解方法是，首先确定各自然状态发生时的最优方案，即找出：

$$\max_i[C_{ij}](j = 1,2,\cdots)$$

这时每个方案的后悔值：

$$R(P_i) = \max[\max_i(C_{ij}) - C_{ij}]$$

最小后悔值所对应的方案即最优方案。

用遗憾准则决策施工方案见表 9－5。

表 9-5 用遗憾准则决策（单位：千元）

施工方案	天气状况				$R(P_i)$
	W_1	W_2	W_3	W_4	
P_1	55	5	60	10	60
P_2	0	0	25	5	25
P_3	35	30	0	10	30
P_4	35	25	25	0	35

注：$\min[R(P_i)]=25$，相应的施工方案为 P_2。即方案 P_2 为采用遗憾准则得到的最优方案。

在不确定型决策问题中，对于同一决策问题，采用的决策准则不同，有些会是一致结论，有些则完全不同。

表 9-6 为用各种准则决策方案对比。

表 9-6 用各种准则决策方案对比

决策方法	最优方案	期望取得的收益
悲观准则	P_4	45
乐观准则	P_2	95
折中准则	P_2	67.5
等可能性准则	P_2	68.75
遗憾准则	P_2	——

采用不同决策准则得到的结果可能是不一样的。没有统一的评判标准，很难评判哪种方法比较合理，在实际情况中决策者只能根据具体情况选用。如何选择一个合适的准则，与决策者的经验、性格、资本等情况有关，也与当时的外部环境（如政策等）有关，应了解各种准则的含义，适时采用。一般的决策问题，可多采用几种方法进行决策，然后比较决策结果，相同的最多便可以选为最优决策。

七、道路交叉口改造决策分析

某道路交叉口需要改造，可以采用的方案有三种：A_1（修建互通式立交桥）、A_2（修建普通立交桥）、A_3（改建原有交叉口交通设施，调整车流运行方式）。预测未来该交叉口交通量的增长有四种可能 W_1（年增长率 >20%）、W_2（年增长率 15% ~20% 之间）、W_3（年增长率 10% ~15% 之间）、W_4（年增长率 <10%）。各方案在不同交通量情况下

获得的经济效益见表 9-7。

表 9-7　不确定型交叉口改造决策表

方案＼自然状态	W_1	W_2	W_3	W_4
A_1	150	130	90	60
A_2	130	110	100	80
A_3	70	75	80	90

1. 悲观准则

用悲观准则决策交叉口改造方案见表 9-8，选择方案为 A_2。

表 9-8　悲观准则决策交叉口改造方案

方案＼自然状态	W_1	W_2	W_3	W_4	$\min u_{jk}$
A_1	150	130	90	60	60
A_2	130	110	100	80	80
A_3	70	75	80	90	70
	$\max\limits_j(\min\limits_k(u_{jk})) = 80$				

2. 乐观准则

用乐观准则决策交叉口改造方案见表 9-9，选择方案为 A_1。

表 9-9　乐观准则决策交叉口改造方案

方案＼自然状态	W_1	W_2	W_3	W_4	$\max u_{jk}$
A_1	150	130	90	60	150
A_2	130	110	100	80	130
A_3	70	75	80	90	90
	$\max\limits_j(\max\limits_k(u_{jk})) = 150$				

3. 折中准则

乐观系数（或折中系数）$\alpha = 0.7$，$(0 \leqslant \alpha \leqslant 1)$

$$U(A_j) = \alpha \max(u_{jk}) + (1-\alpha)\min(u_{jk})$$
$$U(A_1) = 0.7 \times 150 + 0.3 \times 60 = 123$$
$$U(A_2) = 0.7 \times 130 + 0.3 \times 70 = 115$$
$$U(A_3) = 0.7 \times 90 + 0.3 \times 70 = 84$$

A_1 为满意方案。

4. 等可能准则

$$E(A_1) = 1/4 * (150 + 130 + 90 + 60) = 107.5$$

$$E(A_2) = 1/4 * (130 + 110 + 100 + 80) = 105$$

$$E(A_3) = 1/4 * (70 + 80 + 90 + 75) = 78.75$$

即 $E(A_1)$ 为最大，A_1 为满意方案。

5. 遗憾准则

用遗憾准则决策交叉口改造方案见表 9 - 10，选择方案为 A_2。

表 9 - 10　乐观准则决策交叉口改造方案

自然状态 / 方案	W_1	W_2	W_3	W_4	$R(A_j)$
A_1	0	0	10	30	30
A_2	20	20	0	10	20
A_3	80	55	20	0	80

第四节　决策支持系统

一、决策支持系统

1. 决策支持系统的出现

管理信息系统（Management Information System，MIS）是由人和计算机结合的对管理信息进行收集、存储、维护、加工、传递和使用的系统。管理科学（Management Science，MS）是对管理问题用定量分析方法，建立数学模型，通过求解运算，达到辅助管理决策的一门学科。MS 的运用，主要体现在单模型辅助决策上，模型所需要的数据在计算机中以文件的形式存储。随着技术的发展，所需要解决的问题越来越复杂，所涉及的模型也越来越多，要解决一个大问题，不是需要几个，而是需要几十个、上百个模型。这样，对于多模型辅助决策问题，就只能靠人来实现模型间的联合和协调。为了把众多的模型有效地组织和存储起来，决策支持系统（Decision Support System，DSS）的出现就成为一种必然。

为了解决多模型的自动组织和协调运行、数据库中大量数据的存取和处理问题，达到辅助决策能力的更高层次，DSS 在 MIS 和 MS 的基础上增加了模型库和模型库管理系统，通过模型库管理系统把众多模型有效地组织和存储起来，并且建立了模型库和数据库的有机结合。这种有机结合具备人机交互能力，它既不同于 MIS 数据处理，也不同于单模型的 MS 数值计算，而是两者的有机集成，它既具有数据处理功能，又具有模型的数值计算功能。

决策支持系统把计算机强大的数据存储、处理与逻辑运算能力和计算机所不具备的人的智力资源结合在一起，在决策过程的各个阶段辅助非计算机专业的管理人员进行决策。决策支持系统是由从事管理的最终用户直接使用，通过交互的方式，对半结构或非结构化的决策提供支持的计算机的系统。它具有以下特性：处理高层管理人员面临的半结构化与非结构化的决策问题；支持决策者的决策，而不是代替决策者的决策；把非计算机专业的高层管理人员作为最终用户，特别注意人机界面的友好，容易以交互会话的方式使用；特别注意系统使用的灵活性和对环境及用户需求变化的适应性；力求数据库、模型库和方式库的一体化。

2. 决策支持系统的发展趋势

随着网络应用的普及和计算机的发展，DSS 的发展呈现多元化的趋势，目前 DSS 主要表现出了以下几种发展趋向：

（1）群体决策支持系统。群体决策支持系统（Group Decision Support System，GDSS）是指在系统环境中，多个决策参与者共同进行思想和信息的交流，以寻找一个令人满意和可行的方案，但在决策过程中只由某个特定的人做出最终决策，并对决策结果负责。它能够支持具有共同目标的决策群体求解半结构化的决策问题，有利于决策群体成员思维和能力的发挥，也可以阻止消极群体行为的产生，限制了小团体对群体决策活动的控制，有效避免了个体决策的片面性和可能出现的独断专行等弊端。

（2）分布式决策支持系统。分布式决策支持系统（Distributed Decision Support System，DDSS）是由多个物理上分离的信息处理结点构成的计算机网络，网络的每个结点至少含有一个决策支持系统或具有若干辅助决策的功能。DDSS 通过网络可以供多个用户使用，同时由于计算能力的共享，可以有效提高决策效率。

（3）智能决策支持系统。智能决策支持系统（Intelligence Decision Support System，IDSS）是人工智能和 DSS 相结合，应用专家系统技术，使 DSS 能够更充分应用人类的知识，如关于决策问题的描述性知识、决策过程的过程性知识、求解过程的推理性知识等，并通过逻辑推理来帮助解决复杂决策问题的辅助决策系统。

（4）自适应决策支持系统。自适应决策支持系统（Adaptive Decision Support System，ADSS）是针对多变、动态的决策环境而产生的，它将传统面向静态、线性和渐变市场环境的 DSS 扩展为面向动态、非线性和突变的决策环境的支持系统，用户可根据动态环境的变化按照自己的需求自动或半自动地调整系统的结构、功能或接口。对 ADSS 研究主要从自适应用户接口设计、自适应模型或领域知识库的设计、在线帮助系统与 DSS 的自适应设计四个方面进行，其中问题领域知识库能否建立，是 ADSS 成功与否的关键，它使整个系统具有了自学习功能，可以自动获取或提炼决策所需的知识。

（5）基于数据仓库的决策支持系统。数据仓库（Data Warehouse，DW）是支持管理决策过程的、面向问题的、集成的、随时间而变的、持久的数据集合。它可将来自各个数据库的信息进行集成，从事物的历史和发展的角度来组织和存储数据，供用户进行数据分析，并辅助决策支持，为决策者提供有用的决策支持信息与知识。基于 DW 的 DSS 的研究重点是，如何利用 DW 及相关技术来发现知识并向用户解释和表达，为决策支持提供更有力的数据支持，有效解决传统 DSS 数据管理中的诸多问题。

3. 决策支持系统的体系结构

决策支持系统的体系结构是指构成决策支持系统各组成部分的排列、组织及组成方式。体系结构决定了 DSS 本质特征，影响着系统功能的实现与发挥。

决策支持系统的结构，最流行的说法是三库一体化，即数据库、模型库和方法库的一体化。除这3个库外，一些决策支持系统结构中尚包括知识库，利用人工智能范畴的推理机辅助处理决策问题，成为四库结构的决策支持系统。有人也称这种DSS为智能型DSS。另外，为方便用户，有的系统中增添文本框，从而构成了五库的决策支持系统（图9-6）。面向问题的DSS层次结构见图9-7。

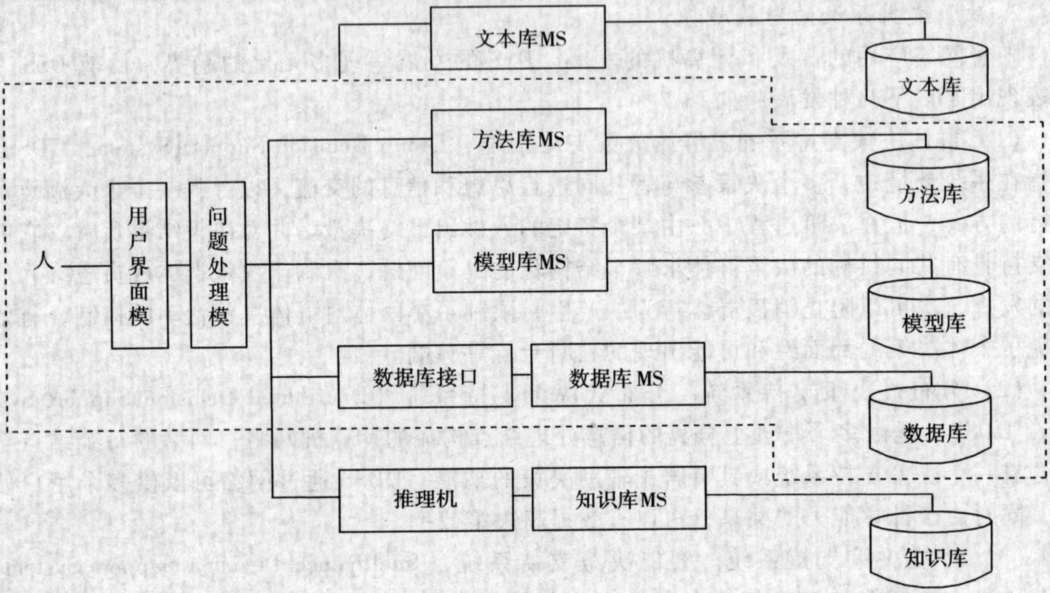

图9-6 五库决策支持系统结构示意图

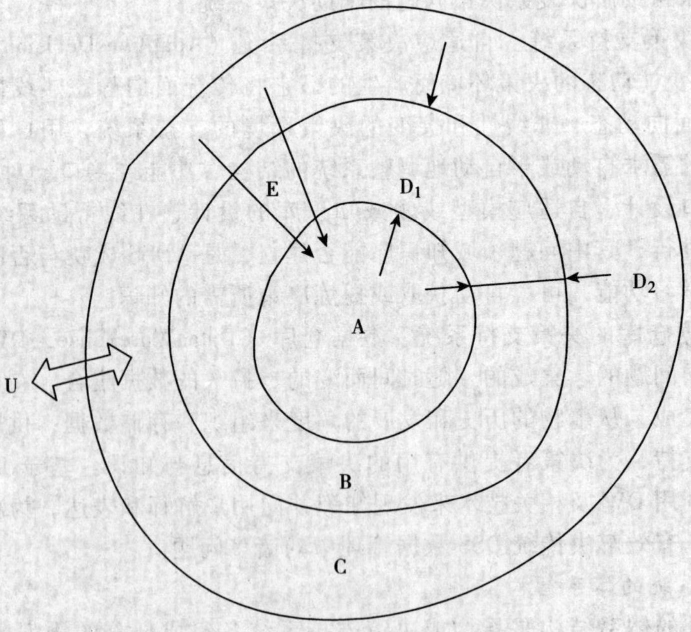

图9-7 面向问题的DSS层次结构

图 9-7 中 A 代表需要支持的决策问题，是系统研制的出发点和归宿。C 代表计算机，它有很强的逻辑处理能力，计算机自身不会解决任何有意义的交通决策问题，必须借助 B，才能到达 A。B 这里代表了广义的模型，其含义是 A 的特征之间的相互关系的某种描述。B 在 C 和 A 之间架上了桥，使计算机能通过这座桥去接触交通问题，并处理它。D_1、D_2 表示广义模型的规模或复杂程序。例如 D_1 表示某大型联立经济计量模型，而 D_2 表示打印某报表。U 代表了用户。用户借助计算机，使用广义模型去辅助处理决策问题。在此，计算机 C 还担负了用户和处理问题的模型之间的媒介，它提供与问题相适应的界面，让用户通过交互方式操作这些模型，辅助决策。

4. *决策支持系统的开发流程*

DSS 的开发是从具体决策问题出发，经过系统研究，确定系统目标、决策类型、决策组织，分析决策问题的结构化程度，进行系统设计、研制评价及调试等。DSS 的开发过程需要不断调整、不断完善，是一个多次反复的实践过程（图 9-8）。

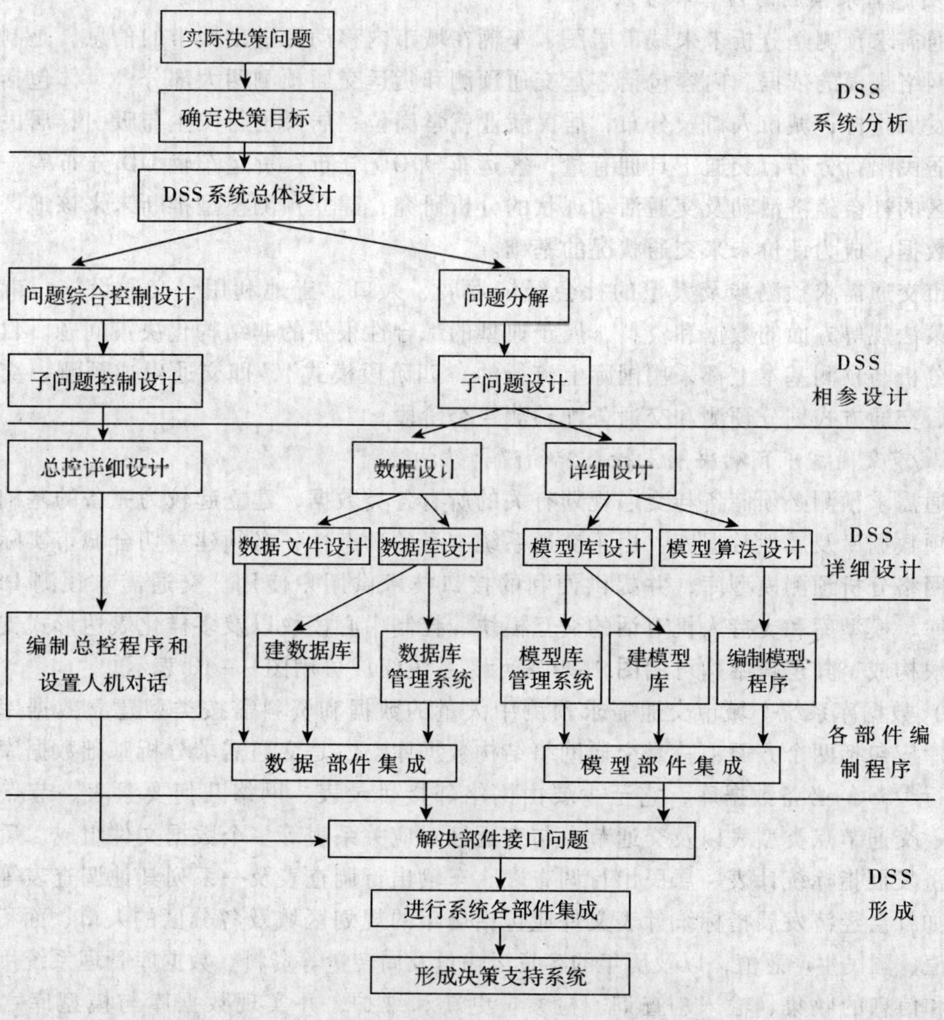

图 9-8 决策支持系统开发流程

（1）DSS 系统分析。确定实际决策问题目标，对系统进行分析论证。

（2）DSS 系统初步设计。把决策问题分解成多个子问题以及它们的综合。

（3）DSS 系统详细设计。各个子问题的详细设计（数据设计和模型设计）和综合设计。数据设计包括数据文件设计和数据库设计；模型设计包括模型算法设计和模型库设计。综合设计包括对各个子问题的综合控制设计。

（4）各部件编制程序。建立数据库和数据库管理系统；编制模型程序，建立模型库、模型库管理系统；编制综合控制程序（总控程序），由总控程序控制模型的运行和组合，对数据库数据的存取、计算等处理，设置人机交互等。

（5）集成 DSS 系统。解决部件接口问题，由总控制程序的运行实现对模型部件和数据部件的集成，形成 DSS 系统。

二、城市交通需求预测决策支持系统

1. 交通需求预测的内容和方法

交通需求预测是分析未来城市居民、车辆在城市内移动及进出城市的信息，是制定城市交通网络规模的依据。内容包括客运交通预测和货运交通预测两大部分，具体包括：社会经济发展指标；城市人口及分布；居民就业就学岗位；居民出行发生与吸引；居民出行方式；居民出行分布；交通工具拥有量；客运车辆 OD 分布；货运车辆 OD 分布等。通过对交通区的社会经济活动及交通活动现状的分析研究，建立预测模型推断未来该地区的交通规划数据，成为评价未来交通状况的基础。

城市交通需求预测涉及大量的社会经济发展、人口、土地利用、交通设施、市政建设、政策法规等方面的数据和资料，属于典型的综合性很强的非结构化决策问题。目前交通需求分析与预测基本上都采用国际上流行的“四阶段模式”，即交通生成预测、交通分布预测、交通方式划分预测和交通分配预测 4 个阶段。

2. 城市交通需求预测决策支持系统的逻辑结构

交通需求预测必须储备与交通规划有关的所有各类数据，建立起较为完备的基础数据库、专项数据库及属性数据库，由于交通系统本身的动态性，必须建立切合城市实际情况的交通网络分析预测模型库，并提供便利的接口技术供用户使用。交通需求预测 DSS 应由数据库、模型库和支持人机对话的交互模块、控制中心模块以及多样化表达形式支持的输出模块构成，其逻辑结构可用图 9－9 表示，系统组成可用图 9－10 表示。

（1）数据库系统。城市交通需求预测中大量的数据和资料需按类型建立数据库，这些数据库应包括两个方面：一是交通网络结构数据库，二是交通需求分析基础数据库。前者是运行 DSS 的必备数据库，它至少要由网络邻接目录表、网络几何要素表、节点坐标系统表、交通节点类型表以及交通节点与交通区对应关系表等多个数据文件组成。后者由社会经济发展指标统计表、居民出行调查表、车辆出行调查表及一系列其他调查表等文件组成。如社会经济发展指标统计表文件应包括历年的规划区域及各分区的人口、面积、社会总产值、国民生产总值，以及历年的客货运输量及周转量等资料。数据库管理系统用于支持数据和信息的收集、输入、查询、检索、更新和维护，并实现数据库与模型库之间的通信。

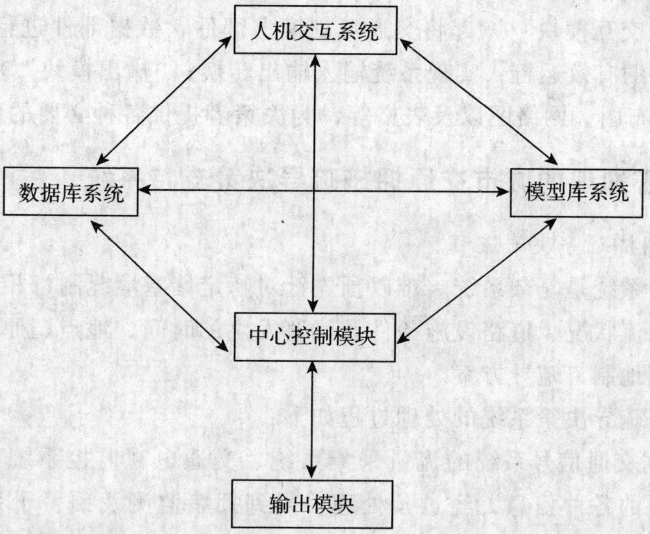

图 9-9　交通需求预测决策支持系统逻辑结构

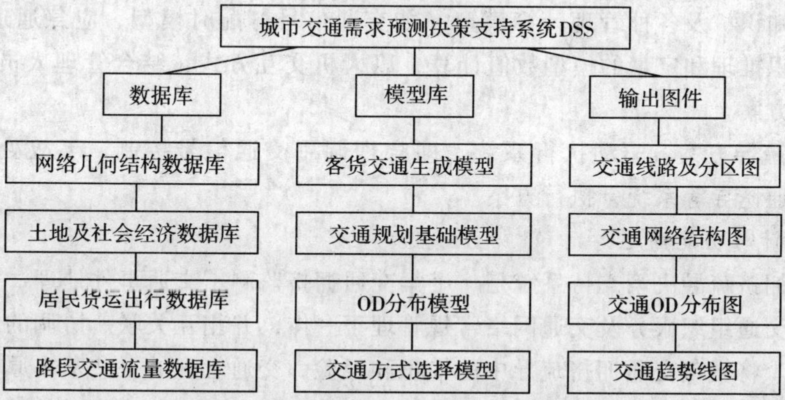

图 9-10　交通需求预测决策支持系统组成图

（2）模型库系统。模型库存放用于支持交通需求分析与预测四阶段过程的众多模型。如交通网络规划的基础模型主要用于计算规划年人口及就业岗位数量和分布；客货交通生成预测模型用于分析、确定城市交通小区未来可能的交通产生量和吸引量；OD 分布模型主要用于预测城市交通流起讫点空间分布；交通方式选择模型用于将预测得到的各交通区居民出行量分解成各种出行方式的出行量；交通分配模型的任务是把城市各种出行方式的空间 OD 量分配到具体的交通网络上。这些模型除数学模型外，还有数据处理模型、模拟模型、报表模型等多种类型。模型库管理提供了直接干预多个模型的手段，以支持模型的生成、编辑、分析、重构、维护及各种操作。

（3）其他模块。“人机交互模块”是用户进行数据输入、处理、模型选择等操作的接口，可为用户提供丰富多彩的显示和对话形式；“中心控制模块”是各模块的核心部分，连同“人—机交互模块”一起将交通规划模型部件、数据部件进行有机集成，形成DSS，控制决策支持的有效运行，实现系统输入输出转换；“输出模块”将以多种形式输出交通规划的OD分布图、网络图以及表格等，为决策者提供各种必要的信息和分析结果。

三、基于知识的城市交通拥挤疏导决策支持系统

1. 交通拥挤疏导决策流程

城市交通系统是复杂系统。难以预先针对特定堵塞境况制订相应的解决方案，只能根据实时的交通流状况、道路设施条件及堵塞发生的时间、地点、原因、严重程度等实际情况，临时迅速地制订疏导方案。

交通拥挤疏导决策系统的处理过程如下：

（1）根据交通信号系统的流量采集系统、交通电视监控系统、报警系统、路面的巡逻警察等获得的各种信息，经过预处理，得到拥堵监测及预警子系统能够处理的数据形式，判明是否发生堵塞，若发生堵塞，给出当前堵塞的发生时间、地点，判明堵塞的原因、程度等属性。

（2）分析当前交通拥挤状况，得到特定的拥挤缓解需求。运用系统中存储的关于交通管理的经验知识，及各种管理计算模型（如交通信号灯配时模型、应急通道模型等），通过定性的知识推理和定量的模型数值计算，以人机交互方式，结合管理人员主观决策，产生拥挤疏导方案。

（3）根据疏导方案，驱动执行系统。即合理调用交通信号控制、事故处理、清障、警力调配、交通诱导等系统，执行方案。

2. 结构设计与功能描述

城市交通拥挤疏导决策支持系统是一个集交通拥挤监测、交通事件处理、交通网络堵塞预警、特殊交通组织服务及交通网络常规管理于一体，并相互关联、协调的计算机辅助决策支持系统。将城市交通拥挤疏导中的知识和经验，交通管理的一些基本原则，系统优化的一些基本思想等综合起来，构造成系统的知识库。将进行拥挤疏导时的思路和人工智能技术结合起来，构成系统的推理机构。根据城市道路的交通状态，分析获得的数据信息，通过推理机调用有关的规则，最终给出疏导方案。基于上述思想，设计系统的框架结构如图9－11所示。

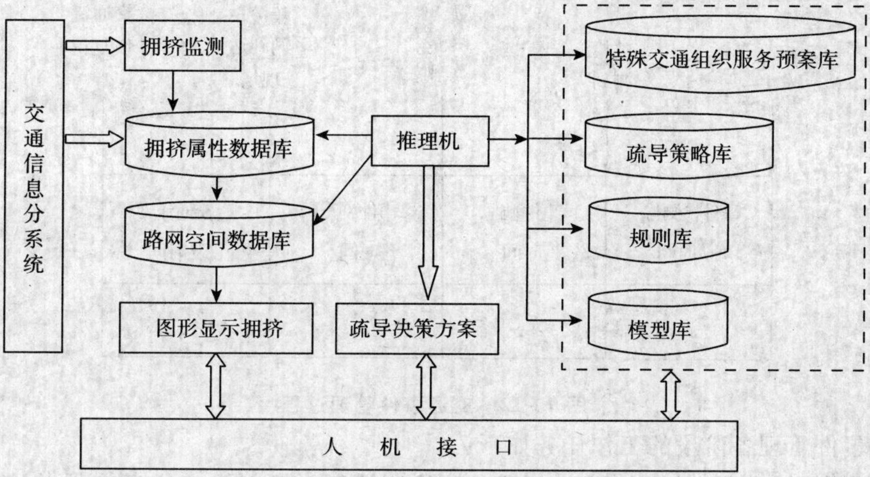

图 9-11　智能化城市交通拥挤疏导决策支持系统框架

四、交通事件管理决策支持系统

1. 交通事件

交通事件是指导致道路通行能力下降或交通需求不正常升高的各种事件。一般地，可将交通事件分为可预测事件和突发事件两类。可预测交通事件主要包括大型活动（如体育赛事、演唱会、展览会等）、恶劣天气、道路抢修等引起的交通拥堵；突发的交通事件主要包括交通事故、货物散落、突发的自然灾害、重特大治安事件等造成的道路通行能力的暂时下降所引起偶发性交通拥挤等。

对于可预测交通事件，通常可以通过提前制订相应的交通管理预案和出行计划，在一定程度上消除交通事件带来的不利影响；对于突发交通事件，由于事先无法进行预防，所以只能依靠采取各种补救措施，从不同角度缩短交通事件的持续时间，以达到降低事件影响程度的目的。

2. 交通事件管理的流程

交通事件管理是指利用人、机械和技术资源，系统地、有计划地相互协调作用，以减少事件的持续时间，来提高出行者的安全水平。进行交通事件管理的基本目标是最大限度地降低因交通事件所导致的人员和社会财富的损失，力争在最短的时间内恢复道路的通行能力。

为了研究方便，将交通事件管理的全过程划分为交通事件检测与确认、事件响应、事件处理以及交通流恢复 4 个阶段，如图 9-12 所示。

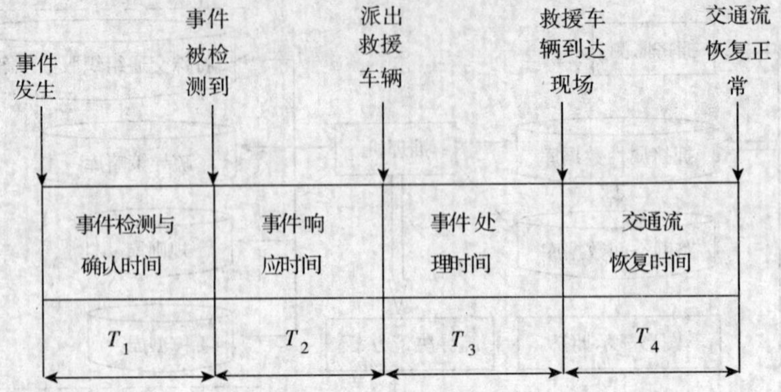

图 9－12 交通事件管理过程

交通事件管理各阶段的工作任务如下：

（1）事件检测与确认。使用人工或自动检测设备，及时发现交通事件并核实交通事件发生的确切位置、事件性质及影响程度，及时通知事件管理的相关部门。

（2）事件响应。在确定交通事件发生后，根据事件的性质和严重程度，协调各相关机构，根据救援资源的优化分布方案和救援物资的最优调配方案，调集相应的救援物资，并进行信息发布等，初步确定交通事件的处理方案。

（3）事件处理。准确评价交通事件的严重程度，快速高效地清理事件现场，向出行者发布事件信息，尽可能地降低交通延误以及交通事件对路网的影响。

（4）交通流恢复。继续向出行者发布事件信息，运用交通管理手段实施合理的交通控制方案，提供诱导路线，使道路通行能力尽快恢复至事件发生前的水平。

进行交通事件管理的根本目标就是将交通事件的持续时间降至最低，而建立交通事件管理决策支持系统，能够协助管理者在较短的时间内做出科学、合理的决策，克服目前人工交通事件管理方法存在的面对大量信息无从下手以及事件处理策略仅凭决策者个人经验的弊端，从而有效缩短交通事件的持续时间。

3. 系统的需求分析

交通事件管理决策支持系统的用户主要指驾驶员、出行者和交通事件管理的决策者。作为系统的用户，驾驶员需要的是实时路况信息，以便根据交通信息调整驾驶路线、速度，安全通过事件区域，并最大限度地避免交通事件的发生，降低由此产生的延误。出行者的出行目的是能够安全、快速和顺畅地到达出行目的地，因此及时获得相关的出行信息和路况信息，得到有效快速的救援服务，这是实现出行者出行目的的关键。交通事件管理的决策者则需要借助该系统得到有效的事件处理策略的参考，以辅助其迅速、合理地做出交通事件管理的决策，降低交通事件的影响程度。

4. 交通事件管理决策支持系统的框架设计

根据对交通事件管理决策支持系统的用户界定和系统功能需求的分析可知，该系统需要满足交通事件管理决策者在事件检测与确认、事件响应、事件处理以及交通流恢复过程中辅助决策信息的需求，同时还要向驾驶员和出行者提供事件信息查询及发布的服务。根据用户的功能需求，设计交通事件管理的决策支持系统的结构框架如图 9－13 所示。

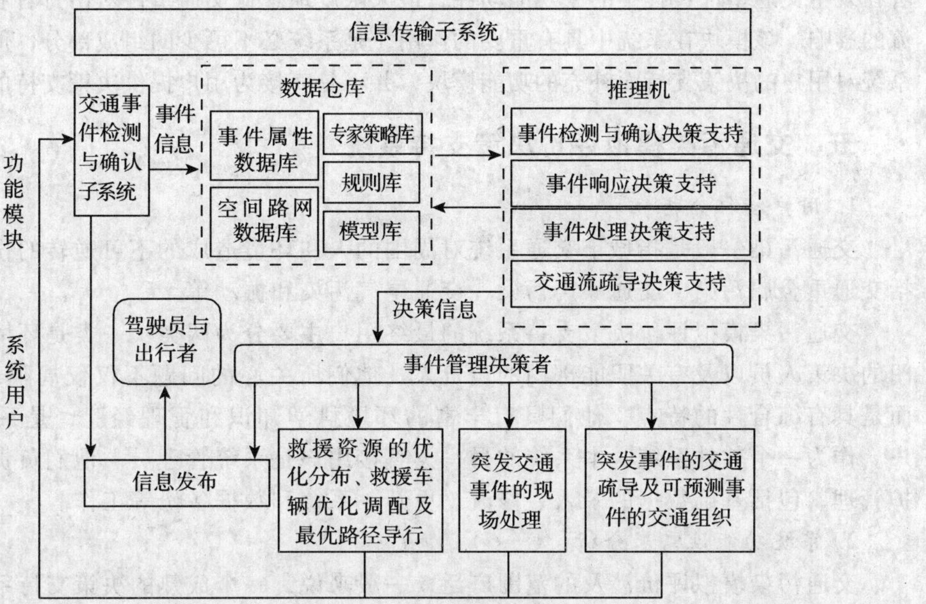

图 9－13　交通事件管理决策支持系统的结构框架

如图 9－13 所示，将该系统的功能模块分为交通事件检测与确认子系统、数据仓库、推理机和信息传输子系统四部分。在这 4 个功能模块中，推理机是核心部分，根据交通事件管理的 4 个阶段，推理机中又包含事件检测与确认决策支持、事件响应决策支持、事件处理决策支持以及交通流疏导决策支持 4 个子模块，是能够直接实现用户对该系统功能需求的模块。

数据仓库为系统推理功能的实现提供了数据整合和规则、模型调用的基础，由事件检测子系统得到的事件信息，实时存储入空间路网数据库和事件属性数据库，并与其中已有的事件属性进行比对，由推理机调用专家策略库、模型库和规则库中的规则、模型和专家经验，以及 4 个决策支持子模块，生成事件管理的支持决策，并进行方案比选，将最终的事件管理决策支持方案提供给交通事件管理者，供其协调信息服务部门、医疗救援部门、交警部门等来实施对该事件的有效处理。

交通事件检测子系统主要实现对交通事件的有效检测和事件确认两个步骤，具体包括对可预测交通事件的获知和对突发交通事件的实时检测，前者可通过与其他部门的信息共享及实时的道路交通状态判别来实现，后者由于事件发生的时间和地点都不可预测，因而只能通过实时的事件检测来实现。该子系统的主要功能是将采集到的原始数据，根据事件检测算法来实时判别是否有事件发生以及事件发生的地点等，提醒管理者可能发生的交通事件，管理者再利用视频监视系统或巡逻车等人工方法对事件信息进行确认，并将事件信息提供给信息服务部门进行发布，保证驾驶员和出行者能够获取到及时、准确的交通事件信息。

信息传输子系统贯穿整个大系统，能够实现各功能模块之间的信息传输，实现功能模块与系统用户之间的信息通信，将系统的各个部分连结成为一个有机的整体。先进的信息传输技术，能够通过信息共享和协调机制延伸人的智慧和能力，提高交通事件管理决策者和出行者在发生交通事件过程中的主观能动性，最大限度地降低交通事件对出行者利益和道路交通流的影响。该模块在系统中具有重要的作用，是系统必不可少的组成部分，但它是为了实现系统对用户的决策支持而补充的功能模块，并不是直接为用户提供决策支持的模块。

五、交通污染模拟评价决策支持系统

1. 用户特征分析

交通污染一般是指城市交通系统对周围的人和环境造成的不可逆转的伤害和影响，包括交通重金属污染、交通噪声污染、交通尾气污染和振动等。

交通污染模拟评价决策支持系统的最终用户主要分为两类：一类是环境保护和评价部门的决策人员以及有关职能部门的负责人。他们所关心的问题不仅仅局限于某一个侧面，而是具有综合性的特点。他们具有丰富的环境科学知识和管理经验，是系统的最直接用户。作为一个软件系统，本系统的另一类直接用户是系统管理员。他们负责系统的日常维护管理，包括基础数据的录入、修改、更新、系统和数据备份等工作。

2. 系统功能性需求分析

交通污染模拟评价涉及的范围广泛，一般来说，一个成熟的决策支持系统应该具备以下功能：数据的录入、修改、查询和删除等数据管理；模拟结果的存储、输出和显示；决策支持、帮助和说明文档。本系统所实现的主要功能如图 9－14 所示。

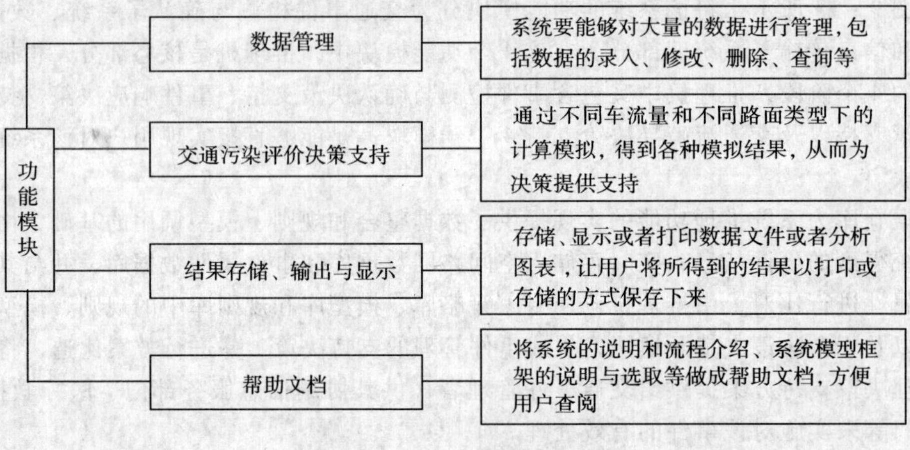

图 9－14 系统功能模块图

3. 数据需求分析

系统中，主要涉及车辆、道路、气象和其他一些环境方面的数据。按照其在系统中所起的不同作用可以分为以下几类：

车辆数据：车型、车流量、轮胎磨损率、刹车磨损率等；

道路数据：道路地面类型、道路宽度、道路坡度、道路防噪声墙、道路两侧建筑物高度、道路两侧建筑物表面性质等；

气象数据：温度、风向、风速、大气稳定度等；

模拟结果数据：模拟所得的各种结果。

4. 系统总体结构

本系统主要由以下几个部分组成：用户、人机交互界面、数据库子系统和模型库子系统。其中空间数据除了具有和属性数据相同的属性外，还具有自己所特有的属性，这样数据库子系统就又分成了属性数据库子系统和空间数据库子系统。系统总体结构如图9－15所示。

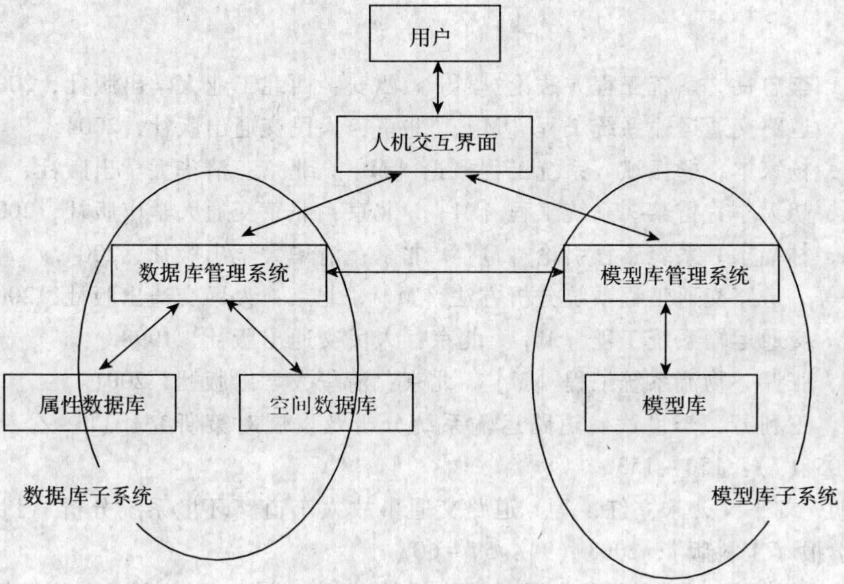

图9－15　决策支持系统组织结构图

5. 系统的结构设计

系统的结构设计是否合理是系统能否充分发挥功能的关键因素。本系统的逻辑结构设计如图9－16所示。

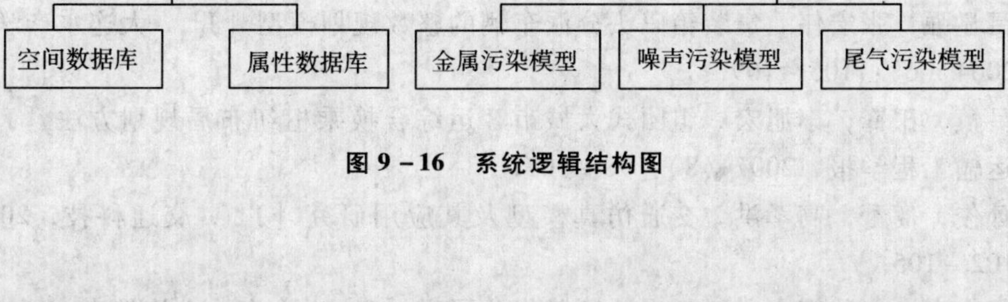

图9－16　系统逻辑结构图

参考文献

[1] 高志亮，李忠良．系统工程方法论［M］．西安：西北工业大学出版社，2004.

[2] 赵建有．道路交通运输系统工程［M］．北京：人民交通出版社，2004.

[3] 夏绍玮，杨家本，杨振斌．系统工程概论［M］．北京：清华大学出版社，1995.

[4] 吕永波，胡天军，雷黎．系统工程［M］．北京：北京交通大学出版社，2004.

[5] 孙东川，林福永．系统工程引论［M］．北京：清华大学出版社，2004.

[6] 王炜，等．道路交通工程系统分析方法［M］．北京：人民交通出版社，2004.

[7] 刘舒燕．交通运输系统工程［M］．北京：人民交通出版社，1998.

[8] 丁立言，张铎．物流系统工程［M］．北京：清华大学出版社，2001.

[9] 王云鹏，王利芳，李世武．道路运输系统分析及发展对策研究［J］．公路交通科技，2005（7）：150－153.

[10] 杨明朗，刘平义，朱立红，等．道路交通事故人车道路环境系统分析［J］．南昌大学学报（工科版），2003（9）：57－60.

[11] 李林波，王靖阳．城市公共交通系统之系统分析［J］．山东交通学院学报，2006（3）：35－39.

[12] 杨会军．我国城市道路快速公交系统分析［J］．交通世界，2007（2－3）：93－95.

[13] 吕慎，田锋，李旭宏．大城市客运交通结构优化模型研究［J］．公路交通科技，2007（7）：117－120.

[14] 李东，卢晓辉，费奇，等．在大型物流调运系统中建立实际的运输问题模型的研究［J］．系统工程，2000（11）：17－21.

[15] 计国君，朱彩虹．突发事件应急物流中资源配送优化问题研究［J］．中国流通经济，2007（3）：18－21.

[16] 宋洁蔚，荣冈．运输调度中不确定性问题的研究［J］．浙江大学学报（工学版），2003（3）：243－248.

[17] 吕显强，张宏伟．集装箱码头分派车辆的整数规划模型［J］．大连水产学院学报，2004（6）：105－109.

[18] 吕慎，田锋，李旭宏．组团式大城市客运综合换乘枢纽布局规划方法［J］．交通运输工程学报，2007（8）：98－103.

[19] 孙俊，商蕾，高孝洪．交通仿真模型及其应用研究［J］．交通科技，2004（4）：102－105.

[20] 郭宝春．集装箱多式联运内陆环节优化研究［D］．上海：上海海事大学，2007.

[21] 魏海英，罗国豪．关于道路运输业发展规划中运输量预测的探讨［J］．交通财会，2006（1）：49-52.
[22] 周骞，杨东援．基于多相关因素的汽车保有量预测神经网络方法［J］．公路交通科技，2001（12）：11-14.
[23] 金俊武，卢艳秋，范海燕．道路客运市场车辆结构优化模型研究［J］．公路交通科技，2002（2）：128-131.
[24] 罗莉．基于风险分析的高速公路交通量预测模型［J］．中外公路，2007（6）：238-241.
[25] 范海雁，杨晓光，严凌，等．蒙特卡罗法在公交线路运行时间可靠性计算中的应用［J］．上海理工大学学报，2006（1）：59-62.
[26] 韩颖，黄小原，李丽君．多步变权组合预测法及其应用［J］．东北大学学报（自然科学版），2007（7）：1061-1064.
[27] 王玉梅，尚金城，丁俊新．组合预测模型在战略环境评价中的应用［J］．环境科学与技术，2007（8）：66-68.
[28] 施光燕，董加礼．最优化方法［M］．北京：高等教育出版社，1999.
[29] 李洪娟．秦皇岛市海港区拥挤路口交通状况的优化研究［D］．辽宁工程技术大学，2000.
[30] 黄琪．城市出租车拥有量的确定［D］．杭州：浙江大学，2005.
[31] 姚新胜，罗霞，杜进有．基于多目标满意优化的交通信号控制［J］．计算机工程与应用，2006（35）：9-10.
[32] 王兵．城市公交线网优化及其应用研究［D］．长沙：长沙理工大学，2007.
[33] 杨松林．工程模糊论方法及其优化［M］．北京：国防工业出版社，1996.
[34] 刘思峰，郭天榜，党耀国．灰色系统理论及其应用［M］．北京：科学出版社，2000.
[35] 谢金星，邢文训．网络优化［M］．北京：清华大学出版社，2000.
[36] 颜佑启．网络部分结点最佳连通关系的逐步生成法［J］．数学的实践与认识，2005（2）：55-58.
[37] 魏航，蒲云，李军．一种求解双目标最短路的方法［J］．系统工程，2005（7）：113-117.
[38] 马军，解建仓，刘瑞雪，等．工程施工中运输网络优化方案［J］．数学的实践与认识，2003（8）：24-31.
[39] 刘小莽，李兰，代荣霞，等．最小费用最大流理论在防洪物资运输中的应用［J］．人民长江，2007（5）：141-143.
[40] 高一凡，王选仓．图论在工程进度管理中的应用［J］．西安公路交通大学学报，2001（1）：21-23.
[41] 李宁，吴之明．网络计划技术的新发展——项目关键链管理（CCPM）［J］．公路，2002（10）：83-86.
[42] 柏海舰，李文权．常规公交站台容纳线路能力计算模型［J］．东南大学学报（自

然科学版), 2007 (11): 1077 - 1080.

[43] 裴玉龙, 盖春英. 考虑收费影响的公路路段行程时间函数研究 [J]. 中国公路学报, 2003 (1): 91 - 94.

[44] 丁立, 熊坚, 何玉川. 基于模拟器的道路安全评价方法 [J]. 中国公路学报, 2003 (7): 90 - 93.

[45] 胡文友, 李爱军, 段拥军, 等. 公路网规划方案综合评价实用方法研究 [J]. 公路交通科技, 2001 (6): 106 - 108.

[46] 叶玉玲, 季令. 城际轨道交通线网规划综合评价研究 [J]. 铁道学报, 2005 (10): 24 - 30.

[47] 江玉林, 张前进, 陈学平, 等. 高速公路选线环境评价方法研究 [J]. 公路, 2005 (7): 71 - 75.

[48] 贾洪飞, 隽志才, 姚宏伟, 等. 电子收费系统 (ETC) 社会效益分析 [J]. 系统工程理论与实践, 2004 (7): 121 - 128.

[49] 轩宏伟, 王花兰, 王者堂. 石家庄市建设 BRT 的必要性与可行性分析 [J]. 交通企业管理, 2007 (11): 20 - 21.

[50] 贾正锐, 潘洪达, 金凤阁. 公路主枢纽总体布局选址技术研究 [J]. 中国公路学报, 2000 (7): 89 - 92.

[51] 曲大义, 王炜, 邓卫. 基于系统层次分析法的公路网规划项目建设序列论证 [J]. 中国公路学报, 2000 (7): 64 - 68.

[52] 任军, 李建. 模糊综合评判在公路客运线路规划评价中的应用 [J]. 长安大学学报 (自然科学版), 2006 (7): 83 - 86.

[53] 刘浩学, 周珣, 杨俊儒. 危险货物运输路线模糊综合评判模型 [J]. 交通运输工程学报, 2006 (6): 80 - 82.

[54] 周伟, 李媛媛. 中国城市公共交通建设策略的理论与方法 [J]. 长安大学学报 (自然科学版), 2007 (7): 65 - 69.

[55] 何峻岭. 大城市机动车停车产业化发展关键问题研究 [D]. 南京: 东南大学, 2006.

[56] 郑艳芳. 基于道路及环境因素的城市交通安全分析研究 [D]. 福州: 福州大学, 2005.

[57] 林忠, 宇仁德. 基于主成分分析理论的交通事故成因研究 [J]. 山东交通学院学报, 2006 (3): 55 - 57.

[58] 陈桃生, 姚新胜, 张若倩. 基于主成分分析的公路货运站场布局评价 [J]. 交通运输系统工程与信息, 2006 (6): 128 - 131.

[59] 胡大伟, 闫光辉. 聚类分析在公路运输枢纽宏观布局规划中的应用 [J]. 公路交通科技, 2004 (9): 136 - 140.

[60] 黎锁平, 袁占亭. 城市交通需求预测与决策支持系统 [J]. 甘肃工业大学学报, 2001 (12): 58 - 61.

[61] 谈晓洁, 周晶, 盛昭瀚. 基于知识的城市交通拥挤疏导决策支持系统的构造 [J].

信息与控制，2002（2）：62－67.
[62] 丁秋实．交通事件管理的决策支持技术研究［D］．长春：吉林大学，2007.
[63] 袁涛．交通污染模拟评价决策支持系统研究与开发［D］．上海：华东师范大学，2007.